SW
W
S
N
E
NE
JAPAN

解决所有户外生存难题

图解野外生存指南

许俊霞/编著

中国华侨出版社

图书在版编目（CIP）数据

图解野外生存指南 / 许俊霞编著 .—北京：中国华侨出版社，2017.7

ISBN 978-7-5113-6933-8

Ⅰ.①图… Ⅱ.①许… Ⅲ.①野外—生存—指南 Ⅳ.① G895-62

中国版本图书馆 CIP 数据核字（2017）第 153520 号

图解野外生存指南

编　　著：许俊霞
出 版 人：刘凤珍
责任编辑：章　璋
封面设计：韩立强
文字编辑：宋　媛
美术编辑：刘欣梅
经　　销：新华书店
开　　本：720mm × 1020mm　1/16　印张：29　字数：650 千字
印　　刷：北京市松源印刷有限公司
版　　次：2017 年 9 月第 1 版　2017 年 9 月第 1 次印刷
书　　号：ISBN 978-7-5113-6933-8
定　　价：39.80 元

中国华侨出版社　北京市朝阳区静安里 26 号通成达大厦 3 层　邮编：100028
法律顾问：陈鹰律师事务所
发 行 部：（010）58815874　　传　　真：（010）58815857
网　　址：www.oveaschin.com
E-mail：oveaschin@sina.com

前言

PREFACE

身处现代社会高科技产品的包围之中，很多时候我们已经忘记了本能。当我们身边就有商店、快餐店环绕时，我们甚至不必自己费心烹饪食材就能吃到一顿顿可口的饭菜，更不需要费尽心力去寻找食物来源了；能够直接饮用的矿泉水也给我们带来更多的方便，让我们不必担心饮用水的寻找、净化；我们不必担心生火问题，因为我们有电灯来照亮，有空调来取暖，有天然气来做饭；我们不必担心暴雨、大风，因为我们栖身于坚固的房屋中，自然界的一切变化好像都与我们无关，只因我们被高科技保护得很好。

但是，高科技真的那么可靠吗？事实证明，高科技是非常脆弱的，假设在寒冷的冬夜里，发生了一次大规模的停电，你所赖以生存的一切忽然之间就变得不是那么方便了，你是打算坐下来挨饿受冻还是自己动手做些什么呢？又或者你乘坐的飞机、船只坏在半路，将你留在一处深山密林或者海上，你该如何凭借仅有的那些物资来保障自己的生存呢？或者你只是在一个想在山里散散步的休闲假期迷失在山林小径上，你该怎样找到走出山林的路？假如你认为上述情况发生的几率太小，都不可能发生在你的身上，而轻视对一些求生知识的了解，那就是你对自己的生命的不负责任，要知道，你的生命不仅属于你自己，更属于每一个爱你的人。那么，现在就来了解一点身处荒野的求生知识吧，无论在什么时候，多学习一点知识总是没错的。

如果你想从现在开始学习一点儿荒野生存的知识，本书或许能够给你提供一些帮助。本书能帮助你了解荒野求生中需要的必备装备，学习如何辨向定位，在各种地形下的行进技巧，搭建庇身所，获得水源和食物，身陷险境该如何应对以及在受伤或生病的情况下如何自救和寻求援救。在学习过基本的求生知识之后，你还可以在后面的几章了解到不同自然环境中的求生方法，因为在不同的环境中你要面对的问题也是不一样的。

尽管你可能已经从本书中了解到很多荒野求生的技巧，但你会发现，真实的荒野环境永远不是你想象中那样简单，如果你在生活中经常要深入荒野，你最好进行专业的训练，毕竟你的生命是最重要的。永远不要觉得自己了解得足够多，在荒野求生中保持警觉和拥有良好的心态一样重要，你将依靠它们以及你学习到的求生知识，找到走出荒野的路。

目录

CONTENTS

第1章 野外生存前的准备工作

旅行计划 1
初步设想 4
团 队 5
预 算 7
钱与保险 9
危险评估 10
个人证件 12
车辆证件 15
团体旅行 17
与青少年旅行 19
单人旅行 21

第2章 野外生存前的身体训练

不借助重物的身体训练 23
借助重物的身体训练 28
跑步训练 36
游泳训练 43

第3章 野外生存基本装备

野外生存的服装选择 49
野外生存的休息装备 64
野外生存的厨具选择 87
野外生存的必备工具 93

第4章 野外生存的急救技能

急救箱 101
查看伤者的伤势 103
基本急救处理 106
骨 折 111
炎热天气的影响 114
寒冷天气的影响 116
脱 水 118

第5章 基本的野外生存技能

心理和情感生存 121
发出求救信号 124

生存心理学 127
学会使用地图 134
读地图 137
学会辨别方向 140
照顾好自己和他人 150
大自然中的危险 152
自然药物 154
卫生的重要性 155
制做肥皂和洗漱用品 157

第 6 章 野外生存日常活动

每日旅行计划 159
徒步旅行 161
徒步旅行的技巧 163
每日徒步计划 165
骑自行车旅行 166
骑自行车训练 169
每日骑车计划 172
划艇旅行 175
划艇训练 177
划艇旅行的日常事宜 179
骑马旅行 182
骑马旅行的日常事宜 184
带着驮畜旅行 187
带着骆驼旅行 190
驾车旅行 192
乘坐公共交通工具旅行 194
安全前行的基本法则 196

第 7 章 野营装备

选择营地 203
布置营地 206
搭建帐篷 208
建立大本营 213
轻装野营 216
营地的安全和卫生 218
个人卫生 221
营 火 223
绳 结 228
使用斧头 237
使用锯子 237
拔 营 240

第 8 章 野外扎营技能

选择扎营的地方 243
用树枝和树叶搭建窝棚 246

用树枝和树叶垒墙 249
可居住较长时间的窝棚 251
雪地住所 256
雪堆窝棚 258
雪地洞穴和其他住所 261
在沙漠中寻找住所 263
在沙漠中修建住所 266
在丛林中修建住所 270

第 9 章 野外取火技能

生存之火 273
摩擦生火 275
弓弦钻钻木取火法 278
手钻钻木取火法 283
泵式钻钻木取火法 285
丛林取火 288
极地取火 290
搭建火堆 291
让火堆保持燃烧 293
搭建做饭用的火堆 293
利用烧热的石头做饭 296
在土坑中烹饪食物 297

第 10 章 野外取水技能

水的重要性 299
保证饮水安全 301
自然水资源 303
过滤和净化水 306
寻找和处理水的其他方式 309

第 11 章 制作工具和装备的技能

制作容器 313
编篮子 315
制作简单陶器 319
制作弓 319
制作箭 324
利用石头制造工具 327
利用骨头和棍子制造工具 329
利用天然树脂和油料 333
制作绳子 336
打结的方法 339

第 12 章 野外觅食技能

生存所需的营养 341
可食用的植物 343
可食用的动物 345
跟踪动物 348
靠近动物 350
捕捉动物 355
捕鱼技巧 359
制作和使用抛掷棒 362
保存肉和其他动物产品 364
制造做衣服的皮革 366

第 13 章 野外生存的食物与营养

营养需求 369
饮食规划 372
当地的食物 374
脱水食品 376
罐头和袋装食品 378
食物的包装 379
户外炊事规划 380
食物的存储与卫生 382
在营火上煮食 384
在炉子上煮食 386
轻装野营食物 388
不使用器具的烹饪 392
大本营中的伙食准备 394
大本营的常用食谱 396
饮用水 398

第 14 章 各种意外事故中的生存

陆上事故逃生技能 401
空中事故逃生技能 403
在空中紧急情况下逃生 406
弃船逃生 408
海上生存 411
水中急救 414
海岸生存 422
动物的袭击 424
飓风的应对 425
龙卷风的应对 426
雷电的应对 428
地震的应对 429
火山的应对 430

第 15 章 个人与环境

注意个人安全 433
爱护自然环境 435
小心野生动物 437
植 物 439
提防户外危险 441
了解天气状况 443
炎热天气 445
寒冷天气 447
求救信号 449

第 1 章 野外生存前的准备工作

1

好的计划是旅行成功的关键，旅行前做计划也是旅行乐趣的一部分。细致的准备工作意味着一切都将顺利进行，所有的困难都会迎刃而解。但也不要将你的旅行计划制订得过于详细，因为那样你就享受不到那些不能预见的事所带来的惊险乐趣：在旅途中，你应该准备好走一条不同的路，并准备好体验那些随时可能出现的令人激动的时刻。

旅行计划

计划对于任何种类的旅行都是必需的。计划的复杂程度取决于如下因素：旅行地点、团队人数、旅行时间等。即使是最简单的短途旅行也必须事先做好一些计划。

在开始制订计划时，你得先考虑一下你的旅行的类型。当你已经决定要选择何种旅行时，你就可以开始考虑目的地、随行同伴、路线、旅行方式、旅行时间等问题了。

你通常需要做一些调查研究（诸如使用地图、旅行指南或在网上查），才能做出最后的决定。你需要根据搜集到的信息相应地更改你的旅行计划。你的考虑越细致、计划越周密，旅行途中所遭遇的意外事件就越少。这就是制订计划如此重要的原因。

※ 国内旅行

如果你想在国内的某一地方进行为期一周的徒步旅行，那么你事先应做好如下准备：选择旅行目的地和旅行同伴、找出列车时刻表（或计划一次驾车旅行）、向当地的旅游信息机构询问关于野营地点的问题、买

→ 一天的划船旅行能够让你对一个地区的景色产生全新的感受，因此你应该弄清楚你所前往的目的地能进行哪些活动。

一张合适的地图等。你必须要考虑到衣物和装备问题，如果你还没有其中的某些必备物件，那么必须去借或者购买。选择与旅行地气候相适应的衣物和装备对于旅行的安全度和舒适度来说是十分重要的。此外，研究一下你所能预见的天气情况也将对你日后的旅行产生不可估量的作用。

根据你所计划的活动，你也许需要购买额外的保险或进行一些技能训练。健康问题也是需要注意的，你必须熟练地掌握一些基本的急救知识。

※ 国外旅行

如果你要去更远的地方，你制订的计划也许就会涉及到：预定火车票（也可能是渡轮票或飞机票）、获取步行或登山的许

■请提前做好准备工作

>提前 12 个月<

⊙确定旅行地、旅行路线及旅行目的。

⊙确定团队成员。

⊙考虑交通工具的选择。

⊙考虑准备在旅行地进行的活动。

⊙实施危险评估。

⊙请求旅行国或旅行地的旅游许可。

⊙制订预算大纲。

⊙制作一张关于旅行地的信息表。

>提前 10 ~ 12 个月<

⊙召开第一次团队会议。

⊙确定旅行日期。

⊙确认所有的团队成员都已经通过了相应的体检。

⊙确定准备进行的活动的细节。

⊙确定进行训练活动的日期。

⊙所有团队成员进行一次周末野营活动。

>提前 8 ~ 10 个月<

⊙列出团队装备的清单。

⊙列出个人装备的清单。

⊙安排保险（医疗保险、人身保险、第三方保险等）。

⊙制订食谱。

⊙预订车船机票、野营地或宾馆。

⊙指定国内联络方式。

>提前 4 个月<

⊙获取所需要的签证。

⊙开始接种疫苗。

⊙确定食谱。

⊙确定行程计划。

>提前 1 个月<

⊙获取所有需要的额外证件。

⊙将所有不易腐烂的食品装入行囊。

⊙全体成员集合，检查并整理所有装备。

⊙准备并检查将在旅行中使用的交通工具。

⊙寄送所有需要提前寄送的物品。

⊙兑换货币并购买旅行支票。

>提前 1 周<

⊙完成所有的疫苗接种；如果需要的话，开始服用一些防疟疾的药片。

⊙检查清单上所列的所有装备和食物。

⊙检查所有的签证及其他旅行证件。

⊙检查全部行程路线。

>提前 1 天<

⊙检查车船机票。

⊙检查行囊，确保一切都已装好。

⊙询问机场、渡轮站或火车站以确认你的交通计划无任何的改变或迟延。

⊙确保你的行囊内没有会在机场安检中发生问题的物品。

↑ 骑车越野并非易事，因此你在进行此类旅行前的几个月就有必要开展一些增强体能的训练。

可、租用交通工具或取得你自己车辆的相关证件、获取签证、接种疫苗、拿到国际驾照，以及你在国内旅行所需要计划的一切事项。

如果你想在旅行的途中骑车、骑马或划独木舟，那么就有必要在出发前做一些常规热身训练，以便发现潜在问题。骑着一辆装满各种沉重器具的自行车旅行，与在乡间小道上骑自行车兜风可完全是两回事。如果你打算在马背上进行一次探险活动，你除了需要会骑马外，还得知道如何喂马以及如何在夜间照料马。

如果你前往一个缺乏专业医疗服务的偏远地区旅行，你的急救准备措施就显得至关重要了。在旅行前你必须进行疫苗接种，此外你还需要更多的急救物品。丰富的急救知识和熟练的技能对于在偏远地区进行探险活动或一些其他高危险活动具有重要的意义，例如在登山运动中，万一发生事故，如果你知道该做些什么，那么你的生存机会就大得多。

对于这样的一次探险活动，你至少需要提前 12 个月开始制订计划。上表所列清单会对你有所帮助。但这只是一个参考，也许你不需要其中的一些物品，或者需要再增加一些其他物品。

初步设想

组织一次野外探险活动需要考虑许多不同的问题，并且需要制订许多详细的计划。这么多的任务可能会令人望而却步。但只要你将这些任务分成几步，然后一件一件地处理，整个旅行计划就显得很容易操作了。很快你会发现，所有的问题都解决了。

※ 组团

在组织团队旅行的时候，你需要考虑到你所计划的活动能容纳的人数。当团队人数比较多时，最好指定一位领队。选择旅行同伴时要谨慎，并且要知道，不同的人面对野外生存压力时会有不同的反应。团队成员的身体素质应当大体处在同一水平。在组织团体旅行的时候，应当鼓励每个人都说出对于旅行的期望，以便采纳每个人的意见并明确旅行目的。这就是组织计划的第一个步骤。如果团队成员互相之间并不认识，那么就有必要组织一次周末野营以了解成员之间是否能融洽相处。

↑ 一些团队成员可能将旅行当做一种放松，而另一些人则可能将旅行当做一次令人激动的历险。你应当尽力找出每个成员所期望从旅行中得到的东西，并相应地调整旅行计划。

※ 旅费计划

一旦旅行计划已大致确定，你就需要计算出实际的旅行费用。提前做好旅行预算是非常重要的。因为一旦旅行费用超出你的预算，你就可以适当地修改你的旅行计划。不要过于低估旅行费用，预算中还应当包括至少占预算总额 15% 的应急费用。

※ 保险

千万不要忽视保险，必须为所有计划的活动及你自己的人身、健康和财产购买相关的保险。

※ 装备

确定了团队成员并确定了旅行目的地、出发日期、活动安排及到达日期后，你就可以列出一张个人及团队所需的装备清单了。

※ 医药准备与身体训练

如果你不能确定前往的旅行地是否有合理的医疗救助服务，那么团队中最好有一位熟练掌握急救知识的人。同时，你还应同你的团队成员讨论出一种最合适的体能训练方式。此外，看看你是否需要接种疫苗或携带一些特殊药物（如防疟疾的药片），而且要考虑到你所计划的活动要求具备的体质水平。

※ 交通工具

好好想想要将团队成员和旅行装备运送至目的地，哪种交通方式最好。记住，交通方式将会影响到你所能携带的行李数量。

如果你所计划的旅行只是一次简单的往返旅行，你就可以驱车前往特定的地点并将车留在那儿以备返回的时候使用，或者你也可以安排从家人或朋友那儿搭便车。依据团

↑ 坐飞机旅行将会影响你所能携带的装备数量，因此交通方式的选择应当成为你做出的首要决定之一。

队人数的多少，有时候租用一辆多座位的车一起行动，比各自开各自的车来得更为方便，也更有乐趣（特别是与年轻人一起旅行）。

如果你打算使用公共交通工具进行旅行，那么你应了解一下沿途是否有中转站。如果沿途没有中转站，你就应事先想好如何到达目的地。如果你需要预订座位——特别对于人数较多的旅行团队来说，就应尽早。万一起程时间出现了延迟或取消，你得有一个应急方案。此外，你还要准备好应急费用以备不时之需。问清楚你是否能够携带一些大体积的装备，比如自行车、皮划艇。如果是坐飞机旅行，你需要了解一下飞机所允许携带的物品重量限制以及超出这一限制应当支付的罚金。

■团队计划

也许你正在为一个团体——比如你的家庭——做一次旅行计划，那么这意味着你得协调众人不同的兴趣。

⊙如果是和孩子们一起旅行，要注意到孩子能力的局限性，不要计划超出他们承受能力的活动。

⊙保持旅行计划拥有一定程度的灵活性，随时准备做出一些调整。比如，一个又累又吵闹的孩子将会破坏每个人的心情。因此当跨越了不同的时区后，一定要给孩子充足的时间来调整时差。

⊙在你的行程计划中安排几天休息日。团队中体质强壮的成员也可以借此机会进行一些更具挑战性的额外远足活动。

团队

志同道合的团队成员将增添旅行的乐趣，使旅行变得更有价值。选对旅行同伴就如同选对旅行装备一样重要，选择前需要花费你很多心思。

※ 选择目标

无论你计划与家人还是好友或是一群新认识的人一起旅行，你都应该在旅行前鼓励每个人说出各自对于此次旅行的预期目的，然后尽量将这些目的综合成整个团队的共同目标，因为共同目标能够促进团队凝聚力。在达成一个让每人都满意的清晰的共同目标之前，一定要花时间讨论在旅行中可能出现的情况及应对方法，以便确保你所安排的活动在每个人的能力范围之内。

※ 选择团队成员

如果你已经有了一个旅行意向并正在选择旅行同伴，你应该选择那些易于相处且与你有着相似生活经验的人。你应该确保每个团队成员相互之间能够融洽相处，每个人都对团队所做决定满意，而且他们与你有着共同的旅行目标。

如果你需要一些具备特殊技能（如急救）的人，那么你必须要了解他们的技能水平及其所接受的技能培训是否是最新的。如果他们的技能已过时，则有必要让他们学习一些最新的课程。还有一点是非常重要的，即团队中的各个成员都要具有大致相当的生理和心理素质。拒绝那些身体不健康或受伤的人加入团队。这样似乎不太友善，然而你必须要考虑到一个身体不健康的人很可能会拖累整个团队。此外还需要考虑的是：在旅行条件恶劣的状况下，你的团队成员是会积极应对这种挑战还是牢骚满腹。

※ 领队

由于旅行团队中人数较多，因此有必要从中选择一位领队来带领整个团队。这个人可以毛遂自荐，也可以由团队选举产生。但前提是此人必须要有足够的威望和能力在各种情形下指挥整个团队。当团队中有儿童或遇到地势情况复杂的时候，领队所扮演的角色就显得更为重要了。此外，在进行一些需要特殊技能的活动时，领队也发挥着重要作用。

团队成员都为成人时，领队似乎显得可有可无。但是当一个团队的人数在20人以上时，甚至需要有多个领队，队员还需要分工合作，其中一些成员可以负责一些特定问题，比如开车或急救。

沟通

良好的沟通能力是一个领队所必须具备的最重要的能力。作为一个领队，需要具备良好的判断力，并能有效地组织成员之间的讨论以及合理地分派任务。当团队成员之间发生冲突时，领队还应扮演调停者的角色。当处于一种恶劣的环境并且可能遭受压力和恐慌时，沟通就显得尤为重要。如果成员之间不能进行很好的沟通，那么大家就会产生不满的情绪并导致整个旅行成为一次不愉快的经历。

性格问题

在旅行出发前，领队需要尽快了解每个团队成员的性格。当整个团体开始分化为几个小团体，那时就难以达成整个团队的共同目标了。进行一些有趣的团队活动

■提升团队精神

⊙在早期计划阶段，你应该动员每一个成员写下各自的旅行目的，并尽力将这些目的融入到整个旅行计划中以鼓舞每个人的士气。

⊙出发前，整个团队应就某些事项达成一致，做出规定，以避免日后在探险活动中出现分歧。

⊙组织一次周末野营活动是检验一个新团队是否能融洽相处的好办法。这将促进团队成员之间的交流，并能及时发现一些性格不合的问题。

↓ 共同的日程和目标以及融洽的团队人际关系是确保旅行顺利的关键。

↑ 良好的沟通对一个团队来说是至关重要的，领队需要召集所有团队成员至少1天开一次小会。

■请提前做好准备工作

以下清单列出了一个团队可能需要的不同角色。

副领队

在旅行出发前或旅行当中，当领队由于意外而不能履行职责时，则由副领队来顶替。

物资管理员

在整个旅行中负责看管并分发所有的装备和食物。

财务管理员

记录所有旅行开销，确保预算能维持至旅行结束。此外，财务管理员还负责保管资金及贵重物品。

野炊负责人

安排每天负责准备食物和洗刷餐具的轮值表，并监督这些工作的实施。制订每日合适的饮食计划。

急救员

救助在旅行中受伤和生病的成员，并负责保管急救箱。对于较大的团队来说，还有必要记录成员的过敏症、耐药症及所需要的药物处方，并且要记录旅行中成员的生病和受伤事件及其处理方法。此外，急救员还应负责行前体检、疫苗接种和体能训练等事宜。

导航员

保管地图和指南针，建议行程路线，确保路线正确无误。

翻译

当去国外旅行时，由翻译代表团队进行交流。这时，一位懂得一些当地关键词汇的翻译是十分有用的。

有助于增进成员之间的融洽度并加强团队精神。

领队要避免表现出任何的偏袒和不公正。如果有人察觉到了领队的某种偏袒倾向，他就会感到被忽视。这极有可能成为一些不良行为的导火索。

预 算

为旅行经费做预算时，首先要估算出旅行所需的总费用，然后再决定这些资金的具体分配。这两个过程都需要做一些预算。本节所提供的预算大纲表仅供参考，你也可以根据需要增加或删减一些项目。

※ 符合实际

旅行预算要与实际所需的支出相符并尽量做稍高的估计，以便你在旅行中能从容地应付一切花费。要是在旅行中为钱发愁，那么你的旅行肯定就不那么愉快了。

你应该准备充足的时间来研究旅行中需

■预算大纲

>管理费用<

⊙邮费。

⊙通讯费（电话／传真／上网费）。

⊙宣传费。

⊙办理护照与签证的手续费。

>装备费用<

⊙购买费用。

⊙租赁费用。

>训练费用<

⊙划船／骑马／骑车／滑雪训练费。

⊙急救训练费。

>交通费用<

⊙飞机／渡轮／火车／巴士／出租车费用。

⊙租用车辆费用。

⊙租用动物费用（马／骆驼／牦牛）。

>运费<

⊙装备的运费。

⊙车辆的费用。

>保险费<

⊙人身保险费。

⊙车辆保险费。

>银行费用<

⊙兑换手续费。

⊙银行转账手续费。

>食物费用<

⊙国内购买的费用。

⊙国外购买的费用。

>外地支出费用<

⊙生活费。

⊙雇佣向导／当地人的费用。

⊙燃料费。

⊙海关税。

⊙礼品费。

⊙杂费。

>探险后费用<

⊙管理费。

⊙摄影费。

>占预算 15%的应急费用<

要开销的项目。如果你不知道一项支出的确切花费，那就要尽量了解其可能有的价格。预算编制应采取该项花费的中间价格（介于最高价格与最低价格之间）。理想的预算数字应该是刚符合或稍高于实际需要。反之，如果预算数字低于实际需要，你就不得不挪用应急费用来支付一些日常花费。而等到发生一些紧急情况时，就没有多余

↑ 即使是一次简单的背包旅行也需要花钱，因此你需要考虑到旅行中的方方面面以制订一个详细的预算。

的钱来应付了。这时，你将不得不突然改变行程计划。

※ **银行费用**

如果需要兑换外币，你还应该将兑换和汇款手续费列入预算当中。如果你专为旅行开设了一个银行账户，也需将开设账户的手续费列入预算当中。

※ **食物与装备费用**

如果你是乘坐公共交通工具旅行，要确保所带行李没有超重。一旦所带行李超出了限制重量，就会产生额外费用。当然你也可以将行李托运至旅行目的地，但是这样做的花费可能会比较多，而且行李通过海关也比较费时间。此外，你还要弄清楚的是，在目的地购买食物和装备是否会更便宜。

※ **应急费用**

预备应急费用就像购买保险一样，是十分重要的。如果是驾车旅行，那么你还应该准备至少占总预算15%的应急费用，因为你很有可能需要用这些钱来修车。

钱与保险

无论你计划何种探险活动，都需要考虑一种最安全、最方便的携带钱的方式。此外，你还要确保已为计划中所有的活动购买了保险。

↑ 即使你打算使用旅行支票和信用卡，你仍应该携带少量小面额的现金。

※ **钱**

有多种携带钱的方式。不过最好还是尽量预备好一切所需物品，以减少携带大量金钱所带来的危险。

旅行支票

旅行支票是一种必须与护照结合使用的支付方式，因此对小偷的诱惑力远逊于现金。你可以在到达目的地后用当地通用或接受的货币购买一些旅行支票，其中既要有大额支票也要有小额支票，以方便使用。由于一些地方的商店并不接受旅行支票，因此你也有必要随身携带一些当地货币的现金。

现金

一些国家为了控制旅游业收入，规定每位游客要将所携带的一定数量的钱兑换成当地货币。而且，你还可能不能将这些货币兑换回来或带出这个国家。旅行前，你要搞清楚你所前往的目的地是否有此类规定，并相应地将其列入预算。

信用卡

需要注意，除一些大的中心城市和国际性饭店外，你可能不能使用信用卡。此外，拿信用卡在自动取款机上取款前，要查验一下手续费和汇率。一些由国际租车公司发行的信用卡可用于租车等服务，但要知道任何通过该信用卡支付的款项都以你的本国货币来结算，这一方式更易于核对支出。

※ **保险**

标准的假日险所涵盖的险种能满足你的大部分旅行需要，当然你可能还需要为更多的危险性活动上一些专门险。

人身意外险

标准假日险一般已包括了人身意外险的保费，但你要确保该险已覆盖死亡、四肢伤残、失明等事故的赔偿。

医疗保险

当你前往一个缺乏或者没有足够医疗服务的地方时，空中救护就显得至关重要了。如果你打算前往偏僻的山区或驾舟海上航行，那么你可能还需要购买单独的营救险。

行李保险

大部分假日险的保单都包括了行李迟延或丢失的保费。诸如照相机、珠宝等贵重物品必须要适当地投保，当然你也应该尽量避免携带那些旅行不需要的贵重物品。虽然家庭财产险中可能已包括了一些物品，但在旅行前你还是应该仔细阅读保单上的所有详细条款。

信用卡保险

由于信用卡容易被窃贼盯上，故而需为信用卡的失窃购买保险。

注意保管好你所使用的信用卡的发卡部门的电话号码，不能将其与信用卡放置在一起，以免与信用卡一起失窃。

高危运动险

即使你不是前往国外旅行，冬季运动、登山、划船、潜水、大型狩猎活动及其他高危运动通常也需要上专门险。仔细核对标准假日险的保单，看其是否包括了高危运动险，因为这些高危运动具有很大的受伤风险。

第三者伤亡险

万一你由于某种原因对他人的生命或财产造成损害，投保第三者伤亡险可谓是明智之举。第三者伤亡险通常也包括在标准假日险的保单之中，但旅行前你还是有必要核对一下是否已包含了此险种。

车辆保险

如果打算驾车旅行，还应为车上车辆保险，并确保该险的保险范围覆盖车辆所经驶的所有国家。

飞机失事险

如果你计划坐飞机旅行，你得核对一下你的人身意外险中是否已包含了此险种。如果你是打算自己驾驶飞机，则需要投保单独的高危运动险。

→ 山地骑行旅行看似危险性不好，实际上，对于一些新手而言，它的潜在受伤危险性还是很高的。

↑ 一本好的旅行指南通常会强调旅行地潜在的危险因素，但是你最好还是上一下相关网站以获取最新的可靠信息。

危险评估

作为团队中的一员，你有责任对自己及其他团队成员的安全负责。对旅行进行危险评估是至关重要的，比如旅行中的活动可能带来的危险、团队成员可能受到的伤害及其危险程度等。

※ 为什么要进行危险评估

危险评估是对一次活动所具有的危险性进行的事前评估，以确定可能会出现哪些问题、哪些人可能会受伤以及如何处理类似问题等等。意外事故总是可能会发生的，但是

↑ 游击战意味着对人身安全的严重威胁。如果你所前往的目的地正处在游击战的危险之中，你最好还是改变行程计划。

■评估程序

⊙关注危险。

⊙确定谁可能会受伤并且会如何受伤。

⊙评估危险程度，并确定现有措施是否能预防危险，是否需要增加更多的措施。

⊙旅行中应不断地讨论你所做的危险评估，并做出一些必要修正。

⊙旅行后重新检查你所做的危险评估，并做出必要修正。

有效的危险评估能够减少潜在的意外事故发生并使人从中吸取教训。

※ 识别危险

在识别一项活动所具有的危险性的时候，你应当注意那些可能导致严重伤害的方面。有时候你应该询问那些对活动内容不太熟悉的人的看法，因为这些人往往会发现一些老手所忽视的问题。另外，一些装备生产商所提供的产品说明书也往往有助于你识别某些危险。

↓ 良好的体能和严格的纪律在山区等地势状况复杂的地域显得尤为重要，因为在这些地域很容易发生一些由于疏忽而导致的意外事故。

↑ 在进行诸如划船等旅行活动前，接受一些基本的技能训练是十分必要的。因为这些技能和知识有助于提高活动的安全性。

此外，你还应考虑到一些其他的潜在危险，包括自然灾害、恶劣的天气状况、高原环境的适应性、危险的野生动物以及当地的饮用水安全。如果你需要山区急救服务，则要提前了解一下你所前往的地区是否有该项服务。确保每个团队成员都已接种了必要的疫苗。你的目的地也许是一些政局不稳定的地区，这些地方可能存在着内战、游击战、绑架勒索或恐怖主义活动等危险。出发前应多了解情况，一些国外网站上一般都会有最新的可靠信息。

在任何活动中，活动的参与者和指挥者都处于最明显的危险之中。但同时也要充分考虑到，该活动对于那些等待参与活动的人以及参观者和路人所具有的潜在危险。

※ 评估危险

在分清每一活动包含哪些单独环节后，你就需要估计出每一环节所具有的危险程度。你可以将危险程度分成“高—中—低”3个等级。同时，你应该考察到该项活动的历史，因为在历史中可能已经发生过一些事故，可以让你吸取一些经验教训。

改进操作技术、增添装备或增加训练等所有这一切都有助于减少危险和加强安全，当然这并不能完全消除旅行中的危险因素。

仔细阅读保单（人身意外险、车辆保险、团体保险）上的详细条款，确保已覆盖所有可能涉及的危险。

※ 做记录

旅行中应对以下事项做记录：装备的使用时间、使用年限、维修记录以及旅途中发生的意外事故。这些记录会对以后使用这些装备的人有所帮助。

个人证件

办理各种旅行证件颇让人头痛，但这却是至关重要的。如果你在出入边境时不能出示各种正确的证件的话，你将会陷入麻烦。

※ 护照

当你前往一个需要签证的国家时，应确保护照的使用期限不少于6个月。通常情况下，大多数签证都占据护照中一页或至少半页的篇幅。因此要确保你的护照本上留有足够的空白页。

有些国家特别发行一些留有较多空白页的护照，因此如果你的旅行要途经多个国家（特别是那些需要签证的国家），则最好考虑申请这类护照。否则，万一在护照有效期限之前空白页就用完了，你就不得不花钱重新换领一本。

※ 签证

签证是一国为控制入境的外国游客和居留者而签发的一种官方证明。签证规定总是随着移民政策的修改而不断地发生变动。出国前，你应该给你将前往国家的大使馆打电话或者访问其官方网站，以获知你是否需要办理签证。

↑ 无论是在旅行中还是在旅行结束后准备下次旅行期间，都要妥善保管你的护照及其他证件。因为这些东西能在黑市卖上好价钱，是小偷经常觊觎的对象。

证件清单

- ⊙护照。
- ⊙签证。
- ⊙国内驾照。
- ⊙国际驾照。
- ⊙接种记录。
- ⊙国际预防接种证书。
- ⊙国际野营证书。
- ⊙货币与贵重物品申报单。

签证经申请后可以在国内的相关大使馆处获得——既可以亲自申领也可以通过邮递。根据你的国籍、旅行理由及目的地等的不同，签证时间可能需要几小时到几周不等。如果你准备邮寄护照和签证申请及相关费用，一定要选择已经注册的邮政服务并在邮寄前记录下护照号码或备下护照的复印件。申请签证前务必要仔细阅读签证要求，因为一旦由于某些差错而被拒签，之后就很难再拿到签证了。

如果身在国外，你通常可以在该国的相应大使馆获得目的地国的签证。当然这一过程可能比较花费时间，有时需要花费几周的时间。千万不要对大使馆及其工作人员的工作效率表现出不耐烦，这么做非但于事无补而且可能导致进一步的拖延时日甚至拒签。

签证申请必须提前进行。在计划旅行时就要决定是否前往那些需要签证的国家。这样做能够让你在国内有充足的时间来申请签证。

※ 国内驾照

即使你需要有国际驾照才能在国外驾驶，你仍然要携带国内驾照的复印件。因为大多数国外租车公司都会接受国内驾照复印件作为身份认证和具备驾驶能力的证明。

※ 国际驾照

国际驾照是一种在世界范围内承认的可以证明你在本国持有有效驾照的证件。并非所有国家都规定外国驾驶者必须携带国际驾

↑ 根据你国籍的不同，各国的签证要求差异很大。因此，你得访问其官方网站以获取你所需的最新信息。

照，因为有些国家相互承认对方的驾照。国际驾照是为那些喜爱自驾车出国旅行的人设立的，这为驾车旅行者在对驾照要求各不相同的各个国家旅行带来了方便。此外，在护照失窃的时候，有照片的国际驾照也是身份认证的一种有效方式。

国际驾照共用 10 种语言印制——联合国的 5 种官方语言（英文、法文、西班牙文、俄文、中文）以及德文、阿拉伯文、意大利文、瑞典文和葡萄牙文。国际驾照的申请费用较低，一般可以在本国负责颁发驾照的机动车管理机构申领。

※ 接种记录

医疗机构及至一些航空公司都会发一些用于记录疫苗接种情况的小册子。这些小册子能够提醒人们接种最新的疫苗。此外，如果这些小册子是半官方性质的，还能作为疫苗接种的证明。如果你没有这类小册子，就把接种记录写在一张纸上并与护照放在一起。

※ 国际预防接种证书

国际预防接种证书（俗称“黄皮书”），是你已经接种了某些疾病疫苗的国际性证明。这些疫苗包括：麻疹疫苗、腮腺炎疫苗、风疹疫苗、伤寒疫苗、甲型肝炎疫苗、黄热病疫苗、脊髓灰质炎疫苗、破伤风疫苗等。如果你是前往一些较落后地区，推荐你接种以上所有疫苗。国际预防接种证书是由为你接种疫苗的医生或医疗机构签发的。该证书一定要正确填写并由相关部门盖上印戳，否则就是无效的。在一些国家，也许需要你在边境检查时出示该证书。如果你没有该证书，则会被要求在其设立的接种点注射疫苗，通常都是在简陋的设施下由一些非专业医务人员操作且有接触不洁针头的危险。你也可能被拒绝入境。

※ 国际野营证书

国际野营证书是由世界各地的野营协会签发的，其中附有护照的细节信息。许多野营地也许需要该证书以代替上交护照，这就

↑ 如果你打算在河流或湖泊划船，你得确保该水域有不受限制的公共通道。此外还要注意不要闯入私人水域，特别是当身处国外或不熟悉当地法律法规的时候。

使得你可以保留护照以便用于兑换货币、兑现旅行支票及用于其他事项。同时，把护照放在身边也会感觉比较安心。当然，并不是所有的野营地都接受该证书以代替护照，因此你应该提前了解打算前往的野营地的相关政策。

※ **财务申报**

有些国家规定，必须在边境填写外汇申报单。该单所需填写的内容包括诸如相机、珠宝等贵重物品及货币。注意正确填写该单并妥善保管防止遗失，因为在你离境的时候可能会要你出示该证件以核对你是否卖掉了其中一些物品。

车辆证件

如果你打算驾车出国旅行，你得留出足够的时间来办理除国内驾照和国际驾照以外的所有相关证件。在有些国家，如果你被警察拦下而不能出示相关证件，你将会有大麻烦。此外，如果缺少必要的保险，万一发生车辆故障或事故，你也将会损失惨重。

相关车辆证件通常是由你本国的机动车管理机构签发的。如果你不清楚需要办理哪些证件，务必在旅行前向相关机构咨询以获取最新信息。

※ **汽车证**

汽车证用以证明你对汽车的所有权。通常在你被警察拦下或穿越国界的时候，需要出示这些证件。

※ **保险单**

务必随身携带你在国内办理的保险单原件，并确保该保险单在有效期之内。如果你打算把车带到国外，你可以在国内的机动车管理机构和保险公司办理车辆的国际保险。

绿色保险卡是联合国保护国外驾驶者机制的一部分，能够提供一些附加保护，在40多个国家都得到承认（大部分是欧洲国家，但同时包括俄罗斯、伊拉克和伊朗）。绿色保险卡本身并不提供必要的保险，但是它可以证明：外国驾驶者在本国所办理的保险涵盖了承认绿色保险卡的国家对于第三方责任保险的要求。如果你的国家是承认绿色保险卡的，请与本国的机动车管理机构取得联系，以询问你是否有资格申请该卡并了解更多细节信息。

※ 国际机动车证书

国际机动车证书是一种车辆通行证，有效期为1年。该证书用多种文字提供了汽车证的信息。尽管接受该证书的国家极为有限，但还是有必要提供多种文字版本——特别是当你需要修理车辆而又不懂当地语言时，该证书就显得尤为有用。同时，该证书还记录车辆出入境的历史。

↑ 自驾车旅行有许多优点，但若缺乏相关证件，则会陷入麻烦。

※ 授权书

当你所驾驶的车辆的所有权并非属于你的时候，比如租车，你就需要向车主或租车公司取得一份授权书。该授权书的内容应该包括：获得驾驶许可的注册信息以及你将前往旅行的国家。

↓ 各种车辆证件应放在车里面，但要注意放置在安全的位置并与其他物品分开。同时，复印件与原件要分开保存。

↑ 携带贵重物品（如工作或学习装备）的明细清单是十分有用的，以便在穿越国境时出示。

※ 海关报关单

在有些国家，你需要有海关报关单才能将汽车从一个国家带到另一个国家，并免于交纳汽车关税。当你出入国境的时候，海关将会检查你的相关证件并要求你交纳海关担保（表面上代替交纳关税，尽管其费用数倍于关税）。在交纳了海关担保之后，海关才会将报关单签发给你。

因此，在旅行前，你得联系相关国家的大使馆询问是否需要海关报关单及其担保费用。

■证件清单

- ⊙国内驾照。
- ⊙国际驾照。
- ⊙汽车证。
- ⊙车辆保险。
- ⊙国际机动车证书。
- ⊙授权书。
- ⊙海关报关单。

※ 证件复印件

所有车辆证件都应备有复印件，并与原件分开放置，以便在原件失窃时，你仍能证明自己具备驾车资格。此外，在车里备放一些证件，比如护照的复印件。

如果你的车上有贵重物品、大的或不常见的装备，最好能在穿越国境时出具一张物品清单。如果你能事先拿到盖有该国大使馆印章的物品清单，你就能够比较顺利地通过海关。

团体旅行

一次团队探险活动需要牵涉到许多机构来确保每个人都拥有安全且愉快的旅行。探险之前，行程计划需要得到每个成员的同意。这一点是非常重要的，即使对于一次休闲旅行来说也是如此。因为我们总是想让旅行活动达到每个人的预期并避免不愉快的事情发生。

※ 组织团队成员

团队人数越多，发生混乱的可能性就越大，对于有儿童或青少年的团队来说尤其如此。通常，人数较多的旅行团体总是很容易在售票处和机场登记处出状况。因为其他乘客会因为自己前面排了如此多的人而造成的拖延感到不满。因此，领队应该在快要接近边境之前提醒大家准备好钱、护照和票等物件。

如果你的旅行团队人数较多，最好将每个人的姓名、地址、出生年月和护照号码记录在一张纸上，这有助于加快办理住宿登记和通关手续的速度。此外，在换乘交通工具的时候，也需要一张名单来清点人数。

如果打算乘坐公共交通工具进行旅行，则一定要告知每个成员目的地的具体位置并约定一个会合点。这样一来，即使有人走散，他仍然能够很容易找到团队。

■团队影响

在团体旅行中，特别是当你作为领队时，要记住你不仅有责任保证整个团队的和谐愉快，而且要确保每个人都尊重当地的风俗习惯。旅行团体，特别是人数较多的旅行团体，很容易对脆弱的生态环境造成严重影响。此外，对当地文化缺乏了解，也很容易招致当地人的不满。因此，在营地中保持良好的纪律是至关重要的。出行前，你得将你所了解的关于旅行地的一切信息传达给每个成员，并且要确保每个成员都同意遵守一些行为规范，以使整个团队的旅行活动顺利进行。

在旅行途中，你很快就能发现哪些人的动作总是比别人慢半拍。这个时候，如果你不想他们拖累其他人的话，你就应该提醒他们动作迅速些并提前做好准备。同时，你也可以让团队中的其他人对他们多加留意，以确保他们按时到达。

※ 争端

无论同行成员有多少，也无论你们之间

↓ 一大群人带着一大堆装备，很容易使整个营地变得一片狼藉。因此要让每个人把不用的东西都放整齐。

是多么地相互了解，旅行途中发生一些争执冲突都是在所难免的。旅行前达成一个得到全体成员赞同的行程计划有助于将争端发生的可能性降到最低。当然，一旦争端发生，要迅速解决。

※ 应急计划

在正常的计划之外，你最好再制订一个包括计划外住宿的应急计划。万一在旅途中由于某种原因耽搁而不得不在某地做一晚的停留时，你准备的应急计划就派上用场了。如果是单独的个人旅行或是一个小团体的旅行，遇到这种状况通常不会出什么问题；而一个大团体若是碰上此类状况，如航班延误、租车公司歇业等，就很容易陷入混乱。

务必记住你打算入住的旅店的电话号码，以便在有变动时及时通知他们。即使你已经提前预订好了房间，你最好还是在即将到达之前打个电话过去以确认是否一切已准备就绪。

※ 贵重物品

如果你们将在某地做一段时间的停留，就应该找一个信得过的人或机构来保管贵重物品。整个团队的贵重物品包括护照、机票、珠宝、大量现金等，加起来能放满一个“百宝箱”，足以让小偷垂涎。因此为安全起见，还是将这些贵重物品妥善地保管起来比较让人放心。

※ 行李遗失

旅行途中可能会发生行李遗失，特别是在公共交通工具上。团体旅行尤其容易发生行李遗失事件，因为大家总是比较留意各自的私人物品而忽略团队的共同装备。为了防止行李遗失情况的发生，可以指定一两个人负责在每次转乘交通工具的时候清点行李，以确保每件行李都与你们一同达到目的地。如果行李不幸被航空公司遗失或延误，你就得多费些周折了。

↑ 一些重要的团队物品，如地图和野炊装备等，应该指派一两个人负责看管。

与青少年旅行

对于有孩子参加的家庭假日野营，你需要考虑到孩子是否具备野外生存的体能以及野外生存可能会对孩子的精神状态有怎样的影响。当孩子对日常活动有任何的不适或不满时，你就应该调整你的计划。

当你带着青少年旅行时，你和其他的领队要在整个旅程中对这些青少年的安全负责。许多关于团体旅行的建议都适用于此。另外，你的威望以及你处理青少年问题的能力很重要。

※ 团体探险

每6个青少年，就至少应该由1个成年人负责。但是，如果你的计划中包括一些具有危险性的活动或团队成员的年龄低于15岁，这一比例则应该提得更高。如果团队中有的孩子有特殊需要，那么实际所需的成年人数目更要依具体问题具体分析了。

※ 行前集会

旅行日程的安排需建立在出发前一系列集会讨论的基础上。旅行前，要将有关事项通知孩子的家长，以使他们对孩子的安全放心。这些集会能让你及时发现一些问题，并相应地修改计划。

↑ 每天清晨集会时和大家讨论当天的计划，让团队中的每个人都融入到探险活动中。

介绍性集会

在早期计划阶段，你就应该安排一次集会，向参加探险活动的孩子及其家长介绍有关目的地以及一些探险活动方面的事宜。同时，这可能也是大家第一次互相见面。你得在集会上向大家解释一下探险活动中应遵守的行为规范以及对违反行为规范的惩罚措施。

你应留下每个人近亲的联系方式以及3张护照照片。如果是去国外旅行，则还需要护照复印件和出生证明以防护照丢失。此外，你还需要详细陈述你的投保计划。

出发前你应同孩子的父母或其他合法监护人签署授权协议——授权你在紧急状况下可以对被监护人实施药物治疗。同时，你要了解每个人的身体状况，包括哪些人需要哪些特殊的医疗处理以及对哪些药物和食物过敏。如果是去国外，你还得确认每个人都接种了必要的疫苗。

最后集会

在出行前的最后一次集会上，你应该向大家宣读一下最后的危险评估以及对那些易发危险所采取的措施。此外，传达所有的最后信息并回答大家的一切疑问。

※ 旅途中

对于一个有12 名以上儿童的团队来说，制订一张轮值表是很有必要的，以明确每个领队的固定值班时间。对于人数较多的儿童团队（指20人以上），最好再分为若干小组，每个小组配备一名领队，这样会更易于管理。

如果孩子们的年龄大到足以能够独立地做一些事，那么也可以允许他们有一些没有成人监督的自由活动时间。但是领队们要待在一个固定地点，如咖啡馆，让孩子们每个小时都来汇报一下，以确保没人走丢。此外，你手头还要准备一张名单，以便在转乘交通工具的时候清点人数。

※ 探险中

每天清晨都要进行一次关于当天日程安排的半小时例会，孩子们可以在例会上提出一些问题。孩子们每天所能进行的活动量取决于他们的年龄、体能以及活动类型。你根据以往的经验来安排日程，当孩子们不能很好地应对挑战或突发的天气状况使得原有计划不能进行的时候，你要准备好修改原先的计划。

对某些孩子的不良行为要迅速做出处理。如果一个孩子有多次不良行为，就得考虑把他送回家了。但是这一决定只是在没有其他解决方法的情况下不得已而为之。因为将一个孩子送回家必须有一位领队陪同，这将导致额外的花费并使团队少了一名领队。

↑ 诸如滑雪等活动必须要在孩子们体能的承受范围之内，以避免他们变得焦虑或不合作。

单人旅行

许多人喜欢单人旅行的自由，喜欢独自面对新的挑战，喜欢独自游历新的地方。如果你不喜欢团队旅行所带来的种种弊端，如一大堆的机构、不可避免的性格冲突、缺乏自立性等等，那么你也可以考虑一下单人旅行。

单人旅行的最大优点在于你可以随心所欲地改变你的行程计划，而不用和任何人商量。当然，单人旅行也有缺点。以下几个方面是你在决定是否进行单人旅行的时候需要考虑的。

※ 装备

如果你打算做一次徒步旅行，并且自己携带所有的物品（包括营帐和野炊器具），那么你就要尽量选择那些重量较小的器具并避免携带不必要的物品。如果你还没有徒步旅行所需的装备，特别是一些比较昂贵的装备，最好是能租到或借到，因为配备那些装备需要一笔花费。你得确定自己能够正确使用所有的装备（包括怎样搭建帐篷），以及懂得修理和维护。

※ 旅行费用

除非你是自己驾车并且睡帐篷，否则你的花费将会比较大。因为渡轮和住宿对单个人的收费会相对贵一些，特别是当你要求单人船舱和房间的时候。

※ 保持联络

要与国内的亲戚或朋友保持定期的（可以在每周的同一时间）电话联络，以便让他们知道你的现状以及活动安排。

※ 住宿

一人徒步走在荒漠之中的想法听起来很吸引人，但在做决定之前一定要三思而后行。除非你是个有经验的野营者，否则还是去一些指定的野营地比较好。那些区域不仅更容易找到饮用水和盥洗设施，而且有更多的人可以寻求帮助和建议，因此更为安全。如果你打算住在旅馆里面，就参考一下旅行指南手册或咨询一下旅游信息机构以了解这一地区的特点。当然了，单独一人旅行还是住在比较靠近市中心的区域更为安全。

单人旅行的建议

单人旅行由于危险性较大，有时会令人却步。但是还是有一些方法能够将危险降低到最小程度。

⊙不要打扮得像个游客，如脖子上挂个照相机。

⊙穿戴要普通，不要穿名贵的衣服或戴珠宝。

⊙当遇到陌生人的时候，要谨慎，不要随便向对方透露你的身份。如果对对方心存疑虑，则最好假装成是和朋友或团队一起来的。

⊙不要告诉陌生人你的住宿地点。如果要与一个新朋友见面，最好安排在公共场所。

⊙如果饮酒，注意不要过量，以免喝醉了没人照料。

⊙如果天黑后外出，尽量待在那些光线较亮的街道。

→ 单人旅行具有更多的灵活性。一有新的机会出现，就可以随心所欲地改变计划。

↑旅行中由于缺乏其他人的支援使得单人旅行者很容易遭受攻击，因此务必仔细计划以将危险降至最低。

※ 单人活动

如果你打算进行一次单人的徒步（或骑自行车、骑马、驾车）旅行，最好告诉某些人你的活动安排、行程路线和预期返回日期。万一你发生了意外，那些人可能就是你唯一的获救希望。进行登雪山之类的活动前一定要三思，特别是在天气情况恶劣的条件下。而诸如划独木舟之类的活动，单独一个人是绝对不能进行的。如果你要去参观某一个著名景点，则最好加入某个旅行团。这样不仅更安全，费用也比较少。

※ 过边境时须知

作为一个单人旅行者，交友务必要谨慎，绝对不要接受那些不知里面装了什么的包裹和礼物，特别是在穿越国境的时候。有很多人都是由于为那些所谓的“朋友”携带了包裹而被送进了监狱，因为这些包裹中往往装有毒品或其他违禁品。

■女性旅行者注意事项

旅行者遵守当地的行为准则是一个礼貌问题。女性旅行者要格外注意，出发前要事先了解目的地的风俗，并尽量穿一些比较宽松或合身的衣服。

几乎所有的单身女性旅行者都可能遇到性骚扰的问题。你应该注意下面这些原则：不要在黑暗的小巷子里漫步；不要接受陌生人的饮料；在火车或公交上，要找女性旁边的位子坐。如果你受到骚扰，不要与骚扰者发生正面冲突，而是要尽量引起旁观者的注意，让他们出面来保护你。在公众场合，要避免与男性进行直接的眼神接触，戴一副深色眼镜或许会有帮助。尽量在白天的时候到达目的地，这样就能避免夜晚在街上行走。

从好的方面来看，当地人（特别是女性）会对女性单身旅行者提供更多的帮助。因为，人们通常认为女性更需要帮助，而且也不存在威胁。

你要对没有规律的生活做好准备，比如不断穿越不同的时区以及随之而来的压力和疲劳。也许你在当地很难买到一些防护用品，在缺乏干净的水来洗手的情况下，用棉球是一种比较卫生的方法。

第 2 章 野外生存前的身体训练

你应该具备的体能水平取决于你所进行的旅行活动的强度要求。例如，山地骑车或激流冲浪这类运动所要求具备的体能远比轻松的徒步旅行高。当然，即使是徒步旅行之类的低水平运动，也需要在生理和心理上做好双重准备。

不借助重物的身体训练

锻炼体能

你应该具备的体能水平取决于你所进行的旅行活动的强度要求。例如，山地骑车或激流冲浪这类运动所要求具备的体能远比轻松的徒步旅行高。当然，即使是徒步旅行之类的低水平运动，也需要在生理和心理上做好双重准备。

作为旅行团队中的一员，为了其他成员，你有责任尽力确保自己的身体健康。一个团队成员的生病或体能不济很可能会影响到团队中的其他成员。一般来说，行前进行至少 1 个月的适度锻炼将有助于你避免生病和受伤。

※ 全方位的体能训练

为了达到适于野外探险和户外活动的全面体能水平，应当注意以下要素：耐力、力量、灵活性、速度、敏捷性、平衡性、协调性、反应时间。在这些要素当中，耐力和灵活性最为重要。

→ 骑自行车是一种增强心血管耐力的极佳训练方法，而且对锻炼大腿肌肉特别有效。

※ 耐力

耐力是指能够长时间地进行体育活动，这是体能要素中最为重要的。一个人的体质越好，他的耐力也就越强。通常有两种不同类型的耐力：心血管耐力和肌肉耐力。

心血管耐力

心血管系统包括肺、心脏、血液和血管。良好的心血管耐力能使人在长时间全身运动之后既不感觉累也不气喘吁吁。

为了增强你的心血管功能，你应该制订一个计划来进行一系列的体能训练以增强心脏的负荷能力。例如，游泳就是一项极佳的体能训练运动，它能够锻炼全身的肌肉。特别是仰泳和蝶泳，对背部和肩部肌肉有很大的锻炼，而背部和肩部肌肉一般很难通过其他运动得到锻炼。

此外，骑自行车和跑步也是提高全面体质和耐力的好方法，特别是对于大腿肌肉。作为行前身体适应训练的一部分，你还需要穿上你将在探险活动中穿的靴子或其他衣物进行一些常规训练。比如，背上跟自身体重差不多重的背包进行训练就十分有用。

肌肉耐力

肌肉耐力是指重复运动同一块肌肉而不疲劳。不同的活动需要不同的技能，因此需要锻炼不同的肌肉和关节。例如，步行和登山需要大腿和小腿肌肉的力量。如果你需要随身携带装有帐篷和野炊器具的背包，你的肩部肌肉就必须十分强壮。相反，划独木舟则需要手臂、肩部和胸部等处的肌肉力量，而骑自行车需要腿部、手臂和肩部肌肉力量。

你可以通过多种方式增强全身肌肉的力量。也许你会觉得参加一个健身俱乐部很方便，因为那里有各种专业的健身器材，并且只需做一套简单的常规既定动作，外加一些常规负重步行。另外，俯卧撑、引体向上和仰卧起坐等都是准备进行户外活动前的好的锻炼方法。这些运动可以在家里做，既不用去健身俱乐部，也无须借助于体育器材。

※ 灵活性

伸展关节和肌肉有助于增大动作幅度和防止肌肉损伤。进行伸展运动前，最好先做 15 分钟的小幅运动来热身，例如甩臂散步、掷飞盘、慢跑，以防突然疲劳并减少发生肌肉损伤的危险。

伸展运动，既可以仅仅单做以提高全身各方面的良好灵活性，也可以在耐力训练之后做以增加训练效果。伸展运动应遵循从上到下的原则，先活动头部和颈部，然后逐渐往下直至腿脚。不要突然加大动作幅度，而应该缓缓地伸展，伸展的幅度以自己感觉舒适为准。放松前，每一伸展动作都至少要持续 15 秒钟。训练后所做的肌肉伸展运动的时间越长，你的身体灵活性就越好。

※ 心理素质

心理力量基于你相信自己能够处理身边的一切状况。具备良好的心理素质有助于你克服心理焦虑，并自信自己的体能可以克服所有的困难。

事先为某些紧急情况做好准备是十分重要的。必要的训练能够使你在生理和心理上更为从容地应对困难，而且将提高你对自身能力和局限的认识并增强自信心。必要的训练还能够让你在糟糕的状况下不易陷入恐慌。

※ 心理准备

有一些人虽在旅行前已经在体能上做好了充足的准备，但是当他们进入野外时，状态并不好。这在很大程度上源于缺乏心理准备，使得他们不能够适当地调整自己来适应新的环境。

有些人觉得露营生活缺乏隐秘性；有些人会对他们在一些地方所看到的贫穷或疾病等现象深感不安，甚至被某些气味和声音所困扰；有些人始终觉得睡在露天不太安全而更倾向于睡在帐篷里面。

许多类似问题，如果在行前被及时发现，都能得到有效的解决。例如，事先尽可能多地了解有关目的地的各方面情况；行前尝试一些体验，如用柴火来煮饭或进行高难度的登山。这些事情在第一次做的时候看起来不太容易，但是在你下一次做的时候就不会如此了。因为通常都是由于未知人才会感到不安。

热身运动

野外生存者必须具备很好的体能，这样才能适应高强度的活动。同时，在进行体能训练之前要做好相应的热身运动，让身体有一个适应高强度运动的缓冲时间，进而让肢体发热、灵活一些，不至于因突然的高强度运动而造成身体上的不适。

热身运动主要是对身体的下肢、髋部、手臂、背部进行锻炼。

※ 下肢

要分别活动小腿、大腿、脚部的关节和肌肉。

首先是大腿外侧肌肉的拉伸。让身体处于站立的状态，然后用一只手抓住同边脚的脚踝部位从后面往上提，一直提到臀部，同时确保另一条腿是直立的，保持这个姿势15秒左右，再换另一条腿。这样能让大腿外侧的肌肉得到很好的伸展。

其次是大腿内侧的肌肉伸展。平躺在地上，然后将一条腿弯起来，脚着地；再将另外一条腿用手往上提，直到与身体处于90° 以上，同时保持身体的挺直。维持这种状态15秒左右，再交换两条腿的动作，这样能让大腿的内侧的肌肉感到明显的拉伸感。

接着对小腿部位的肌肉进行拉伸。先站立，然后把一只腿往前伸，膝盖处于弯曲状态。未抬起的腿绷直，在把身体往前倾，朝膝盖弯曲的方向往下弯，直到高度低于膝盖部位，同时保持腰部是挺直的。这样你的支撑腿上的肌肉会有非常明显的拉伸感，同样维持这种状态15秒，再交换。

然后是膝关节的锻炼。膝关节的热身比较简单。站立，两腿合拢，两手握住两腿的膝盖部位，同时膝盖部位微微弯曲，然后手和膝盖同时转动，来回15次左右就能让膝关节灵活起来。

最后是脚部的运动。脚部主要是脚尖的锻炼。先站立，然后将一只脚往上提20

↑双脚分开站立，一只手放胯上，另一只手举过头顶，然后慢慢地向身体一边倾斜，之后再向身体另一边倾斜，以重复以上动作。

↑双脚并拢站立，然后一条腿从膝盖处开始向后弯曲，双手从身体后面抓住脚以舒展脚筋和四头肌。

↑双脚并拢站立，身体向前弯曲，让背部呈水平状态，然后双手高举过背并交叉在一起，维持15秒。

厘米左右，维持脚的后跟部位不动，脚尖部位做绕圈运动，先一个方向转动 15 圈左右，在逆方向转动同样的圈数，两脚交替运动。

※ 髋部

髋部运动主要有两种方法。一种是先直立，然后将一只脚往前跨，另一只脚绷直，身体直立，将双手放到往前跨的大腿上，髋部开始左右前后扭动，这样你的髋部就会产生热量。第二种是直立，将两腿张开到与肩部同宽位置，双膝微微弯曲，然后将双手放在胯部，保持上身的直立，接着扭动髋部，同时要让腹部的肌肉紧缩，这样就把身体运动的全部力量来源都积压在髋部，从而达到热身的效果。

※ 手臂

手臂部位的运动主要是为了活动肩关节和肘关节。直立，将一只手放在颈部，然后把另一只手放到这只手的肘部，往内侧拉伸，直到手臂有明显的拉伸感，这样连续 15 次，再换另一只手。

※ 背部

背部运动主要是拉伸背部的肌肉。坐下，然后将两腿往前伸直并拢，接着双手往前伸努力靠近脚尖部位，同时紧缩腹部肌肉，尽量让胸部贴近腿部，这样就会很大程度上对你背部的肌肉进行拉伸。

※ 热身运动的时间

人做热身运动的目的都是为了防止不必要的伤痛。但不同的人，对热身运动的时间要求不同。体质、年龄、性别的不同会使对热身运动的时间要求不同。当然，对于热身运动的时间我们有一个标准的计量方法。

第一种，你热身运动的时间可以根据你即将运动的总时间来确定。如果是在野外生存环境中，你无法安排好运动需要的时间，你可以根据你的经验或者询问上级来确定。一般情况下，热身运动的时间占所有运动时间的 10% ~ 20% 是最佳的，也就是说你如果运动 2 个小时，那么你热身的时间就要控制在 24 分钟以内。当你的身体微微出汗时，就可以了。

第二种，根据运动时的心跳速率来计算。人运动时，心跳速率会加快。你可以在之前的训练中，了解自己运动最激烈时心跳的速率，那么在之后的训练或者野外生存中，你热身运动时如果心跳速率达到你了解的最大速率的 60% ~ 70%，此时你就可以终止热身运动了。

※ 热身运动的好处

通常的说法就是，热身运动是为了给身体一个缓冲适应的时间，而事实上，热身运动的好处并非仅仅如此。

通过热身运动能够加速你体内的血液循环，从而增加你运动时所需的能量和促进体内的新陈代谢。

通过热身运动，能有效地保护你身体各个部位的肌肉，因为热身运动一般都是比较缓和的，这样你身体的肌肉能够慢慢地适应各种拉伸活动，并且能很好地配合关节部位灵活运动，以避免脱臼、肌肉肌腱拉伤等情况。

通过热身运动，能缓缓地增加身体的体温，从而刺激身体的感知神经，使之兴奋，从心理和生理上做好面对高强度运动的准备。

注 意 热身运动只是为了给你接下来的运动做准备，因此不要太剧烈，要自然呼吸。你在做热身运动时，倘若身体某个部位有明显的疼痛感，你就要马上停止。

有氧练习

有氧运动是指运动的时候，人消耗能量时体内所需要的氧气一直保持充足的供应状态。有氧耐力指的是人在长时间运动体内能量消耗的是由有氧运动产生的能量的工作能力。这个耐力的主要影响因素是运动中氧气的供应情况和体内还有多少糖原。人可以通过持续负荷法、间断负荷法和高原训练法这三种方法来提高有氧耐力。

有氧运动是相对于无氧运动而言的，我们该如何分辨自己进行的运动是有氧的还是无氧的呢？从生物的角度来分析，人运动的时候肢体的动作都是需要体内的能量来供应的，有氧运动的能量是通过氧化反应得到的，1克分子的葡萄糖被充分氧化可以放出38个ATP（三磷酸腺苷）的能量，产物是人体内常见的水和二氧化碳。而无氧运动的能量就是由无氧酵解得到的，在这个过程中，1克分子的葡萄糖只能产生2个ATP的能量。同时，过程中会产生丙酮酸、乳酸等物质，这些物质是酸性的，并且不容易排出体外，所以无氧运动过后的一段时间内人会出现身体疲倦和酸痛等症状。运动的人就可以根据这点来判断运动是有氧的还是无氧的。

那么，如果身体不酸痛就一定是有氧运动吗？也不一定。要达到一定强度的运动才能称之为有氧运动。运动完之后面不改色心不跳气不喘的，证明运动强度还不够。运动需要再加强，起码要等到出现面色变红、心跳加快、呼吸急促、身体发热等症状，这样才能算是有氧运动，从而达到锻炼体能的目的。

运动贵在坚持。对于一个有效的有氧运动，如果你能坚持有规律地做下去，一段时间之后，你就会感觉到身体素质明显提高了，免疫力、耐力等都会大大提高。现在有氧运动项目非常多，例如瑜伽、健身操、太极拳、步行、跑步、游泳等，你可以从中选择一项或者几项适合自己的去坚持锻炼。

运动稍有不慎就容易出现问题，例如造成筋骨的拉伤等，所以在有氧运动前需要先做一些准备工作。你可以扭扭脖子、捶捶肩背、伸伸手臂、压压腿脚，轻微地活动一下筋骨，让身体有个预热过程，然后再开始慢慢加大运动的程度。

想要坚持有氧运动，要注意下面几点：

• 做有氧运动的人不能有心脏病之类的容易突发状况的疾病。运动者要想达到锻炼身体的目的，必须每周运动3～5次，根据自己的实际情况确定每次运动的时间，通常是在20分钟到2个小时之间合适。

• 运动的强度要刚刚好，做有氧运动的保持在每次运动过后有点面红心跳、微热冒汗就刚好合适。如果没有运动的感觉，说明运动强度还不够，如果出现呼吸困难、发热头晕、疲倦乏力等症状或者运动过后出现身体非常酸痛和劳累过度的感觉，那就说明运动强度过强了。

• 运动强度还可以根据靶心率来控制。先教你怎么算自己的靶心率，靶心率是170这个固定值减去自己的实际年龄得到的结果。举个例子，你现在30岁，那么靶心率就等于140次每分钟。这就是说，运动过程中，你可以数数自己的脉搏，让心率刚好接近140次每分钟。如果心率跟140次每分钟这个数值差得太远，说明运动强度还远远不够。

↑ 沿海滩慢跑是进行伸展运动前的热身方式之一。

• 运动是一个慢热的东西，需要慢慢地增加，慢慢地达到健身目的，不能想着一步登天。一开始，运动的人可以先从少次少量的运动开始，然后慢慢增加运动的次数和运动的强度。如果自己没有很好的运动规划，也可以去找有经验的人或者健身教练给你一些合理的建议。

冷身活动

在进行体能训练时，激烈运动之后，有经验的人总不忘叮嘱一定不要忘记“冷身”。何谓“冷”？是让身体感到寒冷之意？当然不是，在野外生存训练中所指的“冷身”，是让身体内部急速运转的器官缓慢下来，让它变得平稳、正常。

不过，在很多人眼里，“冷身”这个词相比“热身”要陌生许多，所以，常常被人们忽略。

运动的时候，人的身体处于亢奋状态，就像一辆正在急速行驶的汽车一样，如果猛然刹车的话，对车的损害是非常大的。同样的道理，如果让一个血液循环非常快的运动中的人猛然停下，那么身体势必也会受到巨大的伤害。所以说，只有“冷身”运动的结束才能给你的此次运动画上一个句号。

那么，不谈汽车，单单说人的话，为什么我们不能在激烈运动之后，马上坐下来休息呢？那是因为运动时血液循环的速度是非常快的，静脉周围的平滑肌上的循环带挤在一起，身体虽然停止了运动，但是身体内的血液却不能马上适应这种急速的变化，需要我们帮助血液逐渐地适应，恢复到相对安静的状态，防止发生眩晕和昏厥。其实，之所以如此强调“冷身”运动，是因为它可以确保乳酸能够从组织中更有效地排出体外。

如何做“冷身”运动呢？“冷身”运动的具体动作包括很多，各种有效的拉伸动作都可以让身体这辆急速行驶的“车”慢慢冷却下来，像两个胳膊相互拉扯、扭扭腰、踢踢腿，这些看似简单的动作都可以调整血液循环和呼吸系统，以及让肌肉、关节、韧带都得到放松。当然，拉伸运动的力道要掌握得恰到好处，不宜过重。如果你已经疲劳至极了，没有力气再去做拉伸运动，这个时候慢走也是一个不错的选择。

这样看来，热身与冷身是一样重要的，就像做事情一样，“开始”很重要，但是要得到最后的胜利，“收尾”也同样重要。不要因为身体疲劳就省去“冷身”环节。

那么，什么状态预示着冷身运动可以结束了呢？感觉一下自己的心跳是不是趋于缓和，呼吸是不是逐渐平稳。如果想要得到更加确定的结果的话，不妨摸摸自己的脉搏，如果已经减慢至120或更少，你就可以舒舒服服地躺下来休息了。

借助重物的身体训练

重物设备

重物设备是锻炼肌肉常用而且好用的训练器材，最常见的是哑铃和杠铃。

※ 哑铃

哑铃是用于进行增强肌肉力量锻炼的器材。因在使用过程中一般不会发出声音，故称哑铃。它结构简单，主要材料是表面包有一层橡胶的铸铁，也有许多木制品和塑料制品。

哑铃可根据重量分为固定重量的和可调节重量的两种。

固定重量哑铃就是铸铁哑铃，重量有2.7千克、3.6千克、5.4千克、7.2千克的轻型哑铃和10千克、15千克、20千克、25千克、30千克的重型哑铃。

可调节哑铃有的是形状和结构类似杠铃的微型版，支杆两端可随意增减不同重

↑ 斜体仰卧起坐，要求肘部触膝，有助于锻炼腹部肌肉并增强上半身的力量。

↑ 俯卧撑运动有助于塑造结实的胸大肌、肱二头肌、肱三头肌。

↑ 也许你会觉得用双膝来支撑身体重量更容易做俯卧撑。

量的环形铁饼；有的则是塑料制品，内部中空，可以通过注水调节重量。

许多希望锻炼肌肉、力量的人都喜欢选择便于存放、使用的哑铃。有的人能通过哑铃锻炼获得健美的肌肉和强大的力量，有的人却一无所获，因为哑铃需要科学合理并且持之以恒地使用，否则不会达到效果。使用哑铃时，一定要选好适合自己的重量。因为我们的目的是要增强力量，所以最好选择我们最大负荷重量的65% ~ 85%作为哑铃的重量。也就是说，如果我们能每次举起20千克重的物体，就应该选择13 ~ 17千克重的哑铃进行锻炼。使用哑铃，每天练习应控制在5 ~ 8组动作，每组间隔2 ~ 3分钟，每组动作重复6 ~ 12次，动作频率不要过快。哑铃过小或过大、间歇时间过短或过长，都不会达到好的效果。

※ 杠铃

杠铃由横杠、杠铃片和卡箍三部分组成，是重量训练的常用器材。借助配备不同重量的杠铃，我们可以锻炼肩、背、臂、

↑ 引体向上是一种锻炼手臂力量的好方法。不断重复练习，可以让你的肌肉更强壮。

胸等处肌肉，同时能起到延缓肌肉老化、增加骨质密等作用。常见的杠铃分标准和非标准两种。

标准杠铃一般用于比赛，又分男子杠铃和女子杠铃两种。男子杠铃横杠长 2.20 米，重 20 千克；女子杠铃横杠长 2.15 米，重 15 千克；杠铃片重量有 25 千克、20 千克、15 千克、10 千克、5 千克、2.5 千克、2 千克、1.5 千克、1 千克和 0.5 千克十种，卡箍单个重 2.5 千克。

非标准杠铃尺寸要求比标准杠铃低，重量一般自由规定。有时还按需要制作成屈轴杠铃、弓型杠铃和环型扛铃等其他形态的特种杠铃。

力量训练注意事项

力量训练之前、之中、之后都有许多值得注意的地方。

※ 运动前的准备活动

如果是要做一些力量训练，那么最好提前 5 ~ 10 分钟进行热身，在进行训练的过程中，以及在训练完成后，都要再继续做一些相关的拉伸运动，这样才会防止因准备活动不足而导致的运动损伤。

※ 运动中的注意事项

使用固定器械时的注意事项：

要熟记器械的名称，熟知该器械所锻炼的肌肉群。

调整好器械，并调整好坐姿。坐姿正确、舒适不仅可以达到训练目的，还可以防止在运动中造成损伤。

检查好器械的负荷重量，调整到适合自己的重量，不要直接坐上去就开始训练。

控制好运动的速度，注意“快起慢放”的原则。也就是说，如果举起重物用了 2 秒，那么放下重物的时候，需要用 2 ~ 4 秒。如果听到器械的重量架有响声，那就表示你在放下重量的时候，肌肉没有按照要求做离心收缩。

不要急于求成，要循序渐进地增加重量，并及时根据运动情况和身体素质修改运动方案。

做力量训练的时候，不宜憋气过多。尽管憋气可以提高肌肉的力量，使得肌肉的张力加大，但是憋气会影响血液循环的正常进行，会使血压升高。另外，憋气还会引起胸廓内压力的升高，使得动脉的血液循环受阻，从而导致脑贫血，严重时会产生休克。

使用自由重物的时候需要注意：

杠铃片要固定好，避免砸伤自己。

使用超重量负荷的器械的时候，需要有人帮助并保护。

完成练习，放下杠铃的时候，注意动作要缓慢，防止造成大的噪音，或者重物滚动给他人带来伤害。

※ 运动后的注意事项

运动后不宜立即休息，最好先继续进

行一些强度较弱的小运动，等呼吸和心跳恢复正常之后再休息。因为剧烈运动会造成人体血液流动和心跳加快，肌肉和毛细血管都会扩张，而且，肌肉有规律的收缩会给小静脉带来压力，从而使血液快速地回流到心脏。这个时候如果立即休息，很容易造成血压降低、脑部暂时性缺血，从而造成头晕眼花、心慌气短、脸色苍白等症状，严重者还可能导致休克。

完成运动后也不宜立即洗澡。因为剧烈运动过后，皮肤表面的血管扩张、毛孔张开、排汗较多，如果此时洗澡水过凉，可能会使血液循环的阻力增加，心脏负担加大，使得机体的抵抗力下降，很容易生病；如果此时洗澡水过热，会继续增加皮肤内血液流量，从而导致大脑和心脏的血液量减少，造成头晕眼花，甚至虚脱休克，同时诱发其他慢性疾病。

在进行力量训练后要适当地伸展肌肉。因为这个时候，肌肉在收缩后要比平时的自然长度短，通过静力拉伸可以帮助肌肉恢复到自然长度。静力拉伸可以帮助我们缓解延迟性肌肉酸痛、增强柔韧性。

注意 在拉伸的过程中，动作要轻柔和缓、不能过激过急，防止结缔组织承载过大的压力，导致韧带和肌肉没有充足的时间去适应。

拉伸状态至少要保持 15 ～ 30 秒。

拉伸的时候以不感觉疼痛为宜。

■**测试你的体能**

常规锻炼将提高你的体质和耐力，而且让你在各方面感觉更好。你能很快感觉到总体健康水平的改善。这里有一些简单的测试方法以供检验你的体能进步程度，并激励你继续锻炼。

⊙有氧健身运动有助于增强心脏功能，使心脏跳动频率更为缓慢。为了做一个阶段性测试，请你在一个训练长椅或约 30 厘米高的台阶上做上下跳台阶的动作。双脚交替跳上台阶，脚底必须紧贴其上，一只脚抬上，另一只脚则落下，如此循环往复。坚持做这一动作 3 分钟，然后测试你的脉搏。一个正常男子每分钟的平均脉搏跳动次数应在 100 ～ 110 次之间，女子则在 110 ～ 120 次之间。请将你的测试结果与这一标准数据比较，以检验你的体能是否有提高。

⊙上半身的力量可以通过做俯卧撑来测试。重复做俯卧撑直至你筋疲力尽，看你总共能做多少个，并力争打破记录。

⊙腹部的力量可以通过做仰卧起坐来测试，看 1 分钟内你能做多少个。

⊙下半身的力量可以通过下蹲运动来测试，以一定的速度重复下蹲动作直到你做不动为止，看看你所能做的个数是否增加。

肌肉训练

科学、合理地进行锻炼，让自己的身体适应野外生存，必不可少的一个锻炼项目就是肌肉耐力。我们能够行走、弹跳、攀爬等，都和皮肤下的肌肉有着密切的关系，人体 600 多条肌肉的引擎作用使得我们可以灵活地做出这些动作。

肌肉对每个人都有极其重要的作用，肌肉纤维控制着我们发出的每一个动作，为数众多的纤维集结起来形成肌肉束，然后再形成完整的肌肉系统。我们的身体只要做出行走、弹跳、攀爬等动作，就会引起相关肌肉的松紧缩放。肌肉可以牵动眼球，使人能够自由眨眼和看清东西，而指尖和手掌之间的肌肉又能让我们拿得住哪怕很小的物体。

肌肉大多属于骨骼肌，由肌腱和骨骼相连，肌腱纤维有橡皮筋一样的伸缩功能，因此肌肉不能被推挤，只能被拉扯。人可以决定在什么时间以什么样的方式牵动骨骼肌，但人却不能随时随地察觉这其中的变化。那些与消化系统相关的肌肉是我们不能随意控制的，因为消化系统中包含着很多非随意肌。人的胃部共有三种非随意肌，即内斜、中环和外纵三层平滑肌，它们负责碾碎食物；小肠里有两种，负责挤压并推动食物。除此以外，非随意肌还可以维持心脏的跳动，因为心肌只负责传送血液的任务。

人的肌肉可以通过体育锻炼而变得发达，但肌肉越大块并不意味着人越健康。究其原因，毛细血管负责携带红血球流经肌肉，当肌肉剧烈收缩时，毛细血管会受到强烈挤压，肌肉就会缺氧，废物就会堆积。随着压力的不断加大，肌肉的反应越来越迟钝，人体的疲劳感也就越来越大。

那人们该如何科学合理地进行肌肉训练呢？

第一，应该遵循的训练原则是先练大肌群，即胸部、背部、腿部的肌群。这样的训练需要附加较重的负荷，否则很难见成效。你如果恰好精力充沛，且身体能承受较重的负荷，不妨利用良好的时机进行大肌群的训练，等你出现疲惫的时候再进行这种训练，不仅会让训练的结果大打折扣，也很可能会出现一些不必要的事故。

举个例子，一个人习惯的锻炼是在开始先做三组 90 千克杠铃的卧推练习，之后在训练的后半部做三组 30 千克三头肌练习，那么假如有一天他调换了训练的顺序，先做 30 千克杠铃的三头肌下推练习，那么他就很难再做 90 千克的杠铃卧推了。这时，他最多推起 79 千克，因为经过第一轮训练，其三头肌已经十分疲劳了。

第二个原则是轮流交替训练肌肉。肌肉力量与体积的发展和训练的强度密切相关，因而采用交替练习会更加有利于肌肉体积的变大和力量的增长，同一块肌肉并不需要连续不断的练习。交替练习的肌群经过第一次练习会及时得到恢复，等第二次练习的时候它们便能承受更大的负荷。

举个例子，人在卧推和三头肌下推的练习中，原动肌为三头肌，所以练习者若能在卧推结束后马上做三头肌下推练习，他就能克服约 30 千克的阻力。如果他在两组练习期间完成了一组站立屈肘练习，疲劳的三头肌就会得到适当的恢复，那么他在做下推练习的时候就会克服约 34 千克的阻力。

上体与双肩训练

※ 胸部锻炼

平卧举。首先，保持仰卧的姿势躺在长凳上，两只手抓住杠铃，使杠铃处在胸部的正上方。

然后，双手垂直地上举杠铃，直到两只手臂完全伸直。同时，彻底地收缩胸肌，然后保持静止，坚持一秒钟，接着再缓慢地下落。在进行动作的过程中要注意呼吸方法，杠铃上举的时候要吸气，下落的时候要往外呼气。

注 意 不要用力过猛，尤其起初做动作的时候，用力要稍小一些，之后再逐渐加大力度，不要让脖子有任何转动，以防扭伤脖子。

上斜卧举。首先保持头部朝上，平躺在倾斜 30° ～ 45° 的长凳上，双手抓住杠铃，使杠铃位于胸部正上方的位置。

进行动作的时候，要将杠铃垂直向上举起，直到手臂完全伸直，然后保持姿势，静止一秒钟，接着慢慢地将杠铃落下，回到原位。在进行动作的过程中，上举杠铃的同时吸气；中间保持静止的时候，将气呼出；杠铃下落的时候慢慢吸气，回落到初始状态的时候再呼气。

下斜卧举。首先，头部向下，斜躺于长凳上，双手紧握杠铃，使其保持在胸部下方的位置。

然后，将杠铃垂直向上举起，直到两臂完全伸直，然后保持静止，一秒钟过后慢慢地将杠铃落下，直到原位。在上举杠铃的过程中吸气，在保持静止的时候呼气；然后在杠铃慢慢下落的时候吸气，最后落回原位的时候呼气。

仰卧飞鸟。首先，仰卧于板凳之上，两只手分别握紧一只哑铃，保持双臂伸直，掌心向上，从胸部的位置慢慢地向两侧放下，尽量保持双臂张开，之后迅速下落，还原到之前的状态。整个动作如同鸟儿挥动双翼一般。向两侧放低的时候呼气，恢复初起姿势的时候吸气。

卧式直臂上拉。首先，脸部朝上，平躺在长凳上，双臂保持伸直且与地面平行的姿势。两只脚踏在长凳上或者地面上。双臂伸直伸平，然后向后拉杠铃或哑铃，一直向下到自己可以承受的最低点，保持静止，保持一秒钟，拉伸胸大肌。接着收缩胸大肌，双臂先向上拉，然后向前，一直到其落在双腿两侧的位置。当双臂向上和向后拉的时候吸气，放下的时候要呼气。

注 意 双臂拉伸的时候，动作要充分、到位。也可以两只手一起握住一个比较重的哑铃来做这个动作。因为两只手的握距比较远，整个重量充分集中在哑铃的中间，这样对胸大肌的锻炼效果也很明显。

※ 肩部训练

三角肌前部——前平举。挺胸、收腹并直立，双手紧握哑铃，双臂下垂，放于腿前。手臂垂直向上举起，举过双肩，保持静止，坚持一秒钟，然后再将双臂垂直地慢慢放下，直到回落到腿前。正确的呼吸方法是，双臂上举的时候要吸气，下落的时候要呼气。

注 意 在双臂上举和落下的时候，身体要保持直立姿势，双臂要伸直，将注意力集中在三角肌的位置。

三角肌中部——侧平举。身体站直，双脚自然分开，双手紧握哑铃，保持双臂垂直于身体两侧。双臂伸直向体侧的方向举起，举过双肩，三角肌自然收缩，然后静止一秒，随后再缓缓放下双臂，恢复初始状态。上举的时候要注意吸气，静止的时候呼气；下落的时候吸气，恢复原状态的时候呼气。

注 意 双臂上举或下落的时候，身体都要保持直立的状态，不能随意弯曲、摇摆，臂部要保持伸直的状态。

三角肌中部单臂——侧平拉。身体直立，用一只脚踩住拉力器或胶皮条的一端，一只手按于腰部的位置。收缩三角肌的同时，用手向侧上方拉起拉力器或胶皮条，直到与肩齐平，另一只用力插在腰部，以保持平衡。慢慢向上拉伸到最高点，然后保持静止的状态，持续一秒钟，接着三角肌用力，让弹簧或胶皮条缓慢松缩，直到最初的位置。进行此动作的呼吸要点是：向上拉伸的时候吸气，到达顶点处呼气；向下回落的时候吸气，直到落到最低点呼气。

注 意 向上拉伸的时候，身体不能左右摇动，更不能借助身体的力量。另外，可以应用哑铃来做这个动作，也可以利用侧卧的姿势来做。

三角肌后部——俯身侧平举。身体直立，两脚自然分开，身体弯曲90°，双手紧握哑铃，双臂自然垂下。收缩三角肌后部的同时，双臂伸直，从两侧平伸，举起哑铃，与地面保持平行，保持姿势静止一秒，然后再缓缓放下双臂。两只手臂上举的时候要吸气，落下的时候要呼气。

注 意 上举和下落哑铃的时候，身体不能左右摇摆。上举的时候身体要彻底放松，直到到达最高点时再收缩。另外，这一项运动也可以俯卧在长条板凳上进行。

三角肌后部——直立推举。将杠铃从

地面一直拉到胸部的位置，全身保持直立。双臂向上推，一直到完全伸直，保持静止的姿势，坚持一秒钟，随后将杠铃慢慢回放于胸部位置。在上举杠铃的时候要吸气，杠铃下落的时候要注意呼气。

注 意 不管是上举还是下落杠铃，身体都不能左右摇摆。此动作可以对上臂的三头肌有比较明显的锻炼效果。此外，还可以用哑铃做这个运动，运动时，双臂同时交替进行上推和下落，反复进行。上推和下落的时候都要吸气，静止的时候呼气。

杠铃屈体划船运动。双手紧握杠铃，两手之间的距离要保持与肩同宽，上半身前倾，头部和背部要保持挺直，膝盖处略弯，这样可以减轻腿部的压力，然后上拉杠铃，一直到下腹部，之后慢慢恢复起初的姿势。上拉的时候吸气，下落时要呼气。

肩负杠铃体前屈伸。身体直立，两脚分开，双手紧握杠铃，身体从直立的位置开始弯曲，直到上身与地面水平，之后再伸直，如此反复。

注 意 臀部不能下坐，双腿要伸直。上身前倾的时候动作要慢，身体恢复起初状态的动作要快。此项练习对髋和脊柱的伸肌群，以及腿后肌有很好的锻炼作用。

肩负杠铃体侧屈。双脚分开，身体直立，双手扶住杠铃片，交替向左右两侧进行体侧屈。进行动作的时候，上身要保持直立，双腿不能弯曲，侧屈到自己可以承受的范围内就可以了。

臂力练习

野外生存之前对身体进行训练，臂力的训练是必不可少的。

很多人都知道俯卧撑可以锻炼臂力，但是如果适当地借助重物，达到的效果会更好。你可以选择哑铃、杠铃、实心球等重物来完成你的臂力练习。

※ 哑铃、杠铃训练

首先介绍如何使用哑铃来进行臂力练习。这种练习方法有两种方式，一种是两臂弯举，另一种是单臂蹲坐弯举。

两臂弯举：身体直立，双手仰握哑铃，两条手臂自然下垂；保持上臂不动，依靠肱二头肌的力量弯起前臂到最高点，迅速让肱二头肌彻底收缩一秒钟，同时吸气；再让肘关节伸展，慢慢放下哑铃到开始的位置，同时呼气。然后一直重复这几个动作。

单蹲坐弯举：首先蹲在地上或者坐在凳子上，一只手紧握着哑铃，同时让上臂贴着同侧大腿的内侧，前臂下垂，而另一只手扶压在同侧的大腿上；然后让握着哑铃的那只手臂保持上臂不动，屈肘，在弯起前臂到最高临界点的时候，迅速让肱二头肌收缩，并且保持一秒钟，在这过程中吸气，再让肘关节松展后慢慢放下前臂，下垂的过程中同时呼气。

注 意 不要在弯起前臂时摆动上臂，弯起前臂使肱二头肌收缩的时间要有一秒钟，不能一收缩就马上放松。

杠铃的练习方法跟哑铃的差不多，也是用来举重练习，通过调动肌肉来锻炼臂肌。哑铃的重量会比杠铃的小很多，如果想要更好地锻炼出手臂的肌肉，可以将这两种工具配合起来锻炼。

※ 实心球训练

实心球投掷也是一种有效的臂力练习运动。实心球这个项目以力量为基础，速度为核心，综合了力量性和运动速度，属于力量型的运动。

投掷实心球的具体方法如下：

首先，用两只手掌托着实心球，让自

己的十个手指自然分开，两边除了大拇指之外的手指都放在球的两边夹稳，这时候大拇指的作用是紧紧地扣在实心球的后上方摆成类似一个“八”字来固定实心球。按正确方法拿好球后，两只手下垂，放在身体的正前下方，自然一点，不要非常刻意。然后，两腿自然分开，一前一后地站着，后脚距离前脚大概 50 ~ 80 厘米，让前脚掌和投掷线的距离在 25 厘米左右。这时候眼睛看着前面下方的位置，后脚跟略离开地面一点点，身体肌肉保持放松的状态，把重心放在中间，稍微偏前。在正式投掷前，都要先经过一到两次的预摆。预摆的最后一次，让球在前下方从胸前划过到达头的后上方位置，加速摆动的速度，身体上部分往后仰，微微地弯弓，让整个身体看起来是一个反弓形，在这个过程中吸气。最后，双手握着实心球，用力地从后上方往前上方摆动，利用下肢蹬腿送髋和腰腹的力量，同时两只手臂使劲向前摆动，将实心球投掷出去，同时下肢及两脚交换位置。

随着投掷技术的不断娴熟，力量也可以得到训练，下面介绍了几种训练的方法。

第一种，实心球前抛练习。训练者用双臂将实心球举过头顶，放在脑的后上方，两只脚很自然地分开站立，然后利用腰腹和上肢的力量，使劲将实心球往前方抛出。

第二种，实心球后抛练习。跟前抛训练方法有点区别，就是训练者背对着将要投掷的方向。两只手握着实心球，手臂伸直，两只脚很自然地分开，身体稍向前屈，然后挺起胸部舒展身体，四肢一起用力，往身后的位置大力地抛出实心球，努力让实心球抛得更远。

第三种，旋转实心球练习。训练者握着实心球置于身体前面，让两只手臂尽量伸直，然后用其中一条腿为轴心，迅速旋转一周后将实心球从身体前面抛出去。这个旋转练习还可以用一只手来抛掷实心球。

第四种，实心球下抛练习。这个练习方法跟后抛练习有点相同，都是背向投掷方向。这个练习的动作是两只脚分开站立，两脚之间的距离比肩宽一点点，然后把实心球举起到头的上方位置，让身体屈起，腹部收起，迅速在两腿之间往后面抛出实心球。

第五种，仰卧上抛实心球。训练者先仰卧在一条长板凳上面，屈起两边膝盖，双脚放在凳的上面。接着两只手置实心球于胸前，十根手指自然分开朝上，将实心球固定好。然后让双肘关节分别紧贴着身体同一侧，使劲伸长伸直手臂，将实心球从胸前往上方抛起。等实心球下落的时候接住球，等一会儿让身体机能恢复过来之后，继续重复这些动作。这里要注意的是，不要分开两肘，让它们一直保持在身体侧面。

想要锻炼出强大的臂力，要以无氧运动为主要形式，效果才能明显。并且练习用的重物要慢慢增重，只有使得肌肉在大部分时间里都是在不能适应的状态，才会锻炼出肌肉。切记，欲速则不达，不要操之过急，一开始先别急着使用超出自己负荷能力的重物来练习，以免造成肌肉拉伤等伤害。享受运动的过程，等到肌肉适应了运动的强度，再逐渐增加训练的强度，持之以恒，才可以锻炼出更强的臂力、更壮的臂肌。

小腿训练

在我们的大多数动作中，例如奔跑、跳跃、攀登、滑冰，小腿的力量对于动作的完成质量都起着决定性作用。强大的小腿力量也有利于更好的支撑和平衡。单腿站立时，小腿力量大的人平衡性更好。对于小腿力量的训练，对在野外活动的人也是非常重要的。

小腿肌肉和身体其他部位的肌肉一样，需要进行相应锻炼，并经常进行测试。

踝关节具有伸展和弯曲两个功能，对人具有至关重要的作用，这一点与腕关节相同。人们通常采用提踵练习法锻炼踝关节的力量，其实弯曲练习法同样有助于提升踝关节的力量，也就是勾脚尖。反向提踵训练器可以帮助我们更好地进行这种锻炼。当然，我们大多没有这种设备，但是我们可以用杠铃代替专业设备。

小腿肌肉的耐力极强，而所能进行的锻炼，动作幅度又基本都比较小。因此，小腿肌肉很容易从疲劳中恢复。它完全能承受每天或隔天一次的锻炼，一般不会因疲劳造成损伤。

小腿肌肉的锻炼以每次练习做10组为宜。过少则无法达到锻炼目的，过多则影响其他锻炼项目——如果小腿肌肉每次锻炼过多，很可能导致无力继续其他锻炼项目。

用杠铃锻炼小腿肌肉的锻炼方法简单易学，下面介绍一下简单的9个动作。

※ 半蹲起跳

抓举杠铃，然后采用半蹲的姿势，提起脚跟，利用踝关节的力量，持续向上蹬跳。在这个练习中，蹬地时一定要注意使用脚弓的爆发力。

※ 全蹲起跳

全蹲起跳可以说是半蹲起跳动作的加强版。做这个动作，需要将杠铃从颈后负于肩上，采用全蹲的姿势，利用大腿、小腿和踝关节的力量持续向上蹬跳。蹬跳时，要保持上身的笔直状态。做动作时如感觉呼吸急促，可在起立时快速呼吸几次，吸入更多氧气。体力充沛的情况下，呼吸方法是在下蹲时呼气、起立时吸气；负荷杠铃较重时，应先吸气然后立即下蹲，并于再次起立前呼气，然后吸气起立。

※ 提踵

将杠铃从颈后负于肩上，采用站立姿势，用踝关节和小腿发力，向上提踵。提起脚跟时吸气，落下脚跟时呼气。当两腿完全伸直后，再放下脚跟，在小腿肌肉放松后，再提起脚跟。

※ 静力半蹲

将杠铃从颈后负于肩上，采用半蹲的姿势，膝关节的弯曲度尽量接近90°，保持此姿势一段时间。

※ 弓箭步跨步

将杠铃从颈后负于肩上，自然站立，保持上身直立，然后用腿部做弓箭步跨步动作。可左右脚分开锻炼，也可左右脚交叉跨步。

※ 全方位蹬跳

将杠铃从颈后负于肩上，先自然站立，双脚或单脚向前、后、左、右做蹬跳动作。注意屈膝蹬地，以前脚掌发力，保持稳定的频率。

※ 坐姿伸腿

将哑铃或沙袋绑在小腿上，坐好，将注意力集中于股四头肌，将小腿伸直，稍停一会儿再放下，然后重复几这个动作。注意，小腿伸直时吸气，放下时呼气。两小腿可交替伸直，也可同时伸直。

※ 俯卧屈腿

将哑铃或沙袋系在小腿上，俯卧在凳子上，注意力集中于股二头肌，屈腿，稍停一会儿，然后再放下，然后重复“曲—收”动作。呼吸节奏是屈腿时吸气，放下时呼气。

※ 坐姿负重提踵

将杠铃放在大腿上靠近膝盖的部位，坐好，双手握杠，提起脚跟，稍停一会儿再落下。反复做几次。呼吸节奏是提起脚跟时吸气，落下脚跟时呼气。

跑步训练

跑步动作

跑步是在野外生存挑战前时常需要练习的运动，掌握正确的跑步技巧和动作能减少我们在野外活动中的麻烦，特别是跑步的动作、姿势是否正确关系到身体健康和能否很好地应付各种环境。

※ 跑步时身体各个部位的正确动作

跑步时全身上下，包括头部、肩部、手臂、躯干、臀部、腿部、脚都要有正确的姿势，同时还要注重调节你的呼吸节奏，完美地配合跑步动作。

1. 头部

头部是控制你跑步时整个身体的平衡和协调的重要部位，很大程度上决定了你跑步的速度。跑步时要注意把头摆正、目视前方，不要把目光放到你的脚下，也不要四处张望，以免增加你的颈部和肩部的压力。同时要保持你的脸和你的身体在一条直线上，不要刻意往前伸或者向后倾，防止因速度过快而摔倒。

2. 肩部

肩部是确保你身体的上面部分平衡的重要部位。跑步时不要让你的肩部处于紧缩状态，尽量使之放松，处于没有压力的状态。同时让你的肩部处于水平状态，不要向一边倾斜或者随着你的跑动而不时地抖动。

3. 手臂部位

你的手臂摆动的节奏控制着你肺部呼吸的状态，因为你的臂部摆动直接影响你的胸腔肌肉的伸缩，从而影响你的肺部伸缩。同时，手臂摆动是你往前跑的动力源。跑步时微微握拳，然后将手臂尽可能幅度大地前后垂直摆动，摆动的速度不要太快。

4. 身体主干部位

你身体主干的姿势很大程度上是由你的头部和肩部以及手臂控制的，可以说只要前面几个部位的动作正确，你身体的主干部位就能处于一个很好的姿态。跑步时你只需要将你的背挺直，当然是自然的挺直就可以了。

5. 臀部

臀部是你跑步时腿部力量的核心部位。

↑ 跑步有助于增强耐力，但是要注意穿合适的跑步鞋以防碰伤。

臀部的作用能否得到很好的发挥，取决于你身体的主干部位动作是否正确。如果你的主干部位是自然挺直的，那么你的臀部也会随之自然控制你的腿部运动。

6. 腿部

跑步时，如果是短跑，尽量将你腿部提升的幅度最大化；如果是长跑，你则只需要找一个你自己最适合的姿势即可。因为长跑是打耐力仗，不是速度仗。选择正确的抬腿幅度，能有效地提高你的运动效率和你自身能量的使用率。若你跑步时抬腿的高度不正确，会给你的膝盖和脚底增加压力，从而影响你跑步的速度和你腿部的健康。

7. 脚

跑步时，扩大脚与地面的接触面积不仅能保证你跑步时的舒适度，更能保证你跑步时脚跟不受伤。因此，应该先让你的脚底的中间部位着地，然后是前面部位，再到脚跟。这样能减少地面对脚的冲击力，有效地保护踝关节。

※ 跑步时错误的动作

1. 身体不平稳，摇晃

跑步时身体左右摇晃，像在山路骑自行车一样，这样不仅会消耗你更多的体力，同时也会减慢你跑步的速度。

2. 跑步时脚的姿势不对

有些人有走内八字或者外八字的陋习，以致跑步时也有同样习惯。这样就致使膝盖和脚尖不在同一条直线上，从而使膝盖的压力增大。如果一直这样会导致膝关节的损伤。

3. 跑步时脚后跟先着地

跑步时脚后跟先着地，首先是减少了脚落地的面积，从而增加脚承受的缓冲力，同时由于脚后跟与人的颈椎是相连的，脚后跟先着地会震动颈椎部位，次数多了可能导致颈椎出现问题。

4. 跑步时每次跨越的幅度过大

在跑步训练时，有人总是喜欢大幅度地跨步跑，这样虽然会提高一定的速度，但是却致使运动时身体的重心抖动，从而增大人体的震动，甚至超出身体的承受能力。

5. 抬着头跑步

如果你在跑步机上跑步的话，不要被你面前的电视机所诱惑而抬着头跑步，因为抬头会增加你的头部对颈椎的压力和震动，从而影响你的颈椎的健康。

※ 错误动作导致的病痛以及治疗方法

跑步时如果不注意姿势，会导致一些病痛，最常见的就是脚踝扭伤。扭伤后不要立马就走动，要留在原地缓冲一段时间，然后用冰块或者凉水敷，以减轻伤痛，如果情节严重就要到医院去诊治。另外，由于跑步姿势不正确，可能会使膝盖骨和股骨过度摩擦，从而导致膝盖骨在股骨的凹陷部位能够有很大的空间活动，致使膝盖骨移位，去摩擦股骨的其他部位，进而使膝盖骨的软骨组织被磨损，膝盖肿痛，无法伸直。面对这种情况，你首先要缩短自己的运动时间，然后专门找一些路面不平的道路跑步，让受伤的部位处于较高的位置，这样慢慢地就能够治愈。

跑步能很好地锻炼人的心脏和肺的功能，同时能增强体魄。因此平常多跑步，能使你在野外环境中得以更好地生存，同时也能帮助你很好地应付没有交通工具的环境，而不至于在野外环境中轻易丧生。

长跑训练

受野外生存条件的限制，时常要以跑步形式前行。因此，长跑是必不可少的训练项目，以适应生存环境。

在进行长跑训练时要注意不能操之过急，每次训练时运动量不要太大。长跑一般是以运动的距离来判定运动量的大小的。按照最科学的方法，每一段固定的时间内你跑步的距离的总和相对上一段相等时间内跑的距离总和不要超出10%，也就是长跑训练所谓的“百分之十”规律。

※“百分之十”规律

一个人长跑最需要热情和毅力，这样才能坚持，但也最怕热情和毅力，因为什么事都是过犹不及。在一个人过度热情的时候，就会忘却自己身体的疲倦和承受能力，然后超负荷地运动，这样做的结果就是身体因此而崩溃，之后将会感觉全身无力、酸痛，甚至出现更加严重的后果。因此，要注意把握好度，最好按照“百分之十”规律来训练自己。

要正确地认识“百分之十”规律，不是说你先让自己每天跑 4 千米，然后一周跑 5 天，而到下一周你就每天跑 5 千米，一周跑 7 天。这样的话，计量下来你一周跑步的跨度就是 15 千米，也就是 75%，远远超过了10%。因为“百分之十”规律是以总量来计量的。你可以规定自己这周要跑15千米，然后下一周跑16千米，然后每周依次加一千米。这样稳步增加，过了10周，你之后一周的跑步量就达到了25千米。之后你继续以这个速率增加下去，直到自己认为合适的距离，这才是科学健康的。并且，如果严格按照“百分之十”规律来训练自己，会大幅度地提升你的身体素质，那么也就有助于你在野外环境中更好地生存。

※ 跑步距离的计量

要想很好地按照“百分之十”规律进行长跑训练，就要有很好的方法来计量自己跑步的距离，这样才能循序渐进地提升自己长跑的耐性和能力，在野外生存环境中适应长距离的徒步运动。你可以用以下方法来计量自己跑步的距离：

（1）如果是靠运动器具来运动（跑步机），这就不需要你自主来计量，机器会自动帮你计量，你每次只要遵照“百分之十”的规律进行锻炼即可。

（2）如果是围着跑道训练，那么就以圈数来计量自己的跑步距离。要注意的是，由于跑道一般是分内圈外圈的，而内外圈的长度是不一样的，因此要弄清楚自己每次跑的是哪一道，或者干脆固定在一条道跑。

（3）如果是沿着马路跑，那么就要依靠一定的测距工具，条件允许的话可以依靠现代一些高科技产品来计量，如GPS跑表、手机等等。或者事先在地图上估测好每段路的距离然后再按规律进行训练。

※ 长跑训练时的忌讳

（1）过于紧张、压力大、呼吸没方法。长跑对于一个人而言是很大的心理和生理挑战。人时常都会产生无意识的紧张，从而导致肌肉紧绷，体内血液循环过快，心跳过快，这样就会很难坚持。另外，一些长跑者，不懂得怎么在长跑的途中调节自己的呼吸节奏，要么敞开口呼吸，要么一直闭着嘴巴呼吸，这样都会导致氧不够或者心肺不适。

（2）呼吸与跑步的方法不能很好地配合。由于长跑是一项体力与时间的考验，掌握好呼吸和跑步的节奏都至关重要。如果你在长跑训练的过程中，完全没有按照长跑的规律，要么呼吸不够，要么跑步节奏紊乱，致使呼吸与跑步不能相辅相成，都是不能取得好的效果的。

※ 长跑训练的正确方法

首先，要充分认识到长跑对人的身体素质的要求，掌握相应的方法来提升自己以给长跑训练提供有利的条件。肺活量是长跑时最需要的，你可以通过游泳等方式增加自己的肺活量，同时注意校正自己平常的站立、坐的姿态。提升肺活量后，你可以通过摆动手臂并结合呼吸规律来模拟长跑时的节奏，以给自己在实践中奠定基础。

然后，在你最开始进行长跑训练时，不要刻意地去让自己的呼吸与步伐相配合，一切顺其自然最好。因为刚开始进行训练时，还不能很好地按照规律运动，若太过在意呼吸规律很可能造成相反的效果，导致你的肢体运动与呼吸活动都不协调。你可以把长跑当作你平常的饭后散步，尽量放松，不要去考虑自己要跑的距离。

最后，当你能够很自然地将步伐与呼吸结合以后，就要开始提升自己。除了从距离上提升外，技巧上也要提升。将自己的跑步速度控制在你身体最能适应的数字，并让你的呼吸与跑步的节奏有一定的规律，这样你的长跑训练就会不断地取得好的效果。

※ 长跑训练的要点

（1）要坚持。耐力和毅力是长跑最重要的因素，因此不能因为外界环境或者其他非必要因素的影响而终止你的训练。

（2）要有方法，有规律。呼吸要有方法，比如三步一吸，三步一呼。跑步动作要协调，整个身体要统一，手的摆动、步伐的大小快慢都要一致，还要在跑步时注意保持上身挺直。

（3）要了解身体的一个顶点。你经过很长一段距离的跑步之后，会出现呼吸困难、四肢无力的状态，这就是你运动的一个顶点。但遇到这个顶点时不要停止运动，你可以稍微放慢速度，依赖自己的毅力继续跑步，过了一小段时间，你就能挺过这个点，坚持跑下去。

（4）长跑前和长跑后都要注意调整身体的状态。长跑前要适当地做些准备运动，如原地弹跳、仰卧起坐，等等，拉伸身体的韧带，以适应接下来的高强度运动。长跑结束后不要立即坐下来休息，要先做一些放松运动给自己的身体一个调节过程，让身体的关节、韧带都能恢复到正常状态。

（5）长跑时要注意衣服的卫生以及气温的影响。长跑时身体会大量出汗，衣服肯定会湿，因此每次跑步后都要及时清洗衣服。还有就是在气温比较低的时候要注意跑步时的保暖措施，不要为了省事一开始就只穿一件短袖，要慢慢地减衣服，以免感冒。

（6）长跑不是一项特别专注速度的运动，尤其在你平常训练时，不要用高速度进行长跑，这样会消耗你大量的体力，甚至造成痉挛。还有就是要注意身体的营养均衡，这样才能提供足够的体力去运动。

（7）长跑是项比较枯燥的运动，你可以用不同的方式来坚持。你可以选择和朋友一起跑，相互监督，或者平常偶尔换换别的运动方式来调节一下。

注 意

（1）最开始进行长跑训练时，你在一段时间里不要把长跑的距离和时间定得太长。最好把时间控制在 15 ~ 30 分钟，同时不要太在乎速度，毕竟最开始你需要的是掌握技巧。当你慢慢地适应长跑了之后，你就可以按照自己的节奏和身体的承受能力渐渐地增加跑步的距离和时间。

（2）你要把长跑定义为一项强度适中的训练运动，也就是说你每次跑步到七八分钟左右时，才开始出汗。

（3）长跑对鞋的要求比较高，条件允许的话应尽量选择比较好的跑鞋，切忌穿布鞋或者皮鞋。

长跑是一项需要耐心和计划的运动，要依靠长跑在野外生存时更要提前锻炼好自己的长跑素质。一定要按部就班，循序渐进、遵循人体生理规律进行训练。

短跑训练

在野外生存时经常会遇到一些意想不到的危险，这就需要你能够迅速地躲避危险。因此，提高自己短距离跑步的速度和了解短距离跑步的技巧，是十分重要的。

※ 提高短跑能力的要素

短跑考验身体素质的同时也考验心理素质，特别是当你遭遇一些危险的时候。在野外生存之前你可以通过自主练习或者在训练员的培训下来提升自己的速度、耐力、灵活性、柔韧性等等。而速度作为短跑最基本也最重要的一个因素，你需要对其有个系统的认识。

（1）为了提高短跑能力，你需要认真地纠正跑步姿势和进行最基本的短距离训练。短跑起步姿势是最基本也是最重要的，起跑的姿势有多种，可以是站立、可以是半蹲，也可以是进行间起跑。每种姿势都需要你集中精力，把力气都用到脚跟部位，这样才能最大限度地提升自己的起跑速度。

你还要掌握最基础的短跑训练方式，用90%左右的身体强度进行5～6次的50米短距离加速跑。

（2）训练跑步时提腿的频率。腿部运动的快慢主要是由腿部肌肉的伸缩速度来控制的，因此同时需要很好地控制并提升神经系统的反应速度。

你可以小幅度、高频率地屈腿来提升腿部的灵活度；然后不断高频率在原地弹跳、跑步，刺激脚掌，以提高神经的敏感性；再通过腿部、臀部的摇摆运动来调节身体的平衡能力，以帮助身体适应腿部的高频率运动。

（3）训练每次跨步的距离控制能力。影响短跑速度的一个很重要的因素是每次跨步的距离。这部分的训练主要依靠训练脚后跟的力量和灵活度来提升。你可以利用一切能刺激脚后跟的运动来达到目的，例如单腿弹跳（最好是身体承载一些重物来跳）、上下跳楼梯阶梯、蛙跳等等。然后，为了防止运动过度，引起身体的不适，你要训练自己胯部的灵活性，大幅度提高每次提脚的高度或者利用橡皮条拉伸腿肚可以有效地锻炼这个能力。

※ 短跑训练六步骤

如果没有专门的短跑训练，你可以通过下面的步骤来锻炼自己，提高自己的短跑技能：

第一步：增强自己的体能。首先用较慢的速度跑1000～1500米或者通过拉伸活动、弹跳来热身；然后每次坚持做仰卧起坐或者引体向上来锻炼自己的腰部、腹部的肌肉，以增强自己的身体抗压能力。

第二步：提升抗压能力以及耐力。先做好热身运动，方法同第一步；然后利用哑铃、杠铃等重物来锻炼自己上身的力量；每次坚持以较慢的速度跑完5000米，但中间不要休息，这样才能锻炼自己的耐力。

第三步：提高跑步速度。速度快是建立在超强耐力的基础上的，因此首先还是要努力提升自己的耐力。你可以先把沙袋绑在自己的小腿上每次坚持跑几千米，来进一步提升自己；然后开始短距离速度练习，可以选择连续分段跑100米，但每段都必须用尽全力以最快的速度跑，也可以是100米、200米、400米等短距离的组合跑，同样也要以自己最快的速度进行每一段跑步。

第四步：提升自己的身体素质。由于前面几步的速度和耐力练习在很大程度上都是十分消耗身体体力的，因此在掌握技能后还得进一步提升自己的身体素质，这样才能防止突发情况下体力不支。首先，同前面几步一样，利用慢跑或者弹跳做好热身运动；然后分段加速跑，这次每段只跑30米，这样跑只是为了提升自己的应变能力，在突发情况下也能迅速地以高速度跑步；再通过其他的运动来高强度地提升自己各方面的身体素质，如向后扔重物、引体向上、跳高等。

第五步：提升肢体力量。这部分锻炼分上肢、下肢锻炼。上肢可以通过抓举、攀爬等运动来锻炼臂力；下肢则是通过弹跳、蹲下起立来锻炼。

第六步：提高跑步技术。首先用加速的方式跑100米左右；然后用跨越障碍物的方式来训练跑步节奏；再负重跑，可以背一个装有5千克重物的包，然后跑步。

注意　虽然通过前面几个步骤后，短距离跑步的速度和耐力都会有一个系统的提升，但是不能一直高强度地训练，要有适当的休息，这样你的身体才能得到更好地提升。还要注意季节、天气的影响，天气寒冷时，人筋骨的柔韧性相对较弱，如果突然剧烈运动可能会导致骨折。因此，在训练时一定要做好热身运动，以给身体一个缓冲适应的时间。

一些有用的建议

众多运动中，跑步是非常有益的，它几乎能带动全身上下所有的肌肉，不过要想真正跑出健康，应该看看以下建议。

（1）跑步是在户外进行的，所以对空气质量的要求也比较严格，雾天和雨天是不适合跑步的。

（2）跑步时要形成一个节奏，开始的时候跑短一些、慢一些，这样可以避免因受伤而放弃。

（3）冬天跑步时一定要注意保暖问题，忽冷忽热是容易感冒的。

（4）跑步的服装要仔细选择，衣服要宽松些，鞋子更要选择，因为穿着错误的运动鞋跑步会伤害你的脚和腿。

（5）跑步时注意要用腹部呼吸，如果感到呼吸沉重，那就跑慢一点或者走一会儿。

（6）对于女性来讲，跑步时对胸部的照顾是一定要到位的，运动胸罩是必不可少的。

（7）跑步是一门学问，如果你是一位初学者，不妨加入一个跑步俱乐部，咨询一些有经验的前辈。

（8）制订一个跑步计划，并且不要轻易改变，否则会让你感到懊恼与沮丧。

（9）做好跑前的心理准备，会有一段艰苦的过程，要有克服它的决心。

（10）有人喜欢听着音乐跑步，那就快戒掉吧，别忘了，跑步是有自己的节奏的，不要打乱它。

（11）跑步的道路一定要有针对性地选择，如果容易出现小腿疲劳的话，还是选择在松软的道路上进行为妙。

（12）跑步姿势一定要正确，这不但能让你跑得轻松，还能减少受伤的可能性。

（13）不但跑步鞋要考究，脚指甲也要修理整齐，长短适中，不然会压迫到你的脚趾。

（14）跑步是一种消耗体能的运动，水是必不可少的补充。如果你要进行很长距离的跑步，就要补充充足的电解质。

（15）安全措施要做好，凡士林或按摩液应该作为随身携带的物品，如果途中有擦伤的话，就到了它们出场的时候了。

（16）因为是在户外进行的，所以，周围安全要注意，尤其是道路上的车辆，保持在街道的右边跑。

（17）不要漫无目地跑步，认真记录你的跑步日记，适当地进行调整，每周增加跑量不要超过 10%

（18）为了防止对跑步的厌烦情绪出现，可以按照自己的心情来选择跑步路线。

（19）跑步的时候，对于身份证这种轻巧的东西不妨带在身上，也许有用到它的机会。

（20）跑后不要立即坐下来休息，要做一些缓冲的动作。如果途中受伤的话，切记不要立即冲热水澡，防止发炎。

（21）跑后一小时内，是补充食物和水的最佳时间，不要错过，但是要适量，否则是很容易长胖的。

（22）经常浏览一些关于跑步知识的书籍，这更能让你了解跑步、完善自己的跑步计划。

（23）劳逸结合不仅适合学习、工作，跑步也是如此，休息与训练同等重要。

（24）不是每个跑步者都能做到最好，明确自己的目标，不要盲目攀比，跑得不好也要比不跑好很多。

（25）一定要坚持。做任何事情都会出现逆反心理，想放弃的时候，不妨再坚持一下，也许你会改变主意的。

游泳训练

蛙泳的训练

※ 蛙泳的定义

蛙泳是一种模仿青蛙的动作进行游泳的一种姿势，也是一种极为古老的泳姿。据相关文献记载，在2000 ~ 4000年前，在古中国与古罗马，类似蛙泳的泳姿就已经存在。

蛙泳的最大好处是，游泳者可以清晰看见眼前的物体，避免因误撞障碍物而使自身受到伤害。蛙泳的不足是，使用蛙泳进行游泳时，其速度慢于其他泳姿。

※ 蛙泳动作要领

学习蛙泳技术，应把握四个重要环节，即蛙泳的身体姿势、腿部动作、臂部动作以及配合技术。

1. 身体姿势

使用这种姿势进行游泳，要保持身体的水平姿势，头部向下，卧于水中。在行进过程中，身体的位置并非一成不变，优秀的游泳者善于随着双手和双腿的划动而调整身体位置。当完成一个动作周期以后，要尝试着挺胸、收腹，并拢双脚，伸直双臂，头部靠在两臂之中，双眼盯着自己身体的前下方。

2. 腿部动作

腿部动作是整个蛙泳技术的关键所在，因为正确的腿部动作，是行进动力的主要来源。蛙泳的腿部动作包括四个方面：收腿、翻腿、蹬腿、滑行。这四方面相互影响，相互作用，构成了蛙泳的腿部动作。

收腿。收腿是蛙泳开始的基本动作，收腿动作进行的好坏，直接影响到接下来的翻腿、蹬腿动作的进行。收腿，将两膝逐渐打开的过程中，同时将膝部、髋部弯曲，直至大腿的前端与身体躯干成120° ~ 140° 角，两膝内侧几乎与肩关节同宽，大腿与小腿之间成30° ~ 45° 夹角，然后开始下一个动作——翻腿。

翻腿。翻腿动作是直接影响游泳者蹬水效果的关键动作。在上一个收腿动作快要完成时，保持脚尖向外、脚掌向上的姿势，将脚部外翻，以接近臀部。向内靠拢两膝关节，使两者之间的距离小于两脚之间的距离。科学合理的翻腿动作发生在收腿动作完成后，结束于蹬腿动作开始时。要正确把握翻腿动作的时间，过早或过晚，都会影响蹬水效果。

蹬腿。收腿、翻腿、蹬腿，是一个连续的动作过程。蛙泳者进行蹬腿动作时，要始终保持双脚用力向两侧和向后快速蹬水。在行进过程中，比较好的蹬腿动作是双脚成弧形运动，用力划水。

滑行。在相继完成收腿、翻腿、蹬腿三个动作阶段之后，蛙泳进入到了滑行阶段。将双脚并拢，集聚身体能量，借助身体惯性向前滑行。

3. 臂部动作

进行蛙泳时，臂部动作的好坏在一定程度上影响着向前推进力的大小。蛙泳的臂部动作包括五个阶段：开始姿势、划下动作、划水动作、收手动作和移臂动作。

开始姿势。开始时，将两臂用力向前伸出，保持掌心向下的姿势，使两手的拇指相互靠近，同时身体成流线型。

划下动作。划下动作被游泳者形象地称为“抓水动作”。进行划下动作时，将上臂向内转动，双手分开分别置于身体两侧，保持掌心向下，对准前进方向，用力划水。

划水动作。保持两手外分的姿势不变，抬高肘部，使掌心、小臂以及上臂内侧部位同时向外侧、后方以及下方划动，这样一个完整的划水动作就结束了。

收手动作。在双臂分别划到双肩的下方时，及时将手臂向外翻转，同时双手向胸前、向内部快速划动。

移臂动作。与其他泳姿不同的是，蛙泳的移臂动作是在水下部分开展和完成的。进行移臂动作时，将双臂在自然状态下向前伸展，同时将掌心慢慢向下翻转，而后一个完整的移臂动作周期便完成了。

4. 配合技术

完整的蛙泳动作配合技术，普遍使用1∶1∶1的比例，依次完成一次腿部动作、一次臂部动作和一次呼吸动作。蛙泳者在行进过程中，双腿要尽量放松，自然伸直，在手划下时开始收腿动作；开始收手动作的同时，抬起头部吸气；身体向前滑行时，双脚向后用力蹬水。收腿、收手、吸气、蹬水等几个动作要相互配合、相互促进。要注重每一个细节问题，因为对于游泳者而言，一个动作的失误，将会大大影响整个游泳过程。

自由泳的训练

※ 自由泳的基本特点

人们习惯于把爬泳称为自由泳，因为爬泳是目前唯一的自由泳姿势。现代自由泳技术的开端，可以上溯到20世纪20年代初期，美国人韦斯摩洛实现双臂交替划水和双腿六次交替蹬水的配合。自由泳的好处是，游泳者不受姿势和技术的限制，以最快的爬泳速度前进。自由泳动作模式科学合理，速度均匀快速，游泳者受到的阻力很小，节省力气。

自由泳具有如下几个技术特点：

第一，保持头部和肩部高于水面，身体俯卧于水中。

第二，前进时，保持躯体沿着身体纵轴，左右摆动，双臂轮换着用力划水，推动身体前行。

第三，入水后的双手以S形线路划水，调整呼吸，使之与双手划水的动作相协调。在手臂用力划水的同时，利用在头部两侧水流形成的波谷，进行吸气。

※ 自由泳动作要领

1. 身体姿势

自由泳要求身体保持流线型，保证臂部和臀部肌肉适度的紧张性。在前进时，尽管身体各部位都要用力，但头部必须保持平稳，四肢、躯干以身体纵轴为中心点，进行规律性的自然转动。

2. 腿部动作

腿部动作是自由泳中游泳者前行的助推力之一，同时合适的腿部动作也维持了身体的平衡。自由泳时，两腿交替蹬水，在保证身体稳定的前提下，双臂用力划水，同时双腿并拢，脚尖内转，以髋部为中心点，以大腿带动小腿和脚掌，做交替动作。

3. 臂部动作

臂部动作是自由泳的主要推动力，一个完整的臂部动作周期包括五个阶段：入水、抱水、划水、出水、空中移臂。

入水。手的入水点在身体纵轴与肩关节前后延长线之间。入水时，双手伸直并

↑ 游泳是一种很好的训练方式，它能够全面促进耐力的提高，而且不会造成任何肌肉损伤。

自然垂下置于水中。将双臂向内侧转动，从而使肘关节最大限度地抬高。将手掌向身体侧面下方移动，以指尖触水，然后依次将小臂、大臂自然置于水中。

抱水。双臂没入水中之后，移动手掌向身体内后方移动，同时要弯曲膝部和肘部，直到肘部的位置高于手掌所处的位置，肘关节弯曲成150°角。抱水动作是为接下来的划水动作做准备的，抱水动作是划水动作的预热阶段。因而，如果对于抱水动作处理不当，将会影响接下来的划水以及整个游泳过程。

划水。划水动作至关重要，按照动作类型的不同，可进一步将划水动作划分为拉水动作和推水动作两部分。完成抱水动作时，保持抬高肘部的姿势不动，将双臂尽力内转。保持手上的动作与身体前进的速度相协调，保持身体肌肉成良好状态，便于划水动作的展开。拉水动作进入到与肩部垂直的平面以后，开始推水阶段。保持肘部弯曲成100°角，肩部向后，大臂内旋，拉动小臂运动，向后划水。向后划水是一个复杂的动作过程，加速从弯曲手臂到伸展手臂的动作，保持手掌自内而上、自下而上的划动方式。在一个周期的划水过程中，手的运动路线呈S形，从肩部前端开始运动，经过腹部，终点止于大腿两侧。

出水。在完成入水、抱水、划水等动作之后，自由泳进入到了出水阶段。保持小指向上，掌心向大腿旋转，放松双臂，肘部稍微弯曲。肘部从身体的外上方开始，将小臂和双手带出水面。出水动作既要保证速度和连贯性，也要保持相对的放松和稳定。

空中移臂。保持双手低于肘部的姿势，及时不间断地进行空中移臂动作。空中移臂动作要在出水动作完成后立即进行，否则会影响自由泳的前进速度。

4. 配合技术

自由泳者在运动过程中，要坚持双臂完成一次划水动作的同时，人体也要完成一次呼吸。以左侧吸气为例，左手入水之后，嘴鼻慢慢呼气。划水时，当左臂置于肩下的位置，用力呼吸。左臂出水时，张大嘴巴，呼吸。在左臂进行下一个周期的入水动作之前，要进行短暂的闭气。直到左臂再一次入水，游泳者开始新一轮的呼吸运动。

自由泳技术与蛙泳不同，它中途没有间歇，对游泳者素质的要求很高。初学者可能会因为跟不上动作节奏而灰心紧张，但只要用心勤于练习，掌握好动作之间的配合，学好自由泳并不是一件难事。

蝶泳的训练

※ 蝶泳的特点

蝶泳对于学习者身体素质的要求很高，在熟练掌握蝶泳技术之前，学习者必须掌握其他三种游泳姿势。蝶泳要求学习者有极强的身体协调能力，两臂、两腿协调发力。很多学习者因为无法掌握动作、身体之间的协调，长时间无法学会蝶泳。蝶泳与自由泳有着相似的S形划水线路。

蝶泳对学习者素质的要求主要集中在以下几个方面：

- 身体的柔韧度。足够的身体柔韧度，可以使空中移臂动作进行得更加顺利和省力。
- 腰腹部的力量。腰腹部的爆发力，可以加快游泳者的前进速度，赢得先机。
- 身体机能。蝶泳是一项极为消耗体力的运动，如果蝶泳者身体机能不是很好，很难完成蝶泳的训练。
- 四肢间的协调力。蝶泳动作复杂，形式多样，要求蝶泳者双臂、双腿在发力时有着极好的配合能力。一旦四肢之间协调不好，就不能很好地完成蝶泳动作。

※ 动作要领与练习方法

1. 动作要领

进行蝶泳运动时，双腿并拢伸直，脚尖稍稍内转。以腰部带动臀部、大腿、小腿以及脚步共同发力，上下打水。向下打水时，伸展膝部，提高臀部，脚背向后下方用力蹬水。向上打水时，挺起腹腔，伸直双腿，脚部上下打水的幅度应控制在 40 ~ 50 厘米之间。

蝶泳技术要求肩、手、臂、脚等身体多个部位协调运动。

双手的入水点分别在双肩的延长线之上，从大拇指、小臂到大臂，按照顺序依次插进水中。手臂入水后，将肩部和肘部用力向前伸，双手以曲线轨迹向外侧、后面和下面三个方向用力抓水。然后双手分开，与肩同宽，弯曲肘部，加速划水的速度。

2. 练习方法

站立模仿。模仿蝶泳运动中四肢和腿部的动作，保持双腿并拢、双臂合并后伸直向上举起的姿势。站立模仿练习分解为两个主要步骤：其一，挺起髋部；其二，弯曲髋部和膝部。熟练掌握了分解动作之后，再将两个动作串联起来，进行多次连贯练习。重点和难点在于体会蝶泳腰部和腿部的发力方式和动作顺序。

单脚站立模仿。单脚站立模仿，就是保持一只脚站在水池边或台阶上，而另一只脚配合躯干的模拟方式。单脚站立模仿，模仿练习的是躯干和腿部动作的配合。在练习过程中，要重点学习以腰部带动大腿、小腿进行发力，鞭打水面的动作。

鱼跃潜水练习。选择一处浅水区域，双腿并拢而立，高举双臂，半蹲，然后身体向前方跳跃。在上身跃出水面时，压低头部，收腹提臀，屈体发力。等身体再次潜入水中之后，放松身体，以反弓形姿势滑行出水面，然后站立。如此反复多次，就能很好地掌握潜水技术。

滑行打腿。在蹬住池壁或池底进行滑行以后，在水下频繁练习上下打水的动作。对于初学者而言，为降低难度，可以先练习屈腿打水，对于初学者的这种练习方法，要求较低。直到动作熟练之后，学习者再进行以腰部带动腿部发力的打水动作。

仰泳的训练

※ 仰泳的基本特征

仰泳是指人体仰卧在水中进行游泳的一种游泳姿势。仰泳的历史很悠久，早在 18 世纪末，就有关于仰泳技术的记录。现代的仰泳技术在 20 世纪 20 年代初成熟。

仰泳时，身体躺在水面之上，头部一直处于水面上方，既利于呼吸又节省体力，因而仰泳比较适合弱体能人群和中老年人。

※ 仰泳的动作要领

仰泳的动作操作起来并不复杂，主要包括身体姿势、腰部姿势、身体转动动作以及仰泳配合技术等四个方面。

1. 仰泳身体姿势

仰泳要求游泳者全身自然伸展，呈放松状态，仰卧于水面。头部和肩部位置略高于身体其他部位。腿部、腰部要保持在同一平面上，置于水底。身体的纵轴应于水平面构成 10° 左右的角。

头部在仰泳中起着重要的控制作用，它协调着游泳者身体的左右摇动。仰泳者身体的相对位置是不断变动的，但是头部一定要足够稳定，不可晃动。值得注意的一点是，保持头部处于稳定状态的同时，放松颈部肌肉。颈部肌肉如果过于紧张，会引发抽筋等病症。坚持正确的仰泳姿势，同时双眼盯紧腿部的上方。

2. 腰部姿势

在前进过程中，保持腰部的肌肉处于适度的松紧状态，不要过于松弛，也不要过于紧张，以保证身体不至于过分僵硬，同时弯曲髋部可成坐卧姿势。提肋，但不能含胸。将肩部、胸部和腹部同时露出水面，让身体与水平线的迎角变大，进而提升游进速度。

3. 身体转动动作

正确的仰泳姿势是，保持身体纵轴跟随双臂不断划水的动作而自然移动，移动的角度并不是固定不变的，角度因人而异，以舒适为前提。一般而言，肩关节较为灵活的游泳者身体纵轴移动的角度很大，肩关节不太灵活的人则移动角度小。但是，身体转动的角度要在一定的范围之内，角度过大，极易引起游泳者的疲劳感，同时也会降低游进的速度。

身体的不断转动，有如下两个好处：

第一，不仅有助于双臂在划水过程中处于舒适、放松的状态，而且能够增强划水的力度。

第二，维持双臂划水时有足够的深度，同时利于手臂出水动作向前移臂动作的进行。

4. 仰泳配合技术

双臂配合技术。仰泳时，一只手臂完成划水动作时，另一只手臂进入水中并开始划水动作；当一只手臂在完成一半划水动作时，另一只手臂则完成了一半的空中移臂动作。一个完整的臂部动作包括五个阶段：入水、抱水、划推水、出水、空中移臂。在臂部的这些运动中，两只手臂总是处于不相同的位置，要特别注意两者之间在时间上和空间上的配合。

臂部运动与呼吸的配合。较之其他三类泳姿，仰泳对呼吸技术的要求并不高，因而臂部运动与呼吸之间的配合也相对简单。通常，仰泳者会采用两次划水一次呼吸的配合方式。主要过程如下：当一只手臂在空中移动时，游泳者开始第一次吸气，进行时间不长的闭气，直到另外一只手臂移动时呼气。这样，两次划水一次呼吸的模式就完成了。仰泳时，游泳者头部置于水面上，呼吸并不困难，但是即便如此，也不能没有节奏地随便呼吸，因为呼吸运动的凌乱会影响前进速度。

臂部与腿部的配合技术。臀部与腿部的配合技术，是影响整个身体的运动是否平衡协调的重要因素。当手臂进行划水动作时，尽量避免身体随着腿部上下打水的动作而随意转动。

游泳训练注意事项

在游泳训练前，要给自己制订严格、有效的训练计划，并配备相应的营养补给。训练前每周应至少游6000米。游泳训练通常持续30周，前半段训练游泳技能，后半段锻炼耐力。当然，具体计划强度视自身游泳目的而定。要熟悉训练路线，事先勘查路线周围的环境，注意水质是否良好。做到对所有可能的危险（暗礁、险滩等）心中有数，还要检查路线途中的浮标是否摆放到位。下水前要做好热身准备，运动通常持续10 ~ 15分钟。训练前热身帮助我们活动关节，放松肌肉，适应水温，对防止游泳时的抽筋尤为重要。准备两副感觉舒适的泳镜，其中一副备用。戴上颜色醒目的泳帽。

饭前、饭后、酒后都不能游泳。饭前游泳可能会导致在游泳的过程中出现头晕等症状。饭后立刻游泳可能会导致胃痉挛产生呕吐、腹痛的现象。酒后游泳可能导致低血糖，并阻碍肝脏器官的正常运作。剧烈运动过后也不宜立刻游泳。它会使身体体温转变过大，抵抗力下降并患上感冒等，心脏的负荷也会更重。

女性在经期不宜游泳，因为泳池的细菌和微生物很容易进入体内引发感染，导致妇科病。

另外，有各种疾病比如皮肤病、心脏病、高血压、癫痫的人也不适合游泳。

尽量练习直线游泳，避免做扭动脖子或转身的动作。采用双面呼吸，避开向你袭来的海浪。

游泳超过一个小时，需要及时补充营养。

如果在户外切记不要游太长的时间，尤其不要曝晒。如果游得太久，体内热量慢慢散失，感觉到寒冷，这时要立即出水。长时间曝晒在太阳下会引起皮肤灼伤，也会产生晒斑。要及时出水，用毛巾盖住身体，到阴凉地休息。一般游泳时长在 1 ~ 2 小时。

如果夏季在户外进行游泳训练，水分流失比较严重，虽然身体泡在水中，但一定不要忘记补水。推荐的办法是将饮品放置在岸边，训练者游完一个来回便可补充一次水分，少量多次。最好的饮品类型是富含碳水化合物和电解质的运动饮料。如果在游泳结束后想知道应该补充多少水分，可对比游泳前后体重差异。头晕、恶心、口干、肌肉痉挛等都是缺水的征兆。

尽量和别人一起游泳，避免单独游泳。这样，万一发生危险可及时得到救助。自己游泳时，要选择有救生措施的地点，不要离开近海游泳。

可以自己安排训练时间和计划，但不要轻易更改训练强度。

游泳之后要注意身体清洁。擦干身体后，滴上几滴眼药水，清洁鼻孔，导出耳朵里的水。不要立即喝水，也不能马上吃东西，要先做一下运动或按摩，放松肌肉，避免肌肉疲劳和僵硬。半小时后方可喝一些含盐分的水或运动饮料。

在完成一次长距离的游泳训练后，接下来的 3 周内需做恢复性训练。

第3章 野外生存基本装备

如今市场上各类旅行装备应有尽有，足以让你在世界上的任一偏远地区舒适地待上几周。当然，有些装备的价格比较昂贵，而且其中一些太过专业的可能也不大需要。装备恰当的关键在于是否带上了必需的器具。绝对不要携带不必要的物品，这一点非常重要，特别是背包旅行的时候。当然，即便是用车装载，如果你的行李超载过多的话，也会妨碍旅行的进程。

野外生存的服装选择

※ 选择装备

合适的基本装备对于旅行的舒适和安全是十分重要的。在考虑需要哪些装备时，要把旅行目的地的气候和地形状况以及计划实施的活动等因素考虑在内。此外，还要考虑携带装备的方式。因为携带方式将决定你所能携带装备的体积和重量。

如何获得装备

户外活动装备的商家销售适合用于各类气候和地形状况的装备。在选购新的旅行装备时，你首先得明确自己的需要，根据需要来做出合适的选择。很多装备的价格都比较昂贵，因此许多人并不能一下子把所有的装备全都购齐，而是逐年添置一些，以免给自己带来太大的经济压力。如果是第一次野外旅行，建议你尽量向朋友或一些野外探险团体借齐各种装备。这样一来，除了比较省钱以外，你还可以从他们那儿获得一些关于野营的经验——他们会告诉你哪些是重要的，哪些是不重要的。在借野营装备的时候，务必跟物主达成一个书面协议，在上面写明各种装备的价格以及失窃或损坏如何赔偿。此外，你还应该给所有的物品上保险。

衣服与鞋子

穿着适合户外活动的衣服是为了让你更容易适应旅途中的各种天气状况。毫无疑问，你所准备的衣服必须要适合旅行地的气

→ 在温带地区，准备一件好的防水和防风的外衣是很重要的，因为温带地区经常会有阵雨。

候状况。这一点是很重要的。此外，户外衣服还要结实耐穿、易干、分量轻、体积小。如果你是背包徒步旅行，这些就显得尤为重要了。鞋子要能防水、防泥沙，而且能确保你安全地进行各类活动。千万不要为了时尚好看而忽视了舒适性和安全性，这可能将导致一次不愉快的旅行，甚至使你的生命处于危险之中。

野营装备

野营工具是野外旅行的各类装备（如指南针、地图、水壶、手表、炊具、洗涤工具）中最为核心的部分。其中一些，如指南针是野外旅行中不可或缺的重要装备。如果你的空间有限的话，那么像充气枕头之类的奢侈物件就不要带了。团体装备中也许还应包括一些学习资料和用于准备食物的炊具。

基本生存装备

在一些紧急情况下，是否拥有一些重要的救生装备将决定你的生死。

帐篷

帐篷也许是各种野外旅行装备中最昂贵的，因此你必须要弄清楚自己需要哪种类型的帐篷。一顶好的帐篷应当具备易于搭建、方便携带、能防风雨、空间宽敞等特点。但是很少有帐篷能同时符合以上全部条件，因此你得根据需要做出折中。

睡袋

合适的睡袋能够让你在晚上较好地休息。考虑一下你将在何地以及何种情况下使用睡袋，然后再据此选购一条最适合并且你

■远足与野营的基本装备清单

以下所列是温和气候条件下进行 3 ~ 4 周远足和野营旅行的装备清单。

＞衣服和鞋子＜

⊙内衣裤。
⊙保暖背心、长内衣裤。
⊙棉 T 恤。
⊙棉袜。
⊙羊毛袜。
⊙短袖衬衫。
⊙长袖衬衫。
⊙羊毛衫或拉链式抓毛绒衫。
⊙长裤。
⊙短裤。
⊙轻便防水服。
⊙风衣。
⊙防水裤。
⊙备用鞋带。
⊙轻便的软运动鞋或橡胶平底人字拖鞋。
⊙游泳衣。
⊙结实的带子。
⊙抓毛绒或羊毛手套。
⊙抓毛绒或羊毛帽子。
⊙宽边太阳帽。
⊙太阳镜。
⊙汗巾或围巾。
⊙一套连鞋子的智能衣服。
⊙睡衣。

＞个人装备＜

⊙指南针。
⊙地图。
⊙手表。
⊙水壶和其他装水的容器。
⊙哨子。
⊙棉质藏钱腰带。
⊙背包。
⊙日用型睡袋。
⊙帐篷。
⊙睡袋。
⊙睡垫。
⊙小储物包和垃圾袋。
⊙小刀。
⊙手电筒和备用电池。
⊙两个盘子或一套军用饭盒。
⊙杯子。
⊙刀、叉、汤匙。
⊙擦碟干布。
⊙平底锅洗涤剂。
⊙罐头开启器。
⊙肥皂或洗衣粉。
⊙衣夹。
⊙小型轻便折椅。
⊙拐杖。

＞洗漱用品＜

⊙毛巾。
⊙肥皂。
⊙牙刷。
⊙牙膏。
⊙镜子。
⊙梳子。
⊙洗发水。
⊙卫生用品。
⊙剃须刀和剃须泡沫。
⊙唇油。
⊙除臭脚粉。
⊙锌油或蓖麻油润肤乳。
⊙防晒霜。
⊙驱虫水。
⊙纸巾。
⊙湿巾。
⊙脸盆。

＞杂物＜

⊙护照。
⊙车票。
⊙现金、旅行支票、信用卡。
⊙接种证明书。
⊙修理工具箱。

↑ 要根据你预期的天气状况穿衣，务必携带各种衣服和装备以防天气的急剧变化。

能买得起的睡袋。

背包

好的背包应该能让你在背着行李的时候感觉舒适。你需要的背包类型取决于你所从事的活动以及你需要携带多少东西。有些背包上附有的腰带、垫塞、侧带等虽说也十分有用，但同时也会增加质量而且更贵。是取是舍，就看你的实际需求以及你的经济承受能力了。

工具

野外生存中，携带某些工具是十分有用的，即使你的工具箱里只有一把小刀也总比没有好。当然，你得了解一下相关政策以确保自己携带的工具是合法的。比如弯刀、大刀、照明弹，也许有些地方会允许你携带这些，但你不能在公共场所随身携带。任何被归为枪支类的物品都必须经过官方的枪支认证。

※ 适用于温和气候的衣服

世界范围内的温带地区包括欧洲、北美洲和新西兰等地。这些地区的平均气温都在 -14 ～ 37℃之间。这一地带的气候特征是：夏季炎热有阵雨；冬季湿冷，在海拔高的地方还会下雪。虽然这一气候带的天气并不十分极端，但是比较多变。因此你需要适时地增减身上的衣服。

逐层着装

在温和气候条件下，最佳的着装方式是逐层着装，让身体有最大的灵活性。穿几层薄衣服要比光穿一层厚衣服的保暖效果好。如果你感觉热，你可以脱掉一层衣服或者打开最外层衣服的拉链以便散热。如果你感觉冷，你可以再加一层衣服或者拉上拉链。如果下雨了，你应该马上穿上防水服，以防最外层的衣服被弄湿。雨停之后，应马上脱掉防水服，不然会感觉很热。

← 轻便的棉质长裤穿起来很舒适，而且弄湿之后，干得也很快。

↓ 在防水外套里面穿上一层抓毛绒的拉链上衣，感觉会比较温暖舒适。

↓ 纤维手套能够防水保暖，戴起来比连指手套更灵活。

↑ 棉质T恤比较实用，四季都可以穿。

↓ 抓毛绒帽子能够有效地保暖，因此你应该在帆布背包里放上一顶抓毛绒帽子，以备气温下降时拿出来戴。

↑ 在帆布背包里放上羊毛连指手套，以备在途中休息时戴在手上保暖。

↓ 围一块羊毛围巾能够有效地抵御寒风。

↓ 当道路泥泞时，在靴子上面绑上绑腿以保持小腿部位的干燥和清洁。

↓ 棉质太阳帽能够保护头部免受太阳的强光灼射。帽子上的气孔有利于散热，从而减少出汗。

↑ 高温天气下，围一块折叠毛巾能够有效地吸汗。

第 1 层

棉质内衣：夏季可以穿背心或T恤；春季或秋季可以穿长内衣裤。

第 2 层

选择一件可以根据天气变化卷放袖子的长袖衬衫。在天气温暖的时候，穿一件棉质衬衫会比较凉快；春秋季节则穿羊毛衫更保暖一些。裤子要穿宽松的，面料为棉的或合成纤维的。当然也可以穿短裤，但是务必要带上长裤，以防天气突然转冷。

第 3 层

可以穿一件轻便的抓毛绒短上衣或长袖羊毛衫，或者将其放在帆布背包里面，根据天气情况随时拿出来穿。

最外层

温和气候有时候会比较潮湿，因此你需要一件防水风衣——最好是袖子里有袖口、领子比较严实并且有帽子的那种。此外，你还需要带上防水的裤子。最外层衣服的面料最好是可透气的纤维，可以是合成纤维，也可以是天然纤维。不可透气纤维面料的衣服容易使人感觉闷热并且出汗，因此穿起来不太舒服。

鞋子

穿什么样的鞋子也是依据具体情况而定的。有时候即便是在温暖的夏天，一些小道仍然是泥泞的。这时，你就应该在靴子上面绑上短绑腿或者是长及膝盖的绑腿，以保持小腿部位的干燥和清洁。袜子应当是棉的或羊毛的，可以根据需要穿 1 ~ 2 双。

其他

太阳帽或棒球帽能够保护头部免受阳光灼射；而羊毛帽子可以盖住耳朵，天冷或风大的时候能保暖。春秋季节，在脖子上围一块羊毛围巾也是很有必要的。此外，你还应该在背包里放上一双羊毛或纤维的连指手套，以备休息时戴在手上，给手部保暖。

■防晒措施

在燥热气候环境下，阳光是最大的消极因素，你需要给皮肤以足够的保护。当你外出时，一瓶防晒霜（防晒指数至少 25），一顶宽边太阳帽是必不可少的。

※ 适用于燥热气候的衣服

美国、澳大利亚、非洲以及中东等地的部分地区属于燥热型的气候环境。这一气候带的典型地势即沙漠和平原，平均气温为 -6 ~ 50℃。生活在这一气候环境下的人们喜欢穿宽松的衣服，因为这样比较有利于散热。与温和气候条件下的逐层着装原则不同，燥热气候条件下穿着舒适的关键在于通风和防晒。

衣服的面料必须是结实耐磨的纤维，因为即便是沙漠地区也有一些带刺的植物，容

↓ 沙漠地区最大的问题在于光照十分强烈，而又没有遮阳的地方。这样一来，你身上穿的衣服就是皮肤的主要保护了。

易刮破衣服。此外，还应选择那些可透气的天然纤维，比如棉或羊毛，以利于保持身体凉爽。另外在颜色的选择上，最好是浅色的或中性色的，比如黄褐色或绿色，因为这些颜色不像白色那样显脏。

内衣

内衣要选择棉质的，因为棉的透气性比较好。男性也许喜欢穿拳击短裤，因为其比较宽松，有利于避免裆部摩擦。当冬天气温降至零下时（即使在沙漠地带也有可能有零下的天气），最好在衬衫里面穿上棉质T恤，这样会更暖和。当然，无论是什么季节，如果你出汗比较多的话，衬衫里面穿上一件棉质T恤也比较利于吸汗。

衬衫

一件轻质的带袖的长袖棉衬衫可让你的手臂免受阳光灼射。此外，衬衫最好有一个比较大的上衣口袋，以便于你放一些在路上常用的物品，如指南针、相机或防晒霜等。

裤子

裤子应选择裆部宽松的棉质长裤，并且其长度要能盖住靴子，以防止细小的沙石进入鞋袜里。裤腰带要选择质地结实的带子，这是因为你需要携带一些比较重的常用物品，如水壶。裤腿上最好有大口袋，可以用来放地图。裤子的膝盖部位要用双层的厚实布料以防磨破。

外套

无论是夏季还是冬季，都有必要穿上防风和防水的外套。只不过夏季穿轻薄点的，冬季气温低的时候穿厚实点的。沙漠地区也会下雨，因此准备一件带帽子的防水外套或雨披是十分有必要的。有些雨披对折起来还能铺在地上当防潮布。

鞋袜

袜子要穿轻薄的棉袜，并且每天要换干净的。因为脚每天都会出很多汗，穿不干净的袜子会让人感觉不舒服。鞋子最好是穿那种为沙漠和干旱地域特制的鞋。这

↑ 在傍晚日落之后，你可以在衬衫外面套上一件防风棉质背心以防夜晚风大。

种鞋子鞋帮的材料通常用的是轻质的小山羊皮，不仅有利于脚的透气，也能防止沙子进入鞋内。此外，特制鞋的鞋底比较厚实，能在多岩石的地形中保护双脚。而普通的步行皮靴大都比较重，且鞋帮处无透气孔，故而脚容易出汗。

其他

在天气炎热的时候，务必要一直戴着宽边的遮阳帽，以遮挡烈日对头皮、脖子和耳朵的灼射。特别是在每天气温最高的一段时间里，注意这一点十分重要。沙漠地带风比较大，因此帽子一定要用绳子在下巴处系紧以防被风吹走。

帽子上要有孔眼，以利于空气流通，保持头部凉爽。在沙漠地区的烈日下，帽子是十分重要的。因此，务必在行囊里多带一顶备用的帽子以防帽子丢失。

强烈的太阳光会让人感觉很刺眼，因此有必要戴一副深色的墨镜以防紫外线辐射。如果是开车，则最好戴一副护目镜，这样能够有效地防止灰尘和细小的沙子进入眼睛里面。与帽子一样，太阳镜也要多备一副，以防戴着的那副丢失或损坏。

← 这种棉质棒球帽能够遮挡面部，把帽檐转过去还能遮挡颈后部位。

← 一根结实的皮带能够用来悬挂一些常用的物品，如水壶、指南针或地图。

→ 这种宽边棉质太阳帽能有效遮挡强光，且其上的透气孔有利于空气流通，从而能够减少出汗。

→ 当太阳光强烈的时候，一定要戴一副高质量的太阳镜。镜腿上系上绳子，挂在脖子上。

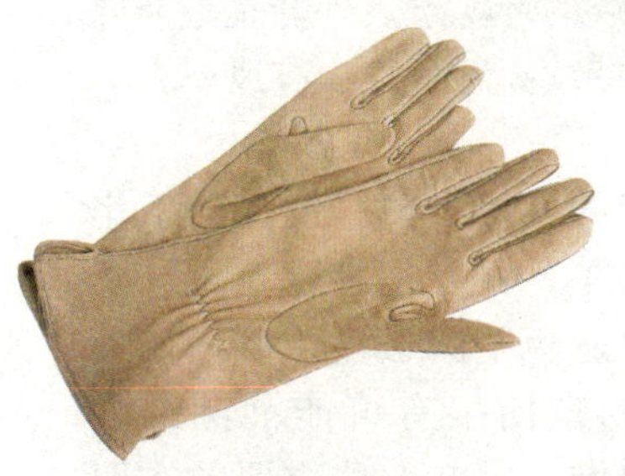

← 如果你每天都要在阳光下开几小时的车，务必戴上一双轻便的手套以防手背被太阳晒伤。

← 脖子上宽松地围上一条花色棉质大手帕能有效地吸汗。

↑ 长袖衬衣可以保护你的手臂免受阳光灼射。

↑ 选择一条中间色的宽松棉质长裤，穿的时候把裤脚塞进靴子，这样能防止沙子进入鞋内。

↑ 夏天的时候，建议你带一件轻便的风衣；如果是冬季，则建议你带一件厚外套。

脖子上宽松地系上一条棉质大手帕或汗巾，有助于吸汗，同时也使颈后部免受阳光照射（颈后部长时间受到阳光灼射很容易导致中暑）。

如果是骑马（或驴、骆驼）或开车，你还应该戴一双棉质手套，以防手背被太阳晒伤。如果是在冬天，则戴轻便的皮手套，这样更保暖。

※ 适用于湿热气候的衣服

湿热地带的气候特点就是高温和潮湿，生活在这种环境下很难让人感觉舒适。这一气候带分布于南美洲、北美洲、非洲、亚洲和大洋洲等地的近赤道地区，平均气温为20 ~ 30℃。湿热气候带的典型植被通常是热带丛林。丛林中有许多树木都带刺，其中有一些还有毒。因此，去这些地方之前，你得从头到脚地把身体裹严实了，以免在那种危险的环境中受到伤害。

湿热气候环境下所穿的衣物必须都是棉质的，因为棉布的透气性较好，有利于保持身体凉爽，并且干得也比较快。你得准备两身衣服：一身在白天干活或赶路的时候穿，另一身干净的则在晚上营地里穿。

白天的时候，如果你把所有的东西都放

↑ 湿热气候环境下，时刻需要对身体做好从头到脚的防护；即便是穿越溪流的时候，脚上也要穿着靴子。

在一个背包里面，备穿的衣服必须要用防水的袋子装起来，否则潮气会把衣服弄湿。根据旅行时间的长短，你得做好旅行期间洗衣服的准备，以避免携带大量衣服。

内衣

与在燥热环境下一样，在湿热环境下棉质内衣同样是穿起来最舒适的内衣。内衣的选择要以合身为标准，注意不要穿过紧的内衣，以防束缚身体。

内衣的式样越简单越好，装饰越多，皮肤擦伤的危险越大。衬衫里面可以穿一件棉质的背心或T恤，以利于吸汗。

衬衫

选择一件中性色的棉质长袖衬衫，穿的时候要把袖子全部放下来，以防手臂被荆棘和昆虫弄伤。此外，衬衫上最好有一个大口袋，可以用来放一些常用的物品，如驱虫剂。在湿热气候的环境下，外套是不需要穿的，因为那里持续高温且很少有风。

裤子

尽管该地带的气候炎热，但你的下半身还是要穿严实了，并要把裤脚塞进袜子或靴子里去，以避免腿脚被昆虫叮咬。放在裤子口袋里的东西很有可能被潮湿的空气或汗水所浸湿，因此一些重要的东西（如地图、证件）要用防水的袋子包起来。

鞋子

在泥泞且不平坦的丛林小道上行走时特别需要一双好的鞋子来保护你的双脚。

↑ 丛林环境中的高温湿热让人感觉十分不舒服，而且其中有许多致命的植物和昆虫。

↑ 一件能够紧扣起来的长袖棉质衬衫可以很好地保护身体免遭植物和昆虫伤害。

↑ 选择一件耐穿的宽松棉质长裤，最好是那种裤腿上有大口袋的裤子。

↑ 一顶宽边的遮阳帽能够保护头部免遭某些植物和昆虫伤害；帽子要有透气孔和可系的绳子。

专业的丛林鞋要比一般的步行鞋好，因为它们是根据丛林环境而特别设计的。

其他

遮阳帽有助于保护头部和面部免受荆棘和昆虫伤害。宽边型的遮阳帽是最理想的，帽子上还应该有透气的孔眼以利于减少头部出汗。戴的时候，要用绳子在下巴处系住，以防被一些低垂的枝杈碰掉。另外，在脖子上围一块棉质大手帕或毛巾，用来吸汗，并能防止颈后部被烈日晒伤，也可防止昆虫从衬衫领口爬入。

↑ 穿丛林鞋的时候，脚上务必要穿一双薄的棉袜。并且要尽量做到每天更换干净的袜子，以保持脚部的舒适。

■防昆虫叮咬

在手上和脖子上喷上驱虫剂，但注意不要让驱虫剂接触到眼睛及其周围部位。另外，额头上也不能喷驱虫剂，因为额头上出的汗会流到眼睛里去。手腕上可以戴上驱虫带，但每隔几天要更换。你还可以在鞋帮、鞋眼以及帽子的孔眼等处喷上驱虫剂。当你中途休息的时候，你就应及时做好上述部位的喷洒工作。因为当你不断地在丛林中穿梭的时候，驱虫剂的效果也在逐渐消失，所以必须在休息的时候再次喷洒。此外，好的头罩也能够起到很好的防护作用。但是头罩只能在休息的时候套在帽子上面，在行进途中则不要戴，因为其很容易在灌木丛中被钩破。

※ 适用于干冷气候的衣服

世界上的干冷气候带分布于欧洲、北美洲、南美洲、亚洲和非洲等地的高海拔地区，其地表特征大都表现为冰雪覆盖的山地，平均气温为 –56 ~ 18℃。在这一气候带的穿着应以保暖为主，当然也不要穿得太过厚重。

逐层着装

为了保持体温，你需要采取灵活的逐层着装方式。这样可以根据具体情况方便地加减衣服。

第 1 层

第 1 层应该穿长袖的保暖内衣（面料为天然纤维或合成纤维）。内衣要紧贴身体，但也不要过紧。至少准备两套内衣，以备替换。

↑ 冰雪常常是干冷气候地带的特征，但同时那些地方的太阳光照也比较强烈。因此你所穿的衣服需要较宽松，让身体有一定的灵活性。

第 2 层

上身穿长袖带扣隔热衬衫，下身穿厚实的裤子；或者穿一身带松紧口的高领连体服。衣袖和裤管都应该能够卷起来，以便适时地调节体温。第 2 层衣服的面料可以是合成纤维或天然纤维，天然纤维的优点在于透气性较好以及利于吸汗。一些必须存放在零上环境下的物品，如指南针，应该放在该层衣服便于拿取的口袋里面。

第 3 层

如果你是徒步旅行，那么你可以在途中适时地增添或减少一些衣服，如羊毛衫或抓毛绒上衣。当你打算从事一项不太方便换衣服的活动时，你最好穿着登山连体服。这种衣服可遮住手腕，更可防风保暖，且不会影响身体活动。其胸口部和肩部留有一定的空隙，在尽量减少身体热量散失的同时也有利于在出汗的时候散热。

最外层

最外层应当穿拉链式防水外套以及有透气性的防水防风的登山裤。外套的袖子应放至手腕部位遮住手套；外套上应该连有帽子；此外，带扣子的大兜也是十分有必要的。

鞋袜

在干冷气候环境下，需要穿两双羊毛袜，其中一双最好能拉长至膝盖处，以确保没有皮肤露在外面。

在该种环境下，理想的鞋子是皮质的登山鞋，其鞋帮要有隔热作用并且高至膝盖部位，或者是有弹性的雪鞋。袜子和鞋子不要过紧，过紧会造成脚部血液循环不畅，会使脚感觉更冷并且更易被冻伤。

其他

头上要戴一顶毛线帽或羊毛的巴拉克拉法帽。戴的时候，务必把耳朵和脖子都捂住。在异常寒冷的时候，你还可以在羊毛帽子里面再戴一顶丝质的巴拉克拉法帽，可以起到很好的防风作用。

与身体的其他部位一样，双手也要戴好几层手套。在异常寒冷的时候，需要戴 3 双

→ 一件带帽子的防水风衣外套是抵御寒冷的第一线。

↑ 在天气比较寒冷的情况下，可以在连指手套的里面再戴上一双抓毛绒手套。

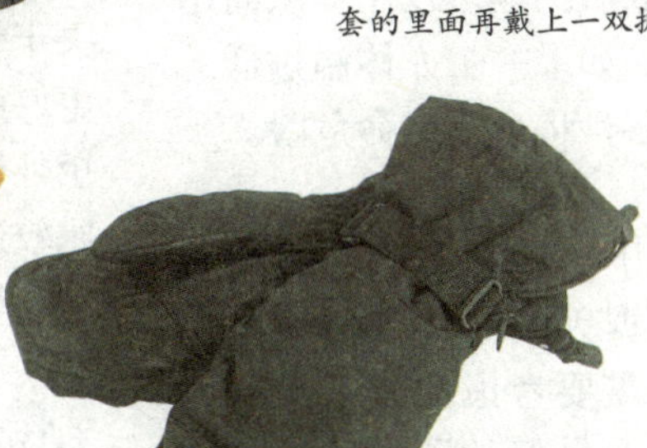

← 双手的最外层戴上一对防水的纤维连指手套，能够提供很好的保护。

→ 羊毛的巴拉克拉法帽可以覆盖整个头颈部位，舒适且温暖，对耳朵能起到很好的保护作用，而且不会被风刮落。

↑ 这种防水的登山裤能够很好地抵御雨（雪）的侵袭。但是，一旦雨（雪）停了就要马上脱下来，以防出汗。小腿部位的拉链使得这种裤子在穿着鞋子的时候也很容易穿上。

↑ 第 3 层可以穿一件轻便的抓毛绒上衣，根据天气的变化来脱掉或穿上。

↑ 第 2 层衣服可以穿一件棉质衬衫。当你感觉热的时候，可以把袖子卷起来。

↑ 穿裤子的时候，应该把衬衣塞进裤子里面去。裤子上的拉链口袋可以用来放一些常用的物品。

手套：第 1 层是丝质手套；第 2 层是羊毛或毛线手套；最外层是防水防风的连指手套，以覆盖外套与第 2 层手套之间的连接处。

※ 适用于湿冷气候的衣服

世界上的湿冷气候带分布于极地、格陵兰岛、冰岛、北斯堪的那维亚半岛和俄罗斯，平均气温为 –42 ~ 21℃。这种气候环境对人类最具危险性和挑战性，因为空气中的湿气会破坏衣服的隔热作用，从而迅速地降低人体体温。如果一个人体温过低的情况得不到及时改善，将会有生命危险。

逐层着装

在该气候环境下，穿衣应遵循逐层着装的原则，以便根据天气变化方便地增添或减少衣服。另外需要考虑的是，何种面料在潮湿环境下具有最好的隔热作用。完全防水的衣服并不适用于费力的步行或登山活动，因为这种衣服不利于身体排汗。这样一来，汗就会被衣服所吸收，在低温的情况下，人体就会感觉非常冷。

第 1 层

贴身的衣服必须要能够吸汗以及从外层衣服上渗入的雨雪，同时能够继续发挥隔热效果。羊毛或纤维面料的长袖保暖内衣是一种具有良好吸水性和隔热性的贴身衣服。

第 2 层

该层的着装要求与干冷气候环境下的要求相同，即宽松的长袖棉质衬衣和棉质长裤，或者带松紧口的高领连体服（对脖子和手腕处有很好的保暖效果）。在衬衣和裤子的外面穿上连体服的好处在于能够防止肌肤露出。此外，在脖子处围一块围巾或毛巾能够防止雨雪流进脖子里面，同时也使肩部更加暖和。一些必须存放在温暖干燥环境下的物品可以放在该层衣服的兜里，但是要用防水的袋子套起来。

第 3 层

该层的着装要求与干冷气候环境下的要求相同，即羊毛衫或抓毛绒上衣，或者带松紧口的高领登山连体服。连体服的面料应该是那种比较轻便且防水的纤维。一般来说，合成纤维在湿冷环境下的隔热效果要比天然绒好。而且，天然绒如果频繁弄湿，就会永久地失去隔热效果。

最外层

最外层应当穿拉链式防水外套以及有透气性的防水防风的登山裤。外套的长度取决于你所从事的活动。长至膝盖的外套具有更好的保暖性和防护性；而长度只到腰部的短外套则有利于减少对身体的束缚性，因此比较适用于费力的步行和登山运动。

鞋袜

在湿冷气候环境下，需要穿两双厚羊毛袜。鞋子要穿皮质的登山鞋，然后在腿上绑上隔热绑腿或高统腿套。在一些积雪比较厚的地方，你最好还是穿塑胶雪鞋。这种鞋子是专门针对冰雪环境设计的，在

↑ 在天气比较寒冷的情况下，可以在连指手套的里面再戴上一双抓毛绒手套。

↑ 贴身层的长袖保暖内衣在干燥的情况下具有较好的隔热效果；但在受潮的时候，其隔热性就会大打折扣了。

← 抓毛绒长内裤具有很好的保暖效果，而且能迅速吸汗。但是，它需要在保持干燥的情况下，才会有比较好的保暖效果。

↑ 在领口塞一条羊毛围巾能够防止雪水流进脖子里面。

↓ 第3层可以穿抓毛绒的登山连体服，能够起到很好的隔热和防护作用。

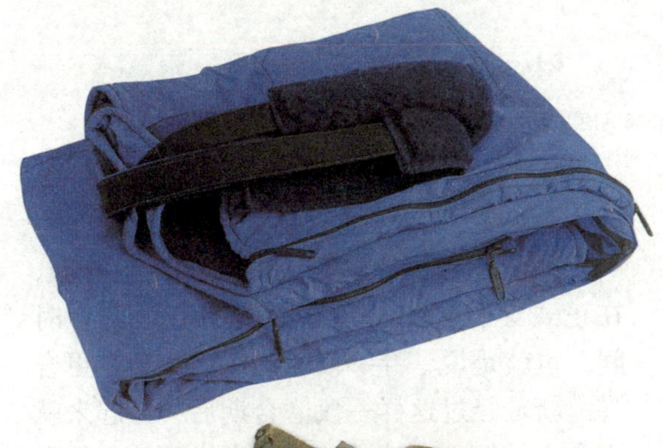

↑ 强烈的太阳光和雪的反射都会使人感觉很刺眼。因此在户外的时候，最好能戴一副高质量的太阳镜或护目镜。

↑ 金属带钉鞋底应该和鞋子绑在一起，以便在冰上行走的时候具有更强的平稳性。

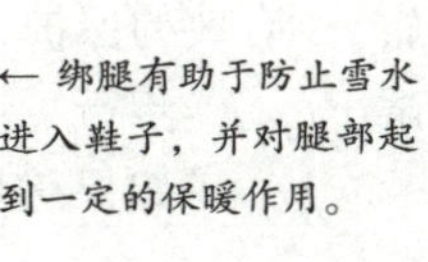

← 绑腿有助于防止雪水进入鞋子，并对腿部起到一定的保暖作用。

↑ 塑胶雪鞋比一般的步行鞋具有更好的防水性和防滑性。

↑ 诸如滑雪之类的运动会让人体出汗。因此你所穿的衣服应当具有良好的吸水性，否则你将会感觉很冷。

外层塑胶里面还有一层保暖内层。此外，鞋子上还要绑上带钉鞋底。这样，在冰雪上行走时就会有较强的平稳性。

其他

头上要戴一顶毛线帽或羊毛的巴拉克拉法帽。戴的时候，务必把耳朵和脖子都捂住。在异常寒冷的时候，你还可以在羊毛帽子里面再戴一顶丝质的巴拉克拉法帽，这样可以起到很好的防风作用。手套也要戴3层：第1层是丝质手套；第2层是羊毛或毛线手套；最外层是防水防风的连指手套。连指手套最好用绳子绑在外套上，这样在脱下来的时候就不容易弄丢了。

※ 鞋子

对于双脚的舒适性和安全性来说，鞋子将是你各项装备中最重要的物品之一。穿鞋子必须要合脚并且感觉舒适。如果你专为旅行买了一双新鞋子，那么你需要在出行前试穿一段时间，以便让新鞋更合脚。

新鞋

即便你在商店试鞋的时候感觉很舒服，在正式穿着它出行前还是得有一段磨合时间。也就是说，穿一段时间以后让新鞋更合脚。新鞋经过这样一段磨合期后，穿起来就不会有任何不适感了。一些有经验的步行者认为：一双皮质的步行鞋至少要穿着走160千米，才能合脚；而一双轻便的布料鞋则需要经过80千米路程的磨合。

舒适度

可供选择的鞋子类型非常多，你需要考虑的是什么样的鞋才适合你所前往地区的地形和气候环境。有些鞋子是专门针对某些特殊地形（如山地、沙漠、丛林）要求设计的。这类鞋子是不可随意穿的。如果穿上不适合特殊地形的鞋子，你的双脚不仅得不到有效的保护，还容易受伤。

步行

如果你将在一条路况较好的道路上步

↑ 轻便的现代布料靴穿起来非常舒适，特别是在天气好的情况下。

↑ 皮靴比较结实耐穿，在长距离步行的情况下能够对脚起到较好的保护作用。

← 较高的鞋帮和结实的鞋底使得沙漠鞋能够有效地保护脚底和脚踝免受荆棘和细小沙石的伤害。

↓ 塑胶雪靴由内外两只鞋构成：外层是塑胶靴，内层是保暖靴。这种靴子特别适合在积雪很深的环境中穿。

↓ 在又湿又冷的天气状况下，穿上布料高帮套鞋能够保持小腿部位的温暖和干燥。

→ 丛林鞋具有良好的防滑性，干得快，透气性较好，且能防止昆虫进入鞋内。

■靴子的保养

靴子是旅行装备中的重要物品之一，因此需要注意保养，以便穿得久一些。为了让靴子保持良好的防水性，在出行前要在靴子上涂一层防水油。皮靴需要涂两层防水油或其他销售商所推荐的防护品，布料靴子则推荐使用含硅的防护品，喷或抹均可。

行，并且可预期的天气状况也比较温和干燥，那么你只需要穿普通皮质或布料的步行鞋就可以了。很多人觉得穿普通的步行鞋比穿那种特殊的靴子要舒服得多，特别是在天气温暖的情况下。但在气候潮湿并且道路泥泞的情况下，普通的步行鞋就不那么合适了，因为它们对脚踝的支持性较差。当然，它们还有一个优点就是干得很快。

对于一次在潮湿或干燥天气下的低强度步行或者穿越一片湿滑的空旷地区，你可以穿轻便的布料靴子或步行皮靴。如今，布料靴子已成为皮靴的替代品。因为它们穿起来更为轻便和舒适，对脚踝也有良好的支持作用，此外鞋底也具有良好的防滑性。步行皮靴是经典的多用途的鞋子，它们比布料靴子更结实耐穿，而且通常情况下防水性能也更好。

山地

山地比较不平坦，因此需要谨慎选择所穿的鞋子。皮质的步行鞋或登山鞋有厚实的鞋底，在崎岖的路况下能够对脚起到较好的保护作用。此外，靴子要具有良好的隔热保暖效果，其鞋舌要能够防止雨雪进入。

沙漠

专业的沙漠鞋能够有效地保护双脚免受灌木和昆虫的伤害。其鞋帮通常采用的是小山羊皮或帆布面料，且鞋底也比较厚实，因此能够抵御地面上的荆棘。有些鞋子的鞋底比较光滑，有些则有棱纹。但是在沙漠地形下，鞋底有无花纹并不重要，除非你打算进行登山或一些其他活动。

丛林

专业的丛林鞋具有结实的橡胶鞋底，能够抵御丛林地面的湿气，其帆布鞋帮使脚能够更好地透气而且保持干爽。丛林鞋的鞋帮一般都高于脚踝，你可以把裤子塞进鞋帮里面以防止腿部被水蛭或其他一些昆虫叮咬。丛林鞋要有单向的透气孔，以利于鞋内水分的排干，同时也能够阻止昆虫进入鞋内。此外，鞋舌也要能够阻止昆虫进入鞋内。丛林鞋的鞋底花纹要较宽较深，以便在泥泞的路况下防滑。

冰雪地区

世界上许多高山地区终年冰雪覆盖。如果该地区的积雪很深或者既有雪又有冰，那么地面肯定会很不平。在这种环境下，你所穿的鞋子必须足够结实并且要绑上鞋钉以防滑倒。

如果你知道自己将穿越积雪很深的地区，那么最好穿雪鞋——其塑胶外层里面还有一层保暖内层。雪鞋的保暖内层在严寒气候下具有很好的隔热效果，而且这种鞋子可以绑上带钉鞋底。这样一来，其防滑性能就更好了。当然，雪鞋的橡胶外层也让它很不灵活，会约束身体动作。但是在冰雪覆盖的环境下，最好还是穿专业的雪鞋，并且要绑上带钉鞋底。同时你也要对其缺乏灵活性的缺点做好心理准备。雪鞋的另一个优点是其保暖内层能够分离出来。这样一来，在气候异常寒冷的时候，你就可以在帐篷里单穿它的保暖内层以抵御严寒。

野外生存的休息装备

※ 个人野营装备

在旅途中，你会需要一些关键工具来完成一些日常普通的任务。这些工具也就是你的个人野营装备。也许你会觉得这里所列的一些器具与你的旅行关系不大，而你需要的是另外一些器具。但是在你整理行装的时候，一些器具还是可供参考的。

指南针

指南针是重要的导航工具，指南针有必要人手一个，而且每个人都应该知道如何正确使用指南针。万一你与大部队失散了，指南针可能是你找到安全之路的唯一指望。很多人发现，量角器指南针要比棱镜指南针好用。指南针是常用物品，请务必保管好你的指南针。要放在手边，如放在衣服口袋里、系在皮带上或挂在脖子上。

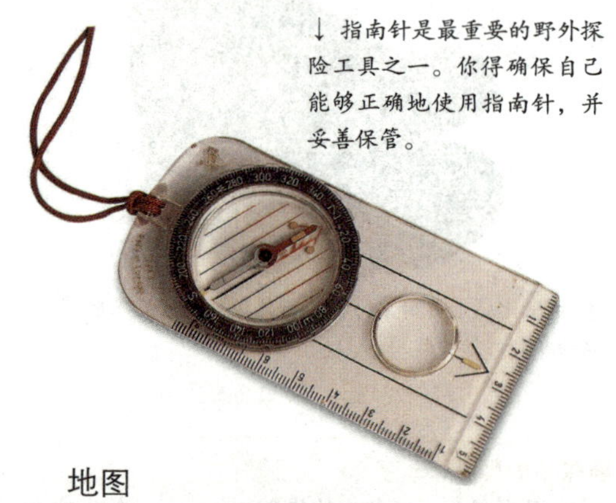

↓ 指南针是最重要的野外探险工具之一。你得确保自己能够正确地使用指南针，并妥善保管。

地图

当你在野外探险的时候，拥有一张好的地图是十分重要的。当然，只有在你懂得如何看地图的前提下，地图才会有用。平面图上通常标有详细的道路路线和城镇位置，因此它是你规划行程路线时的一个重要工具。但是如果要了解某地的地形状况，你就需要一张地形图（野外旅行的标准式地图）。你所需要的地图比例尺应大于 1 ∶ 100000，这样的地图才能比较好地显示详细的地貌特征，以便你进行正确的导航。务必把地图放在合适的地方。当天气比较潮湿的时候，最好把地图放在防水的箱子里。

水壶

野外探险的时候，饮水是一个重要问题。在没有水源的地方，你需要有足够的饮用水储备。因此，准备一个高质量的水壶是十分必要的，但应防止出现水壶漏水（特别是在远离水源的地方出现这一事故是十分糟糕的）。如今有多种容量的水壶可供选择。一般来说，1升左右容量的水壶比较合适，带在身上不会觉得太重。水壶的盖子最好和壶身连在一起，这样盖子就不容易丢失了。此外还应注意，壶盖处也是一个易于漏水的部位。

净水器

如果你不清楚将前往地区的水源是否干净，那么最好带上净水器。净水器在一般的户外用品商店都能买到。将水倒入净水器中，经过大约15分钟的消毒净化之后，水就可以倒出来安全地饮用了。

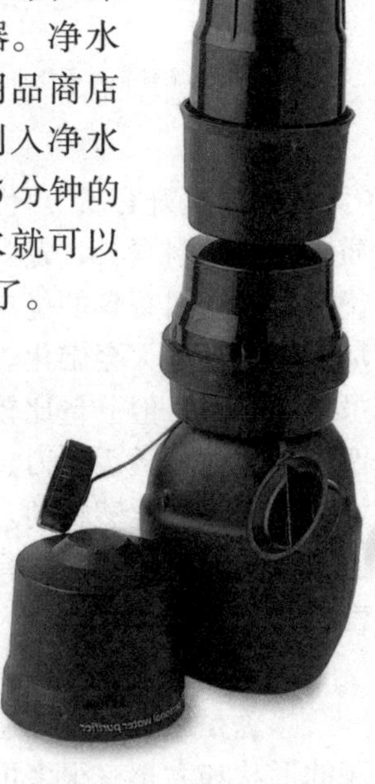

→ 将不纯净的水倒入这一净水器的过滤器中，干净的水就会慢慢地滴入下面的瓶子中。

现金

旅行途中，将你的现金和护照放在棉布钱包里，而钱包则放在衣服里面的口袋中。这样一来，既不会很显眼，又能在需要时方便地拿取。为了以防万一，你需要在钱包以外另外存放一些小面额的现金，以备应急之用。

货币的选择取决于你所前往的目的地，但也要携带一定数量的途经国的货币。如果你所前往的某个国家的货币在你本国不能兑换到，那么一般来说，携带美元总是比较有用的。比如你可以携带面额为10美元和1美元的总计100美元的现金。因为，世界上的大多数国家都是接受美元的。

手表

当你身处野外的时候，别忘了带上手表。除了能看时间以外，手表还可以用来检验你是否在规定的行程之中。当到达一个计划中的休息点的时候，你有必要看一下时间以核对自己是否符合当日的行程计划。如果你没有在特定的时间到达某一既定地点，这很可能意味着你在行进途中拐错了一个弯。

↑ 将你的手表设为当地时间，以用来检验你是否按时到达了预期地点。

手电筒

当你在昏暗的光线中看地图的时候，手电筒是十分重要的。如果背包的空间比较大，则最好再带上能固定在头部的探照灯。这样，能让双手空出来更方便地做一些事，例如在黑暗中搭帐篷或换车轮胎。

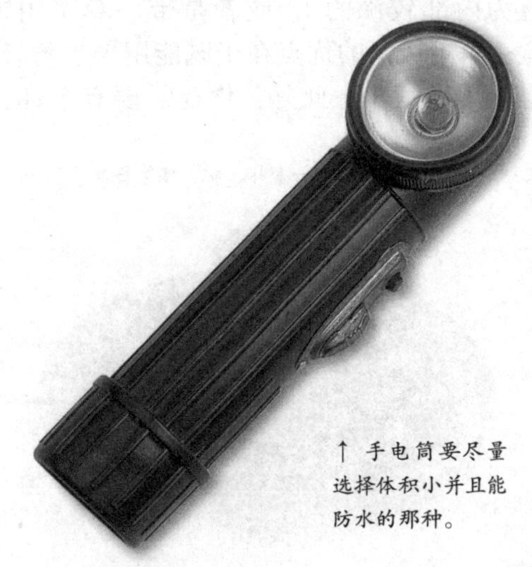

↑ 手电筒要尽量选择体积小并且能防水的那种。

电池

除非你确定旅途中能够买到电池，否则就得为手电筒、收音机等准备充足的备用电池（包括碱性电池和锂电池）。碱性电池要比锂电池便宜，且适用范围也较广；而锂电池的使用时间更长，且能在异常低温的状况下工作。注意小心处理废旧电池，不要将其投入火中或埋入地下，因为电池里面的重金属会渗入土壤，造成环境污染。正确的做法是将废旧电池扔进专门的回收箱。

小刀

如果你的行囊中没有空间容纳一个综合性的工具箱，那么带一把瑞士军刀也会有用处。但是在上飞机之前，你要把小刀放在主要的工具袋里（飞机上是不允许在手提行李中放小刀的）。

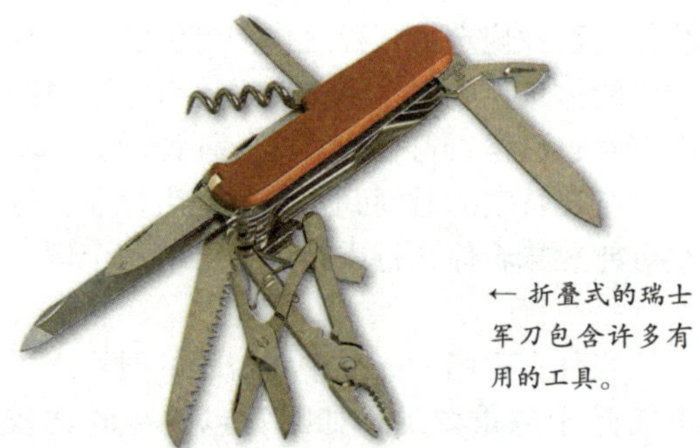

← 折叠式的瑞士军刀包含许多有用的工具。

餐具

野外探险需要带两只盘子（其中一只应为内部较深的），或者是带一套军用饭盒。军用饭盒的优点在于既能用来当餐具，也能用做炊具。此外，你还需要有个杯子

↓ 每个人都要有自己的一套杯、碗、碟等餐具。

↑ 军用饭盒既能当餐具也能当炊具，而且使用后折叠起来很方便携带。

（大约 300 毫升容量）。你要综合考虑各种材质餐具（塑料餐具、瓷餐具、铝餐具等）的优缺点。塑料餐具的优点是分量轻、不易损坏，缺点是遇火会熔化。而瓷餐具和铝餐具虽然更牢固，但分量比较重，而且盛上热东西的时候比较烫手。刀、叉、汤匙等餐具最好是铝质或强化塑料的。如果可能的话，你也可以买那些比普通餐具更为轻便的专业野营餐具。

帐篷

帐篷是旅行途中休息和睡觉的场所。帐篷的形状和大小有很多可供选择的范围，有许多帐篷是专为某些特殊情况设计的。你所选择的帐篷要适合旅行地的气候和特点。如果是背包徒步旅行，你还应该考虑到你能背多重的行李。正式出行前，你应该背上帐篷等行囊做一些负重适应训练。

睡袋

在野外生存的时候，睡袋能带给人家的感觉。睡袋的选择要适合旅行地的气候特点。如果选择不当，不是太热，就是太冷。要是在一些气候条件极端的地方，睡袋选择不当将会导致严重后果。在睡袋里面，你还可以铺上一层隔热的席子。你得注意保管好睡袋，千万别把它弄湿了。

洗漱用品

除了肥皂、牙刷、牙膏、洗脸毛巾和梳

→ 不用睡袋的时候要注意保管，务必使其保持干燥。

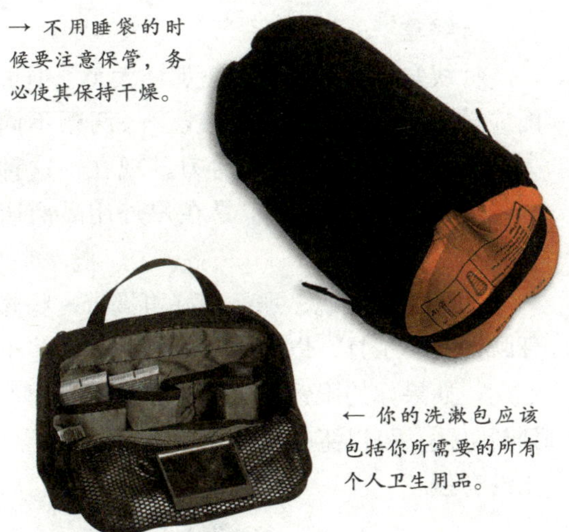

← 你的洗漱包应该包括你所需要的所有个人卫生用品。

↓ 务必携带一支防晒霜（防晒系数至少为25），特别是前往一些紫外线辐射强度比较大的高海拔地区时。

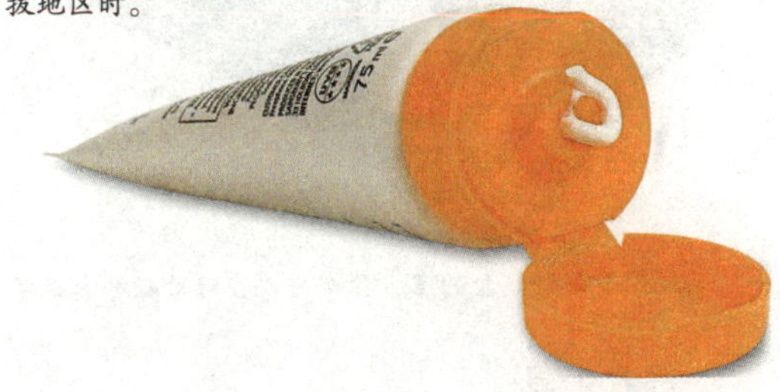

子之外，你的洗漱用品还应该包括洗发水、指甲刷、指甲剪，如果需要的话还应该带上剃须刀以及剃须泡沫。所有这些物品都应该放在一个防水的小包里面。如果你计划的野外旅行将持续好几周，则有必要在帆布背包里带一个综合性的洗漱用品箱，其中的洗漱用品应该能满足各项日常洗漱需要。另外，一些每日必用的洗漱用品应放在一个小袋子里随身携带，如浴巾、洗脸毛巾、厕纸等。除此以外，你可能还需要带上防晒霜、唇膏、驱虫液等用品。这些物品在高温下通常会溶化，因此要特别注意保存。许多女性在外出旅行时很喜欢带上一些自己常用的卫生用品，因为她们怕这些东西在有些国家买不到。即使能找到这些东西，通常价格也不便宜。

急救用品

每一个准备野外旅行的人都要根据自己的需要准备好一些基本的急救用品。这些基本的急救用品应该包括各种型号的防水胶布、消毒纱布、腹泻药、阿司匹林或扑热息痛（退热净）、消化药和电解质平衡粉剂等。此外，如小剪刀、灭菌手术刀以及绷带等物品也是十分有用的。

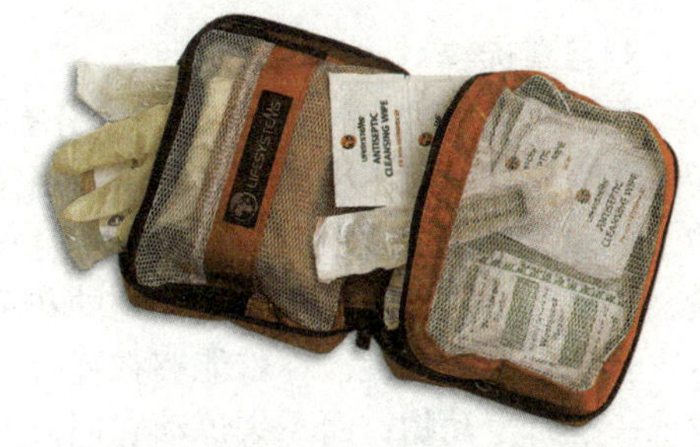

↑ 每一个团队成员都有必要携带一个装备完好的急救包，这一点是十分重要的。

电子产品

收音机虽说不上是一件重要物品，但它确实能够在漫长的旅途中为人们增添几分乐趣。如果前往国外进行野外旅行，期间又看不了电视或上不了网，那你就只能用一只短波收音机来收听一些当地或国际的电台节目当消遣了。

此外，照相机和手机也是很有必要携带的。照相机可以记录下旅途中的美景；手机能够方便联络，虽然在一些偏远地区有可能收不到信号。当然，如果你是前往国外，别忘了带上电源适配器（方便给电池充电）。

← 照相机和胶卷能够将旅途中的美景记录下来。

所有权的问题

如果探险活动中所使用的一些团体装备是用团队集体资金（包括团队成员的会费以及其他的赞助或捐赠）购置的，那么探险活动结束之后就得考虑这些装备的归属问题：是直接遗弃在旅行地还是送给当地的某些人或组织，或是存储起来以备日后的旅行使用，或是允许团队成员折价买走，也许还可以采取拍卖的形式，拍卖所得捐献给慈善机构。这一问题的解决方法在旅行前就应该达成一致。

双目望远镜

在野外旅行中，双目望远镜十分有用，而且能为旅行增添不少乐趣。有了双目望远镜，你就能够远远望见前方的某些潜在危险，并且能够仔细观察到一些远处的花草树木；有了双目望远镜，你就能够在远处提前发现一些野生动物，而不去惊动它们；有了双目望远镜，你就能够确定远处的某块区域是否适宜作为营地，而不必亲自走近观察；有了双目望远镜，你就能够在高处判断出最佳的渡河位置。一些鸟类观察爱好者也许需要携带那种比较高级的望远镜，但对于一般人来说，带一副迷你型望远镜就足够了。

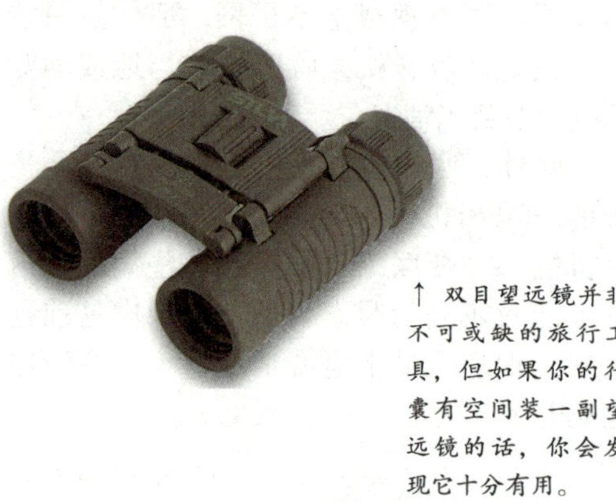

↑ 双目望远镜并非不可或缺的旅行工具，但如果你的行囊有空间装一副望远镜的话，你会发现它十分有用。

个人日记本、记事本等

纸张在受潮的情况下很容易被弄破，因此你应将一些本子放在防水的袋子里。你可以在日记本上记下旅行中所做过的一些事及所见所闻，这是非常有意义的。等到旅行结束，再翻看一下这些旅行日记，你仍会觉得很有意思。

针线盒

针线盒可以只有火柴盒那样大小，但里面应该包括这些东西：针线、一两颗不同大小的纽扣、别针、小剪刀。现在，这种轻便小巧的针线盒很容易在户外用品商店里买到。

如果你戴眼镜，那么最好再携带一些修理眼镜的小工具，以便自己能够修理一些小毛病。如果你的眼镜破了或丢失了而又配不到新眼镜，可以买一个放大镜将就一下，总比没有强。

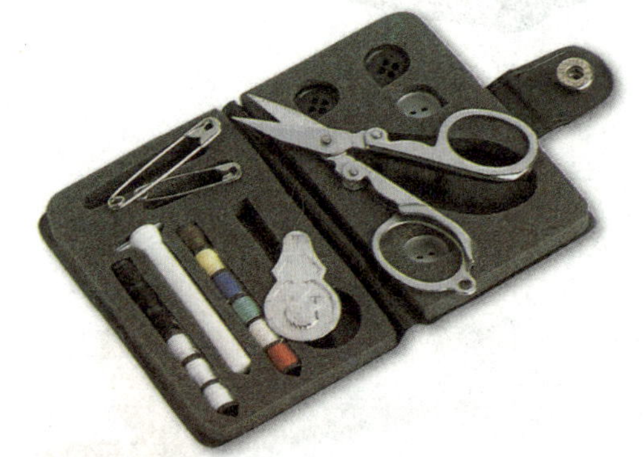

↑ 如果你带着针线盒的话，你就可以在野外缝补衣服了。

洗衣工具

如果你的旅行将持续比较长的时间，并且需要在旅途中洗晒衣服，那么你还应该带上清洁剂、晒衣绳、晒衣用的夹子等物品。建议你把这些洗衣用品都装在一个塑料袋里。

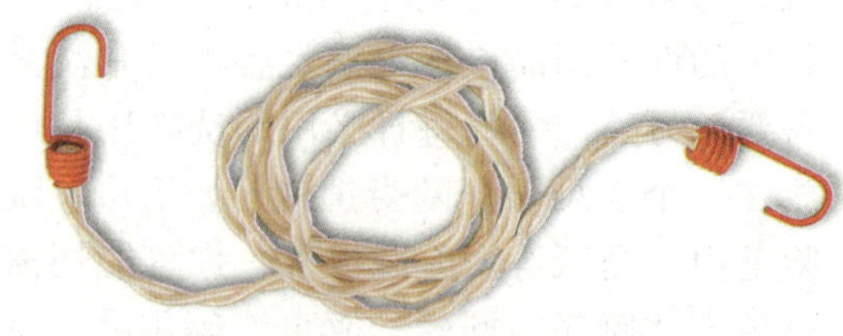

↑ 有了清洁剂和晒衣绳，你就可以在旅行途中洗晒衣服了。

旅途游戏

在行囊中带一些娱乐玩具绝对是一个好主意，可以供晚上或途中休息的时候消遣。当待在营地的时候，你们可以进行一

↑ 纸牌可供晚上在营地或在行程计划延迟的情况下做消遣之用。

些棋类游戏、球类运动。但如果你是背包徒步旅行，那么最好只带一副纸牌，因为纸牌体积小且质量轻。

记住，不要带那些容易损坏和被盗的贵重的电子游戏机。如果是和一群青少年一起旅行，你可以组织大家进行一些富有教育意义的团队游戏。这些计划在旅行前就应该想好，并且要记着带一些小道具，如铅笔、钢笔和记事本。

※ 基本生存装备

进行野外探险时必须携带一些必要的生存装备。有了这些装备，即便在迷路或受伤，无栖身之所，并且缺乏取暖用的火和饮用水的情况下，你照样能维持 24 ~ 72 小时。有时候，是否拥有这些装备关乎性命。

这些必要的生存装备必须时刻带在身边，以备应对可能随时出现的危险情况。因此，它们一定得体积小质量轻，这样才方便随身携带，最好是绑在结实的腰带上。用来装这些装备的包裹里不要放其他物品，并且要经常检查包裹，看是否需要更换其中的一些物品。这些生存装备最好放在防水的袋子或有密封盖的小罐子里面。

当遇到危险时，你的当务之急是做以下事情。

- 保护自己免受自然环境的伤害。
- 生火。
- 储存并净化饮用水。
- 发出你所在方位的信号。
- 找到路。
- 做一些简单的急救处理。

你必须要学会使用自己携带的那些生存装备，这一点是非常重要的。这样你才能够在危机发生时从容应对。

栖身之所

当你遇到危险情况时，当务之急就是搭建一个能避寒的栖身之所。

太空毯

太空毯是一种轻质的毯子，它有 3 种用途：保暖、防晒、避雨。

帐篷包

所谓的帐篷包，也就是那种橘红色的大塑料包，质地很轻，有多种用途。天冷或风大的时候，可以钻入包中避寒取暖。此外，帐篷包还可作为防潮布或空中救援的信号（明亮的橘红色是一种十分醒目的颜色，易于辨识）。

↑ 太空毯有助于保暖，并有助于反射太阳辐射。

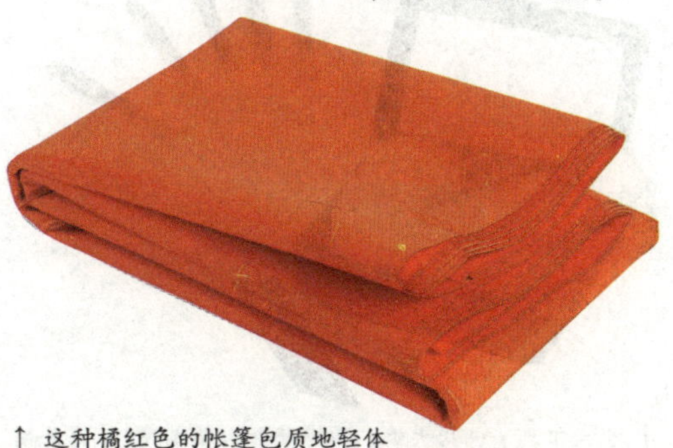

↑ 这种橘红色的帐篷包质地轻体积小，具有多种救生用途。

↑ 你的生存装备包中应备有一捆结实的绳索。

绳索

当需要搭建一个栖身之所的时候，你就会发现降落伞绳十分有用。因此，在行囊中携带至少 20 米长的绳索。

绳锯

绳锯占的空间很小，当生火或搭建栖身之所时，可用于锯断树枝。

生火

你可以买一些现成的生火工具，或者自己做也行。火镰就是一种最有效的自制取火工具，或者是用凸透镜聚焦太阳光取火。你可以带一些棉絮，以备在找不到引火物的时候充当引火物。如果你备有火柴，就务必要保持划火面的干燥，并要有备用划火面。

蜡烛

蜡烛所占的空间并不大，而且可以用来生火。但是请你不要携带那种以动物脂肪为原料做成的蜡烛，因为这种蜡烛在炎

↑ 生火工具（包括火镰、易燃物和火柴），可从户外用品商店购得。

热天气下极易溶化。

储存并净化饮用水

一旦你发现了水源，就需要用容器把水储存起来。塑料袋和避孕套都可以用做储水容器；一只避孕套大概能够储存 0.9 升的水。用避孕套装完水后，再把灌满水的避孕套用袜子或裤管套起来，以防其破裂。这些水在饮用之前，必须经过消毒净化。高锰酸钾就具有净化水的功能（它还具有防腐作用，并可用来生火）。

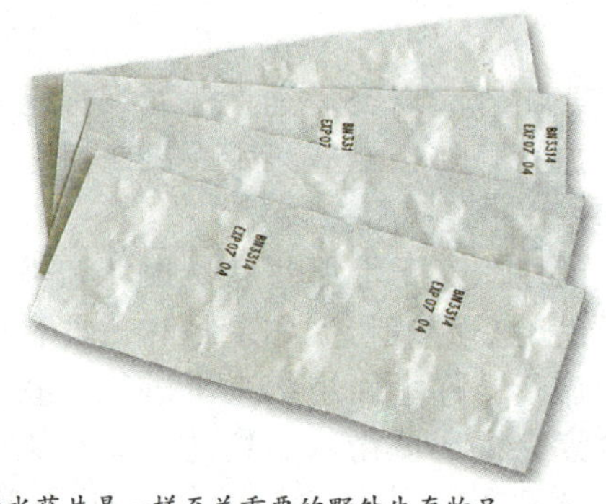

↑ 净水药片是一样至关重要的野外生存物品。

发信号

请在行囊中装上手电筒和日光仪，并在脖子上挂上一个哨子。此外，你还可以用纸和笔写下一些信息留在途中，以便营救者找到你。另外，前面说到的那种橘红色的帐篷包也能作为一种指明你所在位置的信号。

导航

建议你在生存装备包中准备一只备用的指南针，以防另外一只丢失或损坏。

急救工具

生存装备包中应包含以下急救物品。

- 胶布（橡皮膏）。
- 消毒创可贴。
- 电解质口服粉剂。
- 盐片。
- 绷带。
- 消毒解剖刀。
- 针。
- 线。

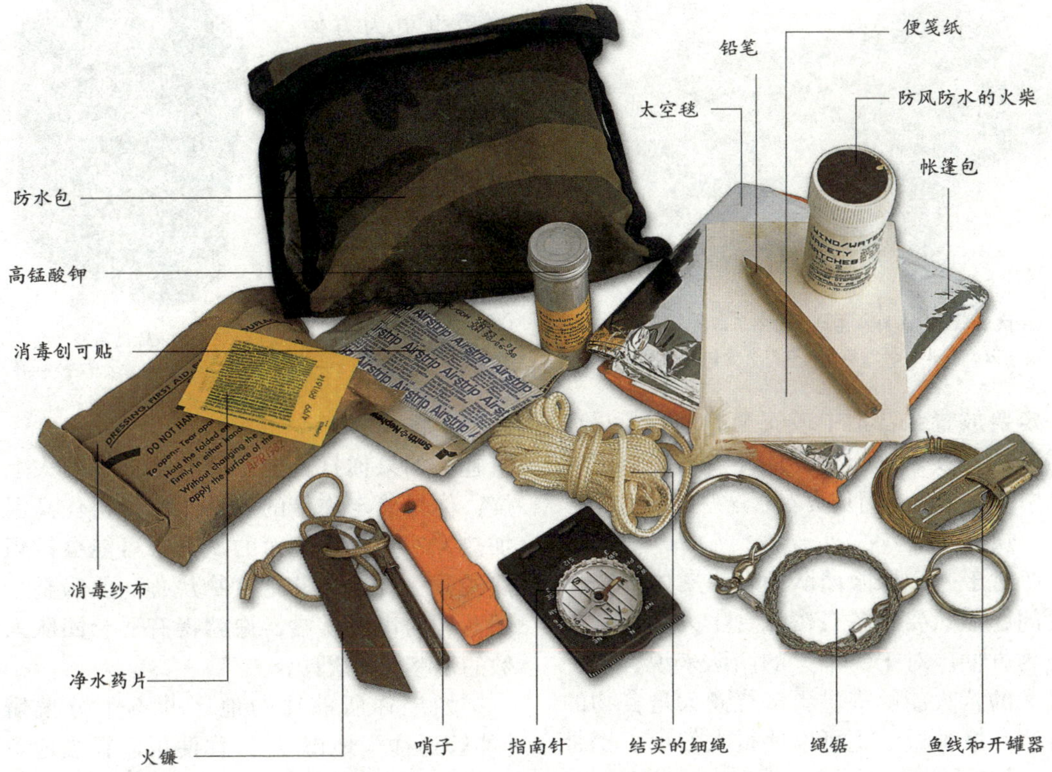

便笺纸
铅笔
防风防水的火柴
太空毯
帐篷包
防水包
高锰酸钾
消毒创可贴
消毒纱布
净水药片
火镰
哨子
指南针
结实的细绳
绳锯
鱼线和开罐器

食物

一个人在不断水只断食物的情况下能维持5天，而在断水的情况下仅能维持1天。因此，当处于危险情况时，当务之急就是确保能喝上水。在生存装备中放食物是不太实际的，但是可以带上鱼线、鱼钩和鱼饵，这样你就可以自己钓鱼吃了。

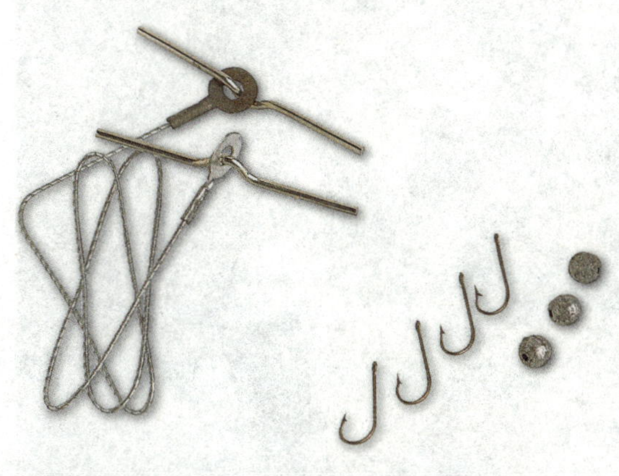

↑ 你要学会如何使用鱼线、鱼钩和铅垂来钓鱼。

※ 团体野营装备

一个人数众多的野外探险团队，肯定会涉及到很多团体要使用到的装备和器具。由于团体装备牵涉到每一个团队成员，其丢失或损坏将影响到每一个人，因此要特别小心保管这些团队装备，如帐篷、运动器械和旅行指南等。

任务分配

一些团队使用的大件物品，如睡觉用的帐篷、炊具等，应该由几个人共同来保管，以便每个人都分担责任。这样一来，每个人都能知道谁保管帐篷A，谁保管帐篷B，这样做有利于减少某些重要部件丢失的概率，如帐篷桩。如果团队物品并不太多，并非每个人都会分配到保管任务，那么，为公平起见，可以采取轮流的方法，以便每个团队成员都承担一定的保管任务。

地图和旅行指南

诸如地图和旅行指南之类的重要物品

↑ 团队所拥有的各种地图对于探险活动的顺利进行十分重要，因此有必要指定某个人专门负责保管这些地图。

一定要放置在营地中最安全的地方，只在需要的时候才拿出来。此外，最好指定团队中的一个人专门负责看管这些物品。

炊具

对于一个探险团队而言，集体解决伙食问题显然要比各自搭灶台生火煮饭来得更为方便。对于一个大的团队来说，生一堆大的营火能够提供更多烧煮大量食物的方法。这种做法也可以使得人们免于携带笨重的炉子，而且取暖也更为方便。当你们仅在某地逗留一夜的时候，也许你会觉得并无必要生营火；但如果你们要在某地驻扎好几天，生一堆营火绝对是一个好主意。此外，一大群人围在营火旁边吃边喝也能增添不少野趣。如果你打算把炊具直接放在营火上烧，你得确定你带的炊具能承受得住高温加热。一些比较轻薄的炊具很可能会被炽热的营火烧熔化并把食物烧焦。要为整个团队同时准备伙食，你就得有适合团队人数的足够大的炊具。

↑ 诸如简便油桶之类的大容量的容器很适合作为营地的储水容器。

如果你所前往的地区并不十分偏僻（能够通往当地市场），你便可以在当地市

↓ 你可以在当地市场上购买一些便宜的炊具。这样一来，就可以免去携带这些笨重物品所带来的麻烦。

场上采购到一些便宜的物品，如平底锅、简便油桶、贮藏容器等。这也就意味着你不必在旅途中携带笨重的物品，并且还节省了行囊的空间。如果你是坐飞机旅行，这可能还将为你节省一笔额外的行李超重费。一旦你完成了炊具的采购，你就可以将其交给负责营地事务的队员了。

急救包

对于一个大的旅行团体来说，携带一个综合性的急救箱是十分必要的。当然每一个成员还应当携带各自的急救包。此外，最好让每一个团队成员填写一份健康状况表（过敏症及所需的药物等），并将这些表格放在急救箱里面，便于到需要的时候使用。

建议你将各种急用和非急用物品按其各自的功用分门别类地放置，以便于各种日常处理，如水泡、伤口、瘙痒、头痛等。这有利于团队成员迅速地找到所需的医药品，而不会老是打开一些自己不需要的东西，因此像消毒纱布、绷带等医疗物品就不易被经常误拿而弄脏了。

存放急救物品的容器必须是防水防尘的，以免急救物品被污染或损坏。团队中每个成员都应该知道急救箱放在营地的哪个地方和由谁负责行进途中的保管。因此，对于一个较大的团队来说，最好指定一个人专门负责保管急救箱——及时补充必需的急救物品，并确保将各种急救物品摆放整齐。此外，团队中的急救员最好要具备最新的急救知识。

工具

你得将各种工具明确分配给各个成员，让他们负责携带和保管。有许多工具是具有一定危险性的，如小刀、火柴、斧子等。这类工具一定要交由那些可靠的人保管，特别是在团队中有许多孩子的时候，最好将这些危险工具锁起来。工具保管者要确保其所保管的工具一直保持良好的性能状态，并能维持至旅行结束。

※ 帐篷

在选择帐篷的时候，你会看到各种各样的款式、颜色、质量和型号。为了买到适合你实际需要的帐篷，你得考虑以下因素：何时何地使用帐篷、打算如何携带帐篷、帐篷的使用目的以及打算供几个人使用等问题。

何时何地使用帐篷

这个问题也就是说你得考虑到你所前往的目的地的气候条件和地理状况等因素。在非洲丛林，你所需要的帐篷应该能够较好地抵挡酷热和暴雨；在北极圈以内的山区，你所需要的帐篷的首要功能就是要具有抗强风能力。

如果你将前往燥热气候地带旅行，最好选择那种内部空间较大的帐篷，以利于空气流通，降低室温。如果你是背包旅行，你得

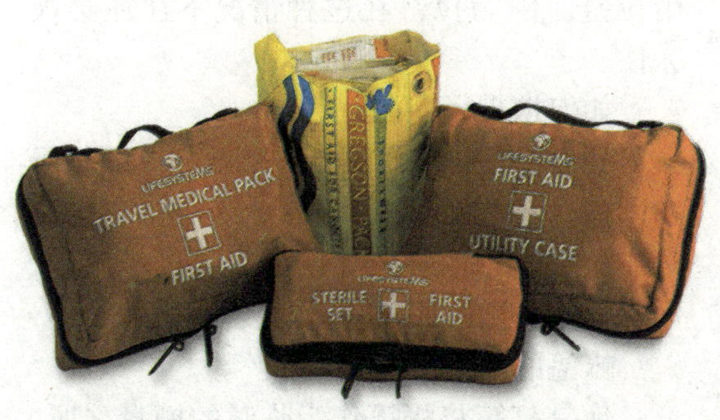

↑ 探险团队的成员需要各种各样的医疗用品；建议将这些物品分门别类地打包并贴上标签，这样在需要的时候就比较容易找到了。

↑ 在燥热气候条件下，应该选择内部空间大的帐篷，以利于空气流通，降低室温。

↑ 在燥热气候条件下，棉布和帆布材料的帐篷防晒性要比合成材料的好。

综合考虑一下质地轻和质地重的帐篷的各种利弊。通常来说，棉布和帆布材料的帐篷的防晒性要比合成材料的好。一般来说，热带地区的紫外线比较强烈，比较容易损坏像尼龙之类轻质材料的帐篷；另外，轻质地帐篷还易被丛林中的荆棘弄破。

如果你前往湿热气候带旅行，而且是在雨季，那么你所需要的帐篷必须要有非常好的防水性能。棉布或帆布面料的帐篷就非常适合在这种环境下使用。

■帐篷的标准

当你在野外的时候，帐篷就是你的家。其主要功能就是提供一个干燥温暖的睡觉场所；当然有时候你也会在里面煮饭或在极端天气下作为避身之所。以下标准对于帐篷来说是十分重要的。

⊙帐篷要有足够的睡觉空间，并具备良好的通风条件。

⊙帐篷内部要有足够的高度，能够让每个在帐篷里面的人坐直。

⊙帐篷内部的防潮布质地要足够结实，能适应各种地面条件；如果防潮布达不到该要求，你可以带一张额外的席子，这样睡觉的时候会更舒服一点。

在寒冷的高山地区，你需要的是内部空间较小的小型帐篷。因为小型帐篷更易保存人体所散发出来的热量，并且其抗风能力也更强。相比棉布和帆布面料的帐篷，合成面料的帐篷质地较轻，因此更易于携带。当然，这种环境所要求的帐篷还得十分结实，其内部应有厚实的防潮布。这样，无论是在冰、雪或岩石上搭建帐篷，都不会感觉不适。

在极端寒冷的气候状况下，帐篷的门还是用绳子或搭扣系起来比较好，而不是用拉链。因为拉链在这种情况下往往会被冻住。

如何携带帐篷

如果你是自驾车旅行，那么行李的重量和体积就不是大问题了，因为车的后备箱通常能放很多东西。但如果是背包徒步旅行，你就要尽量挑选那些轻质的装备。

帐篷的使用目的

你是打算将帐篷作为临时的栖身之所，随时准备安营或拔寨；还是打算在帐篷里住上一段时间。你得考虑打算怎样使用帐篷，

↑ 这种多用途的山脊帐篷适用于世界上任何地方的各种气候状况，而且有多种型号可供选择。

↑ 有些汽车的车顶可供搭建帐篷。这样一来，夜晚就能够避免被野兽袭击了。

↑ 单人隧道式帐篷：这种铁箍架提供了更大的内部空间，但是其抗强风能力较弱。

然后相应地做出合适的选择。

帐篷的容纳空间

如果你的帐篷将作为一个大本营，你得确定将有多少人会睡在帐篷里面以及每个人所占的空间。如果团队中有男有女，则还要分营睡。此外，如果每个人所携带的装备需要存放在帐篷里面，装备的数量也要考虑在内。

山脊帐篷

这种多用途的帐篷适于在任何环境下安营扎寨，无论是自家的后花园还是沙漠或丛林。山脊帐篷通常由中间一根垂直的铁杆或两边呈A字型的铁杆支撑。有时，还有一根帐篷横梁作为固定之用。这虽增加了帐篷的重量，但同时也使其具备了更好的稳固性。如果你前往某个多风的地方，帐篷的稳固性就显得尤为重要了。有些山脊帐篷采用斜梁的形式来减少重量。

帐篷的外帐连有一些可调整的绷索，这些绷索可向外拉伸以最大限度地扩大帐篷内部的空间，同时没有触碰到帐篷内帐。这种方式可以避免帐篷内帐与外帐防雨层接触而导致下雨的时候被弄湿。帐篷的两端最好都开一扇门，这样当你在帐篷里面生炉子煮饭的时候（炉子一般都应该放在门口处），就不会妨碍别人出入帐篷了。

单杆帐篷

单杆帐篷通常仅由中间一根杆子作为支撑，既可以是垂直形的也可以是A字型的。这两种结构的稳固性都很好。

圆顶和穹顶帐篷

圆顶帐篷的内帐和外帐都需要许多帐篷杆来支撑。这种类型的帐篷价格比较贵，而且帐篷杆也极有可能在使用中折断，因此你还必须多买一些帐篷杆备用。

在恶劣气候条件下，穹顶帐篷的稳固性比普通的圆顶帐篷要好；但是它不容易在强风下搭建。

隧道式帐篷和露宿帐篷

隧道式帐篷的优缺点介于山脊帐篷和穹顶帐篷之间。隧道式帐篷采用半圆形营柱支

↓ 搭建穹顶帐篷时，如果把斜面朝向风向，它会更加稳固。

↑ 穹顶帐篷是最稳固的帐篷类型之一，能够抵挡强风吹袭（只要支撑帐篷的骨架不变形）。

撑起内帐，使其具有更大的内部空间。但其缺点是无法抵挡强风的吹袭，容易变形。露宿帐篷具有隧道式帐篷的很多缺点，却又不具备其优点。露宿帐篷的最大问题就在于其不稳固，在刮大风时无法招架。

※ 睡袋

在野外，你需要有一个温暖舒适的睡袋来保证你在夜晚拥有良好的睡眠质量。只有晚上睡好觉，白天才会有充沛的体力和好的精神状态。因此，选择一个合适的睡袋是十分重要的。

所有睡袋的填充物通常都有隔绝空气的作用，能够很好地保存人体所散发出来的热量。睡袋内部空气越热，说明其隔热效果越好。

睡袋可供选择的范围和种类十分广泛，既有便宜的单层棉被型的，也有质量较好的羽绒填充物类型的。选择睡袋的标准有：睡袋的构造、面料、填充物、拉链、型号以及是否有兜帽等。

构造

从构造来说，通常有3种类型的睡袋：简单缝合式、封筒式和双层缝合式。

简单缝合式

这种缝合工艺通常用于价格比较便宜的睡袋。采用这种缝合方式的睡袋不易保持热量，因为热量很容易从缝合线处散失。因此，这类睡袋适合在夏季、春夏之交和夏秋之交使用。

封筒式

这种构造的睡袋有较好的保温性，四季皆宜。其通常有3种类型。

- 封筒式构造。该种工艺在加工的时候，将填充物裁成规定的小块缝合在一起，有助于填充物均匀分布。
- 叠交式构造。该种工艺在加工的时候，将填充料整理好后，再裁成规定的小块，小块的一端和里儿缝合在一起，另一端和面儿缝合在一起。这种工艺有更好的保暖性和透气效果，强度也大。
- V形隔板构造。该种工艺与叠交式大致相同，但是填充物更多。

双层缝合式

加工的时候，把里子和一层填充料缝合在一起，面儿也和一层填充料缝合在一起。

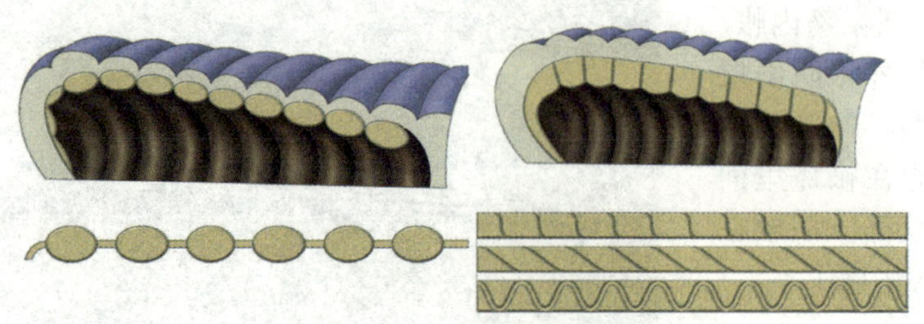

↑ 简单缝合式工艺通常用于低档睡袋，可使用一到两季。

↑ 封筒式构造有3种类型：封筒式（主图和上条）、叠交式（中间条）、V形隔板（下条）。

↑ 双层缝合式构造实际上就是将两条简单缝合层再缝合在一起，以减少热量的散失。

■保暖度

任何种类的睡袋所给出的保暖度都只能当做一个参考，因为关于睡袋的保暖度并没有一个统一的标准。一些生产厂家是以适用于不同的季节来区分保暖度的；而另一些则以具体的温度来区分。这些标示既可能是以感觉舒适温暖为标准的，也有可能是以能生存的最低限度为标准的。

然后把两层的缝合线错开叠加在一起。这种工艺的睡袋保暖性较好，不会有针眼透风。这种工艺的睡袋采用的填充物质量较好，但通常也较重，因此不适合背包旅行时使用。

面料

睡袋面料的选择取决于你所前往的目的地的环境和气候。

棉质面料是高温和潮湿环境下的理想类型，因为棉布是一种透气性、吸汗性较好的天然纤维。

尼龙则适用于气温较低的环境。有些尼龙睡袋有棉布衬里，这样睡起来会更舒服。

专业羽绒面料能够很好地防止填充物移动。此外，这种面料还具有一定程度的防水性，因此适合在微潮的环境下使用。

军用睡袋的下面还有一块防潮布，因此即便没有帐篷或席子也可以直接放在地上使用。然而这种睡袋比较笨重，不易携带且不方便清洗。军用睡袋可以在特种户外用品商店中买到。

填充物

不同睡袋之间最主要的区别就是填充物的类型及其厚度。睡袋填充物的功能在于通过隔绝空气来达到保暖效果。填充物越厚，其隔绝空气的效果就越好，睡袋的保暖效果也就越好。天然填充物睡袋通常会采用以下3种填充材料：羽绒、羽毛以及羽绒和羽毛的混合物。此外还有合成纤维填充物。

羽绒

纯正的羽绒只能取自鸭或鹅的翅膀下面部分。目前为止，这种羽绒是已知的最轻且最保暖的睡袋填充物，且其适用的温度范围也较大。与合成纤维不同，羽绒能够紧贴人的身体，故而具有更好的保暖舒适性。而且羽绒填充物的压缩性也比合成纤维要好，因此将其打包后放入背包时所占的空间也更小。羽绒填充物的缺点是当弄湿以后就会失去其隔热效果，而且存储在潮湿环境下易腐烂。当然一般情况下，睡袋也不太容易被弄湿，除非你不小心将睡袋掉在了水中或淋了雨。

虽然羽绒睡袋的价格比较贵，但是其使用寿命也比

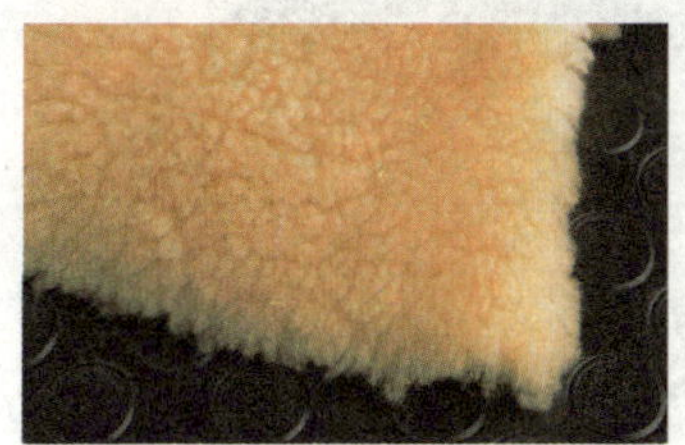

↑ 这种毛绒填充物即便是在潮湿的环境下，也具有较好的隔热效果，这一点在湿冷气候环境下显得尤为重要。

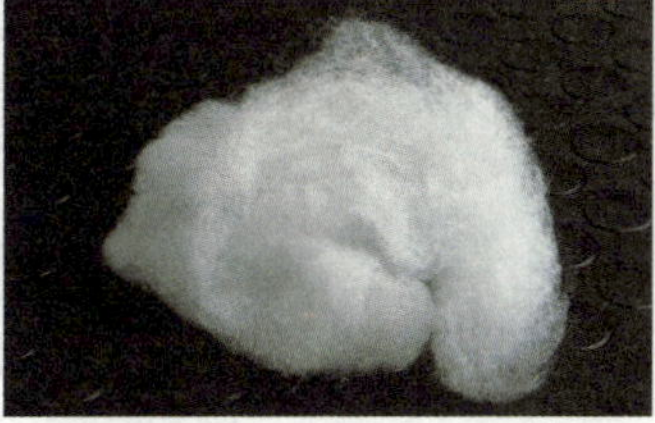

↑ 合成纤维填充物的价格要比羽绒便宜，但是相对来说也要重一些。不过在睡袋受潮的情况下，合成纤维填充物的保暖性能反而要比羽绒填充物好。

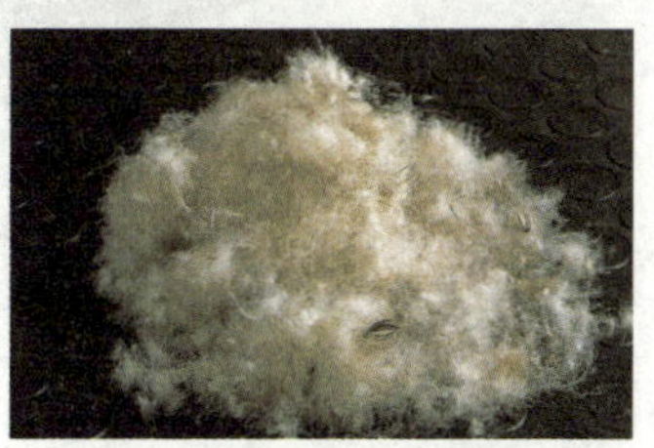

↑ 鸭绒或鹅绒是最贵的睡袋填充物，其保暖性最好、使用寿命也最长。

↑ 羽毛填充物的品质要比羽绒差。因此要达到与羽绒同样的保暖效果，羽毛填充物需要更多的量。

↑ 很多人都认为羽绒和羽毛混合填充物有效地中和了价格和保暖性能的问题。

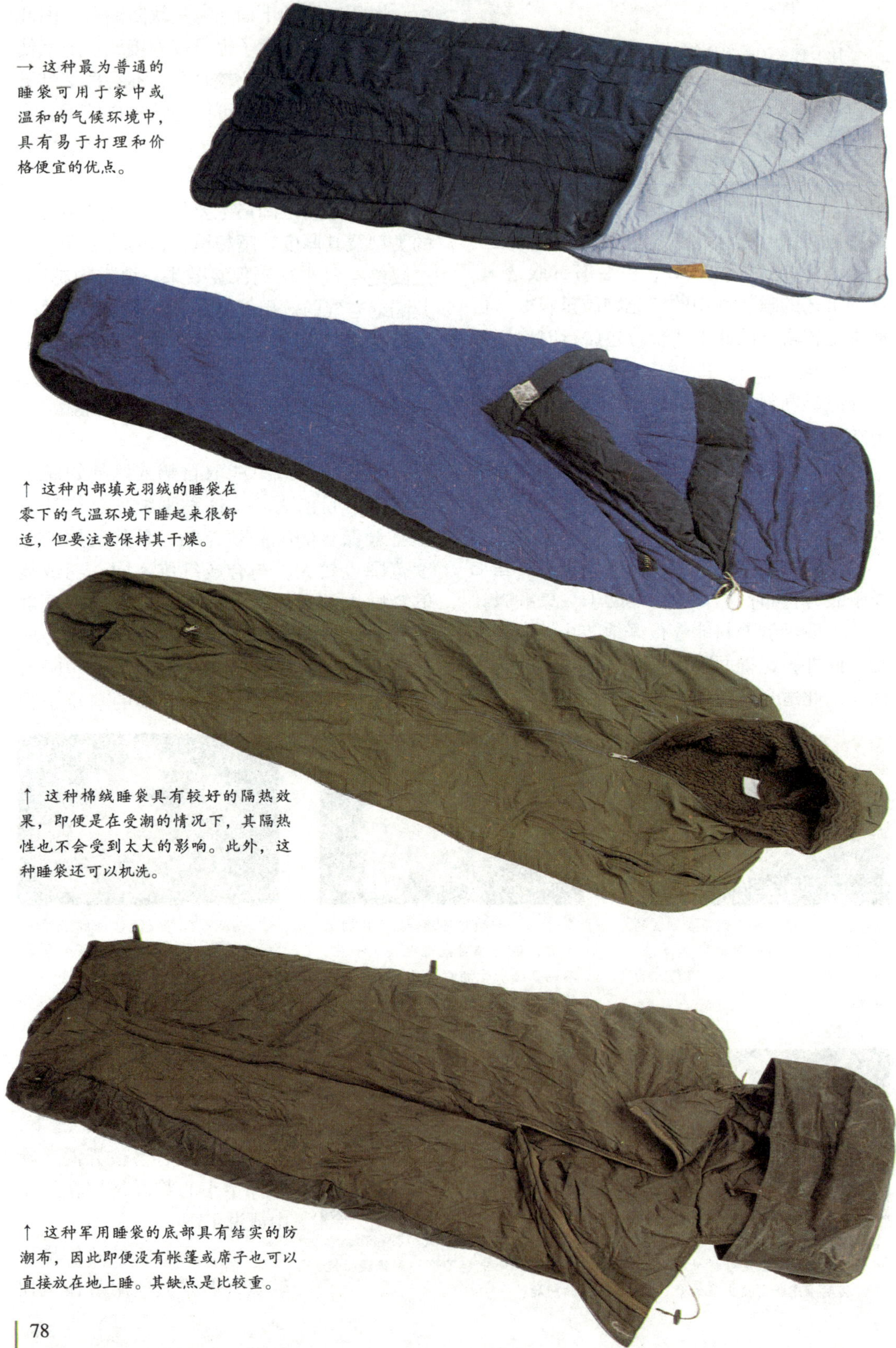

→ 这种最为普通的睡袋可用于家中或温和的气候环境中，具有易于打理和价格便宜的优点。

↑ 这种内部填充羽绒的睡袋在零下的气温环境下睡起来很舒适，但要注意保持其干燥。

↑ 这种棉绒睡袋具有较好的隔热效果，即便是在受潮的情况下，其隔热性也不会受到太大的影响。此外，这种睡袋还可以机洗。

↑ 这种军用睡袋的底部具有结实的防潮布，因此即便没有帐篷或席子也可以直接放在地上睡。其缺点是比较重。

较长——在保养良好的情况下能使用20年，这从长远看不失为一种更经济的选择。羽绒睡袋具有轻便舒适、保暖效果好的特点，最适合在寒冷的气候环境下使用。

羽绒和羽毛混合物

有许多睡袋生产商将羽绒和羽毛混合起来，以降低成本和价格。这种混合填充物具备羽绒填充物的所有优点：温暖、舒适、轻便、易于打包；当然要达到与羽绒填充物睡袋相同的保暖性，得填充更多的混合物。一般来说，混合填充物中羽绒所占的比例越高，其保暖性能也就越好。不过，通常混合填充物中羽绒所占的比例都低于50%。

羽毛

这种填充物是指相对羽绒而言较大且硬的鸭毛或鹅毛。羽毛填充物的保暖性能不如羽绒及羽毛和羽绒混合填充物，因此其填充量必须是后者的两倍，才能达到同等的保暖效果。不过羽毛填充物睡袋的价格比较便宜，而且睡起来同样比较舒服。

合成纤维填充物

合成纤维填充物的质量要比羽绒和羽毛重，它是睡袋中最低档的一种，体积笨重，柔软性也不是很好。这种睡袋的使用年限也不是很长，基本上用过两三年之后，其隔热效果就不太好了。这种睡袋的优点在于价格便宜、易于干燥并且可以机洗。此外，合成纤维填充物的睡袋对保养的要求也比较低。总之，这种睡袋比较适合在温暖的气候条件下使用。

毛绒是一种专业的合成纤维填充物，也可以说就是更厚一些的抓毛绒材料。这种材料在受潮的情况下仍然能保持较好的隔热效果，且易于干燥、可机洗。但是其缺点就是要比其他的合成纤维睡袋都要笨重，因此不适用于轻装野营活动。此外，这种睡袋在市场上不太容易买到。

↓露天睡觉可能会更有野趣，但要注意不要离营火太近，以免睡袋被火烧到。

■影响睡袋保暖性的因素

除了构造和填充物之外，还有以下因素影响着睡袋的保暖效果。

⊙气候条件，包括湿度（湿度过高会使睡袋受潮，从而降低睡袋的隔热效果）。

⊙是在帐篷内使用还是露天使用。

⊙是否是独自一人睡在睡袋里面。

⊙睡袋下面是否垫上了席子。

⊙你穿什么衣服睡觉。

⊙你吃了多少食物，因为食物能够提供热量。

⊙你的疲劳程度，因为一个人在疲劳的状态下相对来说较难变暖。

型号与形状

在选购睡袋的时候，你得当场试睡一下，看是否足够宽和足够长。与你的体形比较符合的睡袋的保暖性要比过于宽松的睡袋好，当然也不能过紧，以免束缚身体。一般来说，质量较好的睡袋都是锥形的。

拉链

大多数睡袋的拉链拉开之后可以将睡袋完全展开，这样可以方便身体出入睡袋并有助于空气流通。另外，这种设计对于清理睡袋也更为方便。尽管拉链的下面有一块挡板，但是拉链仍然是冷空气钻入睡袋的潜在途径之一。尽管如此，也不能因此就不装拉链，否则人的身体就很难钻进睡袋了。

兜帽

人体大约有20%的热量是从头部散失的，因此睡袋上有必要连有一个兜帽。这样更有利于保暖，同时也使头部感觉更舒适并保护头部免受蚊蝇等昆虫的叮咬。

安全性

当你不用睡袋的时候，注意不要将其随意摊在地上，而应及时卷起来放入背包里面。特别是在一些气候温和或炎热的国度，更要注意这一问题。因为这些地方的虫子比较多，要防止虫子爬进睡袋里面。

↑ 金属框架的行军床虽然比较笨重，但确实能为晚上睡觉提供一个很舒适的场所。

↑ 一般市场上有多种不同厚度和长度的隔热垫可供选择，你可以根据需要进行挑选。

※ 其他睡觉装备

除了睡袋之外，还有其他一些装备能使你晚上睡得更舒服。当然在选择的时候，你得考虑这些物件的价格以及携带的方便性等问题。

隔热与保护

当地面又硬又冷或者比较潮湿的时候，或者那个地方蛇虫鼠蚁比较多，那么你肯定需要在睡袋下面垫一些东西，以便与地面隔离。

行军床

行军床有多种型号和形状可供选择。其最大的问题在于比较重，因此只有在有车或动物载重的情况下才能携带。但是，行军床确实能为晚上睡觉提供一个很舒适的场所。

当你使用行军床的时候，最好在下面铺上一条垫子之类的东西。这样，晚上地面的寒气就不易往上蹿，隔热效果自然更好。如果你所前往的地方蚊子多，可以考虑一下在行军床上装上蚊帐。还有要注意的一点就是，行军床一定要放在平整的地方，这样晚上睡觉的时候才会比较稳当。

气垫

气垫在使用的时候，需要用气筒或嘴进行充气，因此比较费时间。气垫也有多种型号、颜色和厚度可供选择。充气的时候，注意不要充得过满，否则气垫就会很硬，睡在上面就不舒服了。

充满气的气垫在夜晚也会变冷，因此也需要在其上铺一条隔热的垫子（当然天气炎热的时候除外）。注意不要让气垫碰到尖锐的石头或小刀之类的东西，并且不能放在地上拖，以免导致气垫被刺破。你最好带上修补气垫破洞的工具以防意外。

自动充气式睡垫

自动充气式睡垫只要打开阀门就会自动吸进空气。在开始的时候，用嘴先吹进一些气可以加速其自动吸气的进程。展开气垫之前要检查一下地面上是否有尖石头和荆棘。气垫不用的时候要放在背包里面以防损坏。

隔热垫

隔热垫是一种最轻、最便宜的隔热物品，有多种不同的厚度可供选择。如果你所前往的目的地的气候比较寒冷，建议携带一块厚的海绵垫（尽管比较笨重，但隔热效果非常好）。这种隔热垫的最大优点在于不易损坏，只有在遇火时才会熔化。在展开隔热垫之前，同样检查一下地面上是否有石头，以免睡的时候感觉不舒服。

报纸

如果你没有带隔热垫，找几张报纸垫在睡袋的下面，也可以起到一定的隔热作用（一般要垫 5 ~ 10 张才会有效果），虽然作用不大，但总比什么都不垫要好一些。

睡袋衬套

不管睡袋的外层面料是哪种材料，也许你都应考虑再买一个单独的衬套。一般来说，大多数衬套都是棉布做的。衬套的主要作用在于防止睡袋弄脏（清洗衬套要比清洗睡袋方便多了），同时也略微增加了睡袋的保暖性能。在炎热的气候环境下，你可以直接睡在衬套里面的，而把睡袋垫在下面作为睡垫用。

→ 这种充气枕头小巧轻便、适合背包旅行者携带，能够提高夜晚睡眠的舒适度。

↑ 自动充气式睡垫使用起来十分方便，但是得注意不要过度充气并且在展开气垫之前要检查一下地面是否有尖利的石头。

→ 这种棉质睡袋衬套有助于保持睡袋的清洁，且便于清洗。

↑ 这种自动充气式睡垫可以方便地卷起来，行进途中可挂在背包外面。

↑ 在热带气候环境下，蚊帐的使用十分有必要。

充气枕头

充气枕头虽不是什么必不可少的装备，但其确实能使睡觉的时候感觉更舒服；而且其重量之轻，几乎可忽略不计，因此并不会带来任何负担。需要用的时候为其充气，不用的时候则把气放掉即可。

※ 背包与行囊

背包是旅行途中用来携带食物和衣服的重要装备。如果是野外探险，背包还可以用来装野营或野炊器具。由于地形、气候以及旅行时间长短等因素的不同，对背包的要求也不一样。在购买背包时，你得根据自己的实际需要并结合以上要素做出合适的选择。

如今大多数背包都有带子、拉链、小口袋及其他一些小配件，这些小配件往往会增加背包的价格。千万不要被一些多余的小配件迷惑了，要弄清楚自己是否真的需要这些附加的配件。记住，背包越大，你就越会想尽办法往里面塞东西，而不管有些东西是否必要。换句话说，背包越小，可能越有助于你避免带上不必要的东西。

一般来说，市场上所有的背包都声称具有防水功能。通常，纤维材料的背包防水性能比其他材质的要好。建议你把放在背包里的物品用塑料袋分类装起来。这样一来，这些器具会更干燥。一些特别重要的物品，如护照、急救器具等，最好用加厚的塑料袋套起来。

↑ 这种用于野营过夜的大容量背包可以装一些轻便的野营器具及其他工作或学习用具。

一日远足用的背包

对于一次夏季的一日背包远足，背一个容量在 20 ~ 35 升之间的背包就足够装所需

↑ 在天气炎热或进行剧烈运动的时候，背着一个装满东西的大包会使背部出更多的汗。

↑ 如果你需要用大容量的背包来装很多的东西，那么背带和腰带一定要足够结实。出发前务必检查一下背带的缝合处是否牢固，否则背包容易在行进途中断裂。

的食物、水、雨衣和急救物品等东西了。如果你打算进行登山或滑雪等活动，那就有必要使用容量在40升左右的大背包了。

配件

一日背包远足活动并不需要携带支架，因为你不会带很多沉的东西。当然，支架除了有负重的功能外，还能让你背起来更舒服，因为它可以减少背包对背部的压迫。此外，在打包的时候，要把衣服之类柔软的东西放在靠背部的一侧，作为背部的软垫。

在天气炎热或进行剧烈运动的时候，背上贴着一个包会使背部出更多的汗。为了解决这一问题，一些好的背包的背面设计有一块棉质面板来吸汗。还有一些质量较好的背包采用网状垫板来吸汗，具有更好的透气性。

用于一日远足的背包并不需要很多的小口袋，只需要在外面有个口袋用于放地图就够了。

一般来说，大容量的背包都会配有腰带。如果你要进行一些诸如登山之类的危险

↑ 这种探险背包比较适合背负重物，并且具备较好的舒适性，但是必须要正确放置物品。

活动，你的背包就必须要有腰带。在登山的途中，如果没有腰带固定背包，背包的晃动就会大大影响到你的平稳性。

如果你将在某些地形复杂的地域行走或者进行登山、滑雪之类的运动，你的背包上要多一些挂钩之类的附件，用于悬挂拐杖、破冰斧、铁钩等物品。

其他的附属配件还包括：可压缩的皮带（用于扎紧背包）、钥匙圈和把手等。

野营背包

野营背包的容量一般在35 ~ 55升之间，有的还配有支架。

一般来说，这种背包装载的东西比较多，因此其腰带要足够牢固并且要易于脱卸（以便在紧急状况下及时抛弃背包）。此外，还要检查一下肩部的带子是否有衬垫以及是否能方便地收紧和放松。

这种背包通常两边都各有一个小口袋，以及一个文件口袋，用于存放一些经常使用的物品。边上的口袋通常用来放水瓶、燃料及其他一些液体物品或垃圾。这样做可以避免渗漏的液体污染到其他物品。当你把物品放在边袋的时候，务必要将这些口袋封好，以防东西滑出去。

■背包支架的选择

⊙内部支架的重量要比外部支架的轻，这样在携带的时候才能更便利一些。

⊙外部支架相对来说更为结实，也就是说能承载更多的重量。

⊙外部支架特别适合背负一些笨重或者形状不太规则的物品。在紧急状况下，这种支架还可以用做担架。

⊙使用外部支架可以让你背负长度超过头顶的行囊，而且能够更均匀地将重量分布于后背和臀部。

⊙一副好的外部支架能在支架与背部之间留有一定空隙以利于空气流通，有助于减少背部出汗。

你是否需要那种配有支架的背包，取决于你将如何使用背包以及你所携带的物品的类型。虽然支架会增加重量，但是当你背负一包沉重的行李时，支架会让你感觉更舒服。这一点对于长途徒步背包旅行者来说尤为重要。

探险背包

这种背包的容量一般在55 ~ 120升之间。容量相对小些的那种比较适用于一些近距离的轻装远足活动；大的那种则适用于一些远距离的探险活动。至于中型的那种，其适用范围更广，几乎适合各种野营活动。

一般来说，这种背包的价格都比较昂贵。所以在选购的时候就更要仔细考虑，尽量要买到真正适合自己需要的类型。

关键特征

探险背包通常有两个以上的外袋，其中有些袋子可以分开来单独使用，作为一个小型的背包。许多背包的内部都有分层：下面部分通常放衣服和睡袋；上面部分则放一些常用的器具。一些质量较好的背包，其上下两层之间的分层上装有一条拉链，将拉链拉开，上下部分又可以连为一体，这样就比较方便放置那些长的物品了。

探险背包的舒适度是一个非常重要的因素，因为你得背着它走好几天甚至好几个星期。特别是腰部和肩部的带子必须得有衬垫，这样背在身上才会比较舒服；此外，还要将背包的腰带束紧，以便使背包更紧贴身体。

外部有支架的背包

如果你要用背包来装一些形状不太规则的物品前往某个穷乡僻壤，那么这种背

↓ 如果是用汽车来装载行李，可以为大宗物品设置一个行李架，以节省车内的空间。但是务必用绳子捆紧，并且要用防雨布遮盖起来。

包最好配有支架。最有用也最简单的支架设计形式就是：支架的底部有一块挡板，用以支撑重物。如果你将前往某个植被茂密的热带丛林，那么所使用的支架的高度最好不要超过自己的头部，以免因支架过高而被一些枝杈绊倒。

驮篮或挂包

如果你要将行囊放在自行车、汽车、摩托车或动物身上，你会需要一些驮篮或挂包来放置你的行囊。

自行车

在自行车上放挂包要注意不要影响到轮胎或链条的转动。此外，车两边行李的重量要大致保持相等。

汽车或摩托车

使用小汽车或有篷货车时可以在车内安装行李架来增加储存空间。摩托车可在后面放挂包或驮篮来携带行李。

牲畜

使用牲畜来驮行李的时候，可在其背

→ 挂包非常适用于用自行车来载行李的情况。

← 如果你是乘飞机或汽车旅行，你会发现用这种拉杆式行李箱更为方便。

↓ 当一个人拉着一匹负重的骆驼行进在复杂的地形之中时，最好找一个当地人做向导。

上放驮篮或挂包，但要避免擦伤它的背部。每天晚上安营休息的时候，你都应该检查一下牲畜的背部，看其是否受伤。如果发现有伤痕，就要马上为其医治。一般来说，骆驼、马以及驴子都是比较适合驮重物的牲畜。注意不要让牲畜超负荷载物，要适时地卸下行李让其休息一下。对这些牲畜进行检查应该是你每次中途休息时的必做功课之一。

↑ 这种瑞典产品 Trangia 牌套炉以甲基化酒精为燃料，具有防风和稳固性好的特点。此外还包括一套野炊用的平底锅和水壶。

野外生存的厨具选择

※ 炉具

按照使用的燃料不同，目前市场上大概有 5 种类型的野炊炉具。每种炉具都有其各自的优缺点，包括挥发性、气味、使用的方便性以及价格等。一般来说，你选择哪种燃料，就得相应地使用哪种炉子。当然也有些炉子可使用多种燃料。

在选择炉具的时候，要考虑使用炉具的环境。有些燃料在极端严寒的天气条件下会凝固，而有些燃料在高温环境下容易蒸发。因此炉具的选择取决于具体的使用环境。还有一点要注意的就是：在有些国家，你可能买不到合适的汽缸（用于灌装燃气）。

煤气

煤气是一种使用最为广泛和最便捷的燃气，但其发生事故的潜在危险性也最大。通常有两种类型的煤气（液化石油气）：丁烷（比较常见的类型）和丙烷（适用于低温环境）。

煤气炉在不用的时候，务必关紧阀门，并将它放置在远离睡觉地点的通风处。当煤气罐在一个比较封闭的空间内发生泄漏并达到一定浓度时，里面的人会窒息而死，一旦遇到火星还会发生爆炸。

甲基化酒精

最流行的炉具是瑞典产的 Trangia 牌酒精套炉，它使用甲基化酒精为燃料，具有防风和稳固性好的特点。有的套炉还带有一个小型的煤气炉。这种套炉分为两种不同的型号，每种型号都配有一套野炊用的平底锅。

甲基化酒精（甲醇）是一种清洁燃料，其燃烧的火焰经常呈透明状态。因此在点燃炉子的时候要格外小心，以防烧到别的东西。酒精一定要放在专门的燃料瓶里面。

煤油

煤油是一种以蒸气的形式燃烧的燃料。它需要通过其他燃料对其进行加热，然后才能蒸发出可以燃烧的气体。溢出外面的煤油就不能再进行蒸发了，而且还会挥发出难闻的气味，所以一定要将煤油储存在密闭的铁罐里。

煤油炉是一种相对经济的炉具，而且燃烧时的火焰也很大。然而，其缺点就是使用起来比较麻烦，一般得经过一段时间

↑ 煤油炉是一种相对经济的炉具，但使用起来比较麻烦。如果你之前并没有使用过煤油炉，需要在出行前练习一下。

的使用才会习惯。另一个更大的缺点是：会把平底锅烧黑。

汽油

汽油是一种比较清洁的燃料，除非汽油里面含有杂质。汽油不像煤油那样需要其他燃料来加热。

汽油易挥发，其气味极其浓烈难闻，因此必须存储在专业的容器里面以防泄漏。汽油一旦泼洒到地上，很快就会蒸发掉，特别是在高温天气下。而且衣服上一旦沾染了汽油的污渍就很难洗干净。

固体燃料

固体燃料有两种类型：药片（六亚甲基四胺）和固体酒精。固体燃料通常也会散

■携带备用的燃料

旅行途中，你一定要确保自己拥有足够的燃料。如果你将前往国外旅行，出行前你得打听好你的炉子所使用的燃料是否能在目的地买到。如果不能买到，你就应该换其他的炉子了。因为几乎所有的航空公司都不允许乘客携带可燃烧气体。

■警告

无论你使用哪种炉具，都需要小心谨慎。所有燃料的燃烧都需要氧气，但同时它们在燃烧过程中又可释放出致命的一氧化碳。因此使用炉子的时候，一定要将其放在通风的地方。在往炉子里添加燃料的时候，一定要先将火熄灭。

↓ 汽油炉，用途广泛，操作简便，但价格较贵。

↑ 风大的时候，可以在汽油炉的四周围一圈挡板，以提高煮饭的效率。

↓ 使用固体燃料炉，即在金属架子上放一块燃料。其最大的优点是携带方便。

↑ 有了这种野营烤箱，你就可以在营地里烤新鲜的面包了。当然这种烤箱肯定需要用汽车来携带。

发出一股难闻的气味，而且其火势很难被扑灭（虽然在风大的时候可以作为一种优势）。此外，固体燃料很难调节火的大小，必须放在通风良好的地方使用。

※ 炊具

对于一次背包旅行来说，所携带的炊具自然是越少越好。当然，这样一来，旅途中的饮食也只能是简简单单了。但如果是在大本营，你可以搭起一个炉灶来做一顿相对丰盛的饭菜。为此，你必须携带上合适的炊具。

轻装野营

如果你是背包徒步旅行，那就只能携带一些比较重要的物品。食物是必不可少的，其最主要的功能是为你提供能量，你不要奢望这些食物能合你的口味。野外探险所携带的典型食品包括罐装食品、真空包装食品、脱水食品。此外，你最好再带上一套军用铝质饭盒（既可以当餐具，又可以当炊具，而且折叠起来后还不占空间）。如果你带了罐头食品，那么还得带上开罐头的器具。一般来说，剪刀或小刀都可以用来开罐头。特别是瑞士军刀，可以作为临时性的厨房用具来使用。当然，如果是一次时间较长的野营，则最好带上一些比较正式的家庭厨房用具。

大本营

如果一个团队要在某地完成一系列的活动或调查研究，通常就会在这个地方搭起一个大本营。在这样的大本营里，人们可以做一些相对丰盛的饭菜。因为在某地搭建一个大本营就意味着将在这个地方驻扎较长的时间，这样就减少了频繁的移动所带来的麻烦，携带比较多的炊具也就不会造成太多的不便。厨房用具要根据所使用炉子的类型来决定，两者要相互匹配。

↑ 每个团队成员都要携带各自的一套餐具。如图所示的这套可折叠的餐具，其优点是：便于携带、不占空间。

↑ 如图所示，这种水壶通过在其底部燃烧干草或树枝所发出的热量经由容器内部的一根传热管道来对壶内的水加热。

蒸煮罐

蒸煮罐的大小要根据旅行团队的人数来决定。有些较大的蒸煮罐的容量为9.0 ~ 13.5升。蒸煮罐的内部和外部都要保持干净。使用的时候，在罐口上盖个盖子可以节省煮东西的时间。

对蒸煮罐质地厚薄的要求，得看你是使用炉子还是使用明火来煮东西。那些质地比较薄的蒸煮罐禁不住明火的高温，通常只能放在炉子上使用。用于煎炸的平底锅通常要求其质地要比较厚实，因为煎炸食物必须要在高温下进行。

储水容器

一般来说，出于尽量减轻行囊负担的目的，轻装野营活动是不会自带饮用水的，而是于沿途临时寻找水源。但是，如果你是驾车旅行（也就是说行囊的重量不是问题），并打算在某地驻扎较长的时间或前往某个偏远地区，建议你最好自行携带大量的饮用水。饮用水可以用比较结实的塑料大桶来装。注意不要将饮用水装在存储燃料的金属容器里。

量杯

量杯有各种不同的型号，你可以根据团队人数的多少来决定量杯的型号。对于一个人数较多的旅行团队来说，你可以准备一个大量杯以及数个中小型量杯。

砧板

切各类生熟食物，如蔬菜、鱼类、肉类和面包时，都应有其各自单独的塑料砧板。每块砧板的颜色最好都互不相同，以便区分其是用于切哪种食物的。比如，红色的用于切肉，蓝色的用于切鱼，绿色的用于切蔬菜等。这种做法有助于避免食物交叉污染，减少食物中毒的概率。

烤炉手套

如果你需要端那些正在烧煮食物的锅，最好有一些东西来保护你的双手以免被烫伤，特别是那些放在明火上烧的锅。为此，你最好准备一双烤炉用的抗热手套。

餐具

你需要各种不同大小的餐具来盛食物。这些餐具既可以是塑料的，也可以是金属的。一般来说，塑料餐具要比金属餐具轻，但是要注意远离火源（因为塑料遇火会熔化）。

↓ 当你要端起那些正在蒸煮食物的锅时，你需要戴上一双烤炉抗热手套来保护双手。

↓ 野营炊具包括一系列不同型号的蒸锅，甚至包括专门煮蛋用的锅。

↓ 炊具的选择取决于你所能携带的行李的重量以及你准备烧煮的食物类型。

↓ 如果团队人数比较多，你就需要用一个容量比较大的锅来煮食物。

↑ 如果你携带了罐头食品，千万别忘了再带上一个开罐器。

■其他有用物品

如果你将在大本营为一大群人准备伙食，有了以下这些器具将会使你的炊事工作变得更为方便。

⊙不同型号的木匙（烹调用的）。不要使用那些由木屑压制成的木匙，因为那种木匙可能携带细菌。

⊙2～3只公用匙。

⊙大漏勺。

⊙各种型号的刀，包括那种有锯齿的。务必确保每把刀都是锋利的。这些刀只能用于切割食物，不能用于其他目的。

⊙煎鱼锅铲，用于将一些摊平的食物从锅中取出。

⊙各种型号的勺子，用于舀汤或调料。

⊙土豆去皮刀和捣碎器，也可用于其他蔬菜，如卷心菜。

⊙手动搅拌器，用于混合一些调味料。

⊙开罐器。

⊙滤网，用于滤干某些食物的水分。

⊙食盐、辣椒粉、糖以及诸如番茄酱、芥末酱之类的调料。

※ 附加装备

除了背包、帐篷、炊具、个人洗漱用品、收音机、手电筒等主要装备外，还有一些附加装备能让你的户外生活变得更加方便和舒适（虽然不是必不可少的物品）。

汽灯

当夜幕降临后，如果营帐里面有一个汽灯的话，做起事情来就要方便多了。如果你带着汽灯的话，在途中要把汽灯用多层覆盖物包裹起来，以防灯罩在运输途中被震碎。与汽油炉一样，汽灯也是不允许带上飞机的。因此，如果你是乘飞机旅行的话，就不要带汽灯了。在这种情况下，你可以带使用蜡烛的灯笼（尽管灯笼的光没有汽灯明亮）。

↑ 汽灯是一种比手电筒更为方便的夜晚照明工具。

当人离开帐篷时，一定要将汽灯或灯笼熄灭。此外，不要在封闭的空间内使用或摆放汽灯。

枕头

如果你习惯于晚上睡觉用枕头但又没带枕头，你可以把自己的衣服折叠成枕头的形状，临时充当枕头。如果有枕头套的话，可以将衣服塞到里面，这样衣服就不会滑动了。事实上，许多小巧的充气枕头都是非常便于携带的，将里面的气放完之后，几乎不占什么空间。要用的时候，再往里面充满气就行了，十分方便。尽管枕头并不是十分重要的物件，但是确实能让人在晚上睡觉的时候更舒服。因此，枕头还是值得带的，特别是充气枕头。

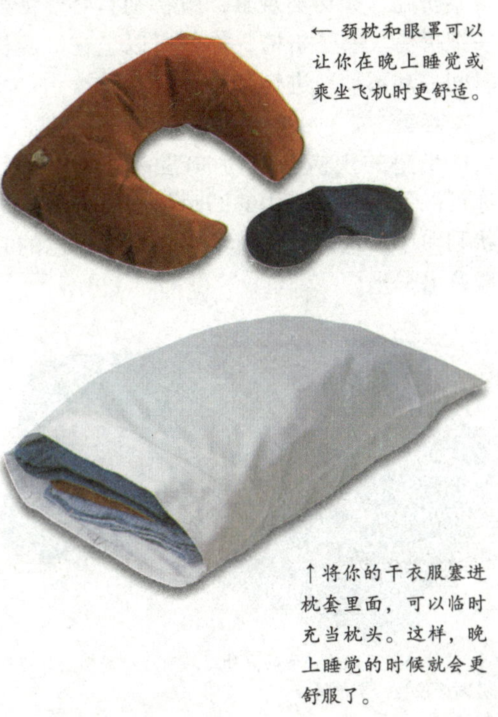

← 颈枕和眼罩可以让你在晚上睡觉或乘坐飞机时更舒适。

↑ 将你的干衣服塞进枕套里面，可以临时充当枕头。这样，晚上睡觉的时候就会更舒服了。

折椅

折椅的价格虽说比较昂贵，但在休息的时候能有个椅子坐也确实要舒服得多。如果你有一辆车或者一匹马来装载行李，你就可以考虑带上一把折椅。但如果是背

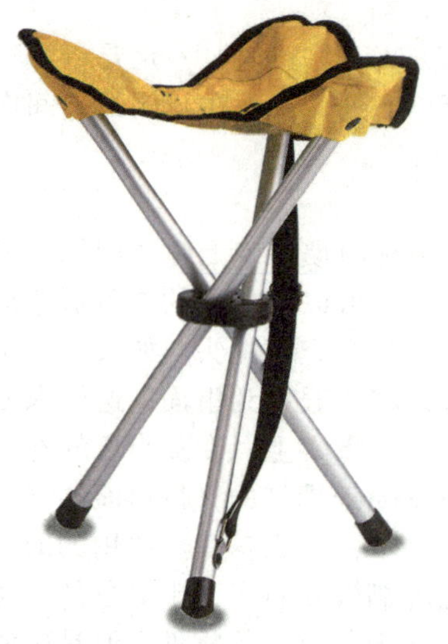

↑ 折椅通常是以轻质的铝为材料制成的，并且易于装包。

包徒步旅行，就不适宜带了。对于某些野外考察研究，如鸟类观察，就特别有必要带上一把折椅。有了折椅，你就可以坐在上面长时间一动不动地进行某些观察。

坐垫

坐垫的规格一般为30厘米 ×60厘米。你可以利用废弃不用的旧睡垫剪成坐垫的形状和大小。这样，你就可以在途中休息的时候拿出来坐。

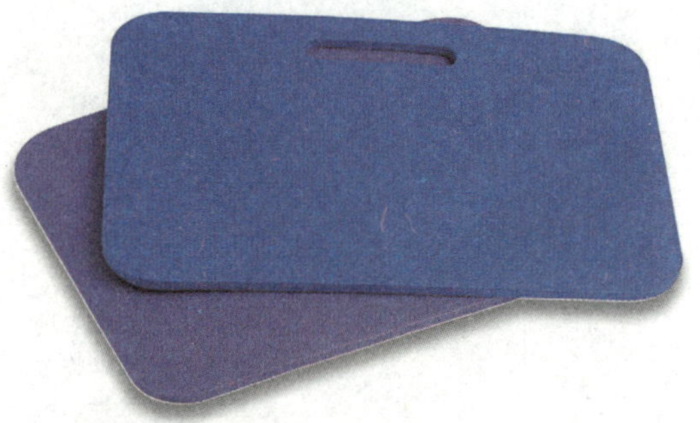

↑ 这种坐垫可以从普通的户外用品商店中买到。其特点是质量很轻，便于携带。

钢镜

钢镜，即有光泽的金属薄片，可以作为镜子使用。有了这种镜子，刮胡子的时候就方便多了。钢镜在不用的时候要放在盒子或塑料袋里面，以防长时间受潮而生锈。

↑ 钢镜在不用的时候要用防水的袋子装起来。

棋盘游戏

如果是轻装野营旅行，一般不带棋盘游戏。棋盘游戏能在旅途中为人们提供很多乐趣。如果有时候大家只有一个游戏可玩，可以把大家分为几个小组，然后做一些体现团队合作精神的游戏。有些棋牌的筹码和骰子一定要保存好，因为少了这些东西，棋牌便玩不了了。

↑ 棋盘游戏能为人们在闲暇时提供不少乐趣，并且能培养良好的团队精神。

炉子的挡风板

很多炉子都配有一块小的挡风板。如果你觉得原有的太小的话，你可以再买一块大点的。当你在户外风大的环境下煮东西的时候，在炉子的四周围上一圈挡风板可以节省煮东西的时间，同时也节省燃料。

闹钟

如果你需要在早晨准点起床，而你的手表又没有闹铃功能，那你就需要带上一个使用电池的旅行闹钟，以确保你在早上不会睡过头。

电源适配器

如果你前往国外旅行，则需要带上可

以转换该国电压的电源适配器。这样才能使用你所携带的电子用品。

弹簧秤

如果你是乘飞机旅行，最好带上一个弹簧秤。这样就可以称一下自己所带的行李，以免行李超重导致产生额外费用。

延伸器

所谓的延伸器，就是一根弹性绳的两端各固定有一个钩子。这种延伸器有许多用途：搭帐篷、挂蚊帐以及绑行李等等。

→ 这种延伸器具有易于携带、不占空间的特点，且有多种实用用途。

野外生存的必备工具

一般的工具大多比较笨重，轻装野营活动是限制携带那些笨重的工具的，当然也有一些例外。旅行中携带的所有工具都务必保持干燥和锋利，使之保持良好的性能。并且在使用各种工具之前，都要对其检查一番，以防出现事故。

铁铲

对于一个探险营地来说，拥有一些具备多种用途的长柄铁铲是十分重要的。如果你打算驱车前往某个沙漠或丛林地区，你至少得带上一把铁铲，以便在车轮胎陷进沙坑或烂泥坑里的时候，可以用来挖土。折叠式挖壕锹也很有用，而且不占空间。还有一种塑料小铲子，分量不到200克，可用于填埋人体排泄物。

↓ 这种可折叠的铁锹易于存放，可用于挖掘生营火用的沟渠以及清理垃圾。

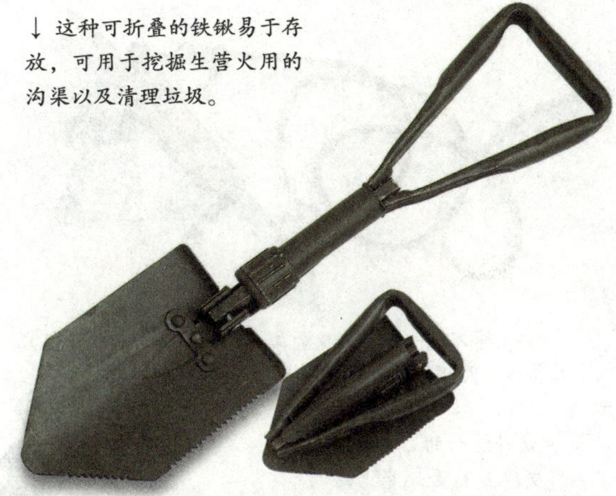

大砍刀

这种又大又重的砍刀在丛林中开辟道路或清理营地的时候能够发挥很大作用。当你购买大砍刀的时候，一定要选择刀刃锋利且厚实的那种。此外，还要为其配一个皮质的刀鞘。

↑ 为了安全起见，大砍刀不用的时候，一定要放进皮质的刀鞘里面。

斧头

如果你是开车前往某个偏远的山区野营，你应该带上一把斧头，可用于砍伐一些树枝来生火或搭建临时的栖身之所。

锯子

对于一个没有伐木经验的人来说，使用锯子伐木要比使用斧头来得容易。轻装野营者可以携带绳锯，因为它分量轻，又不占空间。

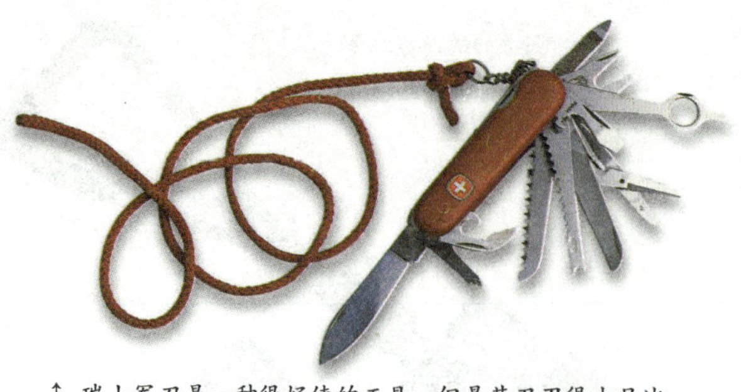

↑ 瑞士军刀是一种很好使的工具，但是其刀刃很小且比较易坏，因此使用的时候要小心。

→ 如果你将在旅行中使用锯子或斧头等工具，那么你还得带上一块磨刀石。

→ 这种锋利的匕首最好用皮质刀鞘套起来，这样才会比较安全。如果你的匕首没有刀鞘，最好去为其专门配一个。

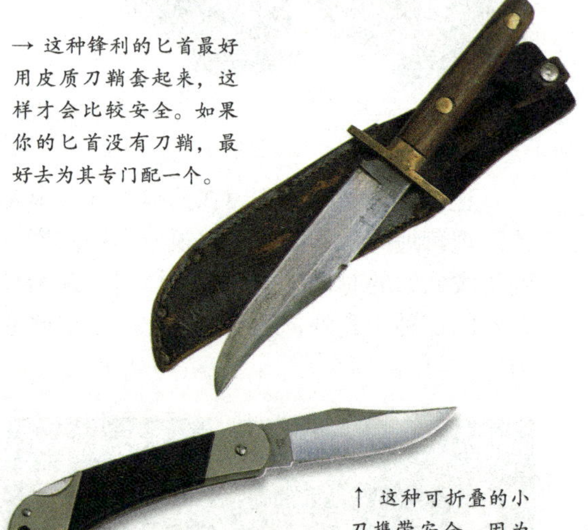

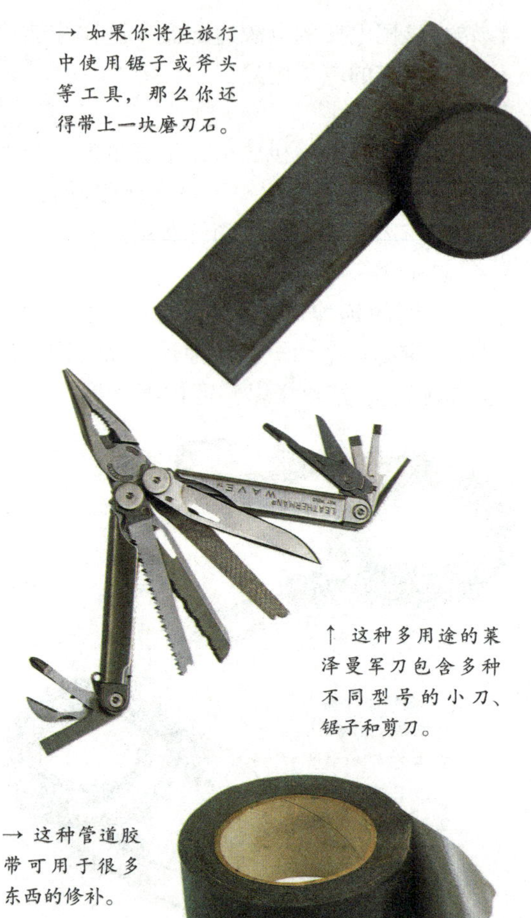

↑ 这种多用途的莱泽曼军刀包含多种不同型号的小刀、锯子和剪刀。

↑ 这种可折叠的小刀携带安全，因为其刀刃有手柄保护。

→ 这种管道胶带可用于很多东西的修补。

■帐篷维修工具

帐篷维修工具在一般的户外用品商店里都能买到。典型的帐篷维修工具包括尼龙补丁、胶黏剂、备用支索、备用帐篷桩。在用补丁片补帐篷破洞的时候，要先把破的地方擦干净，然后再把涂上胶黏剂的补丁贴上去。

修理工具

在旅行期间，炉子及一些照明设备有时也许会需要维修。因此，你得带上一些基本工具（如改锥），以便修理某些东西。有些装备可能需要专门的维修工具，因此你在买这些装备的时候就得弄清楚这些事项。

管道胶带

这种胶带的黏性极强，可用于许多东西的临时性修补，如帐篷、背包等。因此，有必要带上一卷管道胶带，并要将其放在有盖子的盒子里面，以防灰尘和沙子。

磨刀石

磨刀石是让各种工具保持锋利的重要物品。诸如锯子、斧头、小刀和砍刀等，要想保持锋利，就得天天磨。

小刀

诸如瑞士军刀或莱泽曼（LEATHERMAN）军刀之类的迷你型工具也是十分有用的，其包含许多不同型号的刀片和剪刀。

※ 装备的保养

各种野营装备大都比较昂贵，而且关系着你的生命安全。因此，要保持各种野营装备的良好性能，你就得适时地对其进行保养和维护。野营装备的维修和保养最好在旅行刚结束后回到家的时候进行，因为这个时候你对各种装备的损坏处还记忆犹新。在将各种野营装备存放好之前，你得对其损坏的地方进行维修（如果有损坏的地方的话），然后清洗干净并晾干或擦干，以便于下一次使用。

帐篷

野营结束后收拾帐篷的时候，要检查一下帐篷的零部件是否齐全。如果发现帐篷的接缝处有开裂，可以用密封剂（可在户外用品商店买到）粘好，等密封剂干了之后，再将帐篷收好。如果帐篷内部有蚊帐，你还得检查一下蚊帐上是否有破洞。在下一次使用帐篷前，得把这些破洞修补好。

炉具

野营所使用的炉具如果没有给予必要的维护，就不能发挥其良好的性能，甚至会发生危险。千万不要将可能让炉子产生损坏的东西放在炉子上面烧。如果你需要更换炉子的某些部件，一定要使用正规厂商生产的质量好的产品。在不使用的时候，炉子和燃料瓶要分开放置，这样才比较安全。

指南针与电子产品

指南针要远离磁场，如熨斗或无线电扬声器。如果你所携带的是量角器指南针，则要保持量角器的清洁，以免日后看不清上面的刻度。长时间不使用的电子产品，要将里面的电池取出来，以免发生电池泄漏或腐蚀。

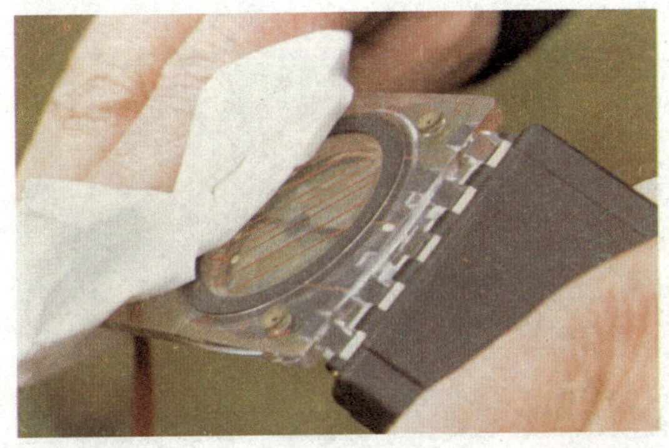

↑ 这种塑料质地的量角器指南针在使用之后要注意擦干净，以免以后看不清上面的刻度。

背包

背包在使用的时候，注意不要扔或拖、不要只背一根背带。旅行结束后，要将背包清洗干净。如果有破的地方，则要缝补好。在存放起来之前，一定要确保其已经完全干燥。记住不要使用洗衣粉来清洗背包，因为洗衣粉容易破坏背包面料的防水性。存放背包的地方一定要干燥、通风。

睡袋

睡袋都需要仔细地清洗，晾干所需的时间也较长。如果你是用洗衣机洗的，晾的时候最好平摊，因为挂在绳子上晾容易变形。如果还有睡袋衬套的话，旅行结束后也要按照生产商所注明的清洗方法进行清洗。

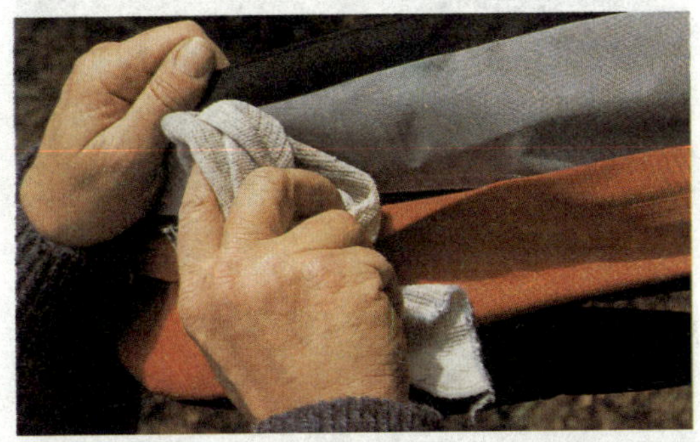

↑ 背包在使用后要用湿布擦干净晾干，然后再将其存放在通风的地方。

羽毛或羽绒填充物的睡袋

羽毛或羽绒填充物的睡袋最好拿到干洗店进行清洗，就像洗羽绒被一样。如果你喜欢自己洗，一定要用羽绒产品的专用洗涤剂，晾的时候要平摊。晾的时候，要将里面的结块拍打蓬松。晾干之后，请将里面的羽绒拍打均匀。羽绒填充物的睡袋得存放在干燥的地方。

合成纤维填充物的睡袋

这种睡袋可以手洗，在通风的阴凉处晾干或用滚筒烘衣机低温烘干，但要注意不要使用清洁剂。此外，这种睡袋还可以用干洗的方式清洗。

毛绒填充物的睡袋

这种睡袋是最容易清洗的，直接放进

洗衣机就行了，而且晾干的速度也很快。

鞋子

作为一种重要且价格昂贵的旅行装备，鞋子在旅途中以及旅行结束后都需要一些特殊的维护和保养。

旅途中的保养

每天晚上脱下鞋子的时候，请将两只鞋子轻轻地相互敲打，以便震落鞋子上沾着的泥土。鞋底的缝隙里嵌着的泥土可以用小刀撬掉。晚上晾鞋子的时候（放在帐篷门口或挂在帐篷外），可以在鞋子里面塞一些报纸，这样更利于鞋子干透。注意不要将鞋子放在营火边烤或放在烈日下暴晒，以免损坏鞋面。

旅行结束后的保养

先将鞋子上的泥土弄干净，然后放入

※ 靴子的保养

1. 将两只鞋子轻轻地相互敲打，以震落鞋子上的污垢和泥土。

2. 鞋底的缝隙里嵌着的泥土可以用小刀撬掉。

3. 用硬毛刷将鞋子上残留的尘土和污垢刷干净。

4. 检查一下鞋带是否有磨损，如果需要更换的话就要及时进行更换。将鞋子放在温肥皂水中进行清洗。

5. 用一块软布或直接用手给皮靴上油。

6. 如果你的靴子是纤维面料的，则使用一种硅树脂产品进行护理。

温肥皂水中清洗，洗完后让其自然干燥。所有的鞋子都要给予适当的保养才能使之保持良好的防水性能。特别是皮靴，如果不定期打蜡和上油，很快就会穿破。因此如果你的靴子或鞋子是皮质的，建议你在存放起来之前将其进行抛光、打蜡和上油处理；如果你的鞋子是纤维面料的，建议你使用一种硅树脂鞋护理产品喷涂在鞋子上面。

↑ 为了让潮湿的靴子干得更快，你可以在靴子里面塞一些报纸或干草。

※ 装备的检查

在进行任何野外旅行之前（无论是近距离的一日远足还是长达一个月的国外探险），你都得仔细检查一下自己所要携带的旅行装备。任何装备如发现有破损的迹象都要及时地进行修理或更换。在家里修理总比到时候在野外修理要方便得多，因为在家修理时修理的材料和器具都比较易于获取，万一修不好还可以换一个新的。

衣物与鞋子

除了要确保你所带的衣服适应当地的气候以及你所进行的活动以外，你还得确保这些衣物的舒适性，特别是裤子和衬衣（如果穿着不舒服，会影响身体的灵活性）。出行前，你得检查一下这些衣物是否需要缝补，特别是拉链和扣子这些部位。如果是团队旅行，你最好在自己的衣物上缝上自己的名字或其他标记，以便辨认自己的衣服。

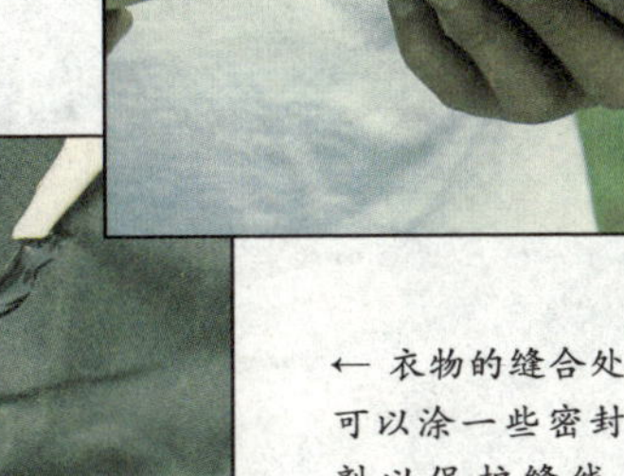

→ 注意时常检查一下斧头和杆柄的接合处是否牢固。如果接合处比较松动，使用的时候就容易发生事故。

← 衣物的缝合处可以涂一些密封剂以保护缝线，使衣物具有更好的防水性能。

※ 整理靴子

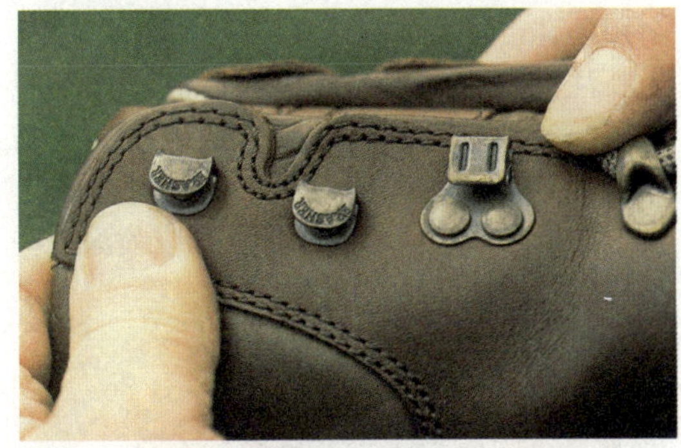

1. 检查一下鞋带是否牢固，即在重力下是否很容易被拉断。此外，记得带一双备用的鞋带。

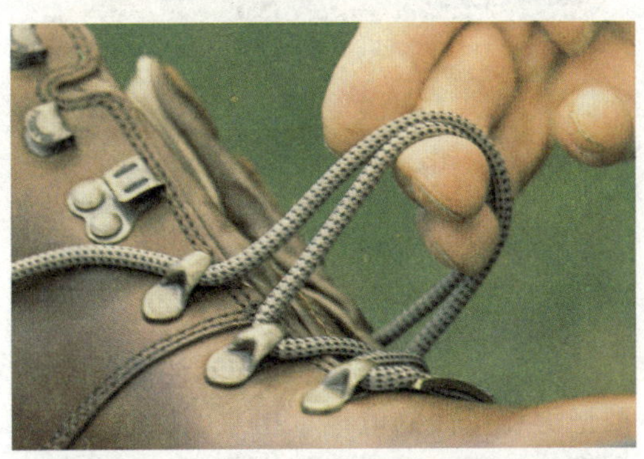

2. 检查一下D字形的鞋扣是否有弯曲或损坏，或者嵌有泥土；如果存在以上问题，鞋带就不容易穿好了。

3. 仔细检查靴子的缝合处是否有松动，最好在缝合处喷涂一些防水的密封剂。

除了检查衣物之外，你还得检查野外旅行时所穿的靴子是否完好无损。如果有破损的地方，一定要修补好，缝合处最好涂上一层密封剂以保护缝线。

靴子上一些小的裂口可以自行用黏合剂粘好，如果是比较大的洞则需要拿到修鞋铺修补或者换一双新的。此外，要检查一下鞋带是否牢固，并且要记得准备一副备用的鞋带。

注意检查一下鞋底是否脱胶，如果脱胶，一定要拿到修鞋铺修理或者换一双新的。如果是皮靴，记得在出行前抛光和上油；如果是纤维面料的靴子，则应喷涂一些硅树脂鞋护理产品。

↑ 皮靴可以用普通的鞋油保养，而纤维面料的靴子则需使用专业的硅树脂鞋护理产品。

电子产品

一些电子产品在长时间不使用的时候，要记得将里面的电池拿出来，以防电池渗漏腐蚀。万一电池真的渗漏腐蚀，你可以用砂纸将腐蚀的部位擦干净。检查一下所有的电池接头是否存在腐蚀，如果存在腐蚀的话，务必要清除干净。如果被腐蚀的部位清除不干净的话，则表明需要更换了。或者，你可以再换新的电池试一试，看其是否能正常运转。一些使用多节电池的产品，你可以将其中的一节电池反向放置。这样，在不使用的时候，就不会发生由于误碰某个按钮而开启了该产品的情况。记住，务必携带充足的备用电池，包括用于相机或电脑的锂电池。

↑ 外出旅行时带上一个小巧的修理工具箱是十分有必要的。

野营装备

检查一下帐篷的各个零部件是否齐全，以及帐篷桩是否充足（要准备备用的帐篷桩）。仔细检查帐篷和防潮布上是否有破洞，以及绳索是否结实。此外，如果有睡袋的话，还得检查一下睡袋是否干净以及拉链是否完好。

炊具

出行前，你可以先试用一下炉子，看其能否正常使用。此外，一定要备足充足的燃料，除非你确定能在目的地买到该燃料。如果你乘坐飞机旅行，燃料一般是不允许带上飞机的。因此，你必须将燃料瓶从炉子上拆下来。此外，你还应该检查：野营时所使用的各种餐具是否洁净，洗涤剂和各种

↑ 燃气炉的形状虽然比较奇怪，但它有专门的配套包装袋，因此也比较容易携带。

↑ 出行前，务必仔细检查一下背包的背带是否牢固。如果背带不结实，旅行中在重物的压力下很容易断开。

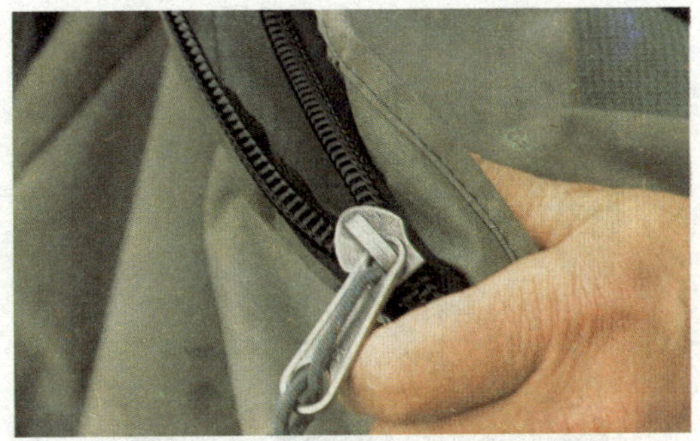

↑ 请仔细检查一下背包的缝合处和拉链是否完好无损。此外，建议你在缝合处涂上一层密封剂以保护缝线。

→ 出行前最重要的事就是确保各种必需的急救物品已准备就绪。

调味品是否齐全，各种锅碗瓢盆是否完好无损等等。

装载行李的装备

你得检查一下自己的背包是否干净以及背带和拉链是否都完好无损。特别是大容量的背包，由于要装比较多的物品，对背带及腰带的牢固程度的要求就更高了。如果发现有任何松动的迹象，就必须及时缝补好。另外，建议你在背包的各个缝合处涂上一点密封剂，以使其具备更好的防水性。

※ 装备的装包

将各种装备装包的首要原则就是要尽量减轻重量，但同时也不可省去任何重要的装备。行李装包的第二原则就是对一些不可受潮或易碎的物品要小心处理。

个人装备

个人行李装包的第一步是先将所有要携带的物品堆放在一起，并根据你所列的行李清单清点一下是否有任何遗漏。核对无误后，你应该对某些物品的必要性及其所增加的重量和体积等因素再三考虑，然后再决定是否携带。

以上工作完成后，你就可以开始装包了。建议你先将一些细小的物件装在一些小的袋子里面并在这些袋子上贴上所装物品的标签，以省去到时候寻找的麻烦。

睡袋的打包一定要特别注意，务必要将其放在防水的袋子里面。这样一来，即便到时候你的背包不小心弄湿了，里面的睡袋仍然是干的。羽绒填充物的睡袋具有很好的压缩性，可以被压缩成很小的体积并且不会对填充物造成损坏。合成纤维填充物的睡袋经过压缩之后，其厚度也能变薄。到达目的地之后，将其拿出来拍打，其隔热性能丝毫不会受到影响。

团体装备

装包前，可将打算携带的各种团体装备集中在一处，以免遗漏。如果是乘飞机前往目的地，你还可以核对一下这些物品

← 这种防水的塑料袋比较适合装睡袋和帐篷。

← 尽量将各种器具和装备都装入背包内部，因为挂在外面很容易导致丢失或损坏。

是否有可能超过飞机所允许的载重限制。

飞机旅行

一些旅行中不常用的物品应该安全地存放在行李箱中。如果行李中有易碎物品，要提醒搬运工小心轻放。诸如小刀、剪刀、手术刀、剃刀刀片等物品要放在各自的工具箱内，而不能放在手提袋里，否则是不允许你登上飞机的。

行李的装车

你要确保所有的物品都已装入各种箱包，并且不会在颠簸的路途中震落下来。如果你所携带的箱包数量很多，建议你在各个箱包上贴上标签，以便寻找物品。注意行李不要超载，并且要尽量将重量集中在轮轴附近的位置。

车顶行李架上只放一些体积较大但重量较轻的物品，因为头重脚轻的车辆很容易在崎岖的道路上翻车。可以将一些不防水的物品放在防水容器里或结实的塑料袋里，或者在上面盖上一层遮雨布。

易碎物品一定要有填料保护。燃料瓶要注意与食品、衣物、急救物品及任何易燃物品分开放置。燃料瓶和储水容器的周围最好也塞一点填料，以避免其在路途中长时间颠簸而损坏。

背包的装包

先将睡袋放入背包底部，然后依次放入帐篷、防潮布，这样正好符合打开行李时拿东西的顺序。水瓶、地图、指南针及其他个人物品可以放在背包的小口袋里面，以方便取出。炉具和燃料瓶一定要与食品、衣物、睡袋等物品分开放置，以避免燃料泄露造成污染。

手提袋的装包

使用最为方便的一种手提袋是上面可以完全打开能看清里面东西的长方形袋子。放东西的时候，要将较重的物品（如书）放在最下面，易碎物品放在中间，然后再把衣服、睡袋等柔软的东西放在易碎物品的周围。

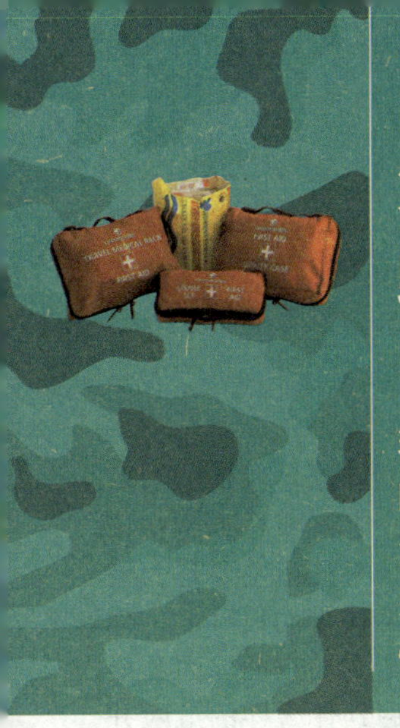

第4章 野外生存的急救技能

无论你的行程准备得多么仔细，事故和紧急情况总是可能出现，即使队伍中最健康的人也有可能会被疾病击倒。有些种类的探险活动具有的危险性特别大，但是如果你准备得当，配备了合适的急救箱，并且了解最新的紧急救生步骤，你就会有信心应对任何的未知情况。最重要的是你应该知道自己的局限性——弄清楚哪些事情可以由你自己处理，哪些事情应该留给医疗救助机构来处理。

急救箱

如果你计划的活动风险相对较低，而且要扎营的地方道路畅通，救护车也可以及时到达，那么你需要做的就是准备好一个标准急救箱并且知道怎么使用里面的东西。相反，假如你去的地方到公路需要几个小时甚至几天的路程，你和团队的安危就得完全取决于你们的急救技能和急救知识。

※ 基本工具箱

检查一下箱子里面的每件东西是否都已标注清楚，箱子要保持清洁干燥。如果必要的话，可以把工具箱放在一个防水的箱子或者包里面。

为了治疗割伤和擦伤，工具箱里要装有多种质量好的创可贴，要求能够防水而且底料是编织的，无胶面纱布应该密封在保护袋里面。带上多个消毒纱布垫，它们是处理小伤口时最好的止血敷料，用绷带卷扎紧还可以敷大多数中小面积的伤口。胶布可以作为备用品，不过有些人可能对它过敏，所以在使用之前要弄清楚。此外，还应该带上用来清洁伤口周围皮肤的棉球，但是不要用它来敷有创面的伤口，因为上面的棉纤维会粘在伤口上。

工具箱里面放的剪子应该很锋利，但是有一面必须是磨光的，这样在剪纱布和布的时候（比如治疗烧伤和烫伤）才不会割到皮肤。

急救箱里应备有一个记事本和一支笔，以备在患严重疾病或者受伤的情况下，记录患者在医疗救护人员赶来之前的一些反应和

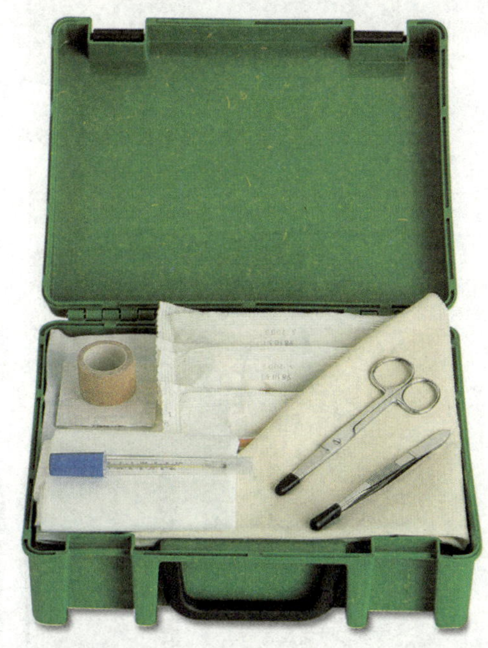

↑ 每次旅行之后都要仔细检查一下你的急救工具箱，替换掉那些已经用过或者被污染过的东西。

■标准急救箱

⊙一次性医用手套。
⊙各种尺寸的纱布。
⊙消毒棉球。
⊙橡皮膏。
⊙剪刀。
⊙三角绷带。
⊙镊子。
⊙消毒手术刀片。
⊙消毒敷垫。
⊙温度计。
⊙棉球。
⊙别针。
⊙绒布（作绷带用）。
⊙胶带卷。
⊙消毒布条（用于包扎伤口）。
⊙净水药片。
⊙便携夹板。
⊙人工呼吸面具。

症状。

除了急救箱以外，急救员还应随身携带一个基本生存工具箱，这样能够使伤者在援助到来之前得到妥善安置和保护，从而不受恶劣环境的影响。

※ 其他物件

你所计划的行程中可能会遇到特别的危险、疾病或者事故，应该预料到这些情况并且做好准备。标准工具箱主要是为满足基本救生和应对常见伤害而设计的，你们可能需要增加其他特定的东西，因此要考虑一下你们可能会遇到什么样的危险并确保你的工具箱能够应对这些危险。如果你需要携带一些标准工具箱以外的其他物品，只要添加那些医生推荐并且你懂得如何使用的物品即可，以避免增加不必要的

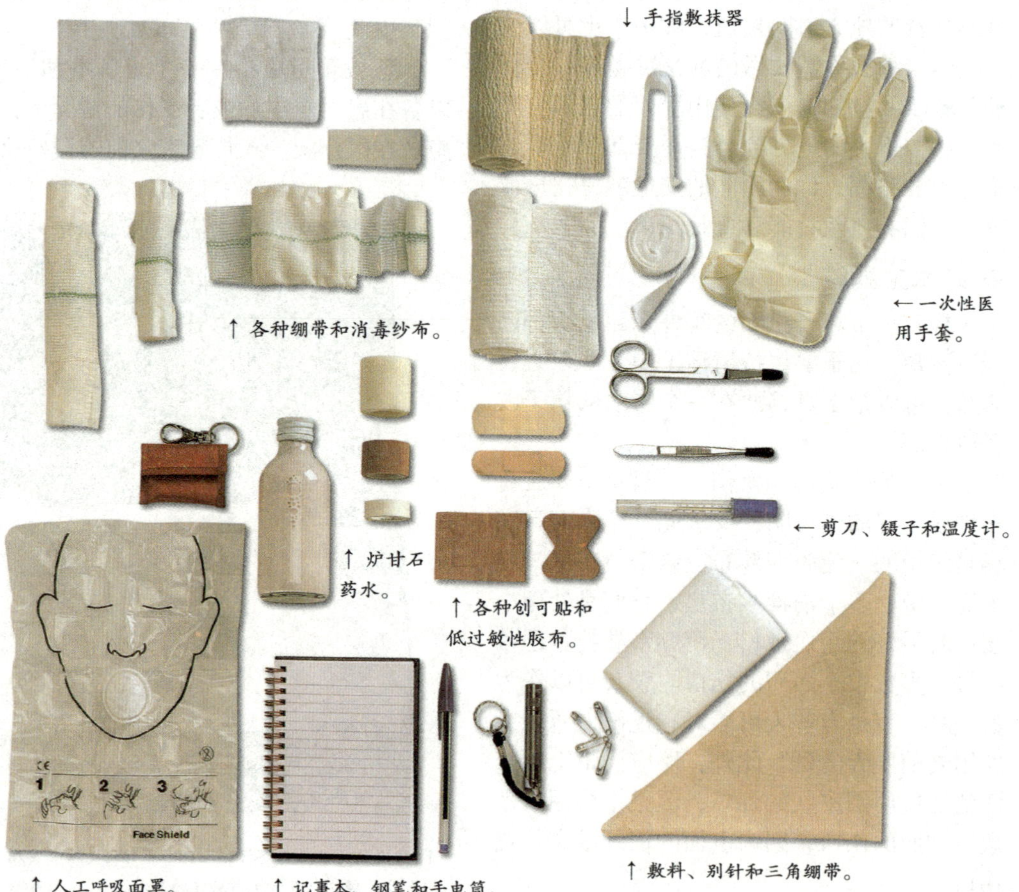

↓ 手指敷抹器

← 一次性医用手套。

↑ 各种绷带和消毒纱布。

← 剪刀、镊子和温度计。

↑ 炉甘石药水。

↑ 各种创可贴和低过敏性胶布。

↑ 人工呼吸面罩。

↑ 记事本、钢笔和手电筒。

↑ 敷料、别针和三角绷带。

重量。

如果你们在一个并不发达的地区，也许要增加一个消毒工具箱和紧急牙科工具箱，以防你们不得不求助于当地的医疗人员，而他们又可能缺少相应的医疗设备。在炎热的国家发生疾病和感染的可能性要比发生事故的可能性大，这一点也应该在准备急救箱以及与之相关的急救训练时注意到。

※ 个人工具箱

营地的急救箱应该由团队中的急救员掌管。另外，所有队伍中的其他成员也应该携带自己的个人工具箱。

■**药物和药材**

你的急救工具箱里面放什么样的药物是你和医生之间要讨论的问题，但是你最起码需要下面的东西。

⊙强效和中效镇痛剂。

⊙治疗便秘的药物。

⊙消毒药膏和消毒粉。

⊙缓解晒伤和疹子的炉甘石药水。

⊙晕车药。

⊙驱虫剂。

⊙洗眼器、眼药水或眼药膏。

⊙抗组胺剂。

⊙补水溶液。

查看伤者的伤势

如果发生事故，队伍中有人伤得很重或者昏迷不醒，且又无法向你说明自己的伤势，那你就不得不通过自己所看到的和听到的情况来确定给予什么样的帮助了。下面所述的“ABCDE”方法将一步一步地指导你如何检查伤者。

假如事故发生的地方仍然很危险，你必须确定就地治疗伤者是否会让你和伤者处于高度的危险之中。如果是，就得立刻搬动伤者，尽管这样做违背了急救治疗的第一原则。假如这个地区很偏远，你应该给伤者更多的关心，而不仅仅像急救训练课上通常所建议的那样，因为在救援到来之前还有很长的路要走。如果可能的话，找两个人记下事故发生的具体位置，然后再出发寻求救援。

■**急救措施**

>立即治疗<

⊙呼救或联系紧急营救组织寻求援助。

⊙看、听和感觉伤者的呼吸。

⊙查看是否还有脉搏。

⊙止血。

⊙如果可以的话，把受伤者带到一个安全的地方。

>该告诉医务人员什么<

⊙伤者是否有知觉和呼吸。

⊙明显的伤口、症状和生命迹象。

⊙发生过什么（如果你知道的话）。

⊙事故什么时候发生的以及症状或者迹象是什么时候开始出现的。

⊙什么时候给予过伤者什么样的治疗或者服用过什么药物。

⊙伤者在何处被发现的。

⊙任何其他相关的事实。

⊙你的电话号码和你们的具体位置。

※ 搬动受伤者

不要搬动脊椎骨可能受伤的人，尤其是颈部区域，因为这会导致伤势加重。假如为了救他们脱险而必须挪动他们的话，你需要衡量一下其中的风险有多大。

如果伤者可以移动或行走，不管走得多么不稳，都要用你的手臂搂住他的腰部，

↓ 你可以用两片船桨、一个浮力助甚至一个大帆布包来做成一个临时的担架。

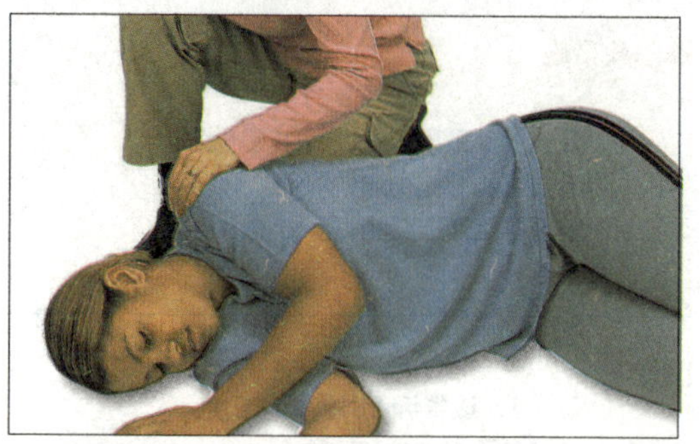

↑ 检查伤者的时候，要让伤者保持刚被发现时的姿势，这样检查的结果才可能是准确的。

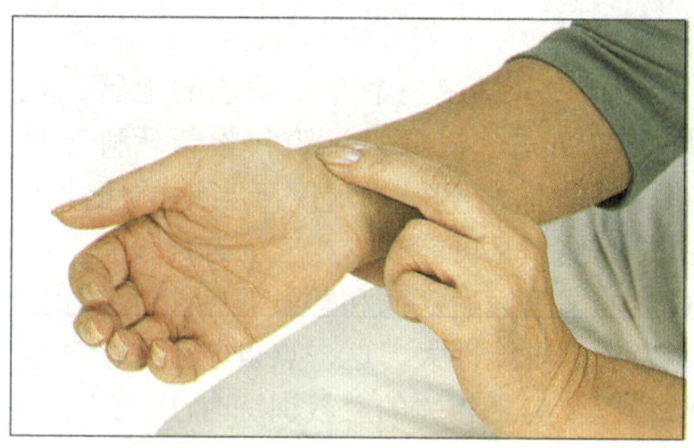

↑ 要检查脉搏，把两只手指放在手掌面大拇指根部下方的手腕上，然后数脉搏次数。

握住他的手并鼓励他靠在你身上小步向前走。如果他神志不清，最好的办法就是拖动他，让他背靠你，之后弯下你的膝盖把他扶成一个坐着的姿势。然后用手臂抱住他的胸部向后拖，不能让他的头向前垂，拖动的时候注意不能堵住他的呼吸。假如伤者是清醒的但是不能移动，那么他可能是脊椎骨受伤。这个时候就不宜挪动他，而应马上联系急救组织。

※ 查看伤者反应

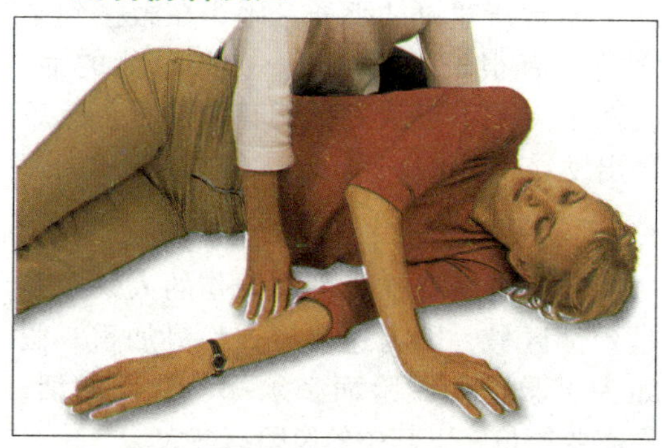

1. 伤者要是醒着的话自然会和你说话。

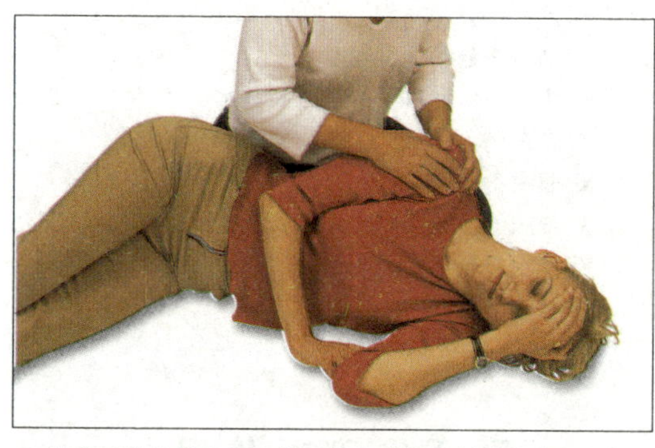

2. 伤者可能显得没有知觉，但是对言语刺激会有所反应。对他大喊，然后看有没有反应。

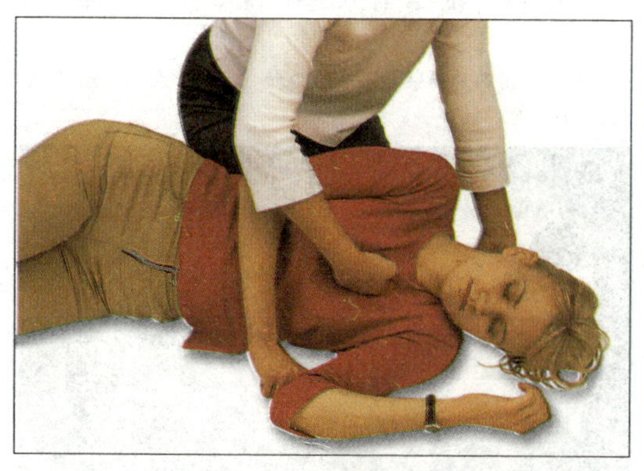

3. 如果伤者对喊声和轻拍没有反应，尝试用短时间的疼痛来刺激他，比如说捏他。

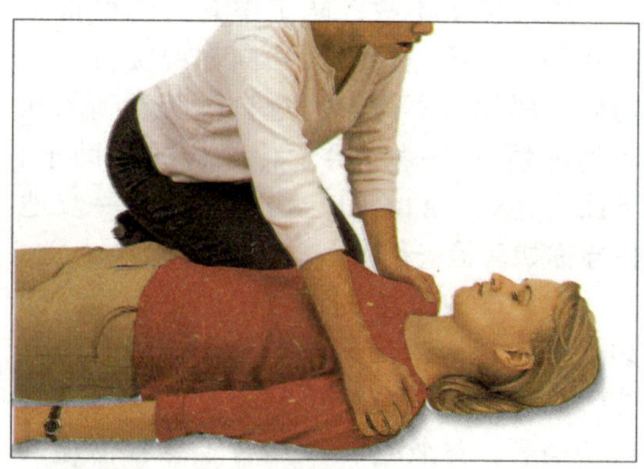

4. 如果伤者对前面3个步骤没有产生反应，他可以被看做是失去知觉的人。

ABCDE 方法

>评估安全状况（Assess）<

⊙周围地区安全吗?

⊙找找看周围有无对你们有危险的东西。

⊙如果安全的话，靠近伤者。

⊙他警觉吗?

⊙如果他不认识你，先做一下自我介绍。

⊙对他说或者大喊“你能听见吗?”

⊙捏捏他的耳朵然后问“你能感觉到吗?”

⊙如果可能，请求别人帮助。

>呼吸 (Breathing) <

⊙让伤者头往后倾。

⊙看看嘴里面有没有阻塞物，有则尽量清除掉。

⊙抬起他的下巴。

⊙花 10 秒钟看看、听听、感觉一下，确定其是否有呼吸。

⊙如果没有呼吸，开始实施人工呼吸。

>血液循环 (Circulation) <

⊙伤者如果有呼吸，也应该有脉搏。

⊙看一看，找一下有无大量出血。

⊙如果有出血，直接用力压住伤口。

>伤势 (Deformity) <

⊙进行全身检查，看看有没有创伤。

⊙察看有没有流血、淤肿、疼痛、功能丧失、残疾、肿胀等。

⊙把伤者身体的一边同另外一边比较。

⊙检查伤者有无医护警报器，可能戴在脖子或腰上，或者圈在钥匙扣上。如果找到了，给予伤者恰当的治疗。

⊙如果伤势允许，把伤者摆成恢复姿势。如果不能，也要确保他的气道通畅，不要有任何阻塞物挡住呼吸。

>情绪 (Emotion) <

⊙通过同伤者说话和保持身体接触来激发他的信心，即使他没有反应。

>后续<

⊙保证不要错过任何症状，并继续监视伤者的生命迹象。

⊙保证伤者被保护好，不受恶劣天气和其他更大危险（比如动物、火或者水）的影响。

⊙如果有经过的路人，通过他们尽可能快地寻求医疗救助，或者打电话、发信号向急救组织求救。

※ 对于失去知觉的伤者的基本救生技巧

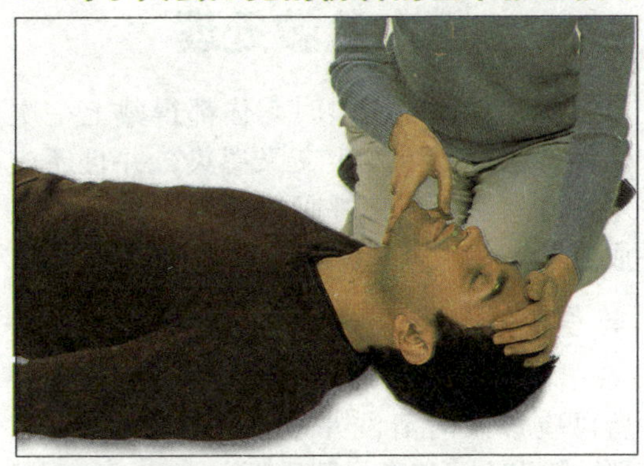

1. 保证气道畅通：把他的头向后仰，用 10 秒钟去听有没有呼吸。如果没有呼吸，立即呼救，然后进行人工呼吸，先为伤者输入两次气体。

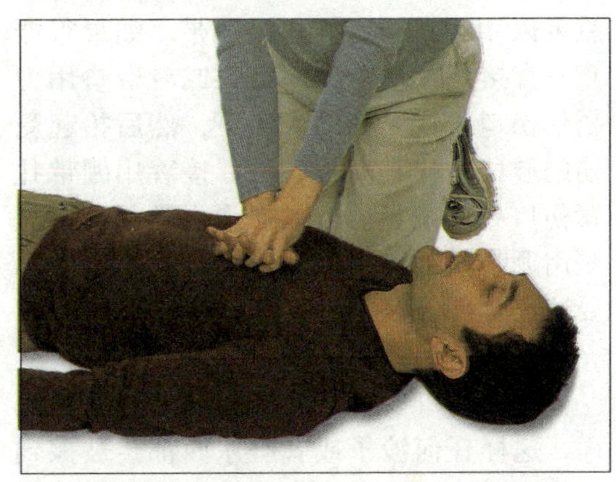

2. 然后用 10 秒钟观察是否有呼吸通畅迹象，比如胸部的起伏。如果没有，开始进行胸部按压，做 15 次。

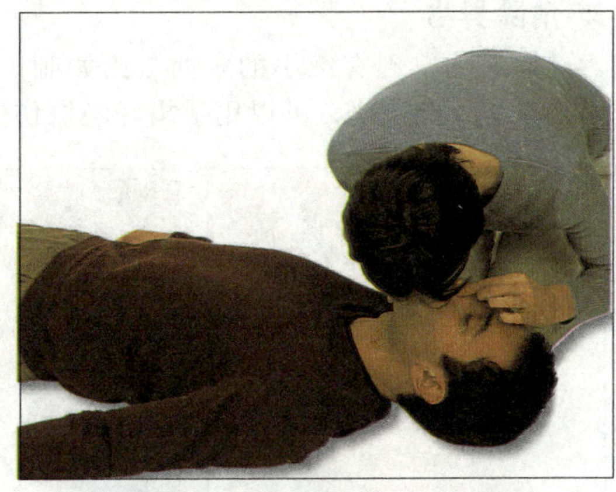

3. 再送气两次，然后继续反复送气两次加胸压 15 次，直到急救组织到来或者伤者开始自然呼吸为止。

基本急救处理

在处理任何伤口时，你都得戴上一次性外科手套以免发生交叉感染，并且还应当知道怎么做人工呼吸以及怎么把伤者放成恢复姿势。

※ 伤口

即使是很小的伤口也能导致持续流血，所以应该及时清洗并敷好伤口以免感染。严重的失血可能会导致昏厥。

止血

如果流血不是很严重，清洗好伤口后，就可以用干布敷好并打上绷带。如果很严重，直接用一块干净的敷料或者敷垫用力捂住伤口，让受伤的人躺下，然后抬起受伤的肢体，让其高过心脏，接着用绷带扎紧伤口处的敷料。假如血渗出敷料，要立刻用绷带把加上的敷料紧紧绑住，千万不要试着揭开原来的敷料。

清洗伤口

清洗伤口要遵循从中间向外边洗的顺序，这样任何沙子或者脏东西都会被擦到伤口的边缘，然后用一块清洁的干布捂住伤口，再用胶布或者绷带扎紧。

※ 清除异物

如果你发现有细小的东西（比如刺）从伤口里面凸出来，可以用手指轻轻挤伤口两边的皮肤，把它挤出来。如果有小东西嵌在肉里面或者伤口很深，可能需要用到镊子。在用镊子接触伤口之前要记得消毒以免感染，把它放在水里煮或者火上烘，然后等其凉下来再开始工作。

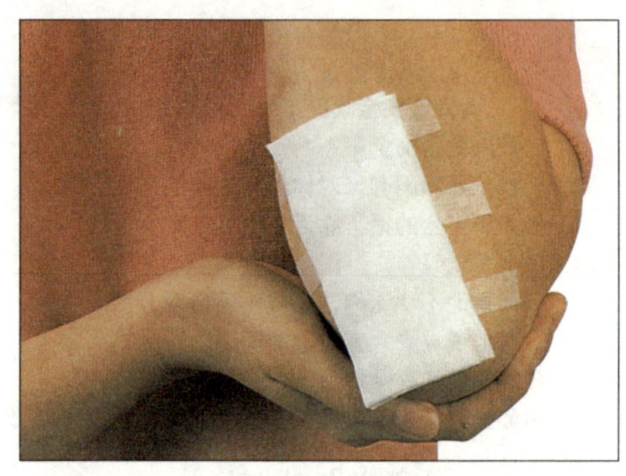

↑ 在用干净的纱布包扎之前，要用抗菌剂或者清水清洗微小的伤口。

如果这个东西很大或者嵌得很深，不要试图拔掉它，因为它有可能堵住了皮肤里面的血管，要尽快为受伤者找到专业的医疗救助。

眼中异物

让伤者坐下来，你站在他后面从上往下观察其眼皮，这样会比较容易发现眼睛里的一些异物。用手翻开伤者的眼皮，让他的眼珠不断向四周转动。如果你看到异物是在眼白上，那么可以自己设法除掉它。但是假如异物是在眼珠上，不要试图自己处理，要用一个干净的布垫盖住眼睛然后

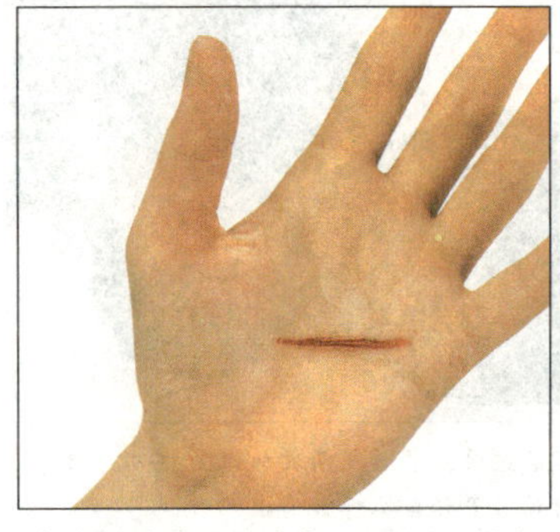

↑ 刀子或者碎玻璃导致的割伤可能会伤到皮下的肌腱和神经，因此止血要花很长时间。

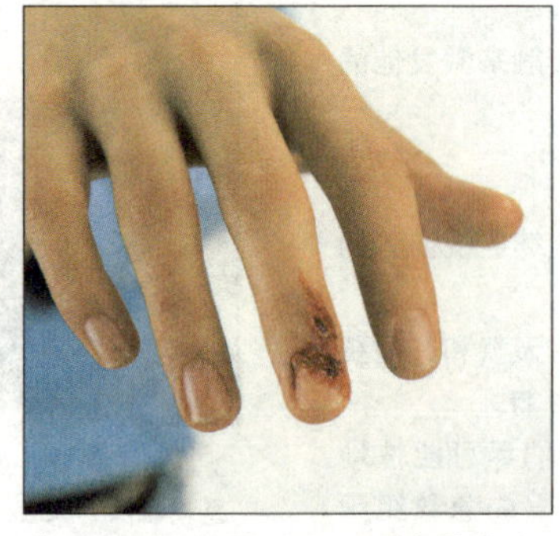

↑ 指甲和趾甲处的伤口很容易感染，所以通常需要专业治疗。

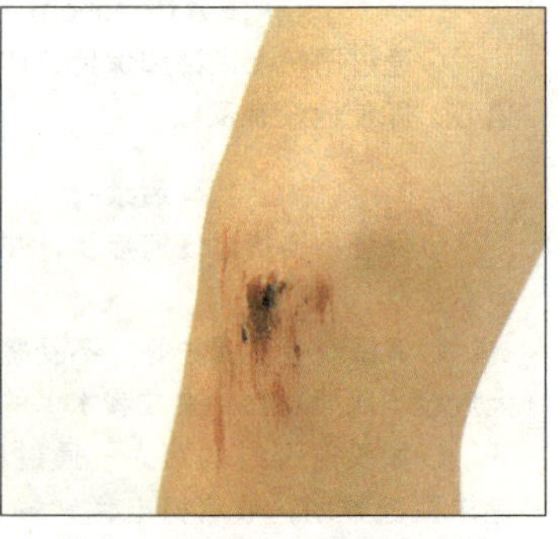

↑ 摔倒会引起膝盖或者肘部的擦伤，在用纱布包扎前要把伤口弄干净。

※ 处理伤口中的异物

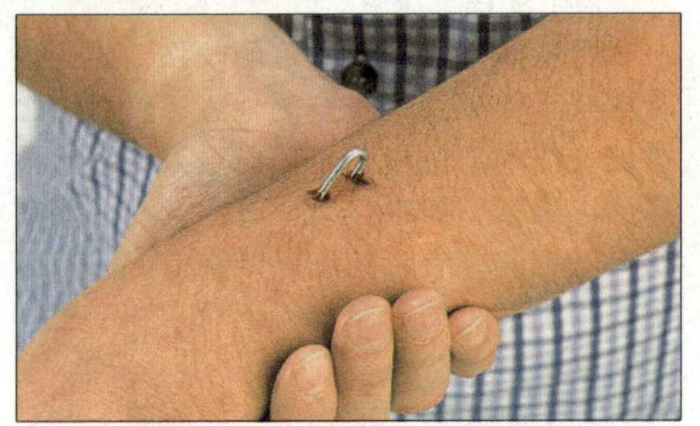

1. 如果有异物嵌在皮肤里面，不要把它拿开，这样做有可能造成更大的伤口。首先保护伤口免受感染并找医疗救助。

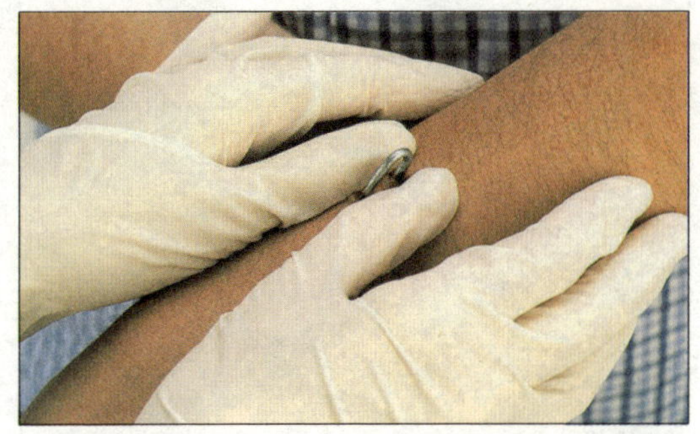

2. 如果伤口流血，用力按住受伤部位周围，千万不要直接在嵌着的东西上用力。抬起伤肢可能会有帮助。

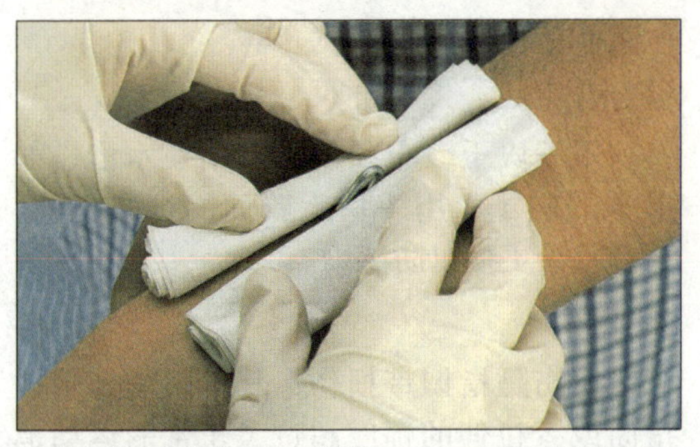

3. 在嵌着的异物周围堆上填料，如果可能的话垫得和异物一样高，好让绷带顺利绑上去。

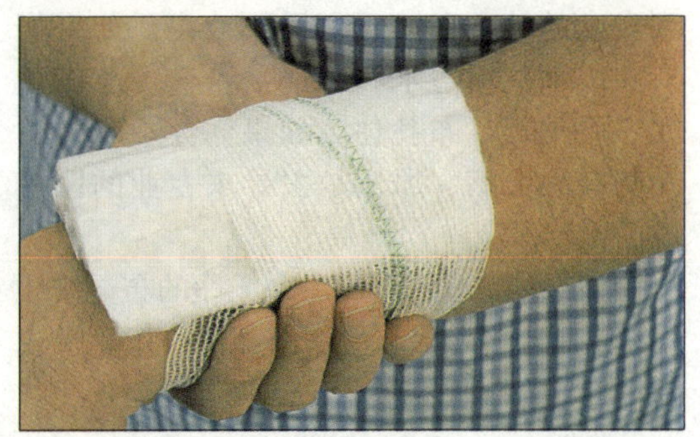

4. 用绷带绑住填料（如果东西很长还凸出来，就绑在两边），去医院时要一直抬起受伤部位。

※ 清除眼中异物

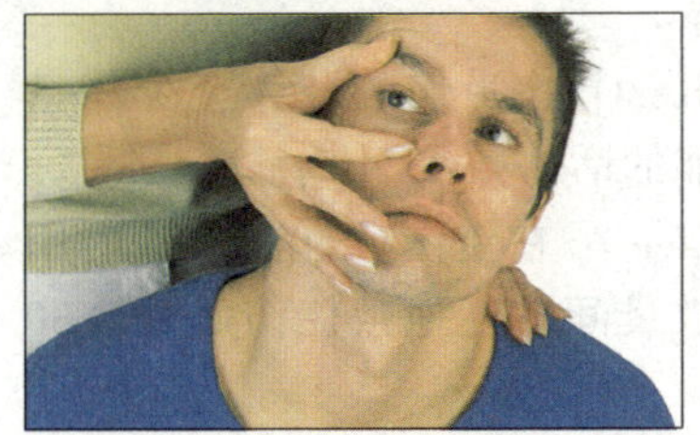

1. 在充足的光线下检查伤者的眼睛，让他上下左右看。如果有东西嵌在虹膜或者瞳孔上，不要试着自己清除，而要去找医疗救助。

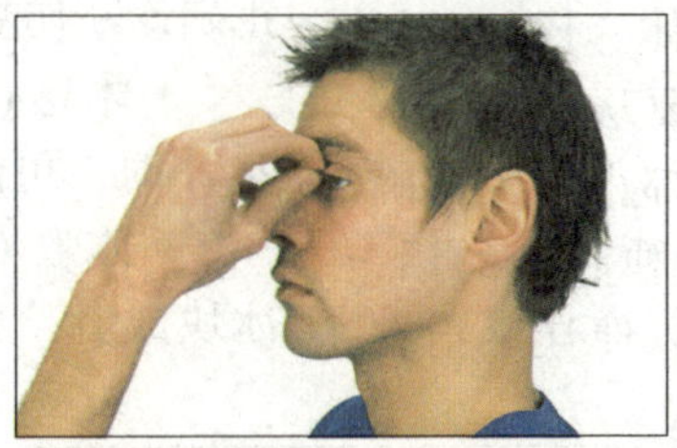

2. 让伤者的眼睛向下看，然后轻轻拉上眼皮，注意看上眼皮下面的部分，细小的砂粒常常藏在那里。

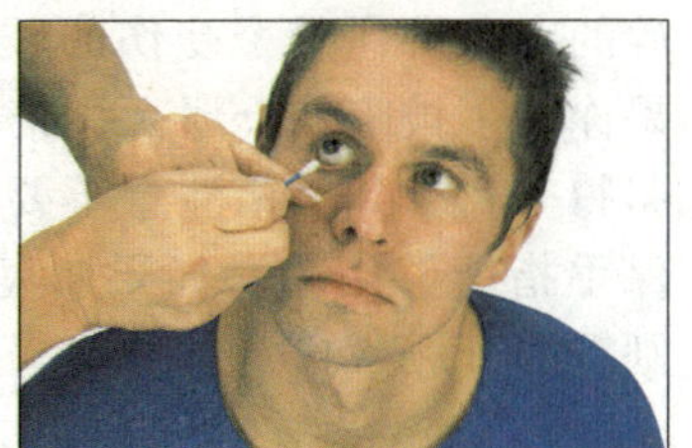

3. 要除掉在眼白上的东西，需用干净的温清水冲洗或者试着用湿棉布擦掉它。如果还不行的话，用垫子（或者海绵）捂住眼睛，然后去找医疗救助。

去找医疗救助。

※ 蜇伤和咬伤

对于易过敏的人来说，黄蜂和蜜蜂的蜇伤能够导致过敏反应。如果有肿胀、晕眩、呼吸困难、恶心、荨麻疹、咽喉或者胸部发堵等情况发生，那么可能是过敏，应该带病人去看医生。如果有中毒迹象，要打电话给急救组织。蜜蜂蜇过以后可能会留下毒刺，不要挤它，而是用手指或者镊子取出，然后用水和肥皂清洗被蜇到的地方。

动物咬伤

如果有人被动物咬伤了，首先把他带

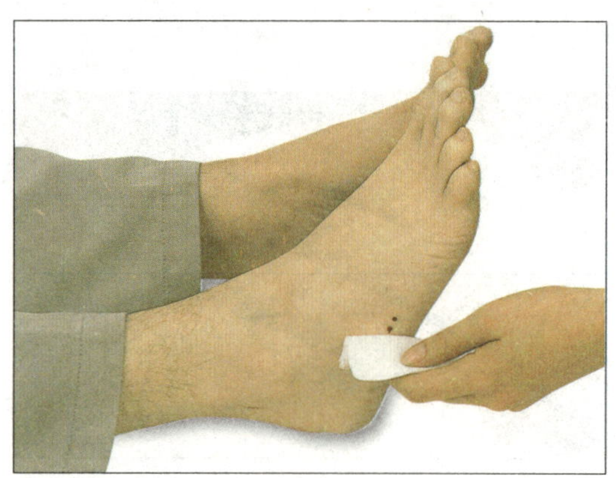

↑用一块干纱布盖住被有毒动物咬伤的地方，千万不要试着自己处理咬伤或蜇伤的伤口。

到安全的地方以防止再受到攻击。如果伤口在表面，用清水和肥皂清洗，可能的话用一层消毒纱布扎住。如果你怀疑咬人的动物有狂犬病，那还是去寻求专业的医疗救助比较保险。

如果伤口很深，用一块干净的布垫按住伤口止血，然后抬起受伤的部位，用绷带或者消毒纱布绑住布垫，再送伤者去看医生。

蛇咬

对于蛇的咬伤或者其他有毒性的动物咬伤，要把受伤的人支撑起来，使其心脏高于被咬的部位，然后用一条绷带或者撕碎的布条绑住整个受伤的肢体。比如，如果你的手被咬伤，那么绷带要从肩膀绕着胳膊一直绑到手，注意不要绑得太紧，确保手指能够用力。如果胳膊肿起来的话，则需解开绷带再重新缠绕，以便让手指有灵活性，然后立刻寻求专业的医疗救助。

海上受伤

对于僧帽水母和海葵的咬伤，要让伤者离开水面到一个安全的地方，然后用水泼被咬伤的部位以防止任何蜇人的细胞再释放出毒素。如果你有滑石粉，洒一些在伤口上把这些有毒细胞粘结在一起，然后用一些不带绒的干净材料把粉末和细胞一起刷掉。

对于海底多刺动物（比如海胆）的刺伤，要握住被刺伤的部位放在非常热（但是不能烫）的海水中泡30分钟，伤口的刺需要由专业医疗人员来清除。

※ 水泡

用一块干纱布和创可贴捂住水泡，如果水泡破了，用一块无胶面的纱布包扎，并且每天更换以防感染。

※ 扭伤

扭伤是指韧带损伤，其原因是韧带被扭曲或者拉伸的幅度超过了正常的运动范围。如果韧带已经被拉直或者完全撕裂，则会非常疼痛。治疗扭伤，可以遵循下面的RICE疗法，然后尽快寻求专业意见以便正确诊断伤势。

- 休息(Rest):让受伤的肢体至少休息24小时，可能的话休息48小时。
- 冰敷（Ice）:在受伤后的前24小时用冰块或者冷敷袋间歇性地敷住伤处（敷30

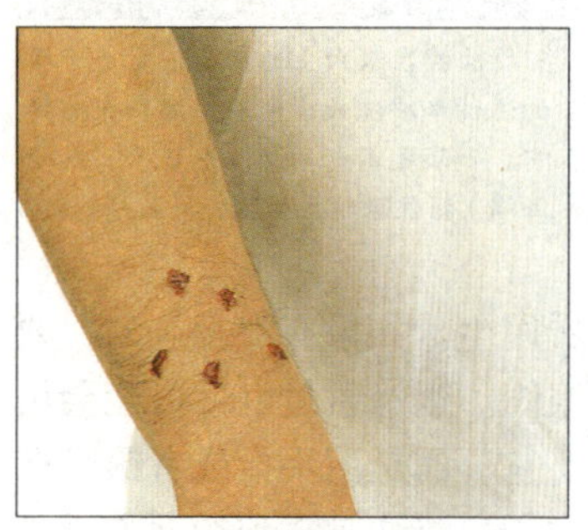

↑ 被感染过狂犬病的狗咬伤是致命的，所以即使伤口很浅也有必要去寻求医疗救助。

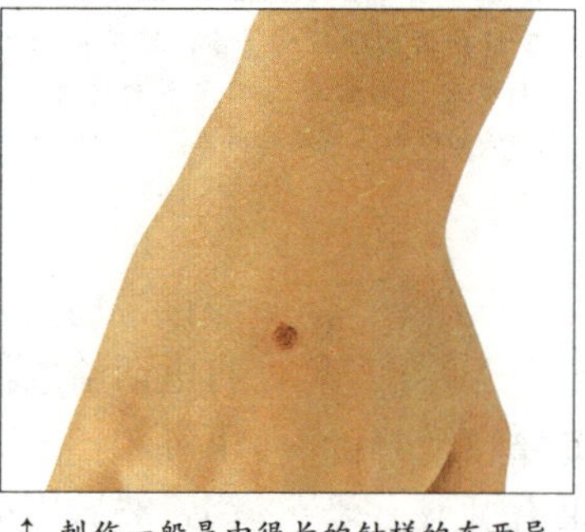

↑ 刺伤一般是由很长的针样的东西导致的，包括海底动物的刺，所以刺伤的程度很难估测。

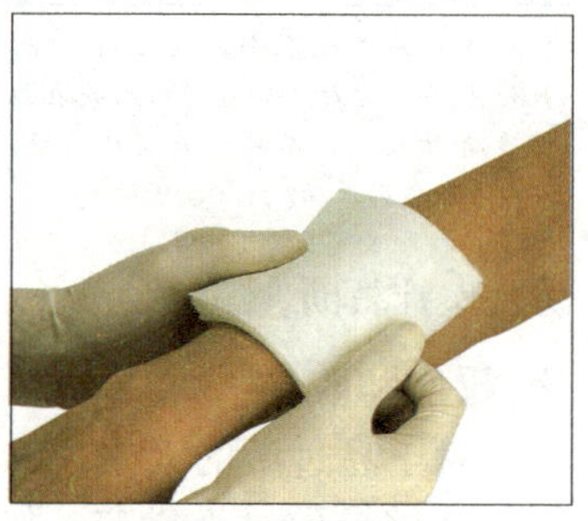

↑ 用一块清洁干燥的纱布盖住被动物咬伤或者蜇伤的伤口，然后带伤者去看医生。

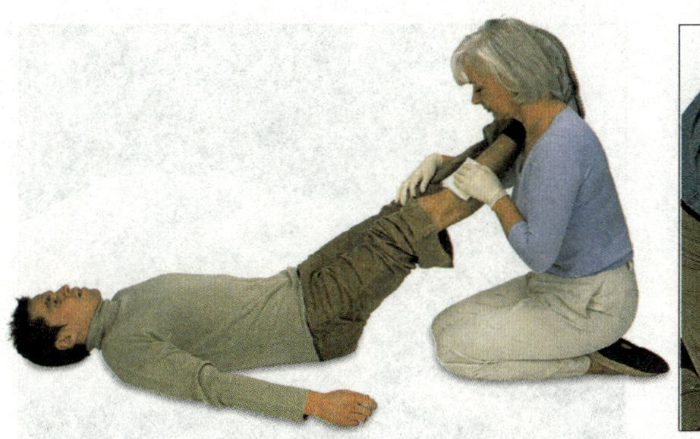

↑ 要想止住刺伤处的血，应抬起受伤的部位高过心脏，然后用一块干净的纱布用力按住伤口。

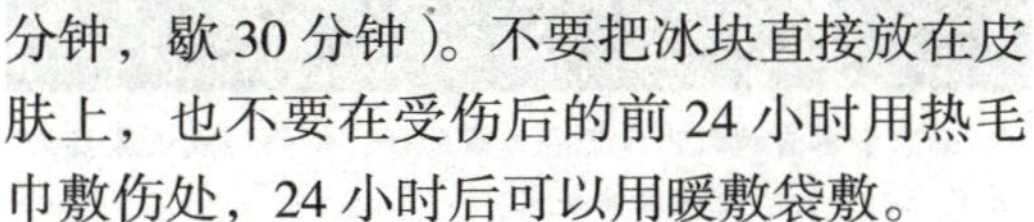

分钟，歇 30 分钟）。不要把冰块直接放在皮肤上，也不要在受伤后的前 24 小时用热毛巾敷伤处，24 小时后可以用暖敷袋敷。

- 加压（Compress）：用带有松紧性的绷带扎紧伤处，但是如果肿胀加重，则应马上将绷带松开。
- 上抬（Elevate）：抬起受伤的肢体并放松，如果可以要高过心脏。

如果你不确定是不是骨折，就把它当做骨折来治疗。腕部、肘部或者肩部扭伤可以用悬带支撑起来。

※ 烧伤和烫伤

在治疗烧伤和烫伤时，尽快用水（也可以用牛奶或者罐装饮料）冷却受伤的部位 10 分钟，在受伤部位肿胀之前松开任何束缚。用一块无胶面的纱布或者干净的不带绒材料包住伤口，然后打上绷带（也可以用塑料袋或者食品袋）。不要触碰烫伤部位，也不要弄破水泡或者弄掉裂开的皮肤。不要给烧伤的部位涂任何药液、药膏或者油脂（比如奶油）。假如你要重新包扎烧伤处，不要用手碰伤处或者揭掉任何粘在伤口的东西。

※ 休克

这是一种可能威胁生命的严重状况，它是由血压突然大幅度降低导致的。某些减少血液循环的损伤或者疾病，比如心脏病突发、大面积的烧伤、食物过度缺乏或

↑ 抬起扭伤的脚踝然后用冷敷袋敷在上面。在寒冷的天气状况下，注意不要让脚冻伤。

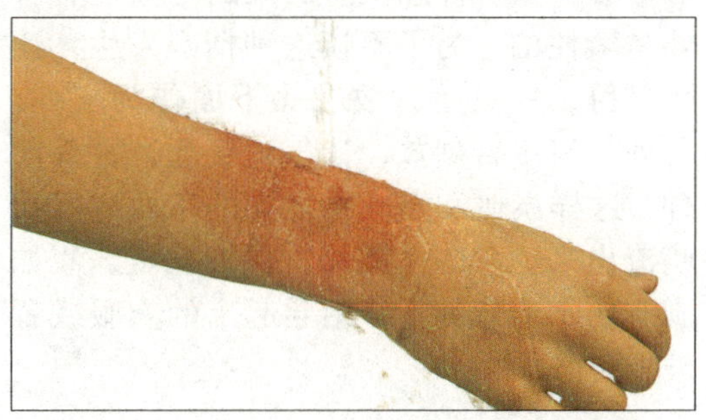

↑ 如果烧伤的部位在手上或者胳膊上，脱下戴着的手表、戒指或者手镯，因为烧伤的地方会肿胀。

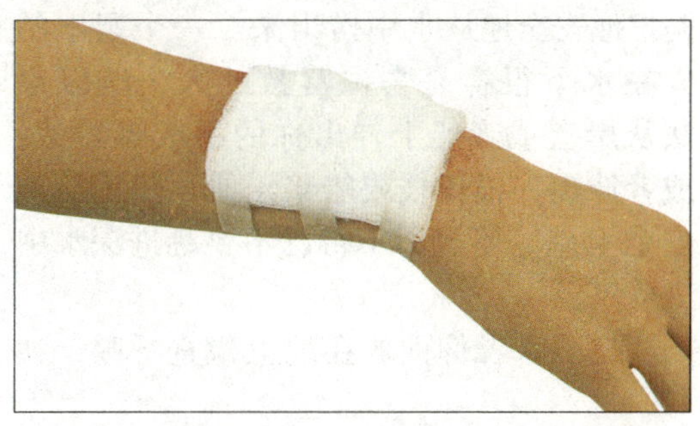

↑ 等烧伤的地方冷却后，轻轻地用消过毒的无胶绷带包扎烧伤处以防止感染。

者长时间呕吐腹泻引起的体液流失等可加重休克症状。严重的头部或者脊椎受伤以及严重的过敏反应也会影响血液循环以加重休克。

休克的最初症状是脸色苍白、身体冰冷濡湿、脉搏加快、出汗增多，随后是恶心、晕眩、视觉模糊、神志不清。如果血液循环不能很快恢复，病人可能会开始大口喘气并且很快失去知觉。

要治疗休克，得把病人放平，将他的腿支起并高过心脏。松开颈部、胸口和腰部的任何束缚，并且保持他的身体温暖。与此同时，尽快联系急救组织，因为医疗人员的帮助总是很必要的。在你等待救护人员的时候，要注意监视病人的生命迹象。如果病人进入昏迷状态，则立刻将病人的身体摆成恢复姿势。

※ 恢复姿势

恢复姿势适用于那些神志不清但是能够呼吸的人。神志不清的人的呼吸道有可能是堵住的。为了不让这种情况发生，让他侧卧，一只手臂放在头下面作为支撑，另外一只手臂斜放，让气道畅通，舌头前伸，这样淤血和呕吐物之类的东西可以从嘴流出来。弯曲一条腿，保持稳定，假如腿有伤不能弯的话，用卷起来的衣服或者睡袋支撑身体。

※ 溺水

如果去救溺水者，你要做的第一步就是把他安全地从水中捞出来。一个溺水的人在水下很容易去拉营救的人，所以设法从岸上或者船上伸出你的手或脚给他，或者伸出一根树枝或船桨给他，然后拉他安全上岸，不到万不得已不要跳进深水中去救他。

把溺水者仰面放在地上检查呼吸，如果不能呼吸，进行人工呼吸直到他身体变暖，自己能够呼吸为止。如果能呼吸，脱掉他的湿衣服，用你的衣服、睡袋尽量让他保持暖和干燥，然后把他摆成恢复姿势，监视生命迹象，不要给他喂食物或者水。即使溺水者被救出后看起来似乎已经没什么问题了，也有必要迅速寻找到医疗救助机构。因为即便在恢复了意识之后，他也随时可能会出现休克。

↑ 如果溺水者被救出来还在呼吸的话，把他摆成恢复姿势并且保暖、检查他的生命迹象。

※ 人工呼吸

如果有人不能呼吸，你需要给他们进行人工呼吸。在开始这个步骤之前，你必须通知急救组织或者派其他团队成员打电

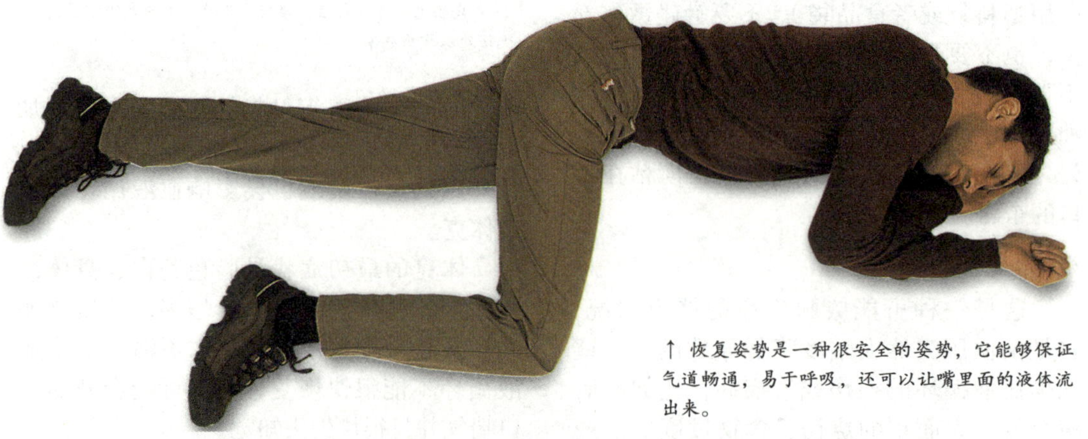

↑ 恢复姿势是一种很安全的姿势，它能够保证气道畅通，易于呼吸，还可以让嘴里面的液体流出来。

话求救。

首先要把人仰面放在地上，你跪在一旁，面向他的头部。检查他的嘴里是否有阻塞的东西，然后让他的头后仰，花 10 秒钟看看、听听和感觉是否有呼吸的迹象。如果你确信他没有呼吸，就捏紧他的鼻子，张开你的嘴深吸一口气，然后用你的嘴唇封住病人的嘴，以防止气流外泄，送气两秒钟。如果方法得当的话，你应该能够看到在你呼气的时候，病人的胸部会鼓起；假如没有看到胸部鼓起，则改变病人头的位置，保持头部稍后仰、气道通畅，然后再试一次，一直持续到他开始呼吸或者医疗人员赶来救助为止。

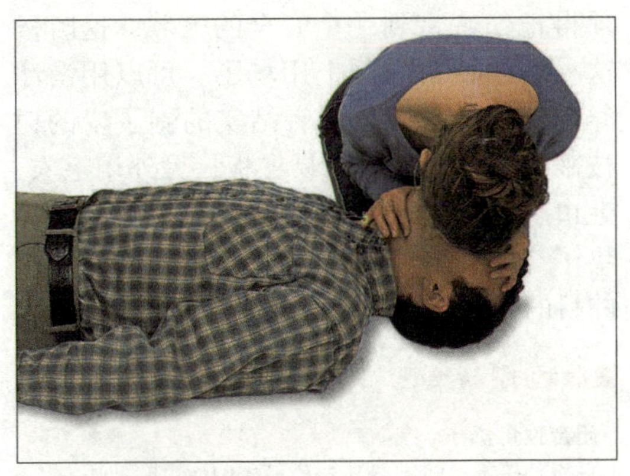

↑ 让失去知觉的人的头向后倾，以保证气道通畅，并松开系紧的衣服，进行人工呼吸。

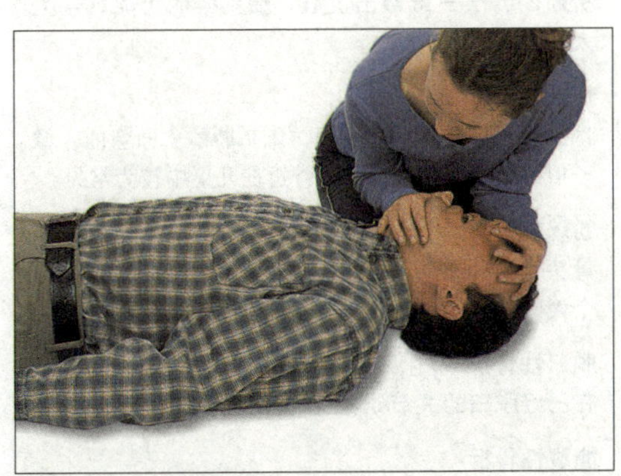

↑ 你应该看到病人的胸部有起伏。如果没有的话，改变头部的位置，抬起下巴，让气道敞开。

骨折

各种各样用来治疗骨折的方法多集中在防止骨折进一步加重上面。当你在野外没有适当的医疗技术和设备时，你所能做的只能是这些。治疗的主旨是固定骨折处及其上下的关节，这既可以通过给受伤的肢体装上支架，也可以通过用保护垫缠绕受伤处来实现。

移动骨折部位会产生剧烈的疼痛，并对周围的组织和结构造成伤害，而且可能会有更严重的并发症，比如流血过多或者断骨刺穿皮肤、神经或血管导致休克。在处理骨折之前要检查一下有无其他需要立即治疗的伤害。

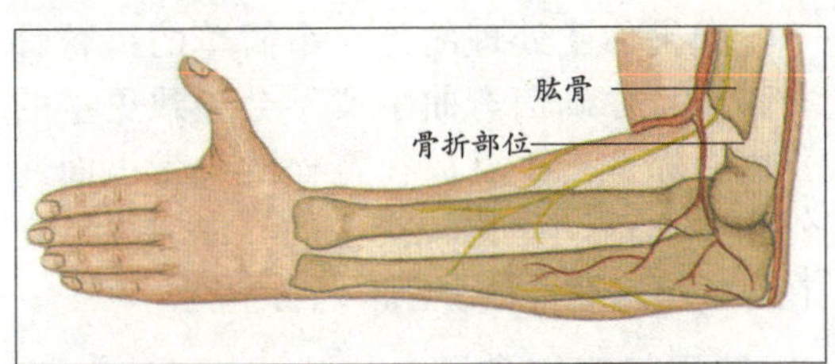

※ 固定手和手臂

这种方法通常用于骨头比较结实的手部和手臂处的骨折。用你自己的手和手臂轻轻地握住受伤者的肢体，让它停止一切活动。这种方法最适用于医疗救援很快就要到来的时候，或者是在没有其他任何可用的急救材料的时候。

■骨折的症状

⊙伤者的骨折处有可见的撞击或者外伤的痕迹。
⊙骨头可能刺穿皮肤。
⊙可以在骨折处看见肿胀，淤青和变形。随着时间推移，情况可能还会加重。
⊙伤者移动肢体会感到疼痛。
⊙伤者可能会感到骨折处麻木或者刺痛。
⊙在骨折处或者骨折处附近可能会有其他伤口。
⊙伤者在受到撞击的时候听到了骨头之间碎裂和摩擦的声音。

※ 给闭合性手臂骨折打上悬带

1．让伤者保持手臂静止不动，用软垫，比如折叠的气垫或者小毛巾（不能太厚）托起骨折的地方。

2．骨折的地方应该被完全固定住，用图中所示的宽悬带，把软垫放在悬带中适当的地方。

3．再用一个绷带绕胸部系紧，固定住悬带，保证伤者在去往医院的途中手臂不会晃动。然后寻求医疗救助。

如果你要处理的是一个简单的手臂骨折，而且你确信弯曲手臂不会导致更重的伤害，那么把手臂放在宽松的悬带里面并停止一切活动是比较安全的。你应该事先在急救箱里准备一个悬带以备不测。

※ 使用垫塞和盒子

这些支撑物主要用于腿部骨折，但是如果把肘部放在悬带里会导致伤势加重的话，它们也可以用于手臂上的骨折。这种方法就是握住受伤的肢体不动，然后用毛衣、毛巾或者睡袋卷成香肠状轻轻地裹在伤肢上，用足够的垫塞填满中间的空隙以提供支撑，但是不能移动伤肢。最后，把背包、盒子或者其他比较重的东西放在伤腿的两边围住填料。在医疗救援到来之前，如果你想把受伤的人放在原地不动自己腾出手来集中精力照料他的话，这个方法非常合适。

※ 夹板固定

现在的医疗专业人员已经很少用坚硬的夹板来治疗骨折了，但是如果事故发生的时候你在一个非常偏远的地方，而且要等很长时间医疗人员才能赶来，或者你必须得把伤者带到一个安全的区域，这时候这种方法就可以派上用场了。可以用凿冰斧和铲子的把手，或者结实的剥了皮的树枝来制作临时用的简易夹板，另外用毛衣、毛巾、围巾或者其他任何类似的东西作为垫子绕在伤肢周围。对于骨折来说，治疗的目的是把活动量降到最低限度。

■常见的骨折类型

闭合性骨折

骨折处干净，没有骨头错位或者刺穿皮肤的情况。

开放性骨折

折断的骨头一端戳出皮肤，受感染的可能性也大大增加。

青枝性骨折

骨折只发生在骨头的一面，未折断的一面弯曲，像一根柔韧的嫩树枝。这种骨折在儿童中较为常见。

粉碎性骨折

骨头在骨折处碎成两块，许多小的碎片散落在两个大碎块之间。

脱臼性骨折

在已经脱臼的关节处发生的骨头折断或者裂开。

撕裂性骨折

依附在骨头上的韧带或者肌肉被剥离，同时带有一小块骨头。

※ 开放性骨折

当处理开放性骨折的时候，重要的是防止失血，降低骨折处感染的可能以及固定骨折部位。如果可能的话，尽快联系急救组织。在等候期间放一块干净的纱布在伤口上然后用力按住止血。手上的力要用在凸出的骨头两边，千万不要直接用力按凸出的骨头。

在骨头凸出的地方旁边放上垫塞，然后用绷带把纱布和垫塞扎起来，但是不能扎得太紧。假如包扎需要移动伤肢的话，那就不要包扎。监视伤者的状况，因为伤者会有发生休克的危险。

如果你不得不移动伤者去获得医疗救助的话，你必须得用夹板固定骨折处。给伤肢周围填上更多的垫塞，然后用绷带扎紧，注意尽量把所有活动减到最低。

→ 如果你们在一个非常偏远的地方而且必须要挪动骨折的病人，你得用夹板固定住受伤的肢体。只有在万不得已的时候才可以这样做，而且要尽量把活动量减到最低。

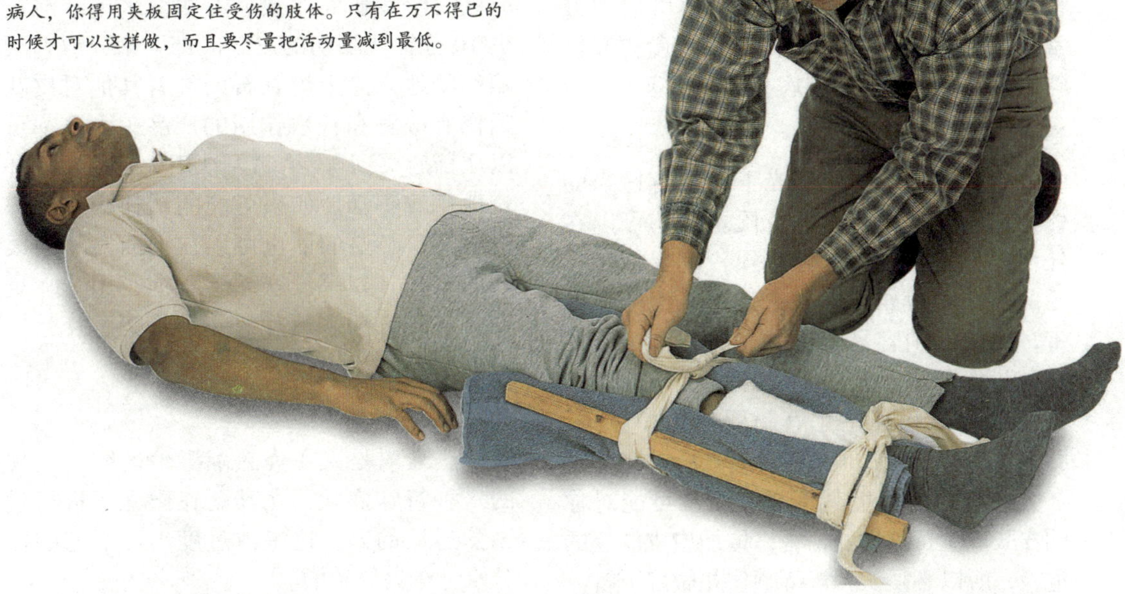

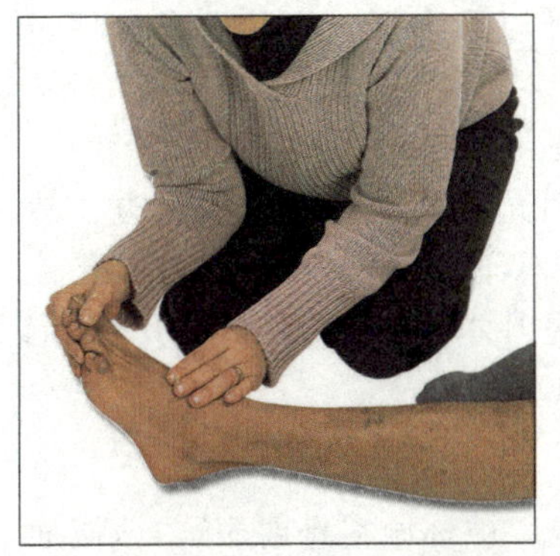

1．帮助伤者躺下，然后联系急救组织。触摸伤者的脚和腿部下端以检查伤者是否感觉到你的触摸。

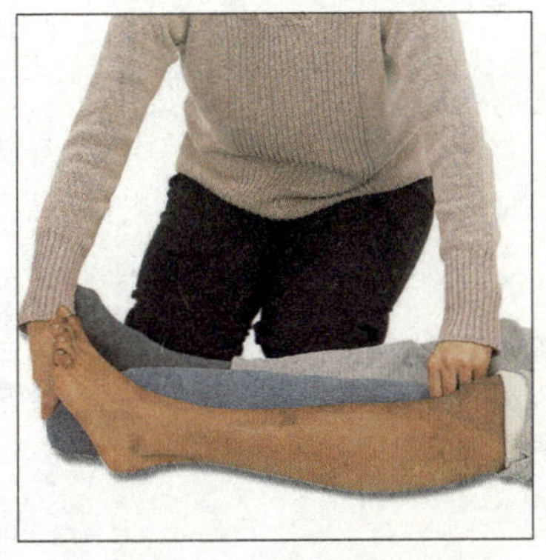

2．在伤者两腿之间放上柔软的垫子，填到和膝盖一样高。伤者的脚必须以刚被发现时的姿势支撑起来。

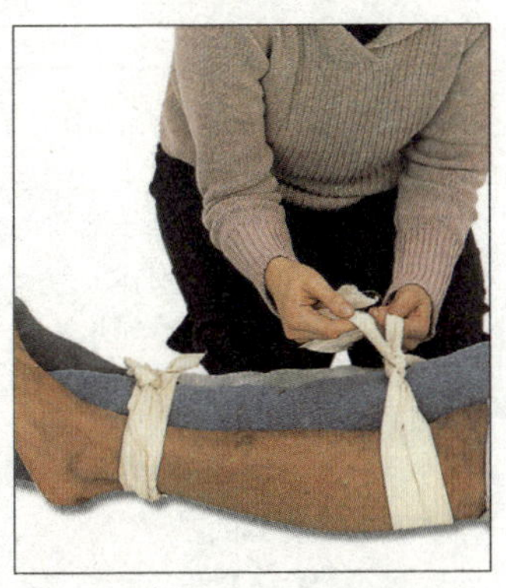

3. 如果你不得不亲自挪动伤者，用绷带把垫子扎起来，要正好扎在骨折处上方和下方一点儿。

炎热天气的影响

对于那些没有适应炎热气候的人来说，炎热天气的影响是很危险的，从严重的晒伤到威胁生命的中暑都有可能发生。避免阳光直射，穿凉爽的棉布衣服，喝足够的饮料都是很好的预防中暑的措施。在热带国家还有其他的威胁来自于水生疾病，比如说血吸虫病，哪怕是溅起的一点点水都可以使你感染上它，所以要避免在有传染危险的河流中游泳。在你旅行之前应该接种所有必要的疫苗，但是在炎热气候中最常见的感染还是来自于被污染的食物和饮料或者是蚊子传播的疾病（比如疟疾）。

※ 晒伤

如果过度暴露在阳光下又没有适当的保护，就会有被晒伤的危险。晒伤可以在任何地方发生，所以你必须一直保护好自己的皮肤。假如你皮肤白皙而且生活在温带，皮肤特别容易晒伤。那些有金黄或者红色头发的人晒伤的危险最大，而且他们身体上的某些部位尤其脆弱，比如鼻子、脖子、肩背部、头顶或者脚背。

晒伤会使你极其不舒服而且可能对你的皮肤产生持续性的伤害，增加患皮肤癌的危险，所以必须认真对待晒伤并做好准备。

■饮食安全

在炎热气候中旅行，采取下面的预防措施可以避免胃部不适和腹泻。

⊙吃刚刚煮好的还是热着的食物。

⊙不要吃被苍蝇叮过的食物。

⊙吃水果的时候要削皮。

⊙饮用水一定要经过烧开或者净化，才能安全饮用。切忌喝生水。

⊙如果你要买瓶装水，在买的时候要确定其封口是密封完好的。

⊙不要吃生蔬菜。

⊙不要吃冰淇淋。

⊙不要在饮料中加冰。

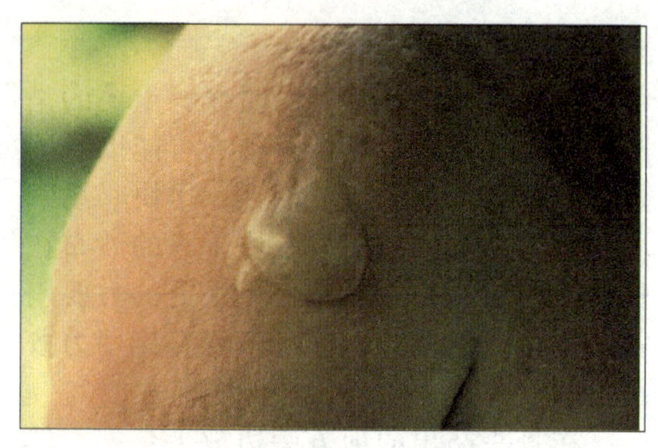

治疗方法

如果皮肤变得又亮又红肿，一碰到就很痛，要带晒伤者远离阳光到室内或者阴凉处，给晒伤处冷敷或者在冷水中浸泡最少10分钟让晒伤的皮肤冷却下来，或者给晒伤的地方涂上炉甘石剂或者其他对皮肤晒伤有缓解和补水作用的产品（大多都可以从药店买到）。给病人饮用大量的水，并让他躺着不动。如果可能的话让晒伤的部位敞开，必要的话也可以在上面盖一层柔软的棉布。如果皮肤起了水泡，用治疗烧伤一样的方法来治疗，并且去找医疗救援人员。

※ 热衰竭

热衰竭是人在炎热潮湿地区容易出现的一种特殊症状，尤其是在阳光下进行过剧烈运动的人。这是由过度出汗引起的盐分水分流失导致的。

热衰竭的症状有头痛、眼花、神志不清、恶心呕吐以及多汗、皮肤发黏、呼吸急促等。

治疗方法

把人从阳光下移动到凉爽的地方，然后放他躺下，双脚抬起。喂水的时候要让他抬起头，每升水要加一匙盐，同时要记得向医疗人员求助。

※ 中暑

中暑，也曾被称做“日射病”，该病症可能会在热衰竭之后产生，但是也有可能突发，以至于导致几分钟内昏迷。这是人

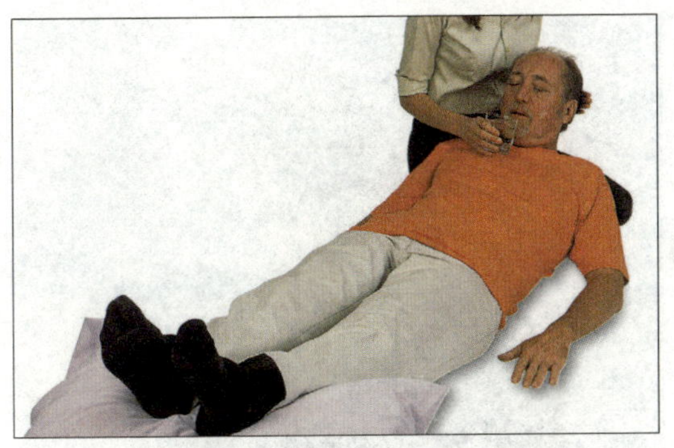

↑ 热衰竭是由过度出汗引起的盐分流失和脱水导致的，所以应该让病人喝含有少量盐分的溶液。

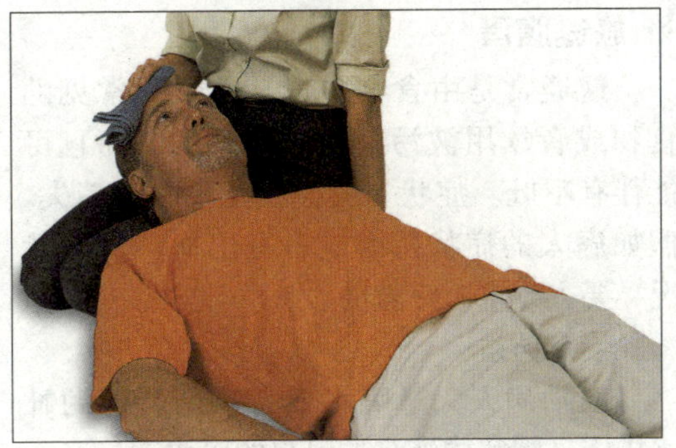

↑ 把病人带到阴凉的地方让体温降下来，以免热衰竭转变成中暑。

体自身的体温控制系统出现紊乱的严重症状，如果体温不能及时降低的话，可能会导致死亡。

中暑的症状与热衰竭的症状基本类似，其特征是人体体温会超过40℃并且很少出汗或不出汗。因此病人的皮肤会变得干燥而不是湿冷，他会非常烦躁，举止奇怪而且缺乏协调性，还可能头痛并且失去知觉。

治疗方法

首先要做的就是让病人的体温尽快降下来，把他带到阴凉的地方并脱掉衣服。如果可能的话，给他盖上一条湿床单或者浸过冷水的海绵，直到体温降到38℃。与此同时，要尽快联系急救机构寻求帮助或者直接送病人去医院。

■皮肤癌

现代医学已经证明，长时间暴露在阳光下和剧烈的晒伤会增加患皮肤癌的可能性。你应该定期检查长有色斑和痣的区域，如果你觉察到皮肤有这些变化，如某一块面积增大、形成不规则的轮廓、颜色由褐变黑，或者发痒、红肿甚至出血等，那么你应该去咨询一下医生。

※ 痱子和热疹

人体通常在衣服穿得太紧或者衣服摩擦皮肤的情况下会出现痱子和热疹。要避免这种情况出现，需要穿宽松合身的纯棉衣服，经常用凉水淋浴，不要用香皂，擦干身体的时候要小心。如果疹子扩散的话，可以用炉甘石药水缓解一下。

■防晒和驱虫措施

所有暴露在外面的皮肤都需要涂上防晒霜来避免长波紫外线（户外紫外线）的影响，在衣服比较薄的地方也要涂上防晒霜，因为那里的衣服可能无法有效阻挡中波紫外线（生活紫外线），可能会引起长期损害。

你所选择的防晒霜需要能够有效地阻挡中波紫外线和长波紫外线。在出门前30分钟涂上防晒霜，然后不定期地涂一点，即使是在多云的天气里也要这样。需要找一个防晒指数最少在25以上的品牌。在海拔高的地方或者雪地、水中等环境的时候，你应该使用一个能够防水的品牌，防晒指数最少在40以上。防晒指数只适用于户外紫外线的晒伤，对于生活紫外线的防护则用星级系统来表示。

还要经常涂抹驱虫剂。标准的化学驱虫剂是避蚊胺，它可能是液体的或者是胶状的，可能是喷雾剂或者是粘贴剂。这种东西能够阻挡所有叮人的昆虫，包括蚊子。注意不要涂在眼睛或者嘴巴附近——先喷在手上，然后小心地涂在脸上——不要让它涂在靠近割伤或者擦伤的地方，也不要涂在有衣服遮蔽的皮肤上。驱虫剂可以喷在衣服上。假如你不能忍受避蚊胺的气味，试试植物精油，比如香茅油或者薰衣草油。

建议你晚上睡在蚊帐里面，并且穿编织细密、手腕和脚踝处贴身的衣服。这样有助于减少驱虫剂的用量。

※ 旅途腹泻

这通常是由食物中毒、吃了不常见的食物或者饮用被污染的水导致的，而且可能伴有呕吐。症状一般会在几小时内消失。假如病人的症状持续或者有出血、发热状况，要去寻求医疗救助。

治疗方法

鼓励病人大量喝水或者采用其他的补水措施来缓解体液流失引起的脱水。

寒冷天气的影响

在寒冷环境中存在着出现冻疮和低体温症的危险，如果有风吹的话这种危险会增大，因为风的寒气会使气温变得更低。此外，在寒冷环境中还会导致雪盲症、晒伤等症状。

※ 雪盲症

这是一种暂时性的目盲，它是由于冰雪上反射的强烈的阳光刺激眼睛导致的。症状轻微的雪盲症会使眼睛变得红肿，极端恶劣情况下会对视力产生永久性的损害。要避免雪盲症，就得戴上墨镜或者护目镜。

※ 晒伤

在高海拔地区的冰雪上被晒伤的危险很大，冰雪能够反射太阳的光线并且晒伤鼻子和下巴上的皮肤。你必须使用高指数（防晒指数至少在40以上）的防晒霜来盖住所有暴露在外面的皮肤。

治疗方法见“炎热天气的影响”一节。

※ 冻疮

在冰雪环境中，冻疮能够侵袭任何裸露的皮肤，身体的末端部位如脸、鼻子、耳朵、手和脚最易生冻疮。要避免冻疮，得穿宽松的衣服，戴连指手套而不是普通手套，头上要戴羊毛的巴拉克拉法式的帽子。尽量保持衣服干燥，活动手指脚趾保持血液循环。

↑ 在寒冷的环境中，四肢最容易生冻疮。可以不时地把冰冷麻木的手放在腋窝下取暖。

冻疮的症状是有刺痛和麻木感。如果你在一个团队之中，可以相互检查彼此的四肢，看看同伴的皮肤是否变得苍白僵硬，颜色变白然后变蓝最后变黑。

治疗方法

脱掉手套或者靴子，把有冻疮的部位放在暖和的地方（比如腋窝）或者泡在温水中让它慢慢变暖，最后用绷带包扎起来。支起有冻疮的肢体，必要的话去找医疗救助。

※ 冻伤

当双脚长期处于既潮湿又寒冷（0～10℃）的环境中的时候会产生冻伤，如果这种状况持续很长时间会成为一种严重的疾病，因为血管收缩会阻断血液循环，从而产生坏疽导致双脚残废甚至需要截肢。

冻伤发生时双脚很不舒服，变得僵直、冰冷、沉重，冻伤的部位会肿胀并且感到刺痛。脚趾和脚踝也很僵硬，行走很困难。要预防冻伤，得来回行走，保持脚部干燥，解开鞋袜以利于血液循环。一到达营地，首先要做的就是换掉潮湿的鞋袜。

治疗方法

同冻疮。

※ 低体温症

长时间处于寒冷的环境之中，尤其是在有风又潮湿的环境中容易导致低体温症，这种状况通常发生于体温低于35℃的时候。

随着体温的不断降低病人开始颤抖，然后变得迷糊困倦并且行为怪异。他们会抱怨感觉疲劳而且视觉错乱、言语含糊甚至会出现抽筋，皮肤会变得苍白黏湿。当体温降到26℃的时候，会出现这种症状的最后阶段——失去知觉，随之是心脏骤停而死亡。团队的所有成员都必须密切注意出现这种症状的人。

要避免低体温症的出现，就要隔离冷气。除了穿暖和的衣服外还要披一层保护性的挡风大衣，吃好喝足并保持身体的活动状态。

治疗方法

用毯子裹住病人，要盖住头部把他放在睡袋、隔热毯或者任何类似的东西里面。打电话给医疗救助部门或者派人去求援，但是不要丢下病人不管。如果可能的话，给他喂温饮料或者容易消化的高能量食物。要一直和他说话，让他保持精神振作。假如他停止呼吸的话，立即进行人工呼吸。

※ 高原反应

高原反应或者高海拔反应可能带来严重的头痛，也可能是威胁生命的肺水肿或者脑水肿（肺或者脑中有积液）。这是由过快地登上海拔3 000米以上的山峰引起的。

在高海拔地区气压很低，空气也比平原上稀薄，所以进入血液循环的氧气更少。海拔大约在5 500米以下时，身体能够适应这些不利因素，但是需要时间。高原反应最初可以观察到的症状通常是呼吸急促并且想要放慢行进的速度，更严重的情况可能是严重的头痛、胸部不适、没有食欲、恶心呕吐、失去平衡感以及干咳。在人们

■高海拔的影响

在不同的海拔高度，登山者在各个阶段的高原反应也不同。

⊙急性高原反应（很少发生在2 450米以下）：来得快；有头痛、恶心、头晕目眩、呼吸困难等症状。

⊙高海拔肺水肿（很少发生在3 000米以下）：疲劳、干咳、头痛、发热、心跳加快、嘴唇发紫。

⊙高海拔脑水肿（很少发生在3 350米以下）：严重的头痛、失明，缺乏协调性，出现幻觉。

↑ 得低体温症的人会变得神志不清。带他们到一个有遮蔽的地方，给他们多裹上一层东西，并和他们待在一起。

↑ 给低体温症患者喝温的饮料，比如加糖的茶，来使其体温升高。不要让其喝酒。

↑ 隔离袋应该作为急救箱里面的基本用品携带，在紧急情况下它对身体保暖很有帮助。

登山的时候，高海拔给人们的影响并不是每次都相同，一次探险中没有出现高原反应并不意味着以后不会出现。

要避免高原反应，你应该缓慢地攀上高峰（每天不超过 3 000 米）。如果可行的话，在中间高度的（2 500 米左右）地方停留几天以适应那个海拔高度，然后再去攀登更高的山峰。脱水会加重高原反应，因此在登山的时候大量饮水是非常重要的。

治疗方法

如果有人出现高原反应的症状，应该把他尽快带到海拔较低的地方，尤其是在高原反应突然出现的时候。这些症状可能要过几天才会消失，但是在转移到海拔较低的地方之后如果状况继续恶化的话，病人就需要立即得到医疗救助，因为这表明病人有肺水肿或者脑水肿。

脱 水

脱水症状往往发生在体内水分不足或者身体快速地流失大量水分并且得不到补充的时候。脱水在医疗上是一种紧急状况，它可能是致命的，因此一旦出现症状就得马上治疗。

严重的脱水伴有发热和出汗过多等症状，原因可能是缺少食物和缺水或者长时间的呕吐腹泻。如果你在炎热的气候中进行剧烈的运动或者在高海拔地区翻山越岭，就很有可能发生脱水。脱水在老年人和婴幼儿中特别常见，如果来得很快的话，通常是腹泻所致。

■严重脱水

如果有任何人因为脱水而出现下列症状，要立即寻求救援。

⊙呕吐和腹泻。

⊙抽搐。

⊙脉搏又快又微弱。

⊙呼吸加快。

⊙眼睛凹陷。

⊙泪水少（眼睛干涩）。

⊙手指和脚趾起皱。

⊙嘴唇干裂。

※ 预防

要预防脱水，你需要喝足够的饮料以补充那些流失的水分。如果人体内 10% 的自然体液流失掉，它就会停止工作并且需要到医院治疗来恢复自然平衡，医院一般会给病人输液来补充水分。

↑ 如果你感觉脱水并且没有可以喝的水，松开或者脱掉衣服，然后停止活动到阴凉的地方去。

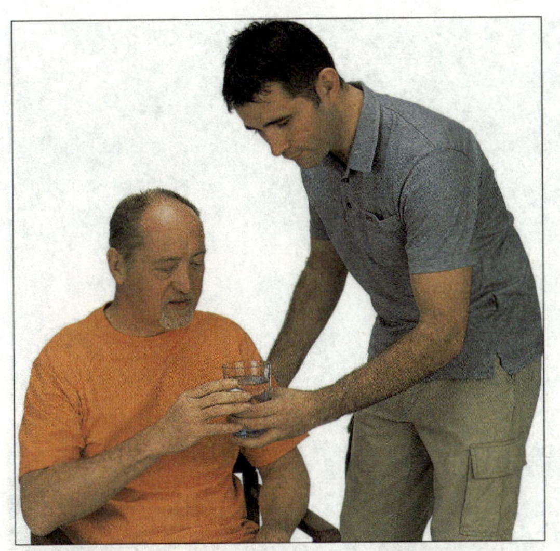

↑ 一旦开始注意到病人有脱水的状况，就要鼓励其小口地喝水。

当你出汗很多时，你不仅失去水分，还有盐分以及少量的各种微量元素。如果想要身体功能继续正常，就要补充盐分、水分和微量元素。

一般来说，一个成年人在温和的气候中每天行走或者锻炼几小时，需要至少饮用3升水。如果天气炎热或者是在高海拔地区，或者是进行任何导致大量出汗的剧烈运动，所需饮用的水就应该在6升以上。要是你的饮水量少于这些，就会有发生脱水的危险。

※ 症状

脱水早期的症状是口渴，在极端的情况下无论你喝多少水也不能解渴。另外一种早期的症状就是头痛，这是头部的血管因缺少水分而收缩引起的，随后可能会出现头重脚轻。

你可能会注意到你的尿液颜色变深而且排量很少。在脱水的后期阶段，可能会困倦焦躁并且对自己是谁及在做什么很迷糊，另外腹部或其他部位肌肉痉挛也很常见。

※ 治疗方法

一旦你注意到自己有脱水的迹象，就到室内或者树荫处，尽量多喝水直到不再感到口渴为止。如果你怀疑团队成员中有人脱水，要鼓励他们到阴凉的地方然后再让他们喝水。

喝什么取决于你们在什么地方以及有什么可以喝。仅仅喝水并不是很理想，因为它会直接从身体里面排出去，在每升水里加20 ~ 25毫升的盐和5 毫升的糖会更好，因为它会帮助补充身体内的水分和盐分。水合溶液是糖盐溶液很好的替代品，可以从药房买到，它是由水、等渗压葡萄糖液、调味液态凝胶、二氧化碳饮料、清汤和稀释以后的果汁等配成的，所有这些成分都很有用。但是应该避免饮用含咖啡因的饮料，因为它们是利尿的，会使问题更加恶化。每小时至少喝200毫升溶液，在24 小时以内不要吃任何固体食物。确保任何用来配制溶液的水都是净化过的，并且不能有细菌污染。否则，被污染的水中含有的细菌可能会导致呕吐，会进一步加速体液流失。

如果严重脱水的病人不能或者不愿饮水，如果口渴得不到缓解而且症状持续，或者有任何其他的并发症，就得寻找医疗救助了。

※ 儿童脱水

如果儿童腹泻则很快就会脱水。如果儿童有脱水的症状，应该给他们补充液体，但是不要加盐。除非他们脱水非常严重，否则不要加盐，并应该立即向医疗组织求援。对于婴儿，他们能喝多少就给多少，而且要马上寻求救援。

※ 呕吐

如果有人因为脱水而呕吐，要知道这种情况非常严重，你应该向医疗组织求救。假如呕吐是由于其他已知的原因（比如消化不良），同时也是脱水的潜在起因，那么补水溶液可能会有作用，但前提是能使情况有所缓解。让病人慢慢地小口小口地喝而不是一次喝下整整一瓶或者一杯水，因

↑ 在高海拔的地方会增加脱水的危险。所以从一开始就安排好饮水供应是极其重要的。

为这样可能会使他们承受不了。

儿童呕吐应该每 10 ~ 20 分钟喂一小口（大约一汤匙）溶液，如果还是缺水的话你可以逐渐增加喂量。

※ 腹泻

轻度腹泻的特征是频繁地排泄稀薄多水的大便，情况严重时有胃部痉挛、疲倦口渴、便血等症状。腹泻常见的起因是食物中毒、药物反应、情绪紧张、过度饮酒以及病毒和细菌感染等。

轻度腹泻会带来不便和不适，但是只要体液能够得到补充，并不危险。病人每次排泄后要鼓励他们喝两杯水以维持体液水平。

如果病人不能或者不愿意喝水，这时候就有必要到医院进行治疗以恢复体液水平。如果腹泻持续超过一两天，就应该找医疗人员来进行治疗了。

■应付口渴

如果可饮用液体的供应有限而且你又需要止渴的话，可以采用如下几个步骤来对付口渴的心理作用，从而让你集中精力寻找水源和其他液体供应。

⊙咀嚼又小又光滑的东西，比如口香糖，坚果或者野葱。

⊙活动前要预先计划好，以节省体液，减少出汗。在炎热的天气里，走动要缓慢。

⊙适时增减衣服。在炎热天气里，盖住所有皮肤以减少汗的挥发；在寒冷天气里，松开或者脱掉衣服减少出汗。

⊙在炎热天气中，尽可能多地待在阴凉处休息或者睡觉。

⊙如果你没有喝的东西，就不要吃任何东西。如果饮料有限的话，不要吃蛋白质，要吃水果、糖、饼干等食品。

⊙如果可行的话，用海水或者酒精浸泡过的垫子擦手、脸或者脖子等部位。

第5章

基本的野外生存技能

学习野外生存技能能让我们轻便地旅行，能让我们在缺乏或者完全没有装备的情况下在绝大多数地形条件下生存。即使我们并没有处于生死攸关的境况，野外生存技能也能够为我们提供一种方式，加深我们对祖先的情感，再现我们与地球之间最原始的联系。野外生存技能是在没有现代化工具的情况下的生存技能。

心理和情感生存

当我们陷入生死攸关的境况时，我们面临的最大问题不是如何寻找水和食物，而是如何从心理上准备好应付这种局面。我们不得不依赖自己的本能，在那一瞬间可能冒出一系列强烈的相互冲突的心理活动。心理学家普遍认为，当碰到紧急事件的时候，人们往往会出现一系列典型的心理反应：震惊、否认、恐惧和气愤、谴责、沮丧、接受、继续前行或者在这些心理活动间相互变换。

※ 情感反应

- 震惊　你对刚发生在自己身上的事情完全没有准备，处理这些信息有一定的困难。
- 否认　这是一种生存机制，你现在可能已经意识到了你所处的形势，但是你却拒绝承认其真实性，你欺骗自己说："不，这种事情不可能发生在我身上。"
- 气愤　你对你所处的形势感到非常气愤。你对所有事情没有按照预期的发展而感到忐忑不安，你担心它们永远也不能恢复到正常。
- 谴责　谴责别人让你陷入到这样的形势中来，这会让你好受些，但是从理性上说毫无意义。
- 沮丧　这是一种内在的气愤。你在寻找某种方式让压力更容易排解。

→ 即使是最荒凉的野外环境也能够给我们提供生存的线索。沙漠中的绿色灌木就暗示着能够找到水源。

• 接受 现在你回到了“现实”。你面对的是现实，尽管它仿佛很遥远，但它确实存在。

• 继续前行 从心理上，你开始找到平衡，开始考虑你所处的形势及如何生存，不仅仅是在接下来的几个小时，有可能是接下来的几天甚至是几周时间的生存。

※ 不要恐慌

当处于生死攸关的情形下，无助的感觉能够迅速地转化为沮丧和孤独。不过最严重最难以应付的心理是恐慌。恐慌会让你做出一些非常理的反应，导致局面恶化。在一些极端恶劣的情况下，不能保持冷静甚至可能威胁到你的生命，因为此时你已经失去了理智，不能做出正确的决定。在很多时候，你甚至意识不到自己已经陷入了恐慌。

战胜恐慌的第一步就是认识到一个事实：如果你不采取预防措施就可能会陷入恐慌之中。在你还没有到神经紧张的状态时，逐步地分析所有事情，给自己一个正确评估所处局势的机会，这一点非常重要。

※ 一次完成一个步骤

不要把所有问题叠加到一起，那样的话将会是一个大问题。坐下来安静几分钟，深吸几口气，考虑一下什么才是你最迫切需要解决的问题，然后全力以赴地着手解决这个问题。在这个问题解决之后，你才能够继续解决接下来的问题。记住，一次进行一个步骤。

举一个非常恰当的例子。一个人在海上划着小皮艇，在暴风雨中准备返回海岸。如果当时他考虑了可能碰到的所有海浪的话，他可能早就被淹死了。但相反的是，他每次只关心当前的海浪，在这个海浪来临时小心地掌舵，在这个海浪的问题还没有解决前从来不去想下一个海浪。就这样，他在海浪中

↑ 出现一个问题就解决一个。一旦一个问题得到全面的解决，你就能够全身心地投入到下一个问题中去。

↑ 当与他人或者团队在一起时，人与人之间能够互相鼓励，寻找心理安慰。

拼搏了好几个小时，最后战胜了所有的风浪，并成功返回了海岸。

※ 保持乐观也是一种生存技能

很多人认为保持乐观心理只是书里的语言，只要当确实需要的时候能够记着就行。其实不然，学会控制自己的精神状态与摩擦生火一样也是一种重要的技能。你能够通过在日常生活中的各种场合保持冷静积极的态度来练习这种心理技能。无论什么时候，就算事情变得艰难，请切记每次只做一件事情，做完后才开始下一件。这样不仅仅能让你从容面对各种生死攸关的局面，还能让你觉得日常生活更加令人愉快，生活压力也会减轻。

当你确保能为自己及他人提供各种技能，你自己会有一个乐观的心态。受人赞誉的技能将增强你的信心，并帮助你战胜恐慌。

※ 团队生存

人多确实更安全，而且当你受伤或者身体虚弱的时候，有人在身边会有很多明

■团队的首要任务

按照如下步骤做，这样可以确保你的团队时刻准备着迎接可能遇到的各项挑战：

⊙选择一名领队。领队应该由技能最好的人担任，必须能够担负起责任，以“主席”的身份行事，而不是“独裁者”。作为领队，你必须对整个形势负责，组织开展需要完成的各项任务。听取所有队员提出的各种意见和建议，如果需要，帮助他们做出决定。有些时候，听取大家的建议是不可能的，比如说你的团队只有你一个人具备一定的相关知识，这时你就不得不做出总的决定，并分配任务。

⊙列举出为确保生存必须完成的各项任务，并与所有队员讨论。

⊙找出每个队员的强项，这样能够保证将任务分配到最胜任的队员身上。有些任务可能需要每个队员通力合作完成，比如搭建供团队集体宿营的帐篷。

⊙向每个队员及时传达整个团队取得的任何进步，并确保每个队员的身体状况良好。在团队中努力营造一种相互依靠的氛围，这样的话每个队员都能以团队为家，没人会感到受到孤立。确保那些完成某项任务有困难的队员能够得到及时的帮助。

⊙制作每个队员所有物品的清单。一旦发生事故，一定要从现场尽可能多地抢救所属物资：不管是电线（可以作为绳索）还是座椅填充物（可以用来绝缘）。

显的优势。当生死攸关时，团队还有很多其他的优势。最大的优势就是在一个团队里有很多人能够负责日常的生活所需。不仅仅是因为人多力量大，也因为不同的个人肯定具备不同的强项和弱项。比如说，在一个团队里，如果你特别擅长搭建营地，但是不擅长在野外寻找食物，那么你完全可以全身心地投入到搭建一个坚实帐篷的工作中，而不用担心别的，因为团队中的其他队员会提供其他生活所需，如水、食物和火种等。

但是团队也有团队的劣势。在团队中，你不仅要对自己负责，还要对整个团队负责。如果其他所有的队员都具备相当高的野外生存技能，而且你们身边有大量的资源，这样还构不成困难。但是如果你是团队中唯一具备一定生存技能的成员，或者当地没有足够的资源可供利用，那么就很难保证整个团队有足够的饮用水和食物，也很难令所有人感到舒适。另外，团队中某个队员有可能受伤，需要别人的照顾。毕竟，这种团队队员之间的联系是一种最脆弱的关系。

※ 独自生存

如果你是独自去野外，你需要战胜的最大困难就是孤独。孤独可能会让你很快感到无助、恐慌，然后绝望。为了避免这种情况出现，请充分利用你的想象技能来战胜恐惧。想象自己被营救，并努力争取让自己得到营救。为那些需要首先考虑的事情制定一个清单，并坚持完成这些事情。全身心投入到当前手上的工作，无论何时只要消极念头一出现在脑海里就立即驱除它们。从你完成的每项任务中汲取力量。坚强的心理将能够帮助你战胜困难。

发出求救信号

毋庸置疑，当你在野外碰到困难的时候，你肯定希望能够平安回家，因此你必须了解你正要前往的地方以及何时抵达目

↓ 如果在海滩上画标记，一定要确保其位置高出海浪最高水位线的位置，这样标记才不会被海浪冲刷掉。另外，用更容易被辨认的石头或者树枝做标记比在海滩上画标记更好。

↑ 利用石头在行进路线上进行标记，便于营救人员寻找。这种标志在离开事故现场的时候尤为实用。

的地。这样，一旦出现异常情况，外界的人就能够及时发现并准备营救你和你的队友。

如果你发现自己（单独或者与队友一起）在别无选择的情况下陷入一种生死攸关的局面，例如车祸等，你将不得不考虑求救的问题。无论你是在宿营地里还是在寻找食物和水源的路上，你所做的每个决定都必须确保任何前来营救的人员能够发现你。

※ 为营救人员留下标记

人们离开事故现场却不留下任何线索提示营救者他们前往何处，这种事情经常发生。最好的方式其实是留在事故现场附近，但是如果事故现场不能长久停留，你最好还是离开。但是离开之前应该留下一些清楚的标志，显示存在多少幸存者、是否有人受伤、你们要去往何处等信息都是非常重要的。

一旦抵达一个较安全的地方，并且已经决定留下来等待救援，那么要确保这个地方从空中非常容易被发现。你可以在地面上利用石块或者其他容易辨别的材料制造明显的标志。如果这个标志距离营地还有一定的距离，一定要用箭头标示出营地的具体位置。

↓ 当离开事故现场的时候，必须留下标记，以清楚地表明还有幸存者，还要标明你所前往的地方。

※ 对飞机适用的基本信号

↑ 两臂向上前方伸直，就像要拥抱飞机一样。这个动作是请求飞行员向你飞来并让你搭载。

↑ 两臂侧平举。这个动作是要告诉飞行员让飞机保持一种盘旋状态。

↑ 手掌朝下，伸直手臂，两臂上抬张开呈翼状。这个动作是告诉飞行员下降。

↑ 将伸直上抬的手臂放下一点，这是上一个鸟翼动作的后半部分，这个动作告诉飞行员下降是安全的。

↑ 左手臂伸直，挥动右臂。这个动作告诉飞行员需要向你的左方移动。

↑ 左手臂伸直，继续挥动右臂。这个动作表明飞机还需要继续向左移动。

↑ 将两手置于耳后，表明接收器还好用。

↑ 这个动作是告诉飞行员需要机械援助。

↑ 这个动作是告诉飞行员安全出口在左侧。

↑ 向特定方向伸直手臂并屈膝，以显示该区域是安全着陆区。

↑ 伸直两臂置于头上并左右挥动表明“不要着陆”。

↑ 伸直两臂置于胸前并上下挥动表明“可以着陆”。

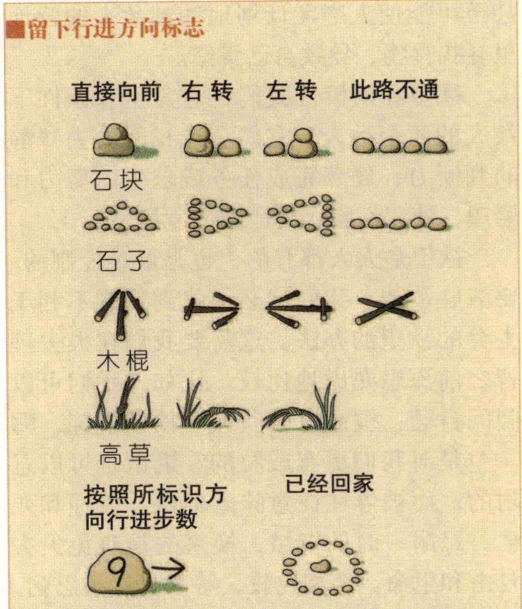

可以向可能前来营救的人员留下一些关于你曾经到过这个地方并正在前往哪个方向等内容的线索性标志，这里有很多种方式。如果有石块的话请利用石块，没有的话可用木头或者草、树叶等来进行标识。

在白天，另一个有效途径就是焚烧草和树叶，因为浓烟能够很好地表明你所处的位置。

在夜晚，可以利用你所拥有的资源燃起大型的火堆，如果燃料充足，你可以燃起三堆大火，让它们呈三角形，每堆间隔大约10米。

生存心理学

※ 如何认识心理压力

了解心理压力及其影响，对我们在极端条件下更好地生存有巨大帮助。

心理压力不是疾病，而是每个人都会有的一种心理状态。它是我们对外部压力产生的自然反应，是我们的身体对于突发状况或困境所作出的生理、心理、情绪以及精神的反应，无法通过治疗消除。

适当的心理压力能够帮助人去面对逆境，挑战困难。它刺激我们努力前进，考验我们对突发状况或困境的适应性和处理能力，还能反映出一件事对我们的重要程度——因为不重要的事不会让我们感到压力。所以说，心理压力对我们而言是有很多正面作用的，我们需要心理压力来帮助我们更好地把握命运。

但是，任何东西一旦超过限度，都会产生负面影响。过于沉重的心理压力无论对个人还是对团队，都会造成伤害。它有时是建设性的，有时是破坏性的；它能够激励人，也能打击人；它能促使我们前进，也能让我们前功尽弃；它可以激励我们在求生环境中成功应对并以自己最高的效率履行职责，它也能使我们惊慌失措并把自己受过的训练忘得一干二净。紧张、犹豫、暴躁、健忘、消沉、焦虑、马虎、抑郁、孤僻、逃避、精神难以集中……心理压力过于沉重，就会使人被这些负面状态所困扰。所以，我们需要心理压力，又不能让它超出我们所能承受的限度。

每个人都必须清醒地认识到，压力是不可避免的。我们所遇到的任何困难都能导致压力产生。而且，困难常常“祸不单行”，有时会同时出现多个使人陷入困境的状况。这些状况本身不是压力，但压力因它们而生，因此它们被称为“压力源”。压力是人对压力源作出的自然反应。人体感受到“压力源”的影响时，就会启动自我保护功能，形成心理压力。能否生存下来，关键就在于我们是否具有正确处理压力的能力。只有正视压力、不受压力影响的人，才能够在困境中生存下来。

人体感受到压力源后，会立即做好“应战”或“逃避”的自我保护准备。即：

人体会将平时储存的糖和脂肪释放出来，以保证能量供应。

心跳频率、呼吸频率和血压提升，以

使人体获得更多的养料供应。

肌肉处于紧张状态，以便人体随时行动。

凝血机制启动，以减少已经出现或可能出现的出血。

视觉、听觉、嗅觉灵敏度提高，以便大脑迅速获得周围的信息。

人体的这种自我保护状态可称之为抗压机制。它能够使我们更好地应对困境。但是，抗压机制会使人体消耗大量能量，产生大量垃圾。困难不会等我们做好准备才出现，而且可能蜂拥而至。人如果连续遇到多个困难而一时不能解决，抗压机制持续消耗能量，不仅心理要承受巨大的痛苦，而且精力也会衰竭。因此，人体抗压机制不能长时间地持续保持。我们所需要做的，就是正确预判可能遇到的困难，作出解决预案。

我们的精神状态与环境、装备一样对我们的生存意义重大。在面临困境的时候，我们以及我们的同伴的精神状态是决定我们能否生存下来的第一要素。

因此，我们必须认真地思考这样一些问题：

我们是如何应对各种突发状况的？

我们或者我们的同伴下意识的动作、表情和心理活动是因何产生的？

怎样才能更好地实现自我控制？

怎样才能对我们的同伴产生对我们和团队都有利的影响？

这些问题对于我们的生存至关重要。能够解决这些问题，我们就能够更好地克服心理压力对我们造成的不良影响。

虽然人体的自我保护机制会在感到压力的时候自发地帮助我们提高消除威胁的能力，但它同样也会在我们面临困境时给我们制造麻烦。例如，当我们努力躲避敌人的围追堵截并到了紧要关头的时候，我们的身体可能突然告诉我们："我现在非常饿！"强烈的饥饿信号会使人陷入疯狂，甚至可能使人毫无计划地冲到敌人的营地里寻找食物，导致自己暴露。

欲望和消极是我们在恶劣生存条件下最大的两个敌人。它们会让我们失去冷静的判断力，放弃完成任务或求生的努力和愿望，使我们陷入更严重的危机。

欲望是人人都有的，也是最难控制的。要战胜欲望，我们就必须找到控制不利于生存的欲望的办法。这需要我们在失去理智之前深思熟虑地比较。比如，我们可以问问自己：被敌方俘获或者挨饿受冻，哪一个是对我们更有威胁的？饥饿是可以忍耐的，而被俘往往意味着刑讯、关押和死亡。忍耐一时的饥饿，换来的是避免失去自由和生命。两相比较，答案显然是忍耐。进一步地，我们可以将饥饿的欲望转化为求生动力，寻找迅速摆脱困境的办法。

消极也是绝大多数人常常会有的态度。当我们遭遇疲惫、饥饿、疾病或是强大对手的威胁时，意志不够坚定的人可能会因为顶不住压力而产生逃避甚至屈服的想法。这时候，我们会变得看不到希望，看不到意义，看不到一切美好的事物。处于消极状态的人会夸大困难和危险的程度。我们要做的，就是制订完善的计划，尽可能作出合理决定。

不仅是对自己，对团队中的同伴，我们也必须做到能及时发现消极心理的蛛丝马迹。否则，同伴的不佳表现很可能会拖整个团队的后腿。如果我们的同伴产生消极心理，他就会变得顺从、沉默、懒散、食欲不振。我们必须找到使同伴变得消极的原因，然后帮助他消除或者正视那个压力源。

※ 如何正视生存压力

我们要对付的压力有很多，这里只介绍最常见的一些，以便应对。

死亡

处在陌生环境的时候，我们可能遭遇

事故，可能受到攻击，可能误食有毒食物，可能感染疾病，可能因为伤病而行动不便或无法很好地自我保护，因此不可避免地会受到死亡的威胁。它随时可能找上我们，即便是我们选择逃避。对待死亡，我们唯一能做的就是勇敢面对，然后才能更好地化解各种风险。

疼痛

疼痛是我们经常会遇到的身体报警信号。它本身无害，是为了让人体察觉伤病、规避伤病而做出的自我保护措施。但是，剧烈的疼痛对于绝大多数人都是一种令人难以忍受的折磨。它会竭尽全力吸引我们的注意力。一旦它得逞，我们可能就会崩溃。其实，疼痛基本上是可以忍受的，只要我们在四个方面做好准备。一是正确认识疼痛出现的原因；二是在精神层面藐视疼痛；三是转移注意力；四是为自己能忍受疼痛的男子汉气概自豪。

↑ 在上下陡坡的时候，特别是在土质较松的地形状况下，步子要往侧面迈。

干渴

干渴是野外求生的人常常会面临的严峻问题之一。一个成年人身体内所含的水分，占人体重量的70%。人的体液循环、新陈代谢乃至保持细胞活力，都需要水的参与。如果不能补充充足的水分，人的反应就会变得迟钝。而如果一直不能获得水分，在极干燥的环境里，人将在72小时内因脱水而死亡。因此，在有条件的情况下，我们要保证大量喝水。一旦水的供应无法保证，我们就要减少进食，避免身体为处理食物中的无用成分大量消耗水分。同时，我们要扎实地掌握如何利用自然条件补充水分的技能，以备不时之需。

饥饿

虽然给养供应在今天已经做得比以往任何时候都更好，但谁也不能保证我们在野外生存中不会遭遇没有食物的状况。要想在陌生的生存环境中执行长期任务，我们就必须拥有获取并保存食物的能力。食物是人生存的关键要素。不能补充能量，结局就是死亡。一旦出现不得不忍受饥饿的状况，已经对物资稳定供应变得习惯的我们将会感到活下去的压力以及面临死亡的恐惧。长时间的饥饿会影响人的心态、精神和意志。如果一直找不到食物，人会因营养不良而变得虚弱，甚至会晕厥。自然界中有丰富的食物，学会分辨可食用的自然资源并加以利用，将使我们在野外的生存能力大大提高。活下去，才能更好地完成任务。我们应该吃下所有能吃的东西，决不能因为挑食而愚蠢地葬送自己。

未知

在野外生存中，唯一可保证的，就是一切都不能保证。我们不能保证不遇到攻击，不能保证给养供应不出现问题，不能保证计划能顺利执行……在进入陌生环境后，我们很可能会遇到巨大障碍，以至于不能确定会发生什么，不能很好地控制局面，不得不在信息有限、控制力有限的条件下活动。这时，人往往更加紧张，也就更容易生病、受伤或死亡。

环境

在野外生存中，天气变化、地形变化和那里的生物会给我们造成不小的麻烦。我们没有时间去改造环境，而且我们往往不得不置身于陌生环境。我们可能会出现在沙漠里、丛林中、山岭间或是冰原上。无论是高山、沼泽、荒漠、海洋，还是酷暑、严寒、暴雨、台风，或是蚊虫、鳄鱼、毒蛇、虎豹，都可能是我们必须面对的挑战。即便是在我们最熟悉的环境中，我们仍然会受到自然环境的威胁。对于这些挑战，处置得当，我们就可以得到周边环境的支持和保护；处置不当，就会被环境攻击，就会感到极端不适。

疲惫

在陌生环境，尤其是在野外长时间保持警惕和战斗状态，我们的身体和精神就会十分疲惫，有时甚至无力保持清醒。在这种情况下，我们的思维变得迟钝，体能大大降低，反应能力也将被严重削弱，变得对一切漠不关心。大多数人都因为繁重的工作而疲惫。一些心理因素也会导致疲劳，如绝望、没有目标、受挫、负面心理状态等都很容易给我们带来巨大压力。解决疲惫的最好方法就是睡觉。当疲劳已经影响到你的精神及生理能力时，你自己能感觉出来。如果你意识到情况危急，你多半会振作精神继续前进。

孤独

人是社会性动物。人类需要彼此沟通、交流，才能满足各自的物质和精神需要。我们的任何行动，基本上都离不开群体的帮助。离开群体，人的能力将会大大减弱，生存能力甚至比不上一只蚂蚁。但是，对于经常需要执行特殊任务的我们而言，很可能会遭遇与世隔绝的状况：也许是处于渺无人烟的荒漠；也许是处于充满敌意的村镇；也许是处于无法与别人沟通的异国他乡；也许是处于通讯中断的热带丛林……我们可能因此无法从其他人那里得到信息或指导，无法获得安全感。我们

↑ 在多岩石的地形中行走是比较辛苦的，因此需要更多的短暂休息。

不得不完全依靠自己，这将给我们带来相当大的生存压力。其实我们在日常生活中一直在掌握各种生存能力，现在我们已经基本学会了如何制作一些满足自己需要的东西，学会了创造能让自己更舒适的条件，学会了接受和适应环境，学会了处理一些难题……而我们参加的军事训练又教给我们更多有用知识，让我们学会如何正确面对可能遇到的各种问题和环境。因此，即便是我们不得不独自行动，也应该相信自己能够通过思考、计划、行动去完成目标。

烦躁

单调和重复是使人出现烦躁情绪的主要原因。陷入烦躁状态的人会同时产生紧张、沮丧等不良情绪。要摆脱烦躁，我们就必须时刻清醒地认识到我们要实现的目标，并认识到自己所执行的任务是和生存相一致的。

严寒

严寒的环境会降低效率，使人的思维变得迟钝，使人的行动欲望减弱，并因血液流动减缓而昏昏欲睡——很多死于严寒环境的人就是因为在这种条件下陷入昏睡而被冻僵。在寒冷让我们变得孱弱之前，我们必须尽快找到安全的取暖场所。

酷热

酷热环境会使人大量流汗，难以呼吸，身体虚弱。与严寒环境不同，人完全可以适应酷热环境。只要 2 ~ 6 天的时间，人就可以将身体机能调整到适合酷热环境的状态。我们需要特别注意的只有两点：不要让炽热的阳光直晒我们的头部；除非必须，否则不要在一天中温度最高的时候行动。

这些是我们经常会遇到的产生压力的状况，但并不是我们可能遇到的全部。而且，因为人与人的差异，我们感到的困难也许对于别人来说不算什么。我们感到很难办的事，也许别人处理起来易如反掌。所以，任何困难对于不同的人造成的压力，大小都是各不相同的。如果我们希望能够从容应对大多数困难，面对并化解压力，那么，进行训练、积累经验、积极乐观、保持健康、相信自己是必不可少的。

总之，我们可以应对各种困难，只要平时我们做足了训练。训练的内容就是：尝试自己多作决定，增强自己应对新情况、解决新问题的能力，学会在出现新的或紧急的状况时有条不紊地采取适当的行动。这是关系到我们的生存的最重要素质。

※ 如何应对自然反应

在这个有无数强大物种先后灭绝的地球上，人类能在弱肉强食、危机四伏的自然法则中历时几千万年而繁衍至今，并且越来越强大，得益于人类具有调整身体、心态以及应对变化的能力。我们的祖先曾经面临的困境比今天任何人面对的都要困难几百倍。他们没有先进的工具，他们没有成百上千乃至更多的战友。而他们的敌人，是比今天数量更多、野性十足的毒蛇猛兽，是和今天一样的严酷气候。但是他们利用自身能力生存了下来！所以，继承了这些能力的我们也完全能够在各种困境中生存下来！当然，这个前提是我们必须像我们的祖先那样能够充分了解和利用我们的优势，否则就只能听天由命。

在野外生存环境中，大多数人难免出现负面心理反应。

恐惧

正常人都可能有过恐惧。它是人体对被其判定可能导致伤残、死亡的危机以及恐怖想象的一种正常心理反应。也许有时候那种威胁我们生存的事物并不存在，但我们一样会因为觉得它存在而恐惧。懂得畏惧的人才能活得更久。恐惧心理并不完全是坏事，它能够促使我们更小心谨慎地行动，这对于保证我们的生存确实具有重要意义。但是，有的人往往因为过于恐惧而吓得失去行动能力，以至于连躲避危险

↑ 要对自己应对挑战的能力有信心，这样你才更有可能达到你的目标。

都做不到。感到恐惧并不丢人，丢人的是被恐惧所击溃。我们必须做到不因恐惧而失去理智。有人天生胆大，大多数人则需要通过训练来克服恐惧心理。你能够获得使自己增加自信的知识和技能，从而克服恐惧。

焦虑

当感到有未知的危机潜伏在我们周围时，我们就会感到焦虑。这同样是人体的自然生理反应。不会感到焦虑的人，就不会有进取的动力。焦虑心理可以促使我们拼搏到底，至少可以让我们保持警惕，发现并躲避危险。但过于焦虑同样会对人造成毁灭性的影响。它能使人心理崩溃，能使人犹豫不决甚至无法进行思考，能使人无法作出正确的判断和决定。要想减少焦虑，我们就要尽可能地熟悉我们所生存的环境，保持镇定，以实现对危机的控制，保证自己的安全。

沮丧

没有一个人不会出现因为没有解决问题而产生苦恼忧愁情绪，再乐观的人也有发愁的时候。不对困难发愁，人就不会努力寻找解决办法。但如果忧愁进一步发展成为沮丧，则会导致身体、情绪和心理完全崩溃，使人主动放弃努力，用“已经尽力”“天意”“真倒霉”等借口逃避困难。沮丧是人在绝望、无助的情况下的心理反应。但真实的情况是，我们所遇到的绝大多数难题并不值得沮丧。换句话说，我们其实完全有能力很好地解决绝大多数难题。我们决不能允许自己放任自流，不能随意消磨求生的意志。我们应该让这种心理转化为前进的动力，努力活下去，绝不能向沮丧屈服。

挫折

就像开车的时候往往红灯连着红灯而少见绿灯连着绿灯一样，我们在执行任务的过程中往往频频遭遇阻力甚至失败。这时，很多人会产生挫折感。在执行任务的过程中，我们总要为实行计划和保证生存采取一系列行动，也就难免因为失误、犯错或者不可抗力而一再品尝失败的滋味。我们可能不小心丢了匕首，以至于饥饿的时候无法打开一盒罐头；我们可能遇到了一座断桥，以至于原本计划抄近路却不得不回头绕远；我们可能潜伏了很久终于找到了射击敌方指挥官的机会，而敌方指挥官却因为突然摔倒而导致我们前功尽弃……这些本是很正常的事，但对自己要求严格、期待过高或者心理脆弱的人就会因此而遭受挫折。遭受挫折的人会变得易怒，会变得草率，会变得消极。我们必须做到更加相信自己，更加乐观地对待遭遇，才能排除挫折感的干扰，从容应对野外的生存挑战。

孤独

没有人真正喜欢独自终老。我们需要同伴，需要朋友，因为我们需要他人的帮助，否则就无法生存。但几乎每个人都不能避免出现独自一人的情况出现。我们不得不自己来做一些原本由别人来做的事，并借此更清楚地认识自己的能力，充分挖掘自己的潜能。孤独是一种宝贵的体验，也是难得的机会。不要因孤独而绝望，它只是暂时的。能在孤独的环境中生存下来的人，才能成为可以依靠的人。相信自己，我们有能力独立完成。

※ 如何做好心理准备

野外生存中，你唯一的任务就是活着。你在野外求生中遇见的各种事情所产生的感情将成为双刃剑，它可能帮助你渡过难关，也有可能使你崩溃。在生存的过程中，你会产生一系列诸如恐惧、焦虑、自责、焦躁等情绪，如果可以积极对待这些情绪，你会发现在训练中，你能在恐惧的情况下保持冷静并且反击，能够保证自己生存所需的食物的充足及安全，能够信赖自己的战友，还可以在生命陷入危险或是情况极其糟糕时活下来。可是相反地，如果你被这些负面情绪困住、一蹶不振的话，你的精神将会崩溃，身体也会垮掉。尽管野外生存并不是一件很罕见的事，但是我们也不能忘记，因为某些突发事件而让我们的生命垂危的情况却不常见。我们不可以因为这种突发事件而惊慌失措，我们应当做好准备，努力克服那些负面的不良情绪，并且利用这些情绪让自己体面地、有尊严地生存下去。

我们在做准备的时候应该清楚，自己在野外生存的时候，应当有积极的应对态度，而不是消极的。有无数人通过野外生存而培养出了英勇无畏的品质和自我牺牲的精神。只要你准备好，你也可以以此来发掘或培养出这些优秀的品质。下面是几点关于如何做好野外生存的心理准备的建议。

认清自我

经过一段时期的训练，你将在旁人的帮助下对自己有更深刻的认识，发现自己的长处，学会利用自己的优势，同时掌握和运用野外生存的必要的技能。

预想恐惧

与其逞强假装自己不害怕，不如想想自己在孤立无援、独自求生的情况下最害怕的状况是什么。然后，根据你所担忧的情况进行应对训练。这不是为了让你在野外生存中毫无恐惧的心理，而是要帮助你树立同恐惧抗争的信心。

正视现实

要客观评价你所面对的现实，不要过分乐观也不要过分悲观，正确的评估会让事情变得顺利。在评判状况时要积极乐观，相信有希望，但也要客观，否则会因为现实与期待的差距太大而失望，产生失落的情绪。要做最万全的打算，考虑得周全一些，这样即使出现意外也可以应付。

态度乐观

硬币有正面也有反面，遇事也是如此，不能只看到消极一面而忽视积极一面。时刻保持乐观的心态可使自己的身心处于较好的状态，既是一种培养心境的方法，也可以激发自己的潜力。

提防危险

时刻保持警惕，要将自己及队友的性命时时放在心上，懈怠松懈或者是没能做好充分的心理准备，会让自己陷入负面情绪的泥沼中，造成精神涣散、缺乏信心、判断失准甚至不能坚持下去，给自己和他人带来生命威胁。

加强训练

在部队及日常生活中的训练中，学习野外生存所需的技能，熟能生巧，平时多做训练，积累经验，在正式的野外生存训练中就不会胆怯，就可以活用技能。而且有一点很重要，就是训练一定要尽量贴近野外生存的条件，模拟地越真实就越有利。

处理压力

如果没有经过良好的训练或者是心理准备得不够充分，在野外生存的时候就难免产生压力，并且可能不知所措，所以要学会处理压力。正确处理压力可以让你冷静地思考如何应对眼前的状况，集中注意力在求生方法上。处理压力有几个小窍门，譬如偶尔放松、规划时间、坚信自己的实力或者是自我调整对状况的评估。总而言之，要想在野外生存，就要坚持，绝不轻言放弃。

※ 如何时刻保持清醒

对于野外求生者而言，突发状况的出现是自然的。一些突发事件为求生者带来惊吓的同时，也为求生者的求生制造了种种障碍。面对突如其来的各种状况，求生者不要惊慌失措，即便一时无法想出有效的应对措施，也要注意时刻保持头脑的清醒。慌乱和害怕对于处理突发状况无益，而且会给求生者造成心理压力。

一旦出现疲劳、缺水少粮、迷失方向、与同伴走失等情况，野外求生者的情绪很可能会发生波动，慌乱无助、恐惧害怕等心理随之而来。一个经验丰富的野外求生者，总会找到各种办法转移自己的注意力，以克服恐惧和慌乱心理。对于求生者而言，要想在野外环境中求生、保护自身安全，必须学会调节心理状态，以适应接连发生的各种突发状况。

放松身心

（1）保证睡眠

充足的睡眠是维持人体机能正常运转的基本要求。只有睡眠充足，野外求生者才会精力充沛，在遇到突发状况时，才有可能保持清醒的思路，从而进行冷静思考。反之，如果睡眠不足，求生者身体会感到疲劳，自身的思考能力和防范意识也会随之降低，后果不堪设想。

（2）保证营养

在野外生存中，求生者要想方设法猎取各种食物，以保证自身摄入足够的营养。野外环境艰苦，每天吃下何种食物是由周边的自然环境决定的。即便如此，求生者还是应该尽力而为，为自己找到不同的食物食用，以维持身体摄入营养的平衡和身体的健康。如果条件允许，在进入野外生存状态之前，应准备好维生素、鱼肝油、钙片等营养片，以备在食物缺乏的情形下食用。

（3）舒缓情绪

充足的睡眠、平衡而营养丰富的膳食，是保证求生者拥有清醒头脑的重要因素。除此之外，其他的小窍门也可以帮助缓解自身的紧张情绪。例如，随身携带一盒风油精，涂在太阳穴上，不仅驱虫，还能放松身心；睡前轻柔地按摩头部，也可以使求生者的身心愉悦放松。

调整心理

除了保证睡眠、营养以及放松身心等生理调节外，适当的心理调整和心理暗示也会使头脑保持清醒。

要想头脑清醒，一定要时刻保持冷静，不慌张。心理学研究表明，长时间处于慌张或焦虑状态的人，其肾上腺将会自然地分泌出激素，这些激素使人体处于兴奋状态。当兴奋状态时间过长且超出人体可控制的范围时，就会影响大脑的意识，严重者将会在短时间之内，失去思考和判断能力。这时，如果有危险出现，将会出现无法想象的后果。

适当地调整心理以保持头脑冷静，并不是什么难以做到的事情，方法有很多，因人而异。深呼吸、宣泄式的大叫、肢体的伸展等，都可以帮助求生者冷静下来。

学会使用地图

地图以平面图的形式表示各种复杂的地貌。有的地图十分简略，看上去就如一幅画，而有的地图则十分精确。在不同的国家，地图的精确度也不同。当你将跨越多个国家和地区旅行时，你就不可避免地

↑ 务必谨慎地挑选地图，确保该比例尺大小的地图能够提供你所需要的全部信息。

要用到不同国家所绘制的精确度互不相同的地图。好的地图一般都会及时更新。你要确定自己所使用的地图是最新版的。

※ 比例尺

地图比例尺大小的选择取决于你对地图所能显示信息的详细程度的要求。如果你所进行的是一次跨国探险活动，那么一张比例尺为 1 ： 2500000（25 千米 ： 1 厘米）的地图就足够了。但如果你打算进行徒步探险活动，则需要精确度更高的地图，也就是说需要地图上显示更多详细的信息。对于地形条件比较复杂的跨国探险而言，比例

■地图的比例尺及其用途

比例尺	用途
1 ： 15000	定向越野
1 ： 25000	步行
1 ： 50000	步行或爬山
1 ： 100000	骑自行车旅行、开车旅行、划船旅行
1 ： 250000	骑摩托车旅行
1 ： 1000000	国家地图

↑ 当你需要穿越市区的时候，拥有一张城市市区地图之类的大比例尺地图是非常有用的。

↑ 比例尺为 1 ： 25000 的地图意味着地图上 4 厘米的距离代表实际 1 千米的距离，能够提供较多比较详细的信息。

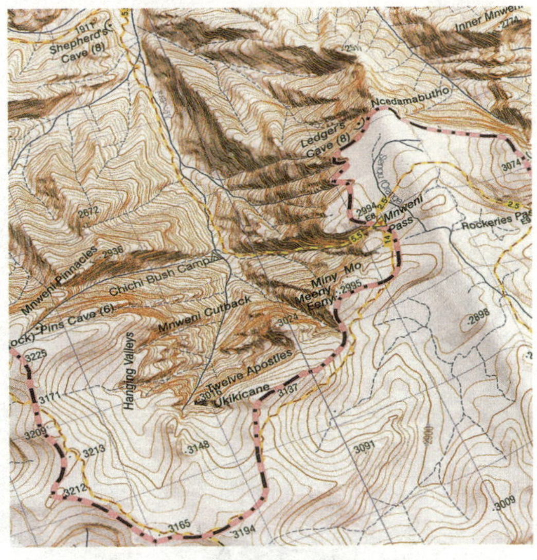

↑ 比例尺为 1 ： 50000 的地图意味着地图上 2 厘米的距离代表实际 1 千米的距离，这比较便于估量实际中的距离。

尺为 1 ∶ 50000 或 1 ∶ 25000 地图是较为合适的。比例尺为 1 ∶ 50000 的地图比较适用于旅程较长的探险活动，因为这种地图一般能够显示较大的地理范围；而比例尺为 1 ∶ 25000 的地图则更适合在恶劣地形环境下使用。然而，在现实情况下，你常常会发现自己所使用的地图的比例尺和精确度并不理想。在这种情况下，你只得再借助于其他的导航方法来确定自己的路线和位置。

※ 标记

每张地图都会用一些符号来标示出自然地貌特征以及某些人造的地理特征。一般来说，大比例尺的地图通常都会详细地标出该地域的水路、公路、铁路以及可住宿的地点等信息，而小比例尺的地图通常是不会包含这些信息的。

无论是自然地貌特征还是人造的地理特征，都会用特定的符号来表示。这些符号通常都会在关键词列表中罗列出来，并注明其代表的含义。不同的国家在地图中所使用的标记符号也各不相同。大多数标记符号都是仿照实物的形态来表示的，当然也并不一定都是如此。因此，如果地图上有关键词列表的话，你还是应该先对照一下该表。地图上标出的物体肯定实际存在，而地面上存在的实物并不一定全都会在地图上标示出来。

↓ 地图所提供的信息能让你在脑海中大致勾勒出实际的地形状况。

※ 地形

有些地图会以不同的颜色来表示不同的海拔高度，使得地图的层次感更为分明。在大比例尺地图上，同一等高线就意味着相同的海拔高度。不同的地形特征就是由等高线来表示的。一般来说，大比例尺地图上等高线的间距在 10 ~ 20 米之间。在做重要的估算之前，要先确定等高线之间的准确间距。读地图的一项关键技能就是通过地图上的等高线看出实际的地形状况。很明显，等高线之间的间距越小，该地的地势就越陡峭。通过估算等高线之间的距离，你可以很快估计出该地的地势陡峭程度，在脑海中呈现出一幅大致是原物比例的图画。

※ 网格系统

在许多大比例尺的地图上，你可以看到许多由数字或字母标示的南北向和东西向的线所组成的网格。不同国家的地图，网格系统的标准也会存在差别。

大多数地图上的一个网格代表 1 平方千米的实际面积，你可以使用地图上所标示的数字来命名某一区域。这样你就可以准确地通知其他人你所在的大致位置了。为了增加精确度，网格坐标可以从 1 千米的间距缩小到 100 米甚至 10 米的间距。这样你就能够更加精确地知道自己的位置所在。如果你认为自己很有可能在旅途中使用到网格基准（事实上，只要使用地图，就不可避免地要涉及到网格基准），你就应该在出发前熟悉网格系统所表示的意义。有的地图可能没有网格线，但通常也会以纬线和经线来代替（纬线和经线同样可以作为一个基准坐标）。

※ 地图的类型

以下所列举的一些地图都是最为常见的旅行地图。地形图一般都是由政府机构制作的，起初只是用于军事上，是精确度最高的一种地图。地形图通常会定期做一些更新或修订，因此买地图的时候，一定要注意核对所购买的地图是否为最新版本。

私人制作的地图要谨慎对待，除非你已经在实地使用过该地图或者你是一个读地图的高手。一些私人制作的地图通常只是标示出了某些信息，其精确度和可靠性远不如正规地形图。私人制作的地图通常并不是按比例尺来绘制的，有的看上去就像一幅图画。因此，私人制作的地图并不适宜作为正式的导航工具来使用。

在有些地方，你可能只能买到一些绘制质量较差的地图。这个时候，你就不得不寻求一些其他的导航方法了。

国家地图（1 ： 1000000）

国家地图所给的信息并不会非常详细，通常只是给出了该国的大致轮廓、国界线、主要城镇、主要的公路和河流等信息。由于国家地图所给出的信息十分少，因此有时候并不能确定地图上所标示的某条公路的真实情况，它既可能是一条六车道的高速公路，也有可能是一条坑坑洼洼的破旧公路。

地区地图（1 ： 250000）

地区地图实际上就好比是公路路线图，因此并不适用于越野导航，仅仅可以在旅行初期规划行程路线的时候作为参考。除了标示出大的人口中心和主要公路之外，有些地区地图会标出一些次人口中心和次要公路。另外一些地区地图还会标示出该地区的主要山区或丛林。

专题地图（1 ： 50000）

专题地图是最适合野外探险使用的地图。专题地图就是画出精确等高线的地形图。这种地图会显示出某地详细的地理特征，如悬崖、露出地面的岩层、植被等，甚至还会标示出森林中的某些小路。

大比例尺地图（1 ： 15000）

大比例尺地图的精确度很高，因此十分适合做野外导航之用。大比例尺地图的纸张比较大，因此查看的时候也比较麻烦。但是这种地图所涵盖的信息确实十分详细，特别是在一些地形条件复杂恶劣的地域，更需要这种大比例尺地图所提供的详细信息。

读地图

数千年以来，人们一直在没有地图的情况下成功地穿梭于世界各地。各种精确的地图仅仅是近代以来才发展起来的（最早只能追溯到200年前）。在各种精确地图的帮助下，导航越来越成为一项精准的技术。当然，如何读懂地图也成了一门学问。为了你自身的安全，你必须学会这一技能。

※ 3种不同的北向

大多数国家和地区的地图顶端都标有

↓ 你可以将自己所处位置的地理特征与地图上的标示相对照，以确定自己的方位。

■磁偏角

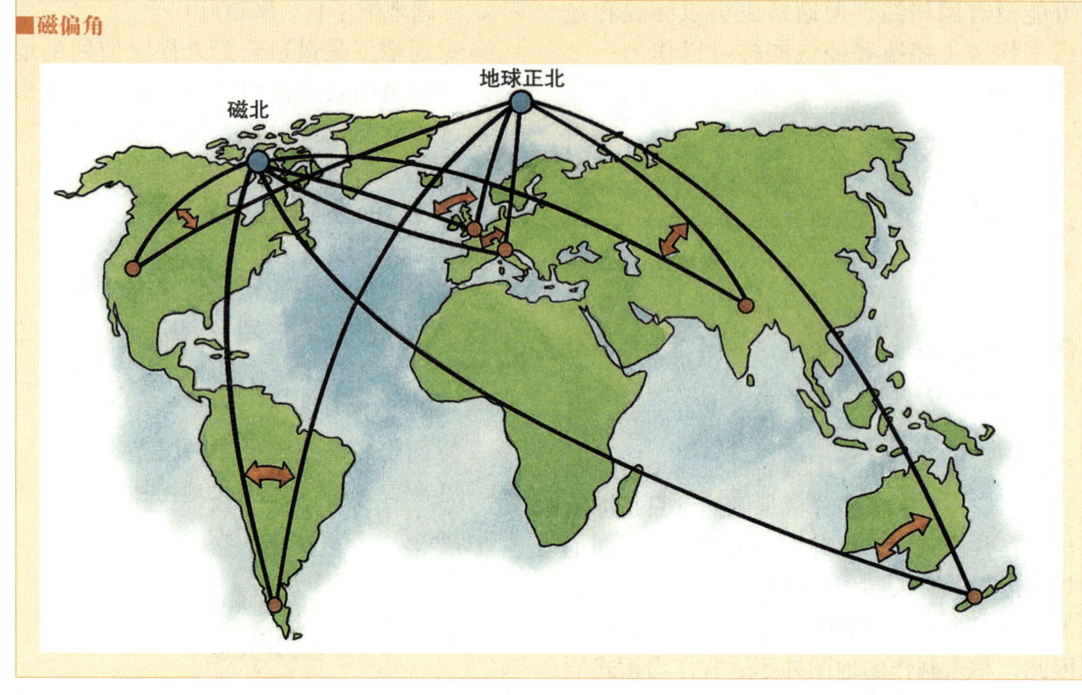

地球正北方向（地理北极的指向）。但是，网格比例尺地图通常使用网格北向。网格北向与地理北向的区别在于：地图是平面的，而地球表面实际是呈弧形的，故而两者所指向的正北方向并不一致。在中低纬度地区，两者之间的区别并不是很大；而在高纬度地区，两者之间的区别就比较大了。第 3 个北向是北磁极。指南针的指针就始终指向北磁极（目前正位于加拿大北部的哈得逊海湾），而非地理北向。质量好的地图一般会将 3 种不同的北向全都标出，即网格北向、地球北向与磁极北向，并且会标出逐年的磁变数值。

※ 学会看地图标记

地图上所使用的各种标记通常都会在关键词列表中注明其意义。同样的标记在不同的地图中会有不一样的意义，因此在确定行进路线之前一定要先弄清楚各个标记的正确意义。你应该熟记自己所使用的地图上的各种标记的含义，以免每次看图的时候都要查看关键词列表。只有熟记各种地图标记，读地图的效率才会高。看懂地图上所标示的等高线的含义是读图的一项最重要的技能。这并非一件很容易的事，需要多次练习才能掌握。

如果你并不善于读地图，那么一定要在出行前多加练习，争取能熟练而又准确地读图。你可以先拿当地的地图来练习，最好是那种标有海拔高度和各种地貌特征的地图。然后选定某一地点作为目的地，按照地图所标示的路线寻找，看自己能否准确地到达目的地所在的位置。

※ 找到自己所在的位置

一个好的导航员能够准确而又迅速地重新部署行进路线。重新部署行进路线实际上就是积极识别周围所处环境的一个系统过程。该过程的第一步就是地图定位，即将自己所处的周围地理特征与地图上的标记相对照（比如说一片树林或一个湖泊），或者使用指南针来定位。无论是用哪种方式，你所使用的地图都必须要标示出正北方向以及地形状况。这样，你就可以

■地形图

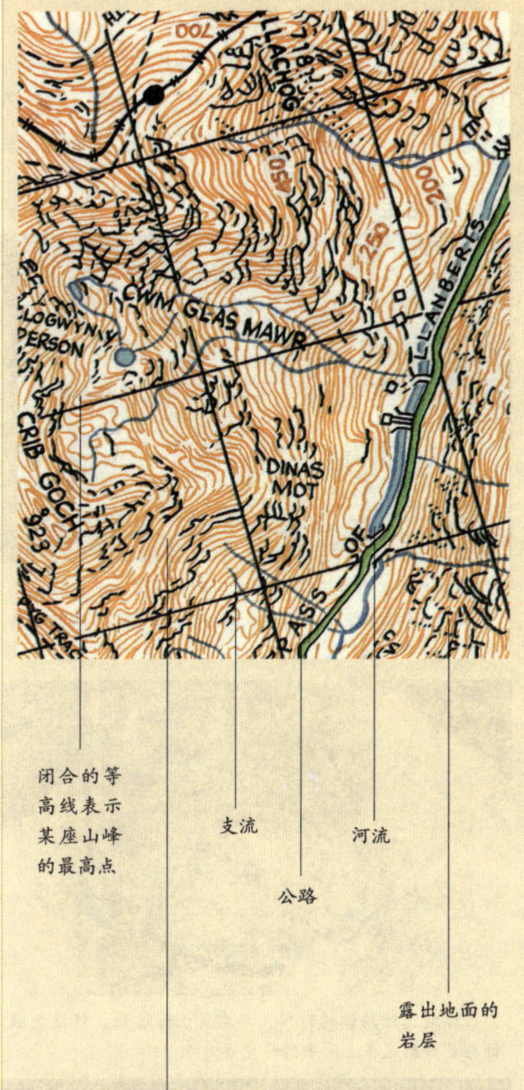

乍一看，某地的地图与实地照片之间的关联并不是很明显。你得仔细辨别照片上所显示的该地的地理特征，然后将其与地图联系起来，才能发现两者之间的一些关联。你得学会找出周围环境所隐含的独特地理特征，并将其与地图相对照。这是读地图的一项基本技能，而且并不难学会。

简单地说，确定自己位置的过程即：先识别地形特征，再将其与地图上的标记相对照，逐次排除不符合的地点。你可以只找一个特征，如先从等高线的疏密程度来判断山坡的陡峭程度。然后再寻找其他特征做进一步的排除。最后，你就可以将照片中所反映的景物锁定到地图的某一点上了。

识别自己所处环境的地理特征，并将其与地图相对照，然后不断排除那些不相符的地点。下面举一个例子来说明这一过程。比如你站在一个面南的陡峭岩石坡上，从山坡上看下去，可以看到一条向东流的S形的小溪。于是，你就可以排除所有不朝南的山坡和不向东流的小溪。这样一来就大大缩小了范围，然后再做进一步的排除：有几条位于面南陡坡下并且流向朝东的小溪是呈S形的。一般来说，通过这样几步排除工作，就能确定自己的所在位置了。如果有两条以上的小溪符合这一特征，那你就得再寻找其他的特征对照，直至找到与你所在位置的地貌完全相符的一点。

学会辨别方向

※ 指南针

人们使用指南针作为导航工具已有数千年的历史了，其间指南针得到不断改进。指南针的指针指向磁北的方向（它随着磁北极的移动而移动，目前的磁北极正位于加拿大北部的哈得逊海湾）。

传统指南针的构造为：一个圆盘内装一个摆动的指针，圆盘四周标有360° 的刻度和基本方位（东、西、南、北）。后来，又有人在其上装上一块棱镜，以便更清晰地看到方位。为了更准确地判断地图上某一地点的所在方位，又有人在指南针上安装了一个量角器。第二次世界大战之后，北欧人发明了一种新型的指南针，称之为量角器指南针，即将指南针、量角器、直尺合而为一，也就是现在最常见的指南针。

量角器指南针是如今最流行的一类指南针，是一种多用途的导航工具，它具有如下功能。

- 地图定位。
- 测量地图上标示的距离。
- 找出你所在位置的网格基准。
- 确定你实际的行进方向。
- 确定自己在地图上的行进方向。

指南针的养护

指南针是一种重要的野外生存工具，且构造较为精细。因此，在旅途中，务必小心保管。你可以把它挂在脖子上或放在

※ 实地定位

1. 将指南针水平放置在手掌上，然后将前进方向线指向自己要去的方向。选择一个远处与你的前进方向相同的物体，并向它走去。

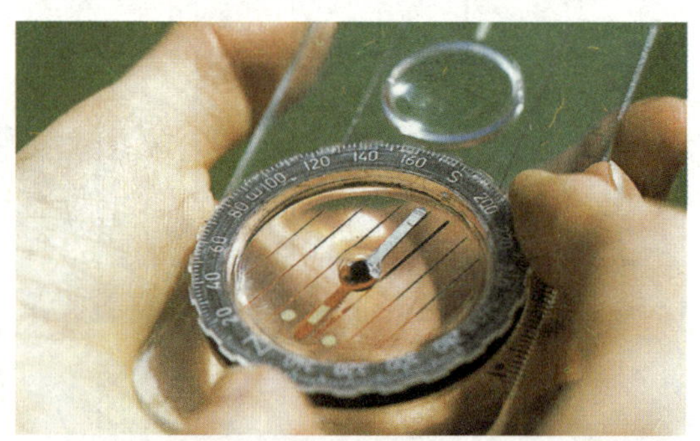

2. 当你到达该物体的时候，再重复上述过程。将红色磁针与量角器底板上的平行经度线对准。

3. 将前进方向线的箭头指向自己要去的方向，然后选择一个与前进方向一致的物体，并朝它走去。如果有需要的话，继续重复这一过程。

■如何携带指南针

⊙所有类型的指南针对撞击和震荡都比较敏感，因此在携带过程中必须小心。最好用一个套子包起来。为了方便拿取，可以把它放在上衣口袋里或腰带里，也可以挂在脖子上。

⊙当你坐飞机的时候，要将指南针存放在手提袋里面，以免高空大气压力影响其准确性。

腰包里，但要注意不要将指南针与有磁性的东西放在一起，否则会影响指南针的精确性。

找到正北方向

将指南针平放在手掌之上，并确保附近没有大的含铁金属物（因为这样有可能形成一个较大的磁场，从而影响指针的精确性）。指南针的红色磁针始终指向磁北的方向。为了找到真正的地球正北方向，你得知道你所在地区的磁偏角的数值（一般地图上都会注明），然后再将该数值应用到量角器中。根据你所在位置的不同，你可能需要加上或减去磁偏角的数值。在使用时必须对照地图来调整磁北和地球正北的偏差角度，才能得到正确的方向或位置。将红色磁针与量角器底板上的平行经度线对准，前进方向的箭头即指向正北。

寻找方位

如果你行进的路线上没有显著的地理特征如小路、小溪或山脊作为判断方向的参照物，那么指南针就是指示方向的唯一可靠工具了。

确定自己打算前往的目的地的方向后，将红色磁针与量角器底板上的平行经度线对准，前进方向线箭头所指向的就是应该行进的方向。

在用上述方法寻找方位时，一定要先以路途中的某一地理特征为标记。也就是说，你必须找出地面上的某一地理特征（比如说一棵树）作为参照物。让这一参照物与你的前进方向一致，并朝它走过去。然后不断重复以上过程，直至最后到达你打算前往的目的地。

■全球定位系统

全球定位系统（GPS）的产生是导航仪器发展史上的一个重要里程碑。GPS作为野外定位的最佳工具，在户外运动中有着广泛的应用，特别适合在偏远地区大范围内进行定位，如划船旅行、骑自行车旅行、骑马旅行以及驾车旅行等。

GPS通过接收卫星信号来测定方位，精确度极高。此外，GPS接收器设备还能接收气象卫星所发出的信号，预测未来的天气状况，因此十分有利于你做行程规划。但是，与其他电子设备一样，GPS接收器也很容易损坏，而且比较耗电。因此，千万不要将GPS作为地图和指南针的替代品。即便有GPS，仍然要带上地图和指南针等传统定位工具。

在能见度差的天气条件下，人们很容易迷路。在这种状况下，要尽量避免在行进途中偏离方向。你可以借助近距离的一些地面特征来判断自己是否身处正确的位置，如露出地面的岩层。如果是团队探险，可以先让几个人始终行进在众人的前面，但要保持在后者的能见范围以内。当能见度极低时，最好采取前面所说到的方法，即把人当做一个地面特征。前面的人可以用喊声来指示方向。这样一来，就不容易偏离正确方向了。

※ 地图与指南针的使用

导航的实质就在于能够确定自己的位置并找到到达另一地点的正确路线。一个好

↑ 在出发前，你需要先在地图上进行定位。如果能见度比较差，可借助于指南针。

↑ 正确使用地图和指南针有助于你规划行程路线、测定距离以及野外定位。

的导航员，在地图和指南针的帮助下，能够在任何状况下自信地寻找到正确的方向和路线。

为了保证导航的精确性，你得知道自己的出发点、旅行地的方向以及已经走过的距离。大多数人通常都是因为弄不清以上这3个要素而迷路的。万一不小心迷了路，你所要做的就是重新确定自己的方位，千万不要到处乱跑，陷入恐慌。所谓确定自己的方位，也就是将周遭环境的地理特征与地图相对照，逐渐确定自己所在位置。

图上定位

图上定位是一项简单而又重要的技能。只要你能够识别自身所处环境的一些地理特征，你就可以比较准确地进行图上定位。如果你不能够识别自身所处环境的一些地理特征，那也没有关系，可以借助指南针进行定位。首先你得知道当地磁偏角的数值。然后，将指南针放在地图上，并让量角器上的平行经度线与地图上的网格线保持平行。接着，转动地图，直至红色磁针与平行经度线重合。这个时候，前进方向线的箭头指向就是朝北的。至此，整个图上定位的过程就完成了。

地图与实地的对照

许多导航员都有过于依赖指南针的毛病，导致他们的导航思路过于狭窄。事实上，人们可以单独利用地图进行导航。这同样能让你找到正确的方向和路线，并且让你对旅途中的地形更了如指掌。如果单独用指南针进行定位，一旦出错了，则根本没有实物进行检验和对照。看懂地图上等高线所表示的含义是一项最重要的导航技能。在旅途中，你应该不断标出等高线的特征，以此来检验行进的方向和路线是否正确。一旦发现自己走错方向了，就要立刻回到原来正确的位置上。然后再从那个正确的位置上重新找到正确的方向。

确定路线

在能见度比较差的情况下（比如说夜晚），或者在缺乏显著地理特征的一望无际的大平原或大沙漠上行走的时候，使用指南针进行定位就是唯一比较可行的定位方法了。

用指南针测量网格地形图上两点之间的距离，将量角器底板置于你的起始点和目的地之间。确保前进方向线的箭头指向正确的方向。将量角器底板紧按于地图之上。接着，将量角器按在地图上旋转，直至底板上的平行经度线与地图上南北向的网格线平行。然后，将指南针从地图上移下来，并读取底板上前进方向线的箭头所指向的刻度。同时，不要忘记将磁偏角数

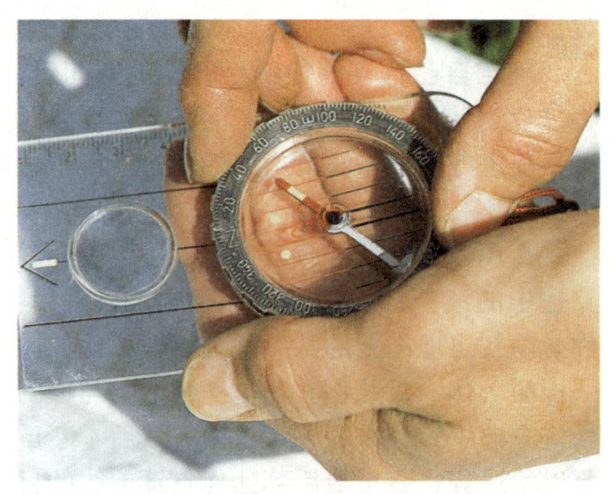

↑ 在使用指南针进行定位的时候，要在网格方向的基础上加上或减去磁偏角的数值，才能得出正确的方向。

※ 使用地图和指南针定位

1. 用指南针的底板将你的起始点和终点连接起来。确保前进方向线的箭头是指向终点的。

2. 转动方位角圆盘，直至平行经度线与地图的网格线平行。此时，指南针底板上的箭头指向网格北向。

3. 在该箭头所指向的刻度值的基础上相应地加上或减去当地的磁偏角数值，所得出的数值就是你应该行进的方向。只要磁针与前进方向箭头是重合的，这一方向就应该是正确的。

■偏差

无论何时使用指南针，都要记住远离磁场，否则会影响指南针的精确度，造成偏差。更为严重的是，指南针长期放在磁场附近还会导致永久性损坏。因此，务必要将带磁性的或含铁的物体放置在远离指南针的地方。

值计算在内。将指南针平放在手掌之上，然后整个人开始旋转，直至红色磁针与量角器所标示的北向重合。这个时候，前进方向线的箭头所指的方向就是你应该行进的方向。

如何将磁北方向调整到地球正北方向

指南针的红色磁针总是指向磁北方向，而地图上所标示的又往往是网格北向。在高纬度地区以外，地球正北与磁北之间的差值被称之为磁偏角。在地球的不同地方，磁偏角的数值不尽相同，或是向东偏，或是向西偏。

无论是指南针定位，还是地图定位，都涉及到将磁北调整到正北的问题。在欧洲，你需要在网格北向的基础上加上磁偏角的数值，所得出的才是真正的地球北向。而在世界其他大多数地区，则是要减去磁偏角的数值。各地的磁偏角数值以及每年的变化数值，一般都会在地图上注明。

无论是进行图上定位或是实地定位，都会应用到磁偏角。有时候，人们会将两种定位方法结合起来使用，以便相互验证定位的正确性。在将图上信息应用到实地的时候，你需要加上磁偏角数值；反之，则减去磁偏角数值。

※ 利用日月星辰导航

现代人由于有许多的导航工具可以使用，以至于经常忽视一些利用自然现象进行定位的方法。毫无疑问，利用地图和指南针进行定位是一种最为有效和准确的方法。但是，万一你手头没有地图或指南针（比如地图遗失了、指南针坏了），又该怎么办呢？

早在数千年以前，我们的祖先就已开始利用观察天体的运动来确定方位了。如果你能通过日月星辰的运动来判断自己的方位，那么即便是在没有导航工具的情况下，你也同样能够找出正确方向。因此，了解一些利用日月星辰来定位的方法是非常有必要的。

建议你出行前，练习以下几种利用自然现象进行定位的方法，然后再用地图和指

↑ 野外探险的时候，即便你不负责导航工作，仍应该尽量注意日出和日落的大致方向。

南针来验证一下你所做出的判断的准确性。这会大大增强你自己的导航信心。对于一个好的导航员来说，无论他拥有多么精密的现代导航仪器，他都会时时刻刻考虑自然所提供的信息。总之，准确地进行野外导航是一项最重要的野外生存技能。

利用太阳进行定位

无论你在地球的哪个角落，太阳每天都是东升西落。因此，你可以通过观察一些与日出和日落相关的明显的地理特征来判定大致的方位。以下所描述的方法仅在晴天的时候比较有效。当然多云天气的时候，也可以凭借天空的明暗程度来判断太阳的位置。

在北半球的正午时分，太阳位于正南；而在南半球的正午时分，太阳则位于正北。如果确实是在正午时分左右，则以上判断应该是比较准确的。

■误读

越接近地球赤道，利用太阳所进行的定位就越不精确。当太阳正好位于头顶的时候，就很难判断它到底位于哪个方向了。

使用手表来找到正北方和正南方

这一定位方法所使用的手表一定要是有（时、分、秒）针的表，并且要设置成当地时间。进行定位的时候，要注意将手表持平。如果你是在北半球，请将时针指向太阳，并想象有一条线把时针与12点的夹角平分，这条角平分线所指的方向即为正南方。如果你是在南半球，请将12点的位置指向太阳，并想象有一条线把时针与12点的夹角平分，这条角平分线所指的方向即为正北方。

用树枝阴影法来找到正东方和正西方

树枝阴影法是一种很有用的定位方法。只要有阳光，无论是在哪个时段，也

■季节性变化

众所周知，太阳每日东升西落。事实上，日出和日落的方位并非总是在正东和正西，而是随着季节的变化有所偏移。因此在利用太阳进行定位的时候，要考虑到这一因素。

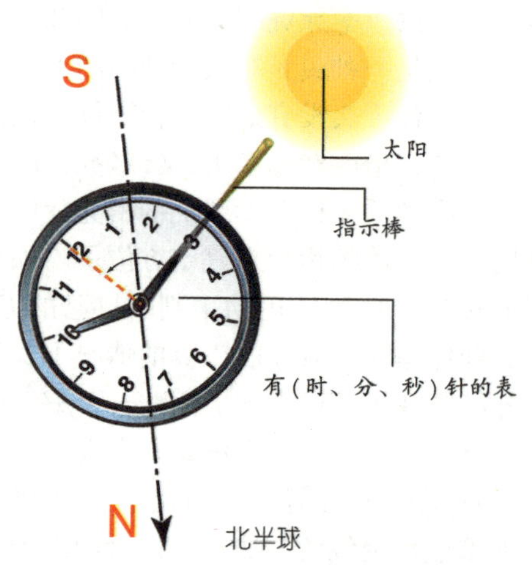

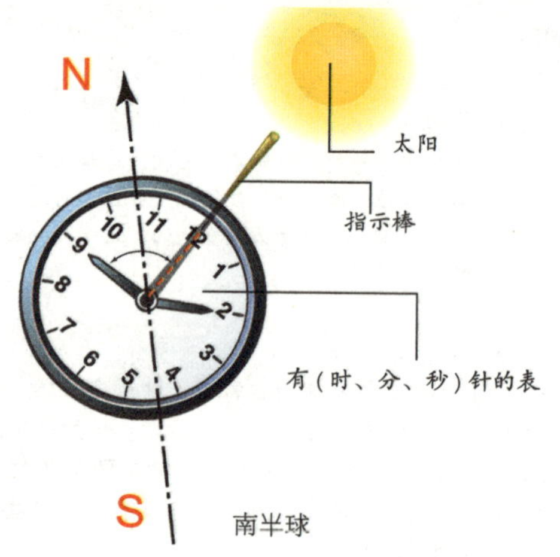

※ 树枝阴影法

1. 选择一根长度 90 ~ 120 厘米的笔直的树枝，并将其插在有阳光的空地之上。在树枝投影在地上的影子顶端放上一块石头。

2. 等待 15 ~ 20 分钟的时间。15 ~ 20 分钟之后，你会发现树枝的影子转移了。在树枝此时的影子顶端也放上一块石头。

3. 用一根树枝将两块石头连接起来。这根树枝是东西走向的，其中第一个投影点表示西，第二个投影点表示东。

无论纬度高低，都可以使用这一方法来寻找方位。

选择一根长度 90 ~ 120 厘米的笔直的树枝，并将其插在四周无阴影的空地上。在树枝投影在地上影子顶端放上一块石头。然后等待 15 ~ 20 分钟的时间。15 ~ 20 分钟之后，你会发现树枝的影子转移了。请在树枝此时的影子顶端也放上一块石头。然后再用一根树枝将两块石头连接起来。这根树枝是东西走向的，其中第一个阴影点表示西，第二个阴影点表示东。

■影子的含义

影子移动的方向能够指示你所在的半球：顺时针移动，表明是在北半球；逆时针移动，则表明是在南半球。通过观察影子，人们还可以确定方位和时间。

如果你从早晨开始，将在某个地点驻扎一整天，你可以使用一种更为精确的树枝阴影法来定位。如前所述，先选择一根长度 90 ~ 120 厘米的笔直的树枝，将其插在有阳光的空地之上，并在早晨的树枝影子顶端处做上标记。然后以树枝为圆心以投影在地上的阴影长度为半径划一个圆弧。随着不断临近正午，树枝的影子会不断地缩短。正午过后，树枝的影子又开始重新变长。当树枝影子的顶端与你早晨所划的圆弧重合时，在这一重合点上做上标记。将这一标记与你早上所做的标记连接起来的一条线便是东西走向的，其中早上的标记是偏西向的。

利用月亮来定位

与太阳不同，月亮的形状是会变化的，而且其亮度远不如太阳。因此，利用月亮进行定位并不是很方便。特别是在云层很厚的夜晚，天空中根本看不到月亮。

↓没有被云层遮掩的月亮能帮助你辨别东西南北。

月亮本身并不会发光，我们所看到的月光是月亮反射太阳光所致。月亮绕着地球运动，受到地球的阻挡，其太阳反射面随之变化。因此，我们所看到的月亮有一个从娥眉月到满月的过程。当月亮运行到太阳与地球之间的时候，月亮以它黑暗的一面对着地球，并且与太阳同升同落，人们无法看到它。月亮环绕地球一周的周期是 29.5 天。

如果月亮是在太阳还未完全落下的时候升起的，表明它的“脸”是朝西的，即西半边亮。如果月亮是在后半夜升起的，则它的“脸”是朝东的，即东半边亮。同太阳一样，月亮也是东升西落的，无论是北半球还是南半球，都是如此。

利用月相来辨别方向

晴朗的夜晚，可利用月亮判定大致方向。农历初一新月时，月亮和太阳在同一方向，它与太阳一起升落，这时看不到月亮。初七八上弦月时，月亮在太阳东面 90°，比太阳约晚 6 小时升起来，也晚约 6 小时落入地平线，即正午太阳在正南方时，月亮刚从东方地平线升起；太阳在西方地平线上时，月亮在正南方；半夜前后，月亮在西方地平线上。十五六（有时十七）望月时，月亮和太阳相距 180°，太阳落时，月亮正从东方升起；第二天太阳升起时，月亮正从西方落下。二十二三下弦月时，月亮在太阳西面 90°，它比太阳约早 6 小时升起来，也约早 6 小时落下去。即太阳从东方升起时，月亮在正南方；正午太阳位于正南方时，月亮正从西方落下。这样，

■导航星

北极星 它位于北极上空，是一颗指示北方的重要星星。北极星相对于观察者来说是固定不动的，其他所有的星星都围绕其转动。

北斗七星 它是大熊星座的一部分。

猎户座 它位于赤道上空，故而在南北半球均能看到。

银河 它仿佛是天空中一条晶莹的“带子”，是由无数大大小小的恒星系和星云组成的天体系统，而其中间部分则被形象地称为“煤袋星云”。

↑ 上图所示的是如何利用娥眉月来辨别南北的方法。将面朝左的娥眉月的两个端点连起来，划一条虚线。在北半球，该虚线与地平线的相交点即指正南；在南半球，该虚线与地平线的相交点即指正北。而面朝右的娥眉月，则正好与之相反，即：在北半球，该虚线与地平线的相交点即指正北；在南半球，该虚线与地平线的相交点即指正南。

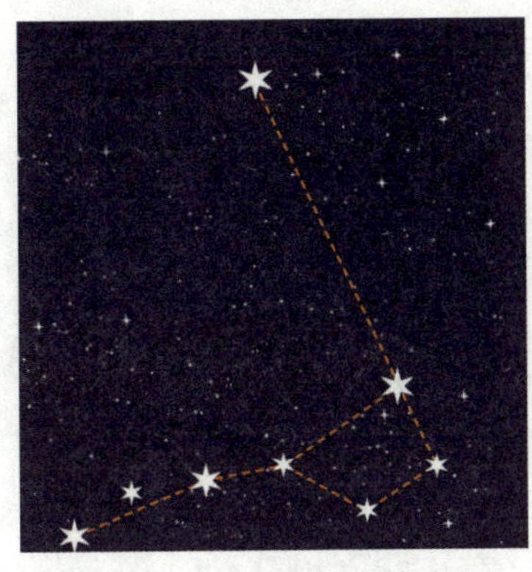
↑ 北极星位于北极上空，通常根据呈“勺子”状的北斗七星来寻找北极星。

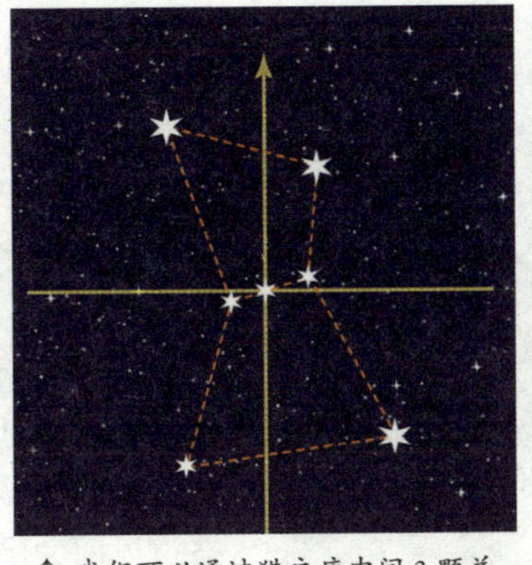
↑ 我们可以通过猎户座中间3颗并排的小星作一假想的横线即为天球赤道，该线即为东西方向线。

↑ 在南半球，人们通常利用南十字星座来定方位。

就可根据不同的月相判定大致方向。

利用星座来定位

由于天空中的星座成千上万，而且星象也变化多端，因此利用星座来定位是最复杂的一种天体导航方法。此外，相同的星座和单体星在南北半球所呈现的星象是不同的，这也增加了利用星座来定位的难度。尽管如此，人们利用星座来导航已有数千年的历史了。

由于地球是不断移动的，因此同样的星座很可能呈现出不同的星象。与太阳一样，星座也遵循着东升西落的规律。

在北半球

在北半球，北极星无疑是最重要的一颗指示方向的星星了。在星空背景上，北极星距离北极不足1°，故在夜间找到了北极星就基本上找到了正北方。北极星属小熊星座，是其中最亮的一颗。由于小熊星座的众星中除北极星外都较暗，所以，通常根据北斗七星来寻找北极星。北斗七星是大熊星座的主体，其形状像一只勺子。从斗口边两星（指极星）的连线向斗口外延长5倍左右，便可找到北极星。北极星附近相当大的一片区域里，没有比它更亮的星了，所以，用这种方法是极易找到它的。

在黑夜的天幕上，我们还可以利用猎户星座来定方位。猎户座的四周由4颗明亮的星组成一个大四边形，四边形的中央是3颗并排的小星。我们可以通过小星作一假想的横线即为天球赤道，该线即为东西方向线。

在南半球

在南半球，北斗七星有时会没入地平线以下，或者由于它离地平线近而被树木、村庄、山峰等遮挡。由于看不到北极星，可以利用南十字星座来定方位。南十字星座由4颗亮星组成，如将对角的两星相连，即成“十”字形。其中最亮的两颗星连线的延长线即指向南方。如需更精确一些，可利用南十字星座旁边的半人马星座，将其中两颗亮

做好方向标记

当夜晚利用月亮或星星来辨别方向的时候，不要忘记日出之时，月亮和星星都将消失。因此，当晚上辨别好方向后，一定在相应的位置做上标记，以便第二天清晨辨认。

↑ 生长于旷野的树木有助于你判定风向，但是观察云的走向才是判定风向的最准确方法。

星作一假想连线，在连线中间作一垂直线与南十字星座的指南线相交，交点离真正的南极只偏差1°。

※ 利用其他自然特征导航

大自然能够提供许多信息，来帮助我们辨别方向。这些信息源于静止的物体、动物和植物。当然，自然特征仅能帮助我们确定大致的方位。但是，在缺乏导航工具的情况下，如果你具备通过观察一些自然特征来判定方位的技能，你将会感到十分庆幸。将几种自然特征结合起来做出定位判断是比较理想的，那要比仅凭一种自然特征做出判断可靠得多。

风

世界上大多数地区，都有着规律的盛行风向。有些地区终年盛行同一方向的风；而有的地方则是某一季节盛行某一方向的风，盛行风向会随着季节的改变而改变。如果你能事先了解某一地区的盛行风向，则可以利用风向来定位。但要注意地形对风向的影响。比如，深谷和陡峭的山脊都会完全改变风向。判断风向的唯一可靠方法是观察天空中云的移动方向。

生长在空旷处的树木和灌木丛由于长期受到某一方向的风的吹袭，常常会朝一边倾斜。生长在热带地区的棕榈树则正相反，有逆风生长的倾向。尽管棕榈树与常规相反，但也能指示风向。

沙子和积雪也会留下风的痕迹。因为沙子和积雪长期在风的吹袭下不断向某一方向漂移，以致会逐渐形成一个个沙丘或雪垄。

↑ 千万不要轻易判断峡谷中的风向，因为在那里地形状况对风的走向有严重影响。

↑ 树木底部的降雪量可以显示风向，因此你可以利用这一现象来导航。

↑ 在北半球，苔藓生长在树的北边一侧；在南半球，苔藓生长在树的南边一侧。

一般来说，沙丘和雪垄的迎风面，坡度较缓；沙丘和雪垄的背风面，坡度则较陡。

植物

植物的生长需要阳光和水分，因此我们可以通过分析植物的生长地点和生长方式来辨别方向。由于阳光与水的相互影响，你得根据当地的气候状况判断出两者之中何者对植物的生长起主导作用。苔藓通常生长在背阴且潮湿的树皮和岩石上。在寒冷地区，高大的植物通常都生长在朝阳的地方，阳光照射到的一面通常也会长得比较茂盛。在依据植物的长势来判断方位的时候，你还得考虑到所在的半球。有一些植物，比如说生长在南非的北极树，有向北边生长的倾向。还有一些花是向阳的，会随着太阳的移动而转向。

注意 利用某些自然特征是一种有效的导航方法。但是，利用自然特征所辨别的方向只是大致上的，并非十分精确。因此，你应该利用多种自然特征，以使得出的结果尽量精确。特别是在做一些重要决定的时候，务必要慎重。

多雪地带

在多雪地带，积雪厚的地方通常朝北，而积雪薄的地方则朝南。此外，背风地带的积雪通常比较厚，而迎风地带的积雪则相对薄一些。在了解这一地区盛行风向的基础上，再结合以上常识，你就可以相应地做出大致的方位判断了。

动物足迹

在干燥的地区，如果你看到动物的足迹都是朝着同一个方向的，则表明这一方向很有可能是通往水源地的。鸟类如果总是朝着同一方向飞，也有可能表明正飞向某个水源地，当然路途可能很远。在植被茂盛地区，动物的足迹通常会将你带往一个空旷的地方。这样，你就能获得更好的能见度来规划你下一步的路线。

蚁穴

在澳大利亚，蚂蚁和白蚁所筑的巢穴是呈“土墩”或“薄形刀片状”结构的，而且其巢穴总是南北走向。这样一来，冬天的时候，其巢穴无论是在上午还是下午，都能使太阳照射到；而夏天的时候，该构造则能避免太阳的照射。

↓ 野生动物也能够提供有助于辨别方向的重要信息。地面上的动物足迹往往能够将你带往某个水源地。

照顾好自己和他人

尽管你应该学会在没有野外生存工具包的情况下行事，但还是强烈建议你随身携带一个小的野外生存工具包。在其中放一些最基本的工具，这些工具将使某些任务更容易完成，或者让你事半功倍。

※ 基本的野外生存工具

刀具是在危急情况下最常用的工具。下面列出的这些东西不太占地方，但会为你提供很大的帮助：

- 小刀
- 防水火柴
- 蜡烛
- 鱼线
- 各种型号的鱼钩
- 两个小的鱼饵
- 用来做陷阱的铁丝
- 净水药片
- 哨子
- 绳索
- 曲别针 / 缝衣针
- 医用胶带
- 橡皮膏（创可贴）
- 牙线（坚韧的丝线）
- 指南针
- 镊子
- 扑热息痛（镇痛药）

将这些东西全部放入一个小的容器中（这个容器在紧急的情况下还可以当小壶来烧水），将其密封并保持干燥。每次出发前确保将野外生存工具包放进自己的背包或者衣服口袋里。

※ 预防为主

常识告诉我们应付疾病或者伤害的最佳途径就是预防。比如，你并不希望由于不小心被刀子划伤，尤其是在有危险的情况下，因为此时如果再出现其他的问题只会让危险局面恶化。

↓ 准备野外生存工具包时，一定要确保工具的体积足够小，以便能完全装入一个小容器里。这个小容器就是你的工具包，要能放进衣袋里。带上那些你可能在野外难以找到替代品的工具，如锋利的刀子、防水火柴、蜡烛、哨子、曲别针、缝衣针、坚韧的丝线、鱼钩、一些铁丝和指南针等。

↑ 避免造成自我伤害，如不要一次抱太多东西或者在不看路的情况下行走。

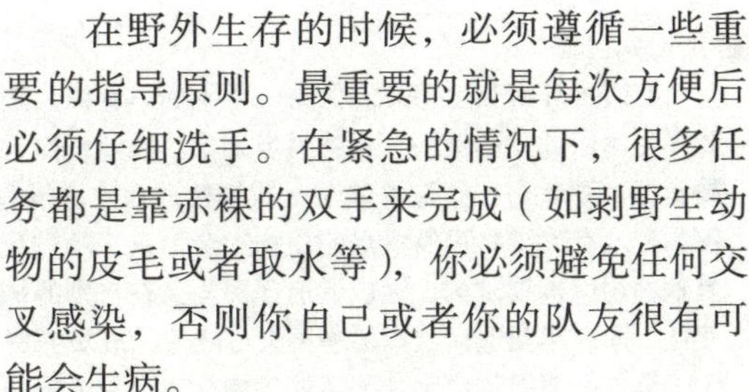

在野外生存的时候，必须遵循一些重要的指导原则。最重要的就是每次方便后必须仔细洗手。在紧急的情况下，很多任务都是靠赤裸的双手来完成（如剥野生动物的皮毛或者取水等），你必须避免任何交叉感染，否则你自己或者你的队友很有可能会生病。

正确使用和保存锋利的工具，确保它们不会让你受到意外伤害。在使用诸如刀子或者斧子的时候，还要注意溅起的石头或金属碎片。

在收集木头的时候，绝对不要试图用膝盖折断树枝或者跳起来踩断它们。你很容易低估了它们的韧性，而让自己受伤。通常的做法是借助锋利的工具，或者将其放入火中烧，直到达到你需要的长度。要学会借力，你的力气很有可能在别的地方还用得着。

↑ 削木头的时候，动作要稳要慢，而且刀刃一定要向外。

↑ 切忌将刀刃朝着手或者身体。

↑ 绝对不要试图用膝盖折断树枝，它通常比看上去更结实，你的膝盖很可能会受伤。

↑ 跳起来踩断木头很容易让脚踝受伤。如果不能用刀砍，可以将它放入火中烧到你需要的长度。

■爱护大自然

在爱护环境和生存之间保持一种平衡。例如，如果没有生命危险，你完全可以利用枯木来搭建木屋。但是如果生命因此受到威胁，那就另当别论。比如，如果当地没有足够的现成材料来搭建住的地方，而你又迫切需要宿营，那就毫不犹豫地砍下一些树枝。在生命没有受到威胁的情况下，我们有必要照顾好赖以生存的环境。例如，没有必要将可供食用的植物完全消灭干净。我们应该像园丁一样亲近自然。如果为了搭建住的地方或者其他的用途需要砍树，你应该选择那些正在与别的树进行“激烈竞争”的树木，这样的话你的行为将会让树木受益。同时尽量选择砍掉那些不大可能茁壮成长的树木。这种“关爱”的态度将改善你所处的地方的环境。

第二个重要的原则就是不要采摘宿营地附近的植物果实或猎杀宿营地附近的动物。至少在离开宿营地 100 米的距离之后再寻找你需要的东西。这样的话，你不仅保持了居住地的完整性，而且还创建了一个可用于紧急情况下的潜在的食物储备。一旦生病，你就能够在驻地附近找到可食用的东西。每次进出驻地，尽量不要走相同的路线，避免过度踩踏某片区域。

如果为了生存，你不得不猎杀动物用，那么请充分利用动物身上的所有东西，肉供食用、骨头可做工具、皮毛当衣服，绝不要浪费任何东西。

在徒步行进的时候，每跨出一步都要千万小心，尽量不要去冒险。对于不熟悉的地形，最好的办法是绕道而行而不是穿越。始终把安全放在第一位，尤其是当你受伤或者生病的时候，又或者身边没有别人能够给你提供医疗帮助的情况下。

大自然中的危险

无论何时，在野外注意危险的动物是非常重要的。避免自然危害最基本的原则就是随时保持警惕。

※ 远离危险的野生动物

你需要让那些存在潜在危险的动物知道你的存在，但是不要惊扰它们，通过哨子等让它们知道你在那个地方。只要你不威胁到它们或者它们的幼崽，它们就不会主动攻击你。只有当出现食物争夺的时候，它们才可能将你看成竞争对手。

当你进入到熊的势力范围，你就威胁到了它作为食物链顶端的地位。它们具备敏锐的嗅觉，因此最有效的防范措施就是在远离营地的地方藏好食物及废弃物。将食物存放在距离宿营地至少 300 米远的地方，并且装在袋子里高高地吊好。将所有用过的卫生纸和女性卫生用品进行焚烧。将所有废弃物深埋在至少 15 ~ 20 厘米的地下。

※ 虱类及其他昆虫

昆虫的危害性很大。在热带地区，蚊子是传播疾病的主要途径。即使是在温带地区，也有大量的昆虫能够传播病毒。在温带地区，最常见（也是最容易被忽视的）就是虱类的危害。它们能传播各种不同的疾病，其中莱姆病是最值得注意的。在绝大多数地区，这种风险还是比较低的，但是在美国有将近 1/3 的虱类携带有这种病菌。

一旦虱类落在身上，它就会叮入皮肤

■从流沙中逃生

在热带地区，徒步行进的时候一定要带一根粗棍子或棒子，一旦陷入流沙（松散的沙子和水混合成的沙层），立即躺倒在棍子上，然后“放松”。把身体重心放到棍子上，你就会顺着沙子流动，因为棍子的密度要比沙子小。千万不要挣扎，那样的话只会陷得更深。流沙一般只有几十厘米深，所以尽量将身体舒展，用背部移动寻找硬实的地面就可以顺利逃生。

↑ 善于伪装的鳄鱼常常埋伏在水面，伺机将受害者拖进水中淹死。

吸血。大约12个小时之后，它将放出它的倒钩注入唾液破坏伤口附近的组织，就是这种唾液里可能会含有细菌或者病毒。

如果你感染了莱姆病毒，你可能会发现身上出现像牛眼睛一样的皮疹（也可能没有），这种皮疹通常不发痒。你还可能会出现像患流感一样的症状，如头痛、发热、脖子僵硬和咽喉肿痛等。如果这种感染扩大，变得严重，它会影响心脏、神经系统和关节。如果得不到及时处理，它还可能影响到你的短期记忆，并最终致命。处理办法就是使用抗生素，目前还没有针对此病毒的疫苗。

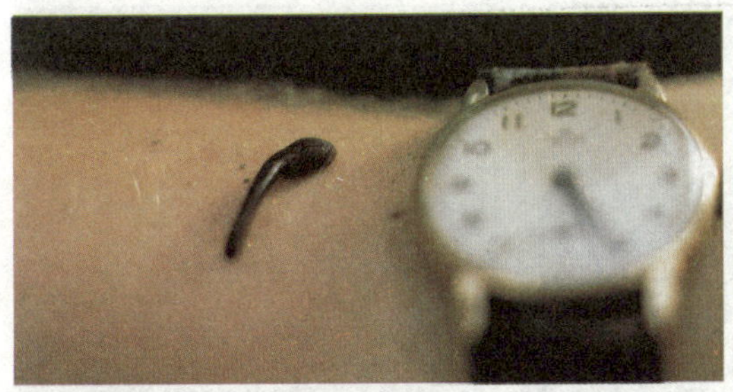
↑ 用火焰或者盐赶走水蛭。一定要将水蛭完整地除掉，并用抗菌剂彻底清洁伤口。

发现身上有虱类的时候立即除掉，不要等它自己跑掉。在虫子多的地方，每过1～2个小时检查一下身上是否有虱类。不要用香烟熏它，这样只会促使它释放更多的毒液。相反地，应该用镊子夹住，直接将它从皮肤中拔出来。

■碰到熊该怎么办

如果碰到熊，应该保持冷静和安静，迅速卧倒，脸朝下趴在地上，用双手抱紧颈部，保护好脖子以及腹部，就像在一些生存案例中讲解的那样装死。爬树并不是一个很好的选择。灰熊后腿站立起来之后高达2米，而且还能爬树。不到万不得已的时候，千万不要与熊正面交锋。

自然药物

在野外如果你没有急救药品，不要恐慌：这并不意味着你不能对自己或者他人采取急救措施。有一些常见的疾病可以利用你身边能够找到的某些野生植物来进行处理。

※ 小伤口

到目前为止，应用最为广泛的草药就是车前草。很多人将车前草叶子捣碎来治疗蚊虫叮咬引起的炎症。以前，人们曾把车前草叶嚼碎成糊状，用来处理小伤口。车前草茶治疗咳嗽也有效果，其做法是将晒干的车前草叶10毫升放入1杯开水中，待10分钟后内服。

※ 感冒发热

在温带地区，接骨木是一种常见的灌木。接骨木是制作接骨木酒的原料，这种酒能预防冬季感冒。接骨木花（无论是新鲜的还是晾干的）可以像车前草叶一样用来内服，能够退热和缓解感冒症状。接骨木叶还能够驱赶苍蝇和蚊子，把叶子泡水涂抹在皮肤上也能达到这个目的。

※ 腹泻

橡树皮可以被用来缓解慢性腹泻和痢疾。你需要在春天的时候收集橡树嫩枝的树皮，然后晒干保存。为治疗腹泻，可将

↑ 苔藓能够用来包扎伤口，并可控制出血。像泥炭藓这类的苔藓还具有杀菌的功效。

↑ 车前草叶可被嚼碎成糊状，敷在伤口上以加快愈合过程。它还能缓解昆虫叮咬造成的不适。

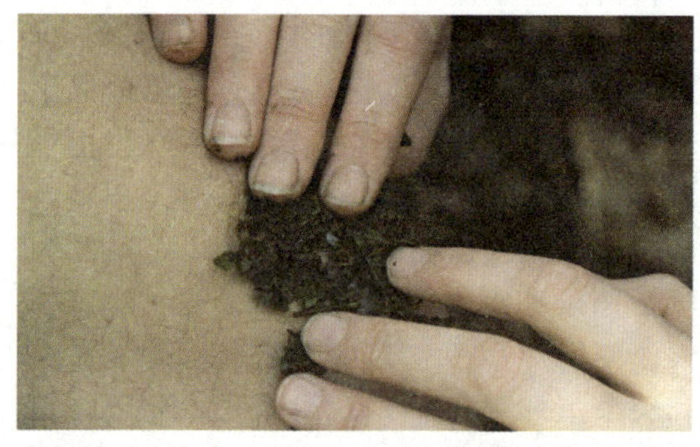

↑ 伤口需要及时进行处理；如果流血，需要施加直接的压力来止血。

※ 制作治疗咳嗽的自然药物

1. 干车前草叶能够用来泡制治疗咳嗽的茶水。将一把干车前草叶放入碗中。

2. 烧一些开水，倒入装干车前草叶的碗中，让叶子浸泡约10分钟。

3. 从碗中捞出车前草叶，一碗天然的治疗咳嗽的汤药就准备好了。

※ 制作治疗腹泻的自然药物

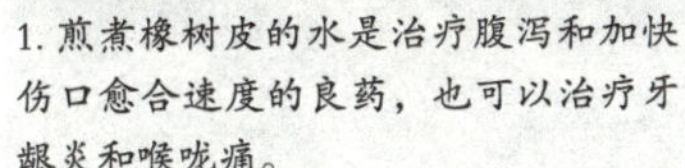

1. 煎煮橡树皮的水是治疗腹泻和加快伤口愈合速度的良药，也可以治疗牙龈炎和喉咙痛。

2. 将橡树皮捣烂，放入碗中，放水置于火上烧开。

3. 让水保持沸腾 3 ~ 5 分钟，从火上移开，待凉后当茶饮用。

10 毫升干橡树皮放入 0.5 升水中，煎煮 3 ~ 5 分钟，待冷却后内服。这种汤药具有杀菌和收敛的功效，也能被用做外敷药物处理愈合缓慢的伤口，或者被用做漱口水，治疗牙龈炎或者咽喉痛。

卫生的重要性

无论在何种情况下，个人卫生都是非常重要的，尤其要预防交叉感染。人们在对卫生的认识上存在一个普遍的误区，认为处于原始部落中的人都比我们脏，但事实上，在一些现今存在的原始部落中，卫生也像在现代社会一样重要。

在那些原始部落中，有很多东西可以替代肥皂、洗发水、牙刷和牙膏，这一点值得我们在野外生存中借鉴。要制作这些东西，需要做一些适当的准备。如果打算做较长期的野外生存，花一定时间和付出一定努力来创造卫生条件是非常值得的。

※ 卫生纸

有关卫生的问题，出现得最多的可能就是"用什么东西来替代卫生纸"。大自然中有很多东西可以发挥卫生纸的用途。事实上，只要需要，你身边的任何东西都可以利用。其中一个很好的办法就是混合使用干的和湿的苔藓。首先用湿苔藓擦干净，再用干苔藓进行除湿。

如果当时没有大量的苔藓，或者情况紧急，你也可以选择大树叶。与使用苔藓一样，先用新鲜树叶，再用干树叶。但是必须确保你使用的树叶无毒，并且不会刺激皮肤。有的人喜欢用树皮的内层，但是取树皮要费一番工夫。

※ 粪便处理

无论你采取什么方式处理粪便，请遵循如下原则：

- 为了避免污染，确保你挖掘的简易厕

↑ 在野外，必须保证充足的饮水。食物固然重要，但在较长的时间里水比食物更重要。

↑ 这个地方远离生活区，是理想的野外方便之处。

↑ 确保你挖的粪坑足够深，不至于让动物发现粪便的痕迹。

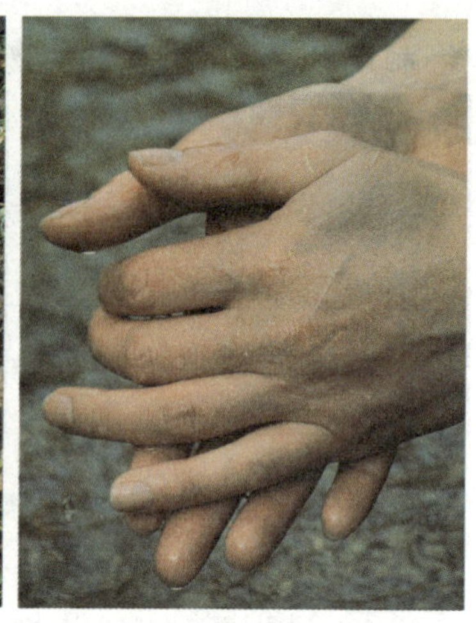
↑ 经常洗手，预防有害病菌侵入身体。

所距离水源至少 25 米。

• 粪坑深度至少在 45 厘米以上。

• 方便之后立即用土盖住粪便，如果盖土之后仍有臭味散发出来，必须重新掩埋。

• 用纸之后一定要焚烧。纸在分解之前能够保留很长时间，将严重破坏环境。

• 确保放在衣袋里的东西不会意外滑落。刀子掉进粪坑里是一件非常不愉快的事情。

• 每次方便之后都要彻底清洁手部和腕部。

※ 尿布和卫生巾

绝大多数土著居民利用干燥的苔藓制作卫生巾，另外一些非常柔软和经过鞣制处理的动物皮革也常被用做卫生巾和婴儿尿布。也有部分土著居民用布包上具有吸水性的苔藓等野生植物制作卫生巾。经期妇女的卫生问题非常重要，否则她们往往会受到熊的攻击。

※ 挖掘粪坑

1. 如果只在某个地方待上很短的时间，在距离干净水源 25 米开外的地方挖一个至少 45 厘米深的粪坑。

2. 可以在粪坑上放置一两根原木，这样方便起来更舒适。还可以收集一些苔藓或者树叶，这样“卫生纸”也准备好了。

3. 每次方便之后，在粪便上撒一层土壤保证臭味不向外扩散。取一些炭灰撒在粪便上也能很好地掩盖臭味。

※ 制作天然的卫生巾

1. 先收集大量干燥和松软的苔藓准备制作卫生巾。

2. 将苔藓置于干净的布片或者柔软的动物皮上，将边缘折叠。

3. 这样就做成了一个用途广泛、吸水性能良好的卫生巾。其中的布片或者动物皮可以洗净之后再利用。

制做肥皂和洗漱用品

出门远行或者野外生存最容易忘掉的就是肥皂。其实在野外制做肥皂非常容易，而且对于保持卫生非常重要，尤其是在生死攸关的情形下。

即使带了生物可降解的肥皂或者洗发水，你也必须意识到它们的降解需要土壤，因此为了避免污染，应该在距离水源 25 米以外的地方挖一个坑将洗漱用水全部倒进去。

制作肥皂所需的原料如下：

• 木炭灰（含碱）

• 水

• 油或者脂肪（动物脂肪、植物脂肪均可）

• 松脂或者松针（这些东西并不是必需的，只是为了让肥皂具备杀菌功能和好闻的味道）

你还需要某种过滤的装置，如用一块布料将灰烬从水中过滤出来。最好用棍子对炭灰和水进行搅拌，因为炭灰的碱性很强，不要用手搅拌，以免灼伤皮肤。

当水被蒸发掉之后，剩下的混合物就是一种很好的肥皂了。你还可以通过改变其中炭灰、油和松脂的比例来调节其功能的强弱。

↑ 在野外，不要在溪流、湖泊和江河中使用肥皂、洗发水等。尽管它们的生产商可能都标注其为环保产品，实际上与生产商所宣称的刚好相反，这些产品不会完全降解，即使是一小块肥皂也可能破坏整个环境。

※ 丝兰肥皂

另外一个制作肥皂的常用方法就是捣烂丝兰根。捣烂丝兰根的时候会有一种泡沫状的东西溢出，这种东西富含皂角苷。用这种泡沫可以制作肥皂和洗发水。

※ 牙膏

如果能够发现山茱萸或者桦树，可以嚼一段它们的嫩枝，然后将剩下的纤维作为牙刷，将放有炭灰的水作为牙膏。但是刷牙之后必须用清水彻底漱口，避免刺激口腔。

可以在水中加入捣碎的松针，然后过滤用做漱口水。这种漱口水有一股好闻的

※ 制作简单的肥皂

1. 等待火堆燃尽冷却，从中收集部分炭灰。

2. 将块状的炭用石块捣细成粉末状。

3. 将炭灰与水混合，充分搅拌，滤出炭灰，留水备用。

4. 加热油或者脂肪，然后将过滤之后的水倒入。再将混合物重新烧开。

5. 捣碎一定数量的松针，并将其加入到混合物中。继续加热，直到蒸发掉所有水分。

6. 将混合物从火上移开，冷却。这样就制做出很好的具有一定抗菌功效的肥皂了。

※ 制作抗菌型漱口水

1. 收集一定数量的新鲜松针，放入碗中。

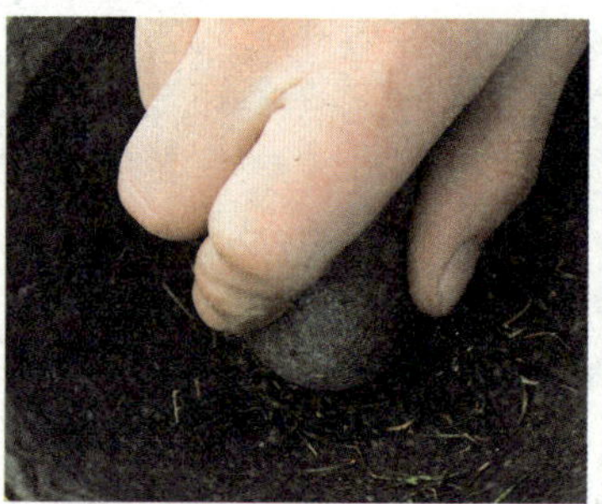

2. 用干净的石头捣碎松针。

3. 加入开水浸泡约 5 分钟，过滤。

味道并具有一定的杀菌功效。

※ 指甲和头发护理

卫生当然也包括修指甲和剪头发。保持指甲较短的一个简单有效的途径就是在光滑的石头上磨。磨指甲的石头应该具有金刚砂的质地。磨指甲可能是一个比较费时间的事情，但是总比指甲太长不小心被折断要好。至于头发，如果没有黑燧石之类锋利的石头可以用，就最好让它继续生长。

如果你找到了像黑燧石这样锋利的东西，最好不要用它们刮胡子。即使刮，也一定要保持高度警惕，因为它远比金属刀片锋利，而且还不规则，更没有现代剃须刀那样的保护措施。与其不小心伤到自己，还不如不刮胡子。

第 6 章 野外生存日常活动

世界上存在着一些原生态地区，它们有极端的气候环境和艰险的地形，水源匮乏，甚至人烟稀少，对于旅行者来说能去这些地方可谓是一种挑战。在这些地方，时间以一种不同于常态的速度流逝着。你必须放慢脚步，采用徒步、骑牲畜、骑自行车或划船等方式，来慢慢体味这些奇迹。

每日旅行计划

出行前，你要计划好整个旅行的行程路线。除非你打算在野外扎营，否则你还应该计划好将在沿途的哪些地点找旅馆投宿。然而，无论你的行前计划多么严密，旅途中还是极有可能发生一些意外事件的，特别是天气的突变。遇上这种情况，你就必须依据每天的具体情况来调整或重新安排当日的行程计划。

※ 路程

行程路线的规划要以尽量减少花在路途上的时间为原则，并且要均匀地分配每日的行进路程，以便让人逐渐地适应沉重的背包。每 4 ~ 6 天之中要安排一天作为休息日，以供大家做一些必要的休整，并为下一步的旅行做好更充分的准备。

在做长距离的徒步旅行计划时，大多数人总是会高估自己所能走的路程。据调查，大多数有经验的徒步旅行者每日最佳的行走路程为 16 ~ 24 千米。当然，这个数据并不是绝对的，具体还会受到地形状况、天气条件等因素的影响。如果你随身携带营帐和炊具等笨重物品，那么你每日的行走路程最好不要超过 16 千米。开始几天，最好每日不要超过 13 千米，以便自己有一个逐渐适应的过程。

由于所使用的交通工具不同（自行车、独木舟、动物、汽车），每日适合行进的路程也不同。此外，你所具备的旅行经验、地形状况以及天气状况等因素都会对每日的行进路程产生影响。

↑ 在离开营帐之前，请将你的水瓶装满水。

※ 食物与水

野外旅行中，最为重要的是携带充足的饮用水。此外，你应该弄清楚自己打算驻扎的营地及沿途是否有水源。这些水源并非一定要达到可直

■休整日

旅行途中，不要忘记安排一些休整日。当你在一个陌生的地区进行探险活动的时候，你会发现安排一些休整日是十分有必要的。如果你不在旅途中不时地做一下休整，身体肯定会受不了。

在一个旅行团队中，每个团队成员所需要的休息频率不尽相同。而且何时休息也取决于你身处何地。一般来说，风景秀丽的地方是大家比较喜欢的休息地点。

↑ 旅行途中，建议你在背包里携带一些含高碳水化合物的食物，如燕麦压缩饼干。这类食物能够提供较多的能量。

接饮用的标准，它仅仅是指一条河或一条小溪（只要通过净水器净化之后能饮用就可以了）。在高山或极地地区，雪水也可以用做饮用水。在一些缺乏水源的路段，你必须事先备足饮用水。只要一有机会，你就应该将自己所携带的储水容器装满，以防在接下去的路段中找不到水源。一般情况下，一个人每日所需摄入的水至少为 4 升；炎热天气下，则需要 8 升。注意不要携带含糖或含酒精的饮料。这些饮料只会让你感觉更口渴，在水分摄入不足的情形下，甚至还容易使人脱水。

旅行途中最佳的膳食组合是：丰盛的早餐和晚餐加上一顿高能量的午间点心。在背包里携带过多的食物会让你行动迟缓，特别是在午后消化食物的时候。午间点心的选择也不能太随意，比如新鲜的坚果、葡萄干、巧克力和燕麦压块干粮等都是能够提供高能量的午间点心。注意不要携带太咸的食物，以免造成口渴。

↑ 山区的地形错综复杂，你要抓住一切机会检查自己所行走的路线是否正确。

※ 衣物

旅途中，你得注意衣服不要穿得过多。如果你在刚出发的时候感觉稍微有点冷，那

↓ 当你将行囊放在自行车上的时候，要注意保持车两边行囊重量的大致相等。

■一日远足活动的背包装包

如果某日的行程是整个旅行的一部分，那你就得随身携带全部的行囊。但是如果仅仅是从大本营出发做一次一日远足活动，则携带一日所需的物品就够了。这些物品还应当包括一些急救物品，以防意外事故的发生。

⊙地图、指南针和旅行指南。

⊙小型急救包。

⊙驱虫剂和防晒霜。

⊙水。

⊙点心。

⊙雨衣。

⊙保暖的衣服（如抓毛绒上衣）。

⊙手机。

么经过15分钟左右的跋涉之后你就会感觉冷热正合适了。如果你在刚出发的时候感觉有点热，那么15分钟之后你肯定会感觉更热。一般来说，温带地区的天气变化比较频繁。因此，如果你处在温带气候条件下，则要对天气突变做好心理准备。

当然，穿什么样的衣服也取决于你所穿行的地形环境。如果你将穿越大片灌木丛生的林地或者该地有大量的蚊虫，那就意味着你不能穿短衣裤，否则你的身体就很容易被荆棘和蚊虫弄伤。

在气候炎热地区，你也不能总是穿着短衣裤。当阳光强烈的时候，你得换上轻便的长衣长裤以抵御太阳辐射。此外，宽边遮阳帽也是一样必不可少的装备，能够保护后颈部免受阳光灼晒。

如果你所旅行的地区多沙砾，建议你在靴子上面绑上绑腿，以免细小的沙石进入靴子。如果所旅行的地区比较泥泞，则最好穿长筒橡胶靴。

如果你所旅行的地区多雨，则要记得在背包的最上层放上一块防雨布，以便下雨的时候能迅速地把它拿出来。诸如地图、旅行指南和指南针等常用的工具可以随身放在衣服口袋里面或者用一个塑料袋装起来挂在脖子上，以方便拿取。

徒步旅行

大多数旅行总是免不了要步行，即便是骑自行车旅行或骑马旅行也是如此。近距离的远足活动是一般人都能够承受的，但如果是一连数天并且每天要背包步行16～19千米，恐怕大多数人的身体都会支持不住。

※ 行前准备

如果你并不是一个经验丰富的徒步旅行者，并且你所行走的路途比较艰险，那么你一定要在行前做好充分的身体适应训练。一开始的时候，可以在居住或工作的地方周围每次步行3～5千米。然后，逐渐增加距离，直至每次步行16～19千米，并且要穿上靴子、背上背包。后期这种强度的训练应该挑选在地势不太平坦的地方进行，建议每周进行1～2次。

行前身体适应训练的强度要考虑到你自身的身体状况，比如体重是否超重、健康状况是否良好、伤病是否痊愈等等。

在背包徒步旅行中，你将随身背负营帐、炊具、食物、水等众多物品。你的身体尤其是双腿和双脚将承受很重的压力。你得确保自己的身体能够承受得了这种负担，不会使自己的健康受损。

※ 脚部护理

千万不要低估旅途中双脚舒适的重要性。脚部的不舒适将会破坏整个旅行，因此旅途中注意对双脚的保护十分有必要。

为了增强脚部的耐受能力，建议你洗完脚擦干后在脚上涂一点外用酒精，特别是在脚趾和脚后跟部位。

旅行途中，要注意经常修剪脚指甲，以免脚指甲过长，进而造成脚部挤压。此外，每天晚上休息的时候都要记得洗脚。这不仅是出于卫生考虑，同样为了使双脚更舒适。洗完脚后一定要擦干，并检查一下脚底是否有水泡。如果你的脚容易出汗，建议你擦一点抗真菌的药粉。

鞋子的选择

选择步行鞋最重要的标准就是穿着舒适。穿不合脚的鞋子会让人感觉不舒服，甚至会让脚起水泡。此外，鞋帮处要具有良好的支持性，特别是在山地地形条件下。记住，同一双鞋子是不可能适用于各种类型的旅行的。在一些极端环境下，如雪山、丛林或沙漠，你需要穿一些专为该种环境设计的鞋子。因为在这种极端恶劣的环境下，你的双脚以及小腿部位需要特殊的保护。

在天气状况良好并且路途平坦的情况下，穿什么样的鞋子并无太多讲究，甚至越是普通的鞋子越合适。因为通常来说，普通鞋子的透气性反而更好。

水泡的处理

有些人的脚特别容易起水泡，特别是在鞋子不合脚、鞋带系得过紧或者袜子里面有沙子的情况下。建议你在行前的步行训练中注意检查一下鞋子是否合脚。如果脚上的某个部位看起来比较红，则说明鞋子的该部位与脚的摩擦比较大。

如果你忽略了这些问题，以后这些部位就会很容易起水泡。建议你在那些容易与鞋子产生摩擦的部位贴上一些胶布，这样可以起到一定的保护作用。

如果在行走中有沙子进入鞋子或袜子里面，一定要立刻停下脚步，把沙子清理出来。否则，时间一长，与沙子接触的部位就很容易产生水泡。当你感觉脚上起了水泡或有其他疼痛的时候，一定要停下来做一些必要的处理，否则水泡会变得更加严重。如果是皮肤刚刚有一点擦破，可以在该处垫一块敷料。这种敷料在一般的药店里都能够买到。

如果脚上的水泡越来越大且又不得不继续赶路，你可以用刀片把水泡刺破。当然所用的刀片一定要干净，否则水泡受了感染会发炎。水泡里面的脓水挤出之后，可以在上面贴上一块胶布以防感染。

■新靴子的购买

当你购买旅行时所穿的鞋子时，记住要把旅行时所穿的袜子也带上。试鞋的时候把袜子穿上，要确保脚趾有活动的空间。如果你不确定自己究竟需要哪种类型的鞋子，可以向一些有经验的售鞋商咨询一下。

新的鞋子在正式出行前要先穿一段时间，以使脚尽快适应。特别是皮靴，这一点尤为重要。纤维材质的鞋子则无需太长的合脚时间，一般来说，穿着它在户外走几次，每次走半小时左右就差不多了。

即便你没有将水泡挤破，也最好在水泡上面垫一块敷料以保护它。敷料的中间要剪出一个水泡大小的洞，这样就不会对水泡造成挤压。

到了营地，你得洗一下脚，并更换一下敷料。第二天早晨出发的时候，不要忘了在有水泡的地方垫一些东西。

袜子

无论你是穿两双袜子还是只穿一双厚袜子，都要每天换干净的，并且要及时把脏袜子洗净，以免换洗不过来。袜子破了之后就不要再补了，因为修补的地方会对皮肤造成较大的摩擦，容易起水泡。

背包的重量

一个成年男性或女性能够承载的重量取决于下列因素：个人的身体素质、背负的时间、所走的地形状况等。一般来说，背包的重量最好控制在 11 千克以下，否则一次愉

↑ 如果你将要穿过一条小溪，千万不要赤脚走过去，否则很容易将脚划破。

↑ 在徒步探险活动中，有必要带一些处理水泡的工具。一感觉到脚上有疼痛的地方，就要马上采取处理措施。

快的徒步旅行就会成为一次痛苦的耐力比赛了。在天气炎热的时候，由于需要大量的饮用水，因此你得尽量减少其他装备的携带，以免总体重量超标。

徒步旅行的技巧

每个人都知道如何走路，因此这里并不是要告诉你如何走路，而是提供一些如何费更少的力在路况不佳的地形上行走的技巧，以及如何避免意外事故的发生及减轻脚部和关节的压力等方面的建议。希望这里所叙述的内容能够让你以更轻松的步伐来走更长的路途。

※ 团队徒步旅行

团队徒步旅行，特别是当团队中的一些成员缺乏徒步旅行经验的时候，你们得在步行队伍的最前面安排一个有经验的人来领路，同时在队伍的最后面也安排一个有经验的人来防止有人掉队。

如果团队的人数超过 10 人，最好将整个团队再分为若干的小队。这样一来，有利于领队更好地控制自己所带领的队员，也更便于协调大家的意见。

走在队伍最前面领路的人要保持大致匀速的步速，该步速不能超过队中走路最慢者的步速。那些队伍中走路较慢的人最好能有人陪同，并不断地给予鼓励，而不能将他们独自扔在队伍的最后。当然，队伍中也有一些人走路的速度特别快。无论他们走得多快，都必须要保持他们在后面的人的视线范围之内。必要的时候要停下来等后面的人赶上来。

如果不是团队中的每一个人都配备了地图和指南针，这一点就显得更为重要了。万一后面的人不知道行进路线，而又没有导航工具，就很可能掉队。领队还应担当侦察员的角色，观察前方的障碍物和潜在危险，并找到最佳的前进路线。

领队自然要注意不能让走路较慢的那些人掉队。当然走路慢的人也要尽量保持一定的速度，而不要在一个地方做过多的停留。这样会使团队中的其他成员产生厌烦心理，致使整个旅行不愉快。

※ 步行效率

有一种方法能让步行的效率更高，那就是步幅一定要跨得大。虽然步子跨得大会降低步速，但事实证明这样会更省力。

人们每跨出一步都要消耗一定的能量。每步 90 厘米的步幅与每步 60 厘米的步幅所消耗的能量是相同的。如果你的步幅大的话，就意味着你用与较小步幅相同的能量完成了更长的路程。因此，你可以在行前做一些加大自己步幅的练习。

↑ 在野外徒步旅行时，最好穿颜色鲜艳的衣服，以便失散的时候易于寻找。

↑ 在地形艰险的地方行走时，每个团队成员都务必紧跟队伍，并要时刻注意前方潜在的危险。

※ 上坡和下坡

走上坡路的时候，步幅要迈得小，身体重心要向前，步速尽量要和在平地上行走时一致。走下坡路时，步幅也要迈得小，身体重心要向后，膝关节保持微微弯曲的状态以减少背包重量对膝盖处的压力。此外，在上下陡坡的时候，采取“之”字路线这种前进方式会更为省力。

※ 艰险地形

如果山坡的土质比较松软，比如是由沙子、碎石或雪构成的，那么最好迈侧步。在山坡上停留的时候也要以侧步的状态停下来。因为侧步的状态比较稳。在土质比较松软或者湿滑的地面上行走时一定得十分小心，即使是穿着防滑性比较好的鞋子也很容易滑倒。注意不要在松散的岩石上面行走，因为这种岩石很可能会随时坍塌。此外，在地形艰险的地方，最好使用手杖，这样能够让你走得更为平稳。

如果在雪山上行走，你会发现使用滑雪橇代步更为方便。在地形较为开阔的地方，大家应该以一列纵队行进，且相互之间的前后距离要保持在能够用手接触到的范围之内。这样做的目的是：万一遇到大风雪、能见度降低的情况，不会有人掉队。在风雪特别大的情况下，建议停止前进，并找个避风处躲避一会儿。但如果非继续前进不可，队伍中的每个人务必都要搭住前面人的肩膀，依次排列成一个纵队前行。

■乡间礼仪

当你们在乡间做野外徒步旅行的时候，要注意保护野外的自然环境并要尊重途中遇到的其他人。

⊙遇到其他步行者、骑车者或骑马者要主动让道。

⊙所有的垃圾都要随身带走。

⊙路过庄稼地或家畜群的时候，注意不要践踏或惊扰。如果有狗随行，要用皮带将其拴起来牵着走，以免践踏庄稼或惊扰家畜。

⊙行走在有车辆的道路上时要注意来往车辆。拐角度小的弯时，一定走在外侧，以便能清楚地看到对面驶来的车辆。当能见度差的时候要加倍小心。

※ 谨慎选择路线

即使你们走的是一条人行道，仍然要时刻注意观察周围的地理环境，如湖泊、河流或树林等，并将观察到的实地特征与地图上所标注的信息相对照，以检验行进方向和路线正确与否。如果通过以上方法，你仍不能确定自己的方向是否正确，你可以使用指南针定位。

在行进途中，务必时刻观察前方路途的潜在危险，比如沼泽地、溪流或松散的岩石等某些团队成员不可逾越的艰险地形。在走上坡路的时候，一定要在上坡之前就看好安全的路径，反之亦然。在下山的时候，一定要从能看到整个山坡的路下来，否则走到某个地方就很可能会遇到悬崖峭壁。

每日徒步计划

对于路途较长的徒步旅行来说，必须花若干天才能完成。一般来说，每天所走的路程并不会太多，你可以尽情享受途中的美妙风光。

※ 路线规划

每天起程和营地休息的时间要经过全体团队成员的讨论通过。当然这也取决于你们的旅行季节和旅行地点等因素。

冬季的温带和极地地区，白天时间很短。因此，如果你在冬季前往这些地区，白天所走的路程就不可能太长了。而且白天行进的时候，最好不要进行中途休息。等到天快黑的时候，再在某个地方扎营休息。

热带地区的白天时间很长，因此你可以黎明就出发，一直走到晚上七八点钟。也就是说，在热带地区，你有很充足的时间赶路。中午 11 点左右的时候，阳光已经比较强烈，你可以就近选择一个阴凉处安

↑ 在地形和气候条件恶劣的状况下，各个团队成员一定要相互扶持。如果有必要的话，可以用一根绳索相互连接起来，以防有人掉队。

排休息，一直休息到下午 3 点半左右再起程赶路。

基于人体的生理需要，每天行进途中要有规律地安排午餐和休息时间，以便使大家保持更好的体能。在遇到某处风景优美或有水源的地方时，通常人们都会很愿意逗留片刻来用餐或休息。

※ 中途休息

请尽量遵循以下建议：对大多数人来说，每走 1 小时停下来休息 5 ~ 10 分钟就足够了。当然，如果团队中某个人的状态特别糟糕的话，则应该按照他的需要来安排休息。在天气炎热或地形状况差的情况下，通常需要更多的中途休息来补充水分和恢复体力。当团队中有较多儿童时，也会需要更多的中途休息。休息的频率和时间取决于这些儿童的年龄和体质。关于具体的休息安排，你得在出发前就做出决定并告知每个队员，以免他们在途中总是吵着要休息。因为有时候过多的中途停留会打乱整个旅行计划。同样，喝水、大小便和察看地图等事项也都要在规定的休息时间进行。

在时间较长的中途停留中（如中午用餐时间或者等待落在后面的同伴），要注意适当地增添衣服，以免着凉。此外，注意不要光脚在地上行走，以免脚被划破。

休息完毕后，千万不要将行李落下，并且要记得将营火扑灭（如果生了火的话）。

※ 疲劳时要格外当心

一般来说，当一天的路程快要结束时，身体已十分疲惫，注意力也会随之松懈。这个时候最容易发生事故。不要在行进途中抄近道或省去计划中的休息时间，因为临时改变原先精心制订的计划很可能会导致意外事故的发生。

■单人徒步旅行

如果是单人徒步旅行，你就可以随意决定行走的路线、路程以及停留的地点等事项。尽管如此，你最好还是安排好有规律的途中休息，不要在一天之中走太多的路，以免第二天体力不支。

只要你具备良好的导航技能，你就可以按照自己的意愿临时改变路线计划。同时，由于没有同伴分散你的注意力，你对周围事物的警觉性将会更高。而且你可以随意放慢脚步来欣赏你所感兴趣的沿途景色。

■生病或受伤的团队成员

如果团队中的某个成员受伤或身体不适，要立刻给予必要的急救处理（包扎伤口或尽量使之感觉舒适）。如果该伤员已经不能行动，则一定要想办法获得外界的医疗急救。如果该伤员还能够行走，则可以由其他队员陪同走在队伍的中间，以免掉队。有时候为了给伤员做及时的医疗处理，你最好改变路线找到最近的营地或医疗机构。

骑自行车旅行

传统意义上的自行车野营旅行只能在有公路的地区进行，直至山地自行车的出现才扭转了这一情形。如今，即便是在没有公路的地方也能进行自行车野营旅行了。

※ 自行车的选择

如果你沿途经过的地区都有平整的公路，那么一般的变速旅行自行车就可以应付了；但如果你要穿越一些崎岖坎坷的路，则

↑ 在多岩石的地形中行走是比较辛苦的，因此需要更多的中途短暂休息。

要山地自行车才行。山地自行车的轮胎更为厚实、车驾更结实，因此也更适合在柏油碎石路面和崎岖的山道上骑。还有一种自行车，介于厚重的山地自行车和轻便的旅行自行车之间，也是一种可选择的多功能自行车。

选购新的自行车时主要注意两点：一是自行车的尺寸要适合你的身型；二是车座坐起来要舒服。一般来说，自行车的后轮胎磨损的速度要比前轮胎快，因此，经过一段时间的使用后，你可以将前后轮胎相互调换以平衡两个轮胎的磨损程度。

自行车在经过一段长距离的使用后，要进行全面的检查和养护。如果你自己不会做这项工作，那就得拿到专业的修车铺去修理。

■舒适的头盔

好的自行车头盔也是骑车旅行时一样必不可少的装备。现代的自行车头盔都非常轻便，符合空气动力学的原理，戴上头盔跟没戴头盔的感觉没什么两样。头盔系好之后，应该要正好紧贴头皮，不能前后左右移动，也不能阻挡你的视线。同时，头盔的系带不要系得过紧。

※ 自行车的调试

出发前，你一定要将自行车调试到适合自己的各方面要求才行，包括车座的高度和前后位置、车龙头的高度、最大踩踏效率等。要让自己能够轻松地踩到脚踏板，骑起来感觉舒适。如果你自己不会调整车龙头或车座的位置，你可以拿到卖自行车的商店，让那里的工作人员帮你调试。一般来说，山地自行车的车龙头是笔直的，很容易造成手臂疲劳。而普通的旅行自行车则没有这个问题。因此，你可以买一个延长杆安装在山地自行车的龙头上，这样握把手的时候就会舒服多了。

※ 衣服和其他装备

如果你打算骑车旅行，那么除了自行车以外，你还得仔细考虑与骑车旅行相配套的衣服和其他装备。要尽量减少随身携带的行李，因为过重的行李会让你难以控制自行车。具体适宜的行李重量取决于你所骑自行车的大小以及你自身的体能。一般来说，车上装载的全部行李的重量最好不要超

↑ 自行车头盔是由具有减震作用的泡沫塑料制作成的。一旦受到撞击之后，就不会再恢复原状，也就是说必须得更换新的。

↑ 这种自行车衬棉手套能够防止双手由于长时间紧握把手而起水泡。

过11千克（大致相当于徒步旅行者所背的背包重量）。

衣服

如今在市场上可以买到专门用于骑车旅行的衣服，适用于各类季节的都有。穿上这种专业的服装，能够让你在骑车时感觉更舒适。你可以查阅一下旅行指南的信息以确定购买哪种季节类型的专业自行车服。

你的基本服装装备应包括：头盔、齐腰的带帽防水风衣和防水裤（如果前往多雨的地区）。保暖的衣服应该穿在防水风衣的里面。衣服的穿着要分层并且紧身，以免骑车的时候衣服和车缠在一起。

自行车衬棉手套能够保护双手，而且能够减少自行车在崎岖路面上震动给双手带来的不适。还有一种自行车衬棉短裤是专为自行车运动设计的，穿着舒适且不妨碍身体活动。虽说这些不是必备的装备，但如果是长距离骑车旅行，还是推荐你穿这种专业的自行车衬棉短裤。另外，棉质长裤和绑腿也是可以穿的，只要不妨碍到骑车就行。天气炎热的时候，当然是穿短裤最理想，但是也要注意防晒问题。

有些人骑自行车喜欢穿插夹式的鞋子。这种鞋子可以固定在脚踏板或踏脚套上，有助于提高踩踏效率。无论穿什么样的鞋子，都应注意一个基本的原则，就是鞋底一定要厚实。软运动鞋虽然能够减少震动，但骑起车来更费劲。

↑这种自行车衬棉短裤好比是车座上的一块衬垫，能够让骑车人感觉更舒适。

↑ 你可以在自行车的车把处安装一个监测仪器以显示车速、行驶距离和路面坡度等信息。

↑ 这种便携式的修车工具包含多种实用修车工具，便于在途中做一些紧急修理。

↑ 当行李重量成为一个大问题的时候，可以考虑携带这种折叠式的多用途工具，包含各种小刀、剪刀、钳子等。

行李

如果是一次路途较远的旅行，将行李装载在自行车上显然要比背在身上轻松多了。你可以在车后座行李架的两边各固定一个后车筐，用来放置行李。如果还不够放，可以再安装一个前车筐，但是要确保不会妨碍到你骑车。装载行李的原则是：重的东西要尽量放在低的地方和靠近自行车中间的位置，以保证自行车的平稳性。

车上装载的东西越多，你骑得也就越辛苦，车也就比较难把握。因此，要尽量避免携带一些不必要的物品。一些常用的物品要放在车筐的最上层，以便于拿取。

备用零件和修车工具

如今的自行车比较易于维修，并且维修费用也相对比较便宜。如果打算做一次长途的骑车旅行，你最好携带备用内胎、补胎工具、扳手、刹车片以及至少一根后胎用的刹车线。此外，如果能备上一个备用外胎就更好了。

如果是团队旅行，你们可以相互交换和借用一些备用零件及工具。这样就可以由大家一起来携带这些工具和备用零件，以减轻每个人的负担。此外，别忘了带打气筒和测量车胎气压的量表（建议每天出发前测量一下）。

骑自行车训练

自行车赛车手一般都很强壮。确实，骑自行车是能够强身健体的一种极好的运动。然而，你并不需要为了锻炼身体，而将骑车旅行的要求定得过高。

↓ 这种车筐可以安装在自行车的前部，车把下面。车前筐应该用来放置你经常用到的物品。

↑ 补胎工具包括各种型号的补胎胶片、黏合剂、砂纸以及粉笔。

※ 培养耐力

无论是在公路上训练还是在山道上训练，都要遵循循序渐进的原则。不要在第一天就骑很长的路程，否则第二天你很有可能体力不支。

如果你平时并不常骑自行车，你就需要一定的时间来强化你的肌肉力量以及让臀部适应自行车的车座。在一段时间内，坚持进行有规律的短途骑车有助于增强你的肌肉力量和耐力。正式出发前，你可以试验一下自己在一天内的最大骑程（应该在轻松自如的状况下完成）。

与其他运动一样，骑自行车的最佳训练方法就是要多练。因此，除了做一些其他增强体能的运动外（如跑步、游泳等），你还是要多花一些时间骑车。这不仅可以增强体质，而且能使你的骑车技巧更为娴熟。上坡的时候要注意调挡；有时候骑累了也可以下车推着走，好让腿休息一会儿。

家庭野营出游就很适合骑自行车，因为自行车的使用和修理都比较简单，即使是孩子们也能轻松驾驭。

※ 骑车技术

你所需具备的骑车技术取决于你将穿越什么样的地形。所有骑车的人都要时刻注意地面路况，特别是在山道上骑车的时候。骑

↑ 林中山道上通常有很多盘根错节的树根露在地面上。下坡的时候，臀部要离开车座，遇到树根时要减慢速度。

车时，眼睛要向前看，以便在远距离以外就能观察到前方的障碍物。千万不要紧盯自己的车轮，那样，等你看到障碍物的时候再采取措施就为时已晚了。

在技术要求方面，公路骑车与山地骑车的主要不同点在于对自行车的平衡把握的要求。在下陡峭的山道时，臀部要离开车座，将身体的重量移至车后轮。

如果有多人一起下山，千万注意不要与其他人的车相撞，否则后果十分严重。

在仅容一辆自行车通过的狭窄道路上骑车，技术含量高且危险性大。因此，出行前你最好在一些窄道上练习一下。在窄道上骑车时，对方向的控制是最为重要的，务必要集中注意力，紧盯前方的路。

※ 制订计划

自行车的训练要多样化，应该交替进行简单和艰险路段的训练。因此，你应尽量选择那种有多种路况的路线进行训练——平地、起伏地、多坡地、山道等等。因为在真正的野外骑车旅行中，你一定会遇到各种各样的地形状况。在山道上训练时，要尽量尝试上下各种不同长度和倾斜度的山坡。此外，你还要训练在下雨和刮风的天气里骑车，以便从容应对旅行中可能遇到的各种状况。

自行车训练的目的是要使你能在各种不同的地形状况下保持相对稳定的速度以及一定的耐力，而不是训练骑车的速度。自行车旅行的目的在于能够观赏沿途的自然风景，因此并不需要骑得很快。你应该保持一种让自己感觉比较轻松的速度，而不是累得气喘吁吁。

※ 团队骑车的安全性

团体骑车旅行的理想人数是4个人。当其中有一个人发生意外事故的时候，可以有两个人结伴同去寻找帮助，还有一个人留下来照看伤员。团队中每个人的体力和耐力都是不同的，但是大家要尽量保持大致相同的速度，相互之间不能相距太远，否则容易失散。旅途中，注意不要过于劳累，要经常停下来休息并且补充食物和水分。下山的时候，先下山的人应该在山脚下等后面的人。最后需要提醒的一点就是注意同伴的体能状态。

↑ 出行前，你要熟悉变速器的使用方法。懂得合理变速，能够让你骑得更轻松。

※ 补胎

1. 将自行车轮胎的钢圈取下来。所有的螺帽和螺钉都要存放好。

2. 使用卸外胎用的撬棍将外胎从钢圈的边沿上撬松。

3. 将内胎从里面取出来，注意不要损坏打气的气门。检查漏洞所在，并做上记号。

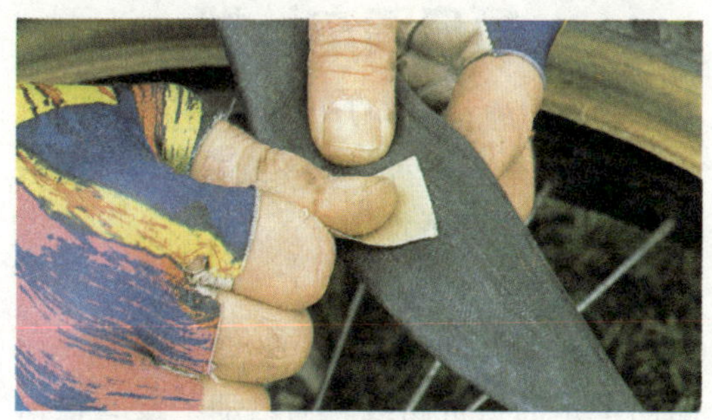

4. 用砂纸将有破洞的部位磨平。

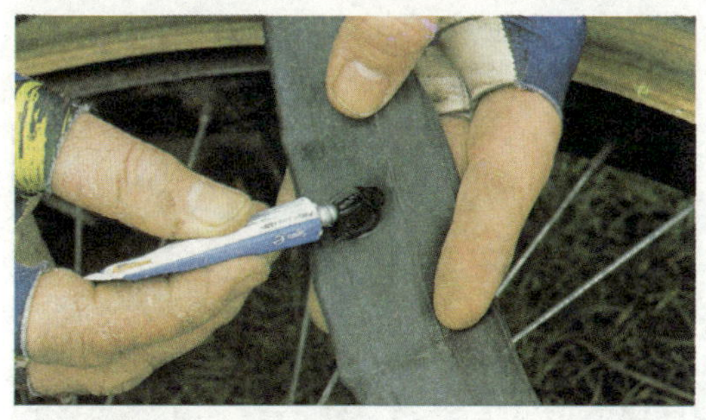

5. 在砂纸打磨过的部位涂上黏合剂。

6. 将补胎胶片贴到涂过黏合剂的部位。然后按照该产品的使用要求，将胶片按住一段时间。

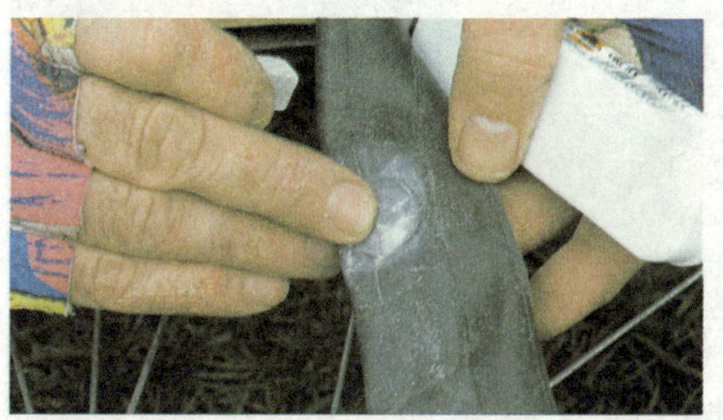

7. 用粉笔在补过胎的部位涂抹一下，以增加其光滑度。稍微给轮胎打点气，再将内胎塞进外胎里面。

8. 将外胎边沿重新塞进钢圈，然后打足气。

↑ 山地自行车能够轻松地从一些小的障碍物上骑过去，如树枝、小的石头。

每日骑车计划

自行车旅行的一大优点就是携带方便，你可以用飞机、轮船、火车或汽车将你的自行车运送到世界各地。

※ 规划骑车路线

如果你是个自行车新手，最好选择一些路面平坦的行进路线。当然那些没有任何遮挡物的大平原并不是理想的路线，因为一旦遇到风雨，你就找不到任何躲避之处。另外，如果你是逆风骑行的话，还会更加吃力。

骑着自行车行进在乡间小道或根本不成道路的野外地面上，能够让你领略到许多驾车旅行所感受不到的自然风光。因为，骑自行车的速度要比开汽车的速度慢得多，你有更多的时间去观察周围你所感兴趣的景物。同时，骑自行车要比步行更快，因此能够走更多的路。随着你体能的增强，你将会吃惊于自己所穿越的距离。

在规划每日行进路线的时候，你首先要明确一点，即骑车可比步行走更多的路。一般来说，在 1 日之内，骑自行车所走的路程大致是徒步所走的路程的 4 倍，也就是 80 ~ 100 千米。这也就是说你大可在途中绕道去一些自己感兴趣的地方。一般来说，每天绕道额外的 16 千米路程是不会影响行程计划的，除非沿途有较多地势艰险的上下坡。

现在在一些骑车旅行的流行区域，都提供一些关于行车路线的旅行指南。有一

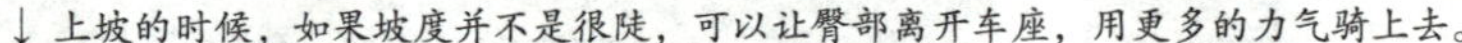

↓ 上坡的时候，如果坡度并不是很陡，可以让臀部离开车座，用更多的力气骑上去。

些区域还覆盖多个国家，因此你也可以骑着自行车穿越国界线。这些地区通常都会根据路况的好坏把骑车路线划分出等级。如果你对这一地区的地形状况不甚熟悉，这一信息的提供无疑有助于你规划行进路线。还有一点要提醒你注意的是：当一辆自行车的载重量达到90千克的时候，其操控性就不太好了。

※ 自行车的检查和养护

骑自行车旅行期间，自行车的检查是一项每日都应例行的公事。每天早晨出发前，最好用测量气压的仪器测一下车胎的气压。此外，检查一下轮胎面是否有嵌入的石头或其他尖锐的东西，以防在途中发生爆胎事故；检查一下链条是否需要上油、变速器是否运转良好；检查一下刹车线的松紧是否合适。刹车线如果过紧，则刹车片容易碰到钢圈；刹车线过松，又会导致刹车不灵。此外，还要注意适时调整车座的高度。

在结束了一天的行程之后，要对自行车进行清洁和上润滑油的工作（特别是山地自行车）。车上的泥土和尘垢如果不及时清除，日积月累就很难弄干净了。此外，这还会影响自行车的性能（如刹车、变速），并会加快自行车生锈的速度。自行车链条的清理工作是最为重要的，一定要将沙砾清除干净，否则将影响车子运行的顺畅性。清理完之后，不要忘了上润滑油。

※ 在自行车上装行李

每天早晨出发的时候，你肯定要将各种行李放到自行车上去。因此，懂得如何整洁有序地摆放行李是十分重要的。大部分的行李都应该放在后车筐，特别是分量重的东西。如果后筐的空间不够放，可以放到前筐。但是前筐的东西务必要摆放整齐，以免影响骑车。你得确保车筐安装牢固，以免车筐摇晃影响骑车的稳定性。

如果你随身携带营帐，则营帐要么放在后车筐里，要么夹在后座的行李架里。炊具和衣服也应该放在后车筐。体积大但分量轻的物件要放在后车筐的上面，如睡袋。炉具和食物可以放在前车筐。

你可以在车把手处系一个小袋子，用于存放路途中经常使用的物品，如雨衣、

↑ 过河的时候，如果河里有可能损坏自行车的东西，那不要强行骑行过河，可以把自行车扛过河去。

■当日往返的短途骑车旅行

对于当日往返的短途骑车旅行，你用不着带上全部的行囊，只需要背个背包就行了。一个背包足够存放一些修车工具、衣服以及一天所需的食物和水。现在有许多背包装有一个灌水的水袋，并有一根吸管可以让你边骑车边饮水。但是在行程较长的情况下，则不太适合使用这种背包，因为水难于长时间保持洁净。

指南针、地图、水壶等。如果能将绘有地图的木板固定于车把手上，则定位的时候就更节省时间了。

你要确保所有的器具都已安全地放在自行车上，并且不会妨碍到传动装置和车轮。还有一点需要考虑到的是：大多数自行车的刹车系统仅在车辆承担自重的状态下能发挥有效的刹车功能。因此，出于对人身安全的考虑，你应该检查一下该车在载满行李状态下的刹车性能。

↑ 在山道骑车的时候，要特别注意其他的骑车人，尽量避免相撞事故的发生。

※ 中途休息

如果是团队骑车旅行，你们应该事先安排好中途休息的频率和时间，可以利用这些时间来用餐以及确定下一步的路线。如果团队队员之间的体能和车技差别较大，那么一些队员也可以适当先行一步，但是要在事先计划好的休息点等待后面的成员。在一天的行程结束时，可以由那些先行一步到达营地的成员搭建帐篷。

在天气炎热的状况下，早晨出发的时间最好提前一些。因为清晨的天气相对其他时段来说要凉爽得多。而中午日照最强烈的时候，则可以停下来做较长的休息。你应该根据具体的情况来安排每天的行进节奏。

↓ 马路骑行的时候，要注意避让大货车。

↑ 在进行长途骑车旅行之前，建议你进行几次短途的当日往返骑车训练，以检测一下自己的体能状况。

划艇旅行

独木舟和皮划艇都是古老的交通工具。如今的独木舟和皮划艇运动分为静水划艇和激流划艇两类。独木舟和皮划艇在行进过程中可能会被过于湍急的激流、拦河坝或没有标记的水闸所阻。

※ 船只与划桨的选择

现在市场上有多种类型的皮划艇可供选择，但所有的类型都是单人座位的。皮划艇的选购主要是检查其浮力：浮力分布要平衡，确保在沼泽地带也能漂浮。皮划艇上一定要有一个座位和脚凳，这样划桨的时候才有着力点。

独木舟既有单人座的，也有双人的。双人座的独木舟能够乘坐两个人，并且能够存放几天所需的物资。双人独木舟可以仅由一个人来划，而单人独木舟如果坐上两个人的话则有翻船的危险。除单人和双人外，还有3人以上的多人独木舟。其中双人独木舟的选择范围较大，从较贵的原木到较便宜的合成材料（如铝合金、聚合物合金）都有。如果你所划行的水流水位较浅且多岩石，还是挑选合成材料的比较合适，因为合成材料的独木舟抗撞击能力更强。

划桨的选择标准是：牢固、分量越轻越好。此外，还要有合适的长度。皮划艇划桨的理想长度是你的站立身高加上你的臂长。独木舟的划桨要比皮划艇的划桨短，因为它的划桨只有一头。原木制作的虽然比较美观，但是价格比较贵。而合金或塑料材质

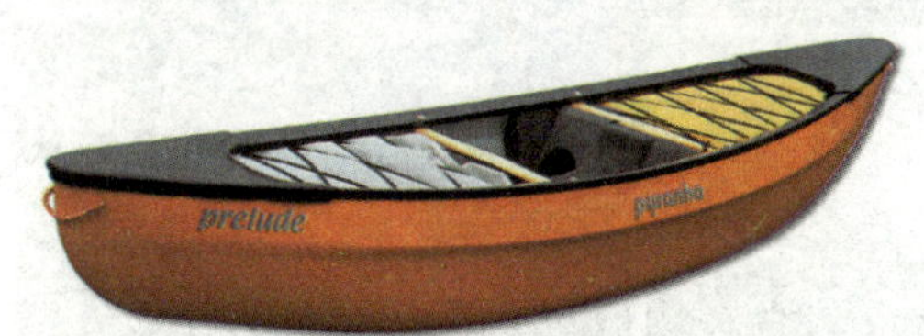

↑ 激流独木舟上放有安全气袋，以便船舱进水的时候仍能漂浮。当在平静的水面行进时，你可以将安全气袋拿掉，以腾出空间放另外的器具。

↑ 这种激流皮划艇适合皮划艇新手使用。当然这种皮划艇也可划行于静水和沿海保护性水域。

■防水裙

防水裙是一种围在划桨人腰间，将整个座舱封住，防止水溅入船舱的防水装置。在水面平静的河流上划艇是不需要围防水裙的。在使用防水裙的同时，你还得掌握如何快速脱掉它的技能，以便翻船的时候迅速离开船。

的划桨则要便宜得多。你在选购或租赁划桨的时候，要亲自试一试各种不同的类型。同时不要忘记带一把备用的划桨，以防划桨损坏或丢失。

※ 救生衣

救生衣是一种重要的救生设备。无论你对自己的游泳技能多么自信，都要在划艇的时候穿上救生衣。救生衣穿在身上一定要贴身，同时又要不影响双臂的灵活性。下水前，要检查一下救生衣是否束紧。如果从肩部可以扯下来，则表明太松，需要把皮带再系紧一点。

※ 头部防护

划艇运动虽然并没有硬性规定一定要戴头盔，但建议你最好还是戴上，特别是在激流上划艇的时候。头盔的型号应该与你头部的大小相适应，太大容易脱落，太小则会有不适感。此外，你所挑选的头盔一定要带有安全标志。

※ 衣服

穿着什么样的衣服取决于具体的天气

↑ 皮划艇划桨的理想长度是你的站立身高加上你的臂长。独木舟的划桨则要比皮划艇的划桨短。

↑ 在天气晴好的状况下，保暖内衣、运动短裤、软运动鞋和救生衣就是一套理想的划艇行头。

↑ 皮划艇旅行所需携带的附属物件可能包括：手动抽水泵、小刀、指南针、高频收音机、晶体管接受器、照明灯以及手机。

↑ 合适的头盔应以戴在头上不向前滑为宜。不合适的头盔根本起不到良好的保护作用。

状况。划艇运动的穿衣原则是：衣服在弄湿的情况下，不会变得很重。按照这一要求，聚酯和聚丙烯面料的衣服就要比全棉的衣服好，因为在打湿状态下它们的保暖性能相对全棉衣服更好些。

在空气阴湿、水温较冷的情况下，你应该穿一件聚酯和聚丙烯绒衣或者是潜水服。在风大的日子，可以再穿一件防水的带帽薄防风衣，这样更有利于上身的保暖。天气好的时候，穿一件T恤和短裤就够了。

※ 鞋子

划艇时穿的鞋子不可以太笨重，然而又不能不穿鞋子，否则在河岸边行走时容易打滑。凉鞋是比较适合的类型，分量比较轻。即便是翻船了，穿着凉鞋游泳也不会感到太重。另外，潜水鞋或专业的水上运动鞋也有很好的防滑性和舒适性。但如果你平时不怎么划艇，那么专门买这种鞋子是不划算的。

划艇训练

河流和湖泊是训练划艇技能的理想场所，而且这些地方通常都邻近合适的野营场所。进行划艇训练之前所应具备的重要技能是游泳。你至少应该具备在穿着衣服的情况下能在水中游50米的能力。

※ 交叉训练

在进行划艇技能训练的时候，要注意提高整体体能水平。良好的体能素质能增添划艇的乐趣，且有助于减少运动中受伤和疲劳的可能性。长距离的划艇是一项非常消耗体力的全身运动，因此你有必要开展一系列增强自身心血管功能的运动项目，如游泳、骑自行车、跑步等。无论你选择哪种运动作为交叉训练的项目，都要坚持适度和持之以恒的原则。

目标肌肉群的训练需要做大量的运动。划艇运动特别要使用到腿部、腹部和肩背部

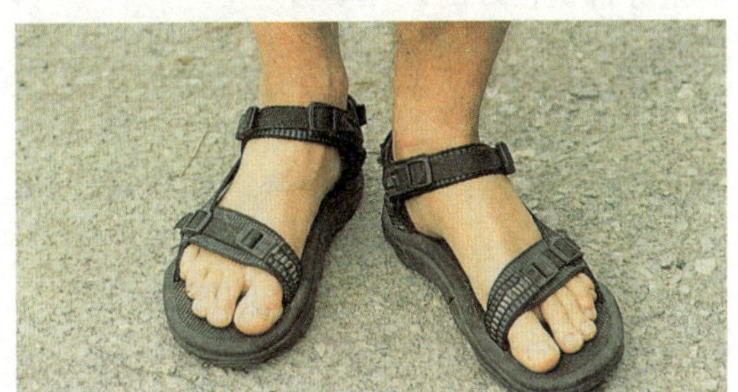

↑ 适宜在温暖天气里穿的鞋子是凉鞋，它具有轻便、舒适的特点。

↑ 这种专门适用于水上运动的鞋子，即使在弄湿的状态下，仍然具有较好的保暖作用。如果你经常从事皮划艇运动，则非常有必要购买这种鞋子。

↑ 对于皮划艇新手来说，应选择水中障碍较少的水域来练习划艇，如内陆湖泊就是比较理想的场所。

的肌肉力量，如俯卧撑、引体向上、仰卧起坐等都是很好的训练项目。

※ 热身运动

在上船之前，你应该做一些热身运动来放松一下身体并提高心率，如快走、游泳、掷飞盘等；或者可以做一些伸展运动来舒展一下肌肉。坐在船上的时候也可以手持划桨做一些前后伸展的运动。

※ 水上翻船

如果你打算进行划艇运动，你必须能够应对翻船之后的情形。每一个从事这项运动的新手都务必要意识到这一点。

当船快要翻的时候，你有很长一段时间来做出反应。你是应该在船还未完全倾覆之前就跳下水呢，还是等待船完全倾覆之后再跳？正确的做法应该是后者。因为当船还未完全倾覆的时候，船体是在剧烈晃动的，因此你极有可能在下水的时候碰到船舷。

在皮划艇倾覆之后，你仍应该尽量抓

↑ 水闸是划艇过程中极为危险的一个障碍，划艇时千万要注意远离水闸。

住划桨和艇；不要试图爬到倾覆的船背上。在实际情况中，翻船后的第一要务就是要找到你的同伴（如果有的话），并确定他们的安危。当水很浅的时候，你可以站在河床上，但仍要提防水流。如果可能的话，你要尽量拖着船只游往岸边。如果不行的话，你就只能等待同伴的救援了。

※ 皮划艇倾覆的应对措施

1. 为了能够从容应对在实际情形中极易遇到的皮划艇倾覆情形，你应该事先演练一下。

2. 首先是端坐或跪在皮划艇划桨的位置处。一只手抓住划桨，另一只手抓住舷沿。

3. 身体向船的一边倾斜，直至船失去平衡。在此过程中，手一直要紧握划桨。

4. 将皮划艇弄翻。继续保持一只手抓住划桨，另一只手抓住舷沿。

5. 当皮划艇完全倾覆后，才能将抓住舷沿的手放开。

6. 从皮划艇下钻出来，浮出水面——最好仍然能够抓住划桨和皮划艇。

7. 游到皮划艇的前方。如果可能的话，要继续抓住划桨和皮划艇。

8. 抓住皮划艇的前端，任其保持倾覆的状态。

9. 竭尽全力游向岸边或其他船只。

划艇旅行的日常事宜

即使你是首次进行皮划艇或独木舟旅行，你也不用担心晚上扎营等事宜。一般来说，河边有很多适宜扎营的地点。只要你事

■安全提示

⊙不要独自一人进行划艇运动。

⊙一定要穿救生衣（个人漂浮设备）。

⊙下水前要进行热身运动。

⊙弄清目的地以及有急流的河段。

⊙身体部位的任何伤口都要贴上防水胶布，以防感染。

⊙确保所携带器具的安全。

⊙在岸边挪动皮划艇的时候，应请人帮忙一起抬。

⊙划艇之后，一定要洗手或洗澡。

先跟当地的居民打个招呼，他们通常是不会拒绝你的。但是你得对农村地区的一些牲畜保持警惕，特别是在春季，因为春季是大多数牲畜的发情期。

日常使用的帐篷一定要保管好。扎营的时候要距河岸一定的距离，以免被潮水弄湿。在天气状况比较稳定的时候，可以直接睡在船里面，下面垫一块防潮布就行了。

※ 烹饪与饮食

尽管生火煮东西显得更有野趣，但是很多地方都禁止这一行为或者仅允许在指定的区域生火。因此，你最好带上一个内置打火石的汽油炉子以及几只锅。

你所携带的食物应该是高能量的，以便提供更多的热量。如今，你可以在户外用品商店买到各种口味的速食食品，其包装袋上都标有具体的热量数值。

→ 这种海洋皮划艇的存储空间较小，但是比较适合在偏远且多野生动物的海面上航行。

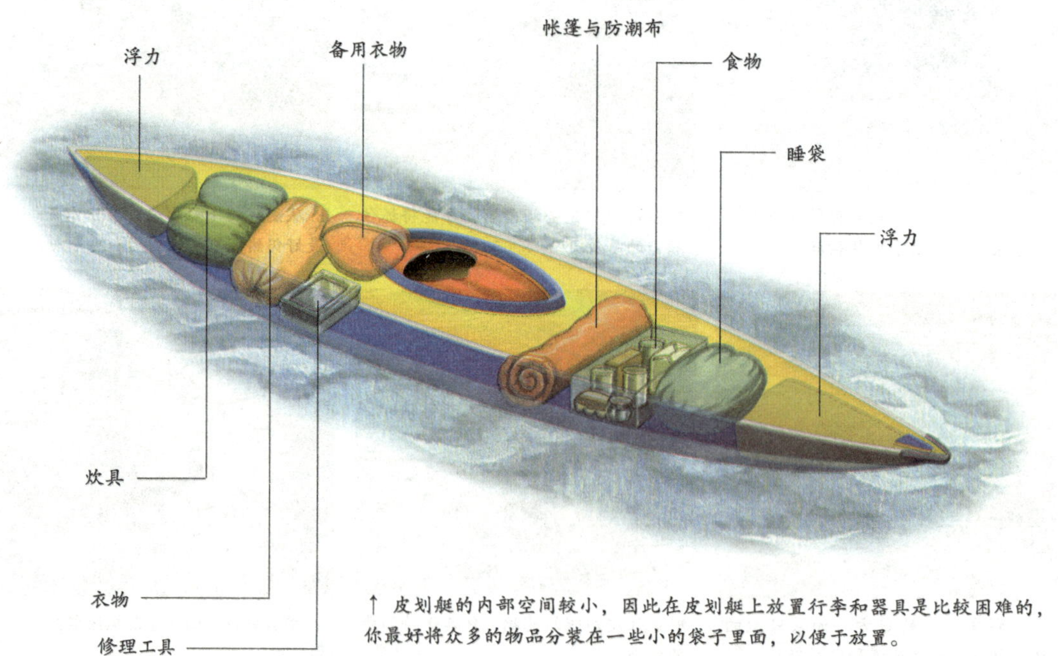

↑ 皮划艇的内部空间较小，因此在皮划艇上放置行李和器具是比较困难的，你最好将众多的物品分装在一些小的袋子里面，以便于放置。

如果你对所获取的水源水质不太放心，那么最好将其煮开以杀菌。

※ 保持物品干燥

每天下水之前，你都需要将自己的行李重新放到船上。在此过程中，你得尽量避免将行李打湿。当然，遇到下雨或翻船的时候，要想行李保持干燥也不是件容易的事。

塑料防雨膜是一种比较理想的划艇防潮用具，市场上有多种不同形状和大小的塑料防雨膜可供选择。这种塑料防雨膜折叠起来后体积小，便于携带。

在将帐篷打包的时候，要将帐篷的支撑竿和桩子安全地固定在一起，或者将其分别放置在不同的袋子里面，以减少在皮划艇倾覆的时候零件丢失的可能性。

所有的包裹和器具都应该放在横坐板的下面，以免翻船的时候行囊顷刻间四散开来。

※ 整理行装

一般来说，双人独木舟的内部空间较大，因而装载一日旅行所需的物品和器具比较容易；而皮划艇的内部空间则比较小，要想将你的所有行李都放到皮划艇上是十分困难的。将物品合理地放入皮划艇上的诀窍是把它们分装在若干个小的防水袋里面，而不是全部放在一个大包里面。这样才能更合理地利用皮划艇的内部空间。当然，在此过程中，懂得如何整理和打包各种物品是非常重要的。

↑ 海洋皮划艇有防水舱口，但是你仍应该将你的物品放在防水的袋子里面。

划独木舟的时候，船体的平衡性是决定划船难易程度的关键因素。因此合理规划船体的受重部位十分重要。一般来说，划独木舟的人的重量比行李要重，应坐在船的后部；此外，要尽量将各个包袱均匀地分散在船体的各个位置，使其达到最佳的平衡效果。

将行李放到船上的次序应遵循“越是不常用的越先放”的原则。也就是说，诸如地图、指南针、水壶和点心等常用物品应放在最上面，以方便拿取。最重要的一点是，千万不要将任何东西固定在船体上，以免这些东西在紧急状况下逃生的时候阻碍你离开船只。

↑ 这种塑料罐子结实耐用，是存储需要保持干燥的小物品的理想容器。

↑汽车车顶的行李架可以装载数只小船，如图垂直摆放可减少风的阻力。两只小船应放置于车顶架的中间部位。

↑两个划桨人抬着他们装有行李的海洋皮划艇下水。可以看到，皮划艇的两端都有抓手。

骑马旅行

骑马旅行是家庭探险的最佳非徒步旅行方式之一。在采取这种旅行方式时，你得考虑到如何在途中保证马的饲料与水的供应，当然也包括你自己的食物供应。但是，总的来说。骑马旅行绝对是一种十分令人愉悦的旅行方式，它让你悠闲地徜徉在乡间小道之上尽情地欣赏周围的自然风光，并可以随时用相机把这些美景记录下来。

※ 马匹的选择

一次成功的骑马旅行一定要有一匹合适的马。当你从养马中心租借马匹的时候，你得了解一下该马匹驮人或驮物的经验及其习性。有些国家对这些载重的马匹有一整套规范的训练方法，因此在租马的时候你应该了解一下该马匹接受过哪些专业的训练。

你不但要熟悉自己马匹的习性，也得了解团队中其他成员所骑马匹的习性，比如哪匹马喜欢尾随在其他马的后面、哪匹马的速度最慢等等。整个团队的行进速度要与速度最慢的马匹保持大致同步。另外，你还得弄清楚你将要骑的这匹马是否适合没有骑马经验的人骑，以及其是否适合驮你所打算携带的器具。

↓ 宽边遮阳帽能够减少阳光对眼睛的刺激，但是当有东西从头上落下时却并不能对头部起到有效的保护作用。

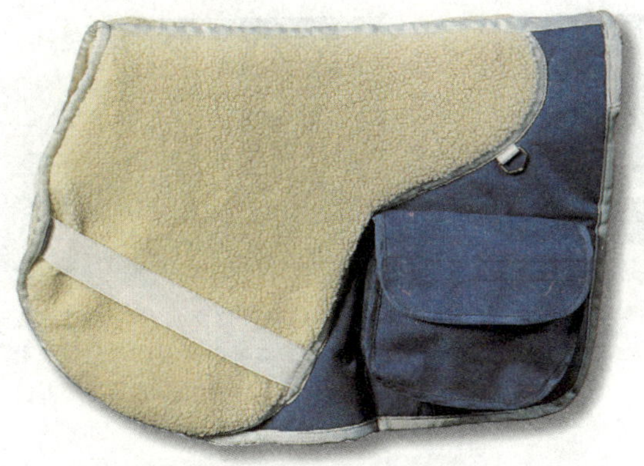

↑ 这种鞍垫的内层是帆布，外层是抓羊绒，其边侧的小口袋可用于存放一些常用的小物件。

↑ 马匹清理主要的工具：马刷、金属马梳、长毛马刷、水刷、橡胶或塑料马梳、带刷的马蹄清理铲以及仙人掌式的清洁布。

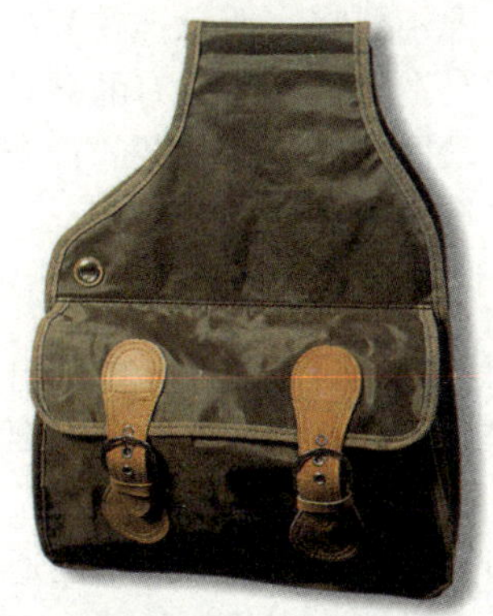

← 这种专门的马鞍挂袋需要固定于马鞍上，悬挂在马的两侧。

此外，你还得打听一下该马匹所要求的马厩设施及其它是否适合在夜间的陌生地形下行走等事项。

※ 衣物

骑马旅行对穿什么样的衣服并无特殊要求，首要的原则是安全。

在许多国家，很多骑马的人都会戴一顶硬质的帽子，可以在跌落下马的时候起到保护头部的作用，减少严重受伤的可能性。当然这也并非硬性的规定。

除了帽子之外，安全的靴子也同样重要。骑马者穿的靴子可以是短马靴，鞋底光滑的皮靴或者其他有明显后跟的靴子，它们都可以较好地防止脚从马镫上滑落。

骑马时所穿的衣裤要舒适，不应该有束缚身体的感觉。上身穿一件衬衫，外加一件羊毛衫或抓羊绒衫，下身配一条舒适的牛仔裤或骑马裤就是一身理想的骑马装束。衣服的颜色宜选深色，长袖优于短袖。无论天气多么炎热，都不能穿无袖的沙滩装。

骑马时穿的衣服要扣好扣子，否则衣服被风吹起后的拍打声很容易使马受到惊吓，而且在穿越树林的时候也容易被枝杈钩住。有一些马对那种防水的纤维面料所发出的摩擦声比较敏感和紧张，因此要避免穿这种面料的衣服。如果你留长发，务必将头发扎起来，以免惊吓到马并减少被障碍物羁绊的可能性。一些比较凸出的首饰，如耳环、手镯等，不适宜在骑马的时候佩戴，因为这些首饰万一被某些东西钩住势必会造成某种程度的身体伤害。

※ 装备

马是一种强壮的动物，能够承载很大的重量。但是，炎热的天气和漫长的路途对马来说，仍然是一种不小的压力。因此，你仍应该尽量减少行李的重量，以减轻马的负担。除了你自己的野营器具和衣服外，你还得考虑到马的饲料以及其他马具。你得根据沿途所预期的天然青草量来决定所应携带的饲料量。如果你前往某个偏远的地区，最好带上备用的缰绳、马镫等物件，以备物件发生损坏时拿出来使用。

※ 行李上马

为了便于在马背上装载行李，你可以

↑ 图中后面的两顶帽子是安全帽，可以与柔软的丝棉帽配合起来戴；图中靠前的那顶帽子是典型的传统骑马帽。

↑ 这种短马靴与骑马裤一起穿，可以有效地保护骑马人的小腿。

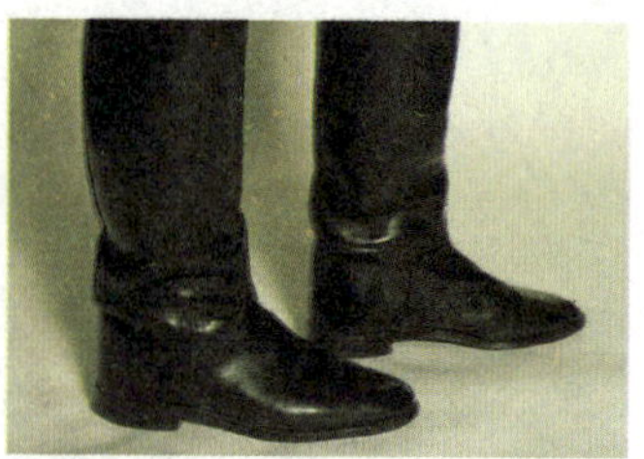

↑ 长马靴可以是皮的，也可以是橡胶的。其窄小的鞋型与较低的鞋后跟是为了方便双脚踏在马镫上。

在马鞍两侧装上两个箩筐。在箩筐里放置器具的时候，要注意不能有任何刺戳到马身体的器具。此外，注意不要将东西悬挂在箩筐或马鞍上，以免对马造成惊吓。所有的器具都要装在包裹里面，两侧箩筐所装载的行李重量要保持大致平衡。

※ 体能与训练

在开阔的乡野骑马旅行远比徒步或骑自行车旅行来得轻松，因此其对身体素质的要求也不会太苛刻。而且，你并不需要是一位有经验的骑手，因为受过专业训练的马匹通常都比较温顺、易于操控。当然，如果你之前从未骑过马，那么还是有必要在正式出行前花一些时间来进行练习。

↑ 如果你是一个缺乏骑马经验的人，那么在行前最好接受一些基本的骑马训练，以便到时候更有信心完成一些基本的动作。

■清理马蹄

建议用专门清理马蹄的小铲子抠出嵌在马蹄内的泥土和小石头，先清理后跟部位，然后清理脚趾。当大的嵌入物清理完毕后，再用刷子将残留的泥沙刷出来。在此过程中，要注意掌握轻重，避免伤到马蹄。

骑马旅行的日常事宜

时刻注意马匹的需求是骑马旅行中的日常主要任务之一。每天的行程安排要根据马匹的状态来决定。

※ 行进途中

关于旅行中的行进路线，建议你在出行前就做出大致的规划。你可以向当地的居民或骑马机构询问适合马匹行走的路径（包括有供马匹饮用的水源）。行进途中要尽量沿着马道行走。如果你所选择的路线人流量较多，那么最好事先规划好途中休息和用餐的时间和地点，尽量避开其他路人，以免造成道路阻塞。

野外道路上的交通规则一般是：徒步人、驾车人以及骑车人在同一道路上遇到马时，都要让道于马，让马优先通行。但是，并非每一个你在途中遇到的人都会遵守这一规则。因此，当路上有其他路人的时候，你仍要格外地小心，因为一些突发的动作或噪音很可能会惊吓到你的马，如汽车发动机的声音。当迎面遇到另一匹马朝你走来时，一般的通行原则是：走上坡路的马优先通行。

※ 野营事宜

扎营的地点应选择干燥且平整的地面。拴马的时候，要注意让每匹马都保持一定的距离，至少60米。此外，还要注意远离水源，如湖泊、河流等，以免马匹的粪便污染水源。搭建营帐应该至少在天黑前的两个小时进行，以便马匹在天黑之前还能吃草。

■安全提示

⊙骑在马背上的时候要一直戴着合适的帽子，并系好帽带。

⊙帽子掉到地上被压扁后，应该换一顶。

⊙骑在马背上的时候，脚上一定要穿着靴子；此外，马镫的大小也要与自己的靴子相匹配——应大约比你的靴子宽2.5厘米。

⊙夜晚或能见度较差的情况下，避免在道路上骑马。

⊙不要戴珠宝首饰。

⊙骑马的时候，衣服的扣子务必要扣住，并且不能在马上脱衣服。

⊙如果你的视力不太好，最好配戴隐形眼镜。如果不能戴隐形眼镜，则可以向眼镜商询问其他比较安全的眼镜。

无论你多么疲惫，在自己休息之前都必须先把你的马照料好——卸去马鞍和缰绳、洗刷、喂食。检查一下马匹身体各部位是否受伤，包括头部、放置马鞍的部位、四条腿

↓在广阔的乡野间骑马旅行是一件十分惬意的事，当然这也少不了事先周密的计划和准备。

↑ 扎营地点一定要有放马的空间。如果沿途没有草地，那么你就需要自己携带饲料。

以及马蹄等部位。如发现任何伤口，应立即使用相关的马匹急救器材做一些必要的处理。马蹄可使用专门的清理铲清理干净，四肢和身体部位的泥土则使用马刷来进行清理。

第二天早晨出发时，再重新安上马鞍、箩筐、缰绳之类的物件。同时，一定要确定没有任何物品会刺戳马的身体，以免马匹受伤。

※ 喂马

除非你十分确定计划中的营地周围有供马匹食用的草，否则一定要带够足量的草料。草料既可以自行准备，也可以向提供马匹的机构购买。

如果你打算将马匹饲料带往国外，你得事先了解一下相关国家的政策和规定允许你携带何种饲料。也许你需要一份关于你所携带的饲料不含有种子的证明，以证明你所携带的饲料不会对当地的物种造成侵害。

马匹每天都需要好好喂食一次，至于在什么时间喂食并不重要。为了方便起见，傍晚时分是比较合适的喂食时间，即在搭完帐篷之后、准备自己的晚餐之前。请尽量在每天的同一时间喂食马，并要让马摄入足量的水。虽说马所饮用的水并不需要是纯净水，但也要尽量选择干净的水源，绝不能让马饮用被化学污染物、腐烂的蔬菜和垃圾所污染的水。

※ 野生动物

如果你所前往的地区会有一些野生动物（如熊、狼、鬣狗等）对你和马匹的安全造成威胁，则最好向租马的机构询问一下应该注意的安全事项，比如可以随身携

↑ 旅行期间，你有责任照料你的马匹。如果你能善待你的马，它也会表现得更加合作。

↑ 对于人数较多的骑马旅行团队来说，马匹和骑马人都需要遵守一定的纪律。

带一杆步枪。如果该地区的安全系数极低，一定要记住一点，即食物的气味会引来远处的野兽。因此，一定要将随身携带的食物包好，防止气味外泄。此外，食物的残渣也要及时烧掉。不要将马匹拴在远离营帐的草地上，安全的做法应是将马拴在帐篷内。

带着驮畜旅行

如果你打算前往某个汽车不能通行的地区，那么你一定得尽量减少所携带的行李的数量，使之控制在自己能背得动的重量范围之内。当然，如果你的行李数量实在太多，那么你也可以雇佣一头甚至数头驮畜来运行李。

※ 骡子和驴子

在地形陡峭且多岩石的地带，骡子和驴子是较为理想的载人和载物的交通工具。这两种动物具有在马与骆驼不能生存的环境下生存的能力。

骡子在很早以前就作为一种常用的交通工具使用了。当然，骡子的脾气暴躁、很倔，在被激怒的时候很容易踢人或咬人。因此，相比驴子，骡子需要更好的控制。骡子和驴子的力气都很大，一般能够载重 100 千克。骡子和驴子的速度都较快，其背部较宽，故长时间骑在其背上会不太舒适。两者相比，驴子的个头要比骡子小，其速度也较慢，一般只能载重 50 千克，且需要人在前面牵引。当然，驴子的性格要比骡子温顺，非常适合在山区使用。

驮畜管理员

旅途中，建议你最好雇一个人专门负责照看你们所使用的驮畜。除非你自己具有照看驮畜的丰富经验，否则这件差事将是十分麻烦和花费时间的。驮畜管理员必须要熟悉这些驮畜的习性，如：该驮畜喜欢吃的饲料、能够背负的最大载重量、中途需要休息的频率等等。

↑ 众所周知，骡子是一种脾气倔强的牲畜。但是，如果你能够好好对待它，它也会很好地与你配合。

有驮畜管理员帮你照看这些牲畜，你就能有更多的时间来享受旅行了。特别是在你所选择的旅行路线及当地的生存条件比较恶劣的状况下，雇佣专门的驮畜管理员来帮你的忙，更是有必要。尽管如此，要雇佣驮畜管理员，还是得经过一番考虑。

如果你们的旅行团队中无人通晓驮畜管理员所说的语言，则还需雇一个翻译。

关于驮畜的饲料供应以及驮畜管理员的伙食由谁负责的问题应事先达成一致。如果是由你们提供，建议你在每次需要的时候进行分配，而不是一次性分完，以避免所分发的食物被快速吃完。特别是在饮用水上更要注意这一问题。饮用水应根据每天所需的量来分发，否则容易出现浪费现象，导致中途水源枯竭。

装备的检查

在你骑上骡子之前，请先检查一下骡背上所驮的行李。鞍垫坐起来是否舒服？脚蹬是否完好？行李架是否适合摆放行李？

雇佣协议

出行前雇佣驮畜的时候，一定要与出租方订立协议。协议应该包括：雇佣费用、驮畜管理员所应承担的服务、驮畜及其管理员的食物花费以及其他附加装备所应支付的费用（如驮畜管理员所使用的帐篷、照料驮畜所使用的器具等）。

驮畜的租赁最好找信誉较好的机构，或者在签协议的时候找当地有权威的机构或人士出席（如当地的长官、牧师、警察等），以便在出现纠纷的时候给你作证。驮畜管理

↑ 驴子更适合载物，而非载人。其行走速度较慢，更利于欣赏沿途的美景。

■驮畜的驾驭

如果你没有雇佣驮畜管理员，那你就得自己负责这件差事了。

⊙喂饲料和水：卸下重物之后，应让驮畜自由活动并啃食青草。

⊙清理：将驮畜身上的尘土和泥浆刷干净。

⊙装物：确保鞍的平整以及两侧货物的重量平衡。

⊙驾驭：这需要你花几天的时间来让这些驮畜以相对稳定的速度前进。

员的酬劳最好是支付给其所在的机构，而且是先付一半，另一半则等旅行结束后再支付。如果你对驮畜所有人或管理人的信誉持怀疑态度，那么你最好承诺在旅行结束后一切顺利的条件下付给其额外的奖金，这样会让你的旅行更顺利。

※ 雪橇狗

在北极和亚北极地区，雪橇狗是一种人们常用的交通工具。在阿拉斯加 1896 年的淘金热时期，雪橇狗的使用极为频繁，它被证明是一种比小型马更为可靠的驮畜。

雪橇狗是专门培育用来拖拉重物的，拖拉重物的工作是由团队协作来进行的。雪橇狗具有性情友善、身体强壮、耐力好的特点。它是哺乳动物中代谢率最高的动物，每天需要摄入大量的新鲜肉类。阿拉斯加雪橇犬的腿较长，适合在积雪深厚的地带拖拉重物；而西伯利亚雪橇犬的个头则较小，但是奔跑速度更快。

一般来说，一辆由 7 条狗共同拖拉的雪橇车可在载重 270 千克的情况下一日行走 32 千米。这组雪橇犬的排列顺序是有一定讲究的：3 只领头的雪橇犬是母的，因为母犬较为机警；中间的两只狗速度较快，负责调节整个队伍的速度；最靠近雪橇车的两只狗通常是公犬，因其负重能力较强，是拖拉雪橇车的主要力量。

在租赁雪橇车和雪橇犬的时候，最好同时雇佣一位赶狗拉雪橇的人。这样你就可以用滑雪板来跟着雪橇车的队伍，同时赶狗拉雪橇的人也教你一些如何驾驭雪橇车和雪橇犬的技能。雪橇犬是根据特定的口令来做出相应的反应的，例如：“嗬”表示向左转；“唧”表示向右转。

↑ 狗拉雪橇车是一种最为流行的探险交通工具，雪橇犬的力量使你能够探访最偏远的野外地带。

带着骆驼旅行

骆驼是沙漠地区的理想驮畜，因为骆驼可以长时间不进食食物和水。但是，骆驼的脾气不好，是一种喜怒无常的动物。它们会踢人和咬人，而且遇到陌生人常常会表现得局促不安。因此，如果你用骆驼来驮运行李，那么你在行进途中最好与其保持一定的距离，并要听从赶骆驼的人所发出的指令。

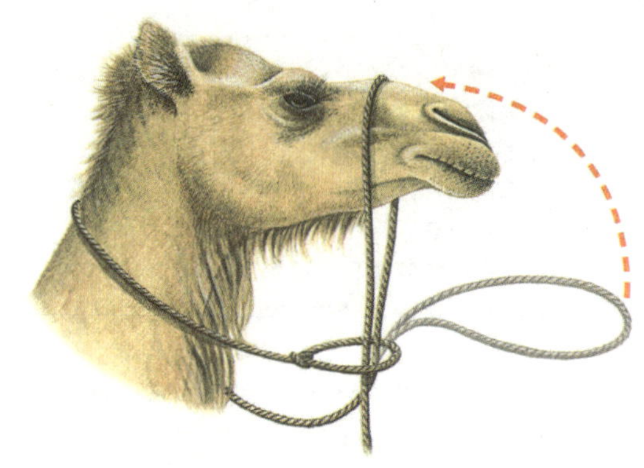

↑ 套头绳：先把绳子围在骆驼的脖子上，然后将绳子的一端穿过线圈，再将穿过线圈的绳子套在骆驼的鼻子上。

※ 旅行计划

骆驼每小时大约能行走 6.5 千米的路程。在起程地点，你得找到当地的向导和租赁骆驼的人。如果你觉得你找的那个向导还比较可靠，那最好还是由他来为你挑选一匹合适的骆驼。

※ 驾驭骆驼

当你首次见到你的骆驼时，要注意与其保持一定的距离，不要去拍打它，否则你可能会被踢咬。第一天上路的时候，你应该让赶骆驼的人帮你把行李放到骆驼的背上。当然，你可以帮忙把行李递给他，只是注意不要靠近骆驼，并且要听从赶骆驼者的指令。

经过一段时间的熟悉之后，骆驼对你的畏惧应该就大大减少了。这样一来，你就可以开始驾驭骆驼了。对待骆驼一定要既坚定又温和，当它不听话的时候，你一定要坚持自己的立场，坚决改变它的行为。

※ 装载行李

由于沙漠环境恶劣，你所携带的行李会很快就遭到一定程度的损坏，再加上这些物品经常会由于各种原因从骆驼的背上掉下来，更是加快了行李的损坏速度。为此，你最好将行李装在帆布包里面，因为帆布

↑ 骆驼喜欢呈直线排列行走。有些骆驼喜欢领头，而有些则喜欢尾随在别的骆驼的后面。

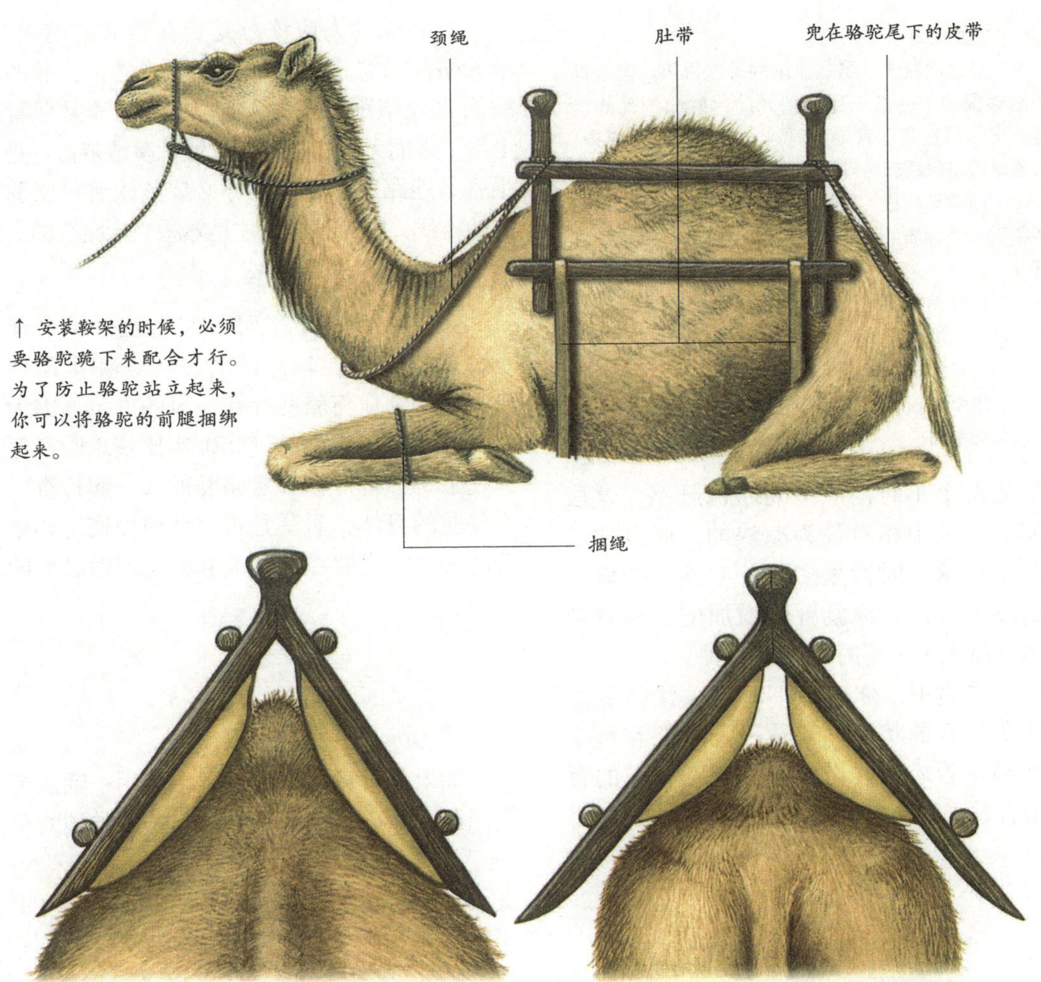

↑ 安装鞍架的时候，必须要骆驼跪下来配合才行。为了防止骆驼站立起来，你可以将骆驼的前腿捆绑起来。

↑ 从骆驼的前方观察：鞍架底部的填料应贴身地附在骆驼的背上，并且鞍架不能触碰到骆驼的脊骨。

↑ 从骆驼的后方观察：鞍架应位于骆驼的前部。

既结实耐磨又不会对骆驼的皮肤造成刺戳感。如果你需要携带箱子用来装诸如摄影器材之类的物品，则最好在这些箱子的下面垫一些软物，以免对骆驼的皮肤造成伤害。水壶可以用一根绳子悬挂在行李的表面，以方便拿取。因此，你要确保自己带有足够的绳子。

在装载行李的时候，不要在骆驼周围做出突然的动作或发出突然的声音。此外，你还得时刻关注骆驼的举动，因为骆驼并不喜欢满载重物，所以很可能会试图踢咬人。

装载行李的时候，首先要将骆驼的头部用绳子束紧，然后用“吐”这一口令让骆驼卧下（即让它的腿跪下）。如果骆驼试图站立起来的话，则在放置鞍架之前先将其两条前腿用绳子捆绑住。两侧行李的重量要尽量保持平衡，而且一定要用绳子捆紧。

※ 跋涉途中

通常只有在气候燥热的沙漠地带才使用骆驼来装载行李。正因为如此，每天天蒙蒙亮的时候就应该出发了，以便最大限度地利用白天较凉快的时段，而正午气温最高的时段则可以停下来做中途休息。起

■**需要携带的物品**

⊙舒适的靴子。虽然沙漠的天气很热，但是靴子能够保护你的双脚免受阳光的照射和荆棘的伤害。当你骑在骆驼背上的时候，最好将靴子脱掉，以免擦破骆驼颈部的皮肤。

⊙沙漠环境里，宽松的棉质衣服是首选，并且还要戴一顶棉质的遮阳帽，以减少阳光辐射和蚊虫叮咬。

⊙保暖的衣服。沙漠地区昼夜温差极大，夜晚气温较低，因此需要增添衣服。

⊙一条温暖的绒毛睡袋和以及防潮垫。

⊙太阳镜，用来保护眼睛。

⊙防晒霜。

程后的两个小时内应不间断地赶路，这段时间是一天中相对最为凉快的，所以你应当尽量在这一时段里多赶一些路。随着气温的逐渐升高，你就可以增加中途休息的频率—每隔 1 个小时休息 5 分钟。

行进途中，你应该不时地关注骆驼及其所负行李的状况，查看一下鞍架和行李的捆绑是否松动甚至脱落，否则骆驼的背部很容易受到伤害，行李也容易丢失。

赶骆驼的人应该总是走在骆驼的前面，牵着骆驼沿着正确的方向走。当然，骆驼的后面也应该跟着一个人，以免有行李从驼背上滑下来而无人知晓。在戈壁荒漠地带行走是很容易迷路的，因此你务必要紧跟着赶骆驼人的步伐，因为只有他才是熟悉当地路线的。

※ 帐篷的搭建与拆除

帐篷应该在正午时分左右就开始搭建了，这样在气温较高的时段可以在里面休息。夜晚，应将骆驼拴在逆风的方位，因为骆驼身上所散发出的气味确实比较难闻。每天晚上，你都应该和赶骆驼的人一起检查一下骆驼的身体，看其是否有任何损伤。如果有的话，一定要在第二天起程之前做必要的处理。

驾车旅行

如果你打算在探险行程中使用一辆甚至数辆车，你得先确定自己需要哪种类型的车

↓ 骆驼几乎能够依靠任何种类的灌木生存下去，但是其啃食所需的过程较长，一般要花好几个小时。

辆并要决定是自己驾车前往目的地还是到达目的地后再租车。

如果你们是前往那些没有正规道路的偏远地区，建议你们至少开两辆车去，最好是3辆车。这样的话，如果其中的一辆车抛锚了，就可以由另一辆拖到安全的地方。在探险途中，你需要注意对车辆的维修和保养。你应该具备独自进行一些简单的车辆维修保养的能力，如果有必要的话，你可以在出发前参加一些关于车辆养护的培训课程。

※ 自带车辆

自驾车前往探险目的地的缺点在于费用更高，牵涉的行政手续也更复杂；而其优点则在于更便于携带所有必要的汽车零件和修车工具。

※ 租车

如果你打算从当地的租车公司租赁汽车，那么在租车的时候首先要对该车进行一番检查（包括轮胎、方向盘、车灯、刹车等），然后上路试开一段。选择车辆要仔细：长轴距的汽车内部空间更大，但是灵活性较差；动力强的车能够适应各种地形，但同时也比较耗油。与柴油发动机相比，汽油发动机的质量更轻、动力更强。但是，在低速挡的状况下，柴油发动机的工作效能更为出色，因此在地面崎岖的地带，还是使用柴油发动机的汽车更为可靠。而且，柴油的价格要远低于汽油，柴油发动机的耗油量相对也更少。

在有些国家，是不允许外国游客驾驶汽车的，所以你必须雇佣一个司机。雇佣一个司机的优势在于：司机比较熟悉这个国家的行车路线，因此可以充当你们的向导和翻译。其劣势则在于：你们会少一个座位，还有可能与司机合不来甚至听不懂司机所说的话，或者可能司机没有按照你们所要求的路线行进等等。在雇佣司机之前，你得确定自己能够与该司机愉快地合作。此外，建议你最好承诺该司机在其表现较好的前提下，旅行结束后支付给他额外的小费。

↑ 在租赁车辆的时候，要根据驾车的地形环境进行合理的选择，尽量使车型符合实地条件。

※ 备用零件与车辆维护

你的汽车上一定要备有一只充足气的备用轮胎、一个起重器以及一把撬轮胎用的扳手。此外，你还得确认一下租车方是否提供了其他一些必需的物品，如灭火器、急救箱、三角警告牌等。无论是什么时候前往那些没有正式道路的偏远地带，你都应该带上备用汽油、备用内胎以及包括撬胎杠杆在内的一整套修车补胎工具。

旅行中，只要一有机会，你就应该将油箱加满油，千万不要错过能够加油的机会。如果你所得到的燃料油不是很纯净，可以先用漏斗过滤一下，再灌进油箱里面。

每天结束一天的行程之后，你都应该对你的车辆做一番检查，特别是轮胎、油箱的油量和水箱中的水量等。

※ 装货

如何在汽车上装货是一个重要问题。如果是在封闭式的道路上行驶，那么车顶架所放置行李的高度不得超过该车原定允许装货高度的3/4。

※ 夜间驾驶

夜间驾车的时候要格外小心。

※ 在地形恶劣的道路上驾驶

在路况较差的地带驾驶时，较为稳妥的做法是：放慢速度。如果有必要的话，要停下来查看一下前方的路况。在泥泞的道路上行驶时，要尽量沿着道路的中央行驶，避免出现车轮原地打转或者发动机碰到岩石的状况。除非是在路面坚硬的情况下，否则应该采用四轮驱动的方式。当车轮陷入泥坑或沙坑里面时，可以试着先向后倒车再往前冲，或者用人力把车推过去。如果这两种方法都失败了，可以尝试挖开轮胎前面的泥土来形成一个缓坡的方法，以便让轮胎顺着这个缓坡慢慢地走出泥坑。此外，将诸如树枝、帆布以及任何可以增加轮胎摩擦力的东西垫在地面都可能会有所帮助。

※ 摩托车

如果你是在气候温和的地带单独旅行，那么选择摩托车作为交通工具是一个不错的主意。摩托车车型小巧，便于在各种地形中穿梭，但是也需要更多的养护：每天洗车并检查所有连接处的零件。

以摩托车作为交通工具就意味着你所能携带的行李数量要受到严格的限制，而且你的行李中需包含一些备用的零件和修车工具。大多数行李应放在摩托车的后部，当然也不能超重，否则会影响摩托车前轮的稳定性。车两边悬挂的行李越小越好，可以减少风的阻力。

如果你所前往的地区摩托车不太常见，那你就得格外注意道路上的其他路人，以防交通事故的发生。

乘坐公共交通工具旅行

在旅途中的某些路段，你势必会用到某种公共交通工具。你有可能仅仅乘坐公共交通工具到目的地，也有可能是使用公共交通工具完成整个旅行。不同的国家，其公共交通的质量不同。有些国家拥有井然有序并且一体化程度很高的现代化公交系统。而一些地方的火车、渡轮和巴士通常都比较拥挤和不舒服，你最好备有自己的食物、水和厕纸。

※ 飞机

飞机票的超额预订是常常会发生的事，然而在一些国家往往没有一个健全的机票预订系统，你到了机场之后常常会发现你所预订的航班机票已经以 5 ~ 7 折的折扣被售空。如果你真的不幸遇到了这种状况，那么

↑ 在积雪很厚的道路上，你得将 4 个车轮或者仅两个后车轮套上雪链。在为轮胎套上雪链之前，要先确定轮胎的气压处于合适的数值，否则雪链将损坏车轮胎。

↑ 骑摩托车旅行也是令人振奋的，但要注意别让车子超载，以免造成车体摇晃不稳。

应通过恰当的方法，尽量使自己登上飞机。如果你打算采用包机或私人飞机的方式，你得事先确认一下你的旅行保险单是否涵盖了这种交通方式。

※ 火车

在很多国家，火车车厢都是分 3 个档次的。如果你所进行的是一次长途旅行，特别是得在火车上过夜的情况下，建议你最好还是多花一点钱坐一等车厢或者至少是二等车厢，因为三等车厢通常都是拥挤不堪、令人感觉很不舒适的。

如果你是独自一人旅行，一般来说，你最好还是坐一等车厢，因为一等车厢有更宽敞舒适的空间和更多的服务人员提供各种服务。如果你所乘坐的是长途列车，你最好事先检查一下自己的卧铺是否完好。需要注意的是，有些国家的卧铺列车是实行先来先坐的原则，而且没有男女隔离。在火车上的时候，你要时刻将自己的行李放在自己身边。晚上的时候，你应将窗户关好，以防夜间中途停靠的时候有人从窗户爬进来。

↑ 如果你是独自一人或者是在晚上乘坐火车，建议你还是多花点钱坐头等车厢。

※ 当地渡轮

在许多国家，渡轮的船舱也分好几个档次。头等舱是单人间，而三等舱则可能仅仅是在露天的甲板上。记住，如果你坐头等舱，你很容易会成为渡轮上的小偷的行窃对象，因此晚上睡觉的时候一定要记得把门关好。

有些渡轮的航行速度是随着河流水位的高低（由于旱季和雨季的结果）而呈季节性变动的，因此在你决定乘坐渡轮的时候需要考虑到这一因素。

※ 巴士

热带国家的巴士通常在黎明时分就会发

↓ 登机临检一定要准时或者提前一些时间，否则等你上了飞机后会发现没有座位。

车，以便利用一天中较凉快的时段。赶巴士最好提早一点，但是通常你还是得在车上等候一段时间，因为司机要等到位子全都坐满了才会出发。通常你的行李会被要求放到车顶行李架上，但是贵重物品还是放在自己身边为好。

乘坐长途巴士是一种结识友善的当地人以及欣赏沿途美景的好方式。保持一种开放的心态将会让你在旅途中遇到一些意想不到的有趣经历。

※ 当地的出租车和小巴

在乘坐出租车的时候，你要看清楚车上的计程器。如果车上没有计程器，则最好事先同司机讲好价钱。在有些国家和地区，小巴是一种最便宜的交通工具，但同时也非常拥挤并且容易发生交通事故。

■安全提示

⊙货币、护照及其他贵重物品要时刻放在身上。

⊙不要使用没有拉链的包。此外，在拥挤的地方，要双手捂紧自己的包。

⊙携带多种形式的货币（旅行支票、现金、信用卡）要分开放置，以便在遭遇抢劫的时候能减少损失。

⊙在火车和渡轮上过夜时，务必关好舱门和窗户。也许你需要在门把手上再加一把挂锁。

⊙务必购买所有必要的保险，以便失窃之后能得到补偿。

安全前行的基本法则

※ 安全步行法

在野外生存的时候，为了减少不必要的体力消耗，走路的时候可以选择安全有效的步行法。步行之前和步行的过程中，都可以按照下面的做法，让长时间的步行消耗最少的能量，避免过度疲劳。

步行出发前，先做好一些准备工作，最重要的是选择一双合适的鞋子。长时间的步行最好选择一双结实又舒适的登山鞋。登山鞋是专门为长途旅行而设计的，鞋底厚，不但可以起到保护脚踝的作用，还可以防止鞋子里面被水浸入。出发前，穿上两双袜子，一双厚的一双薄的。然后穿上鞋子走几步，先感觉一下鞋跟是否跟脚，如果不跟脚，步行多了就容易因为摩擦过多而受伤；停下脚步，伸伸脚趾，看看它

↓ 如果你是坐渡轮旅行，你最好预先制订一个应急计划，万一到时候迟到而误了时间可以采用应急计划。

们是不是能活动自如，不受鞋尖的阻碍。如果两者都是肯定的，那么这就是一双适合自己步行的登山鞋。值得注意的是，最好不要穿新的鞋子，因为新鞋没有跟脚充分磨合，可能在长途跋涉时容易让脚擦伤。

步行主要活动的身体部位是腿，但是也需要手臂协调地摆动来保持身体的平衡，调整步伐的大小。在步行的过程中，牢记几句口诀：眼睛往前看，走路不要慌，两手轻握起，出脚膝盖直，肩沉背要挺，腹部深呼吸，脚掌全碰地，步幅尽量小，节奏不能变。

眼睛往前看，这是最基本的要求。东张西望、漫不经心，可能会撞到别人，伤到他人或者伤到自己，造成不必要的意外。走路的时候不要慌慌张张，不要谈笑聊天，不要打打闹闹，因为这些小动作不但会让自己消耗过多的体力，从而很快就进入疲劳的状态，而且还会影响到旁边的人。

忽快忽慢、走走停停等都很容易让人感到疲惫，所以最好一直保持相同的节奏，不紧不慢地匀速前行。一开始的时候，步幅要尽量小，几分钟后，等身体各个地方都开始感到适应了，再加快步伐的节奏。最合适的节奏是呼吸不急促，不大声喘气，脉搏保持在120次/分钟之内。如果是一个团队一起步行，要考虑到队员的速度和力量，尽量选择一个最合适的速度，可以折中选择一个稍慢的速度。团队步行时可以选出一个领道人，然后让速度最慢的那个人在队伍的第二个位置行走，这样子就不会容易发生事故了。

↓ 如果你打算攀登雪线以上的山峰，一双结实的皮质登山鞋是必须的。

走上下坡的时候跟走平地有点小区别。如果坡比较陡，尽量走“之”字形的路线，也就是左右左右地交替行进。这样会比走直直的路线安全很多。走上坡路的时候，保持重心靠前，放在脚掌前面的位置，否则很容易往后摔倒。同时，如果迈开大步走路，身体容易失去平衡，所以可以小步地攀爬，保持身体的平衡。上坡的时候还可以借助一些外物来攀爬，例如突出来的石块、垂下来的树枝、长在缝隙里的藤条等。不过在借助它们的力量之前，先用手大力地拉扯，确保它们是结实稳固的。因为这些东西有可能经过了很长时间的侵蚀，石块松动了，树枝腐烂了，一旦被外力拉扯，就脱离本来的位置。如果不先测试，可能攀爬的时候一下子就失去重心，酿成悲剧。走下坡的时候，略下垂身体，稍微把重心降低，往后倾斜放在后脚掌的位置。然后脚底各个部分都要紧紧地贴着地面。

步行中的休息也是很讲究的，不是想走就走、想停就停的，一定要遵守休息的原则。长时间的休息要与短时间的休息相配合，长时间的休息要少点，大概1 ~ 1.5小时一次，短时间的休息尽量多点。长时间休息的时间要控制在15分钟左右，可以把身上所有东西放下来，也可以坐下来休息。不过刚停下来的时候要先让身体有个适应的过程，慢慢调整呼吸，还可以自己揉揉肩，捶捶背，按摩几下腿部，然后再慢慢坐下。坐下后还可以稍稍抬起腿部，这样做的目的是为了让血回流到心脏。一停下来就马上坐下来，身体一下子反应不过来，心脏负担就加重了，严重的还会导致昏眩、休克等症状。

水是生命的源泉，人离不开水，每时

↑ 在晴好的天气，找一个地势较高、视野开阔的地方休息，这样可以更快地恢复体力。

每刻都需要补充水分，所以在步行中应该带上足量的水，宁愿带多点也不要带不够。一个人每天大约需要补充3升水，步行的人大概按这个量带水就可以了。当然也可以根据实际情况调整。步行中的喝水原则也很重要，尽量多次少量地喝，而且要定时定量喝，可以选择每15分钟喝250毫升的水。每次喝这么几口就够了，如果实在想要多喝水就以缩短喝水时间为主，不要一次就喝大量的水，因为身体没办法一下子吸收这么多的水分，只能白白浪费，而且心脏的负担也跟着加重，真是得不偿失。

千万不要等到发现自己口渴了才想要去补充水分。步行的人可以在排尿的时候检查自己的尿液颜色，看看自己是否缺水。如果4个小时以上都没有排尿的现象，并且自己感觉口渴难受，昏昏欲睡，脸色看起来非常苍白，呼吸不规律，脉搏超过平时频率，那就是严重缺水了。如果尿液是暗黄色的，伴随着口渴，唾液分泌少，脉搏频率加快同时软弱无力，那就是中度缺水了。如果尿液是深黄色的，但是脉搏频率保持在正常范围内，只是感到有一点点口渴，这就是轻微缺水的症状了。

※ 穿越丛林的方法

在野外时常需要徒步穿越丛林，此时你需要有充分的保护措施来保护自己避免遭到丛林中蚊虫、毒蛇等危害性动物的侵扰。同时，你还需要足够的丛林生存知识来帮助自己顺利地到达目的地。

衣着的选择

丛林中蚊虫、毒蜂时常都会有，因此要选择长袖的衣服和长裤。同时衣服的颜色不要太显眼，颜色过艳会容易引起毒蜂的注意力，把你当成攻击目标。并且要注意将衣服的袖口扎紧，以阻止蚊虫从袖口进入衣服内。

要选择厚实的鞋子，尽量选择高筒的靴子。因为高筒厚实的靴子一方面能有效地抵抗蚊虫甚至毒蛇的侵害，另一方面能很好地把裤脚包裹在靴筒里面，以保证蚊虫无法靠近你的身体。如果是有鞋带的鞋子，一定要把鞋带系紧。穿越丛林时障碍比较多，路途也可能比较远，倘若鞋子没有固定好，会很容易从脚上脱落下来。

对于裸露在外面的身体部位，你也要

做好防护措施。头上应该戴好帽子，并且帽子要足够大，能够保护你的脸部以及耳朵部位；脖子部位你可以找一些衣服或者布块包裹好；手要戴好手套，以防止被蚊虫叮咬或者被沿途的树枝划破。

必要的工具

穿越丛林时，由于没有明显的路或者路十分杂乱，所以非常容易迷失方向。此时你需要用刻刀之类比较尖锐的工具在沿途一些比较明显的位置做好标记，防止迷路或者原地绕圈。

丛林中杂草、藤蔓、杂乱的枝叶到处都是，并且很多时候挡住了你的去路。你需要准备好一把锋利的砍刀，用于在途中开路。值得注意的是，有些藤蔓或枝叶特别乱而杂的地方很可能是一些猎人为了迷惑动物而设置的陷阱，因此每次用砍刀砍去路障后，你都要观察清楚再继续前行。如果是和队友同行，砍路障时要注意后面队员的安全，以免误伤了队友。

※ 如何攀登山岩

在攀登山岩的过程中，也要注意方法。同样的一座山岩，有的人走得轻轻松松，有的人走得身心俱疲，这就与攀岩方式有很大关系的。下面我们介绍下攀登山岩的一些注意要点。

攀岩时的动作要领

在攀登时，一定要保持身体前倾，两膝盖弯曲，两脚用力，步伐一般比较小而轻快，利用胳膊和腰部的配合让行走稳定和安全。在爬山时让脚步有意识弹跳，这样有一定的缓冲作用，不容易因陡峭的山崖而伤害到脚踝。另外也要注意保持良好的精神状态和心态。

徒手攀岩的方法

攀登时你务必要看到你前进的路程是怎样的，然后开始将身体紧贴崖壁，一只脚用来摸索前进，另一只脚和一只手则用来稳定全身，另外一只手也应该用来判断或者找寻合适的路线，或是拽住安全的绳索，努力让身体前进。用来固定的脚最好踏得稳稳当当，全脚掌着地最好。如果身体不稳定则会给自己带来非常大的危险。

攀登开始的时候，要注意全身的骨骼和肌肉都要全力搭配好，在身体重心稳定的基础上让身体慢慢移动。这时，你首先要保证身体平衡，然后缓慢谨慎地移动。用手寻找可以支撑身体的稳固石块或者其他物体。移动过程中的那个落脚点最好不用脚尖着地，脚尖脚后跟同时来支撑是必须的。

借助外物攀岩

攀登陡峭的山壁需要借助绳索或者其他的外物，仅靠徒手是完全不可能的。下面介绍几种方法：

用绳索帮助通过障碍物

在某些无法直接通过的障碍物前，一般用绳索或者其他条状的工具来帮助自己通过。这些障碍物有时候是悬空的狭窄隧道，有时候是小溪、小水洼、泥沼等等。首先要将绳索的两端固定，接着让身体攀在绳索上。这时你的手一前一后握住绳索，一条腿窝勾住绳索，最好是身体仰挂在绳索下面，然后另一腿的腿窝悬空摇摆，利用两臂前后行进。也可以用两腿的内侧夹住绳索，两手交替前移，全身搭配通过障碍。

用绳索帮助攀登高岩

在攀援高山或者高大的山崖时，难度比较大。一般来讲，需要一个人带着绳索一直登上需要的高度，然后将绳索系在那个高度周围稳固的地方，接着将绳索的另一头带给其他的攀登者。这时其他攀登的人只需要两手握住绳索借力前行即可。最关键的是第一个登山的人务必要把绳索紧紧系在稳固的地方，绳索的质量也必须要好，否则在其他攀登者的前进途中一定会遇到这样或那样的困难和危险。

※ 如何渡过山溪

在野外生存或者执行任务时，河流和山溪是非常容易遇到的障碍。在渡河之前，你需要对河流的地形地貌以及其流水特征做一下详细的考察和了解。一般来讲，我们要细致了解河流的深度、水流速度、河流周围的地形地貌和河流的源头等。同时，要确定河流中是否有暗礁、急流或漩涡等，以更好地确定过河地点。因此，在渡河前一定要注意以下几点。

详细勘察河流的特征和周围的地形

在过河之前对于河流各个方面的特征要进行详细的测查，看是否能在避免危险的基础上安然过河。最佳的过河地点一般是在水浅并且水流较缓的位置，当然这些位置的河底最好没有坑洼、暗涌或者漩涡，河面也不是很宽。这样最佳的过河位置在实际的过河中不要求面面俱到，只要能基本均衡、适宜即可。

过河时的装备安排

要保证安全地渡过河流，最好能够准备充分一点。

鞋袜。在有的河流中可以穿，有的却不可以。比如河底坚硬且崎岖的河中，最好穿着鞋子免得脚底受伤。河底绵软有淤泥的时候最好脱去鞋袜，当然要避免淤泥中有伤害脚的坚硬石子或其他的沉淀物。

身上的衣物。这个也要看具体情况而定。如果是在激流中，多一点衣物有助于维持身体的平衡。但是在天冷的季节，最好是脱掉，免得被冻伤。

维持身体平衡的工具。过河时为了保持身体的平衡，也要有拐杖或者其他的竹竿做支撑。还可以用绳索来牵绊住同伴，互相扶持过河会更安全一些。此外还可以准备救生圈等等。

不同情况下的渡河方法

一般来讲，最佳的过河时间是早晨。渡过水流比较湍急的河流，最好是能够在河流两岸的树木上固定索道，然后手握绳索来过河。这样能够避免身体被激流冲击，也可以方便好几个人一起过河。当然，务必要保证绳索要牢固不易断裂，能承受数人的重量。

↑ 湿热气候环境下，时刻需要对身体做好从头到脚的防护；即便是穿越溪流的时候，脚上也要穿着靴子。

在有些河流的三角湾处，经常是水流湍急，危险很大，河面也比较广阔，特别不适合过河。这样的情况下，如果能制作竹排或者木筏最好。

在水较深的河流中，你需要做的准备工作更加细致。你要有绳索或者拐杖来稳固身体，或者几个人结伴而行。而且在深水中过河最好是水流速度比较缓慢，否则危险性很强。在过河时，一定要借助坚固的拐杖，立在前方的水中固定身体，并且把拐杖的顶端顶在身体上来支撑。你还可以借助裤子或者其他的衣物来漂浮起来，帮助过河。塑料袋灌满空气，然后扎紧袋口也可以做漂浮物。

如果是在激流中过河，最好脱掉身上的衣服来减轻负担和摩擦力。如果有些衣物你必须要带，一定要紧紧扎成一团放在背包中，免得中途散开给自己带来危险。

徒步过河需要注意的要点

在考察了河流周围的环境之后再过河，这些说起来简单，但是做起来却是很有技巧性的，很多要点都需要我们慎重对待。

一定要借助工具，比如绳子、木材或者其他的材料。用绳子可以帮助你稳定身体，也可以直接滑着过河，用木材则主要是做拐杖或者是搭建简易的木桥等。

数人过河一定要有分工。比如有的人负责绳索的松紧度，有的负责保持平衡，相互之间必须要协调好，也要做好意外情况下的分工安排，确保过河的安全。如果三个人一同过河，最好是围成三角形，手臂肩膀互相扶持，身体也要紧靠在一起，保持稳固的三角形形状。体重最重的人应该在上游，以最大限度阻断河流。一般来讲，在普通的河流中用这样的方法过河是非常可行的。如果是三个以上的人一起过河，最好是能排成直线，前面的人带领后面的人，每一步都需要几个人协调好，千万要避免因为一个人的不小心而导致大家一起遭难的情况。

可以选用的过河方式。不同的河流、不同的人过河的方式都不同。一般来讲，基本的过河路线是一定的，大部分都采用斜线。身体要与河面形成一定的夹角，保证河流对你身体的冲击力降低到最小。这是借用了物理学中的合力的概念，哪个方向合力最小你就选择哪个方向。此外，为了保持平衡，有的时候你一定要拖着脚走路，迈步不要太大。

※ 如何穿越沼泽地

如果在野外的行进路线中必须经过沼泽地，要小心一定不要掉进去，因为跌落沼泽很可能丧命。切记不要惊慌失措，应冷静、谨慎地对待。

经过环境潮湿、苔藓遍布的地区，要特别留意。如果看到满布苔藓、表面平坦的地表或者是光秃秃的黑色平地，一定要小心，这些很可能就是危险的沼泽。如果有疑虑，可以在地面跺脚，看是否会产生水纹，也可以通过投石的方法辨别。

通过沼泽地区时要掌握一些基本技巧，要选择有东西可以抓或有地可踩的地方行进。抓那些生长在硬地的结实的大树干，避免抓岸边的枯树树枝或不坚固的浅草。抓的时候要用按的方式而不是拉。要选择基础坚实的石头或草丛踩，避免踩在潮湿的岩石或水里的浮石上。行走时，不要踏在前面的人留下的脚印上，每个人之间要保持一定的距离。

如果不幸跌落沼泽，保持冷静，一定不要慌张。脱离沼泽的办法和脱离流沙一样，不要盲目挣扎，而是身体往后仰，采取平躺的姿势，张开双臂，让身体和沼泽保持最大的接触面积，慢慢游回岸边。如果感到乏力，也要张开四肢，保持静止。如果跌落地点离岸边较近，可以翻滚身体，挣扎到岸边。如果来不及平躺，要抓住背包，因为背包沉得比较慢。其他队员在施救时，可以将绳子捆成环状向沼泽扔去。也可以用木板平铺在被困者身边，让他趴在木板上缓慢前进，直到把他拖到岸边。

如果被水冲走，要调整身体，脚朝流向，保护头部避免撞击。等到达水流和缓处再向岸边游。在水面下挣扎时要屏住呼吸，等到可以冒出水面再换气。

把落水队员救起后，要转移到避风场所。因为沼泽地区通常天气阴冷潮湿，如果身上的衣服又浸湿了很容易被冻伤。山洞、矮小的树丛、圈养牲畜的棚等都是很好的避风场所。可以收集雨水或雪水饮用。如果是暴风雨（雪）天气或能见度非常低，最好不要冒险继续行进。

总而言之，在遇到陷入沼泽的危险时，要沉着应对，保存体力的同时注意观察，抓住每一个可能获救的机会。

※ 节省体力的步行法

在野外执行任务或者从事其他活动时，由于活动范围特别广、活动时间特别长，因此必须在行进过程中掌握一些节省体力的方法。其实一般人在走路过程中是不会考虑这个问题，但是对于野外执行任务的人来讲，是否掌握节省体力的方法直接影响着能否高效率地完成工作任务。因此，在漫长的征途中，你务必要学会各种节省体力的方法。

方法一：行走过程中要学会调整自己的肢体动作

在行进过程中一定要注意不可以大步前进，虽然在很多时候大步流星让人觉得有力量。但是，野外行进更要有耐力，要使自己的体力保存到你完成任务。因此，要注意步子适中，迈步轻快松缓，这可以在不影响速度的基础上缓解腿部肌肉，节省体力。此外，还要尽量让自己的行走过程变得自然顺畅，而不是给身体带来疲劳和负担。要做到这一点就要努力控制自己肢体的活动，不要使双腿过度疲劳，也要借助双脚、双臂等部位，分散行走过程中的压力。另外，要学会利用腰部、背部的力量来支撑身体，保证腿部有足够的力量继续前进。

走路的过程中还要注意最好是拖着步走路，脚不要太高，迈步时大腿也不要太高，这样可以节省很多不必要浪费的体力。在爬山或者向高的地方前进时，最好是用手协助身体前进，这样既安全又省力。这个过程中最好还要将自己的重心压低，具体来讲就是身体低伏，背部放松前倾，腿部稍微弯曲，头和手臂放低，整个重心都稳在下半身，这样走路会更加平稳和省力。

方法二：行走过程中要学会调节自己的各个器官

学会调节自己的各个器官可以使你不会那么快就体力衰竭。这里所说的各项器官主要是呼吸器官。要确保呼吸与自己的步伐相协调。这时，你轻松有节奏的步伐与均匀放松的呼吸会让你在整个行进过程中感到轻松。

有些人在行进过程中喜欢一直憋着气，这是不好的习惯，憋气会让你呼吸困难，最终影响前进。因此，你一定要在行走过程中学会呼吸，一步一呼吸或者两步一呼吸就看你哪样更舒适。如果实在感到疲劳，可以采取大口向外吐气的方法，绵长的气息从体内呼出有利于全身心的放松。但是这个过程一定不能太急躁，呼吸一定要平稳，防止岔气。

不要一直张着嘴巴呼吸，否则会口干舌燥，影响进程。当然最好是不说话，说话时整个面部都会有牵连，且极度消耗氧气，会给呼吸道、肺部造成很大的负担，有的人说话多了直接影响正常呼吸。因此，大声说话、长时间说话、心浮气躁这些都是必须要避免的。

方法三：行走过程中保持良好的精神状态

良好的精神状态是指你心情愉快放松，精神处于最佳状态。不要因为一些外界的事情而担忧或者焦虑，更不要急于求成，否则只会使你在行进过程中觉得路途遥不可及。

方法四：行走过程中借助外力缓解疲劳

在行进的过程中，要适当补充食物和水以及糖分，这些都可以增强你的体力，当然不要过多携带，否则会造成身体的负担。在行进过程中可以找些轻便坚固的木棍做拐杖，以帮助自己走得更加平稳。此外，任何可以帮助你行进的东西都要尽量准备充分一点，甚至是缓解疲劳的滴眼液、润唇膏等等。此外，为了放松身体，可以适当放松鞋带、腰带以及其他勒紧身体的东西，当然最好不要脱鞋，适当对脚部进行按摩即可。

第 7 章

野营装备

在野营过程中，人们的活动常常会受到一些自然力的支配和影响，如日出日落、天气变化、地理位置、最近的水源以及燃料的供应等。野营的地点选择固然十分关键，而野营的舒适与否又不完全取决于营地，各种各样的装备往往有着极为重要的作用。一次舒适的野营取决于你在选择扎营地点、搭建帐篷、生火和确定路线等方面的技巧。

选择营地

世界上很少有十分完美的营地，因此在实际选择营地时你得在一定程度上做出取舍。选择营地时优先考虑的因素有：你将在营地驻扎多久、你所搭建的帐篷有多大等。在选择的过程中，你心中最好有一个大致的选择标准，以便更清楚自己需要注意哪些方面。

※ 勘察

对于一次长期的野营来说，特别是人数较多的团队，你需要事先做一个详细的计划并在整个团队到达之前预先进行实地勘察。如果选择在一片私人领地上扎营，你得事先得到主人的允许。其实，无论是勘察专门的营地还是在野外，需要注意的事项都是差不多的。

↓ 如果你是在一个有潮汐的水域边扎营，一定要把营地选在高于涨潮标记的地方。

↑ 在河边扎营通常不会很安静。同时你必须要确定在涨潮时，你的营地不会受到丝毫影响。

※ 何时勘察

如果你将在某个地方过夜，那么你应该在天黑以前的两三个小时就开始选择合适的营地。这样就可留下一段时间将帐篷搭建好并准备好食物。如果你在前往目的地的途中发现某个地点景色非常怡人，你也可以在那个地方逗留一番。当你错过了一个好的地方，而前方的地形又不适合作为营地，那么你也可以原路返回原来那个适合作为营地的地点。

※ 勘察要素

选择营地的首要原则就是要尽量避免任何极端情况。在气候炎热的国家，营地应该选在有树荫的地方。而在气候寒冷的地区，选择营地的首要考虑因素是背风。合适的营地应该是比较干燥的，这也就是说应该选择地势相对较高的地方作为扎营地点。这样一来，你不仅能避免潮湿的沼泽地，而且还不会将自己置于一个冷风窝

↑ 树根已被严重破坏的树木很可能被强风刮倒，因此将帐篷设置在这种树木附近是非常危险的。

↓ 在天气炎热的国家，如果营地边有一片树荫将是一个很大的优势。如果你想使用某个人气比较高的营地，最好事先预订。

■选择营地时的注意事项

选择合适的营地时，首先要考虑的是：该地是否能避开风的吹袭以及附近是否有可供饮用的水源。满足了这两个基本条件后，根据你所在的地区和当时的具体情况，还应注意到下列事项：

⊙地面应该较为平整，不能有太多的碎石和枝杈，以免损坏防潮垫和睡垫。

⊙山谷或洞穴不适宜做为营地，因为这种地形在夜晚就如同一个风窝。

⊙干涸的河道不能做为营地，因为有时候洪水会出人意料地来临。

⊙沼泽地或看似沼泽地的地方是绝不能做营地的。

⊙确认一下在该地扎营是否需要有关机构或人员的许可并且支付一定的费用。

⊙帐篷桩和支索应该能够较容易地钉入地里。

⊙营帐周围不应该有树木、石墙以及其他结构松散的石头建筑，以免其突然坍塌压到营帐。

⊙如果营地靠近某个水域，营帐一定要驻扎在高于最高涨潮点的位置，而且你得确定该水域没有鳄鱼等危险动物出没。

⊙营地的周围不应该有虫蚁以及蛇类的洞穴或灌木丛。

⊙在气候炎热的地区，应选择有足够树荫的地方做营地。

⊙营帐不宜太过靠近水源或湿地，因为这些地方夜间多蚊虫且易招引野兽。

⊙营地周围应有充足的柴火。除非这一地区允许伐木，否则你只能捡一些地上的枯树枝来生火。

⊙你所选择的营地不应该是当地人放养家畜的地方。通常，这些地方的地面上会有一些残留物，如粪便。

⊙你所打算驻扎的营地不应该有家畜的出没以及任何活动痕迹。

⊙如果是在山区，营地绝对不能驻扎在可能会有雪崩或泥石流的地方。

⊙如果地面已被厚厚的雪所覆盖，你得用滑雪杆竖直插入雪地，以检验该地面是否足够坚实。

之中。如果风很大，你应该让帐篷的门背对着风。

如果营地处有水源将是一个优势，但是你得确认一下该水源的来源。你不能够仅凭当地人饮用该水，就得出能够安全饮用的结论。除非你有十分确定的证据证明该水源是安全的，否则你都应该相应地做些水的净化处理。千万不要将帐篷驻扎在太靠近水源的地方，比如说小溪，因为晚上靠近水源的地方通常会有很多的蚊虫。而且水源边上还可能会有动物出没饮水。

如果某地的治安较差，有抢劫和盗窃的记录，你最好向当地的警察局询问一下安全的扎营地点。有时，他们会向你们提供一块在他们的有效控制区内的营地。如果你将在某个地方停留较长一段时间，则要尽量和当地的老百姓建立良好关系。特别是要与当地的政府搞好关系，因为你们

↑ 如果你不得不在树林中扎营，应选择地面上无腐烂的树枝树叶的地点作为营地。

↑ 对营地的周围情况应做一定了解，某河道可能会由于几十千米外的上游下大雨而发大水。

在该地停留期间，在物资供应及调解纠纷方面肯定需要他们的帮助。

布置营地

营地的具体布置方法取决于营地的所在位置、天气状况、帐篷的大小以及个人喜好等因素。但是，出于为了野营者的人身安全考虑，有一些不变的黄金法则值得人们去遵循。

※ 帐篷的位置

帐篷的搭建应该遵循背对盛行风向的原则。如果有可能的话，可以利用树木或者灌木来作为一道天然的挡风屏障。如果该地区的气候比较炎热，那么帐篷还应该搭建在树荫的下面。但同时你也应该注意，树木上可能会有一些枯枝断杈掉下。此外，睡觉和休息区域应远离煮食区和如厕区。如果该地区盛行某种风向的话，睡觉区还应处在煮饭区的风向的上游。

※ 如厕区

如果你所在营地没有固定的厕所，那你就得在远离睡觉和煮食区的顺风处自行搭建一个临时的如厕区——利用天然的屏障或用帆布或防潮布围起一块区域。你可以用铲子或刀在地上挖一个小坑，作为大便的地方。排泄完毕后，用土将排泄物覆盖，并将厕纸烧掉。小便处则应设置在另外一个不同的地方。同样地，你也可以挖一条小沟，作为小便的地方。每次小便完之后，也用泥土将其覆盖。需要注意的是，每次方便完之后都要用泥土将其盖好，否则排泄大小便的地方很容易滋生微生物和细菌。

※ 盥洗处

如果你需要设置一个洗衣服的区域，则该区域应远离睡觉和煮食区。晾衣服的绳子

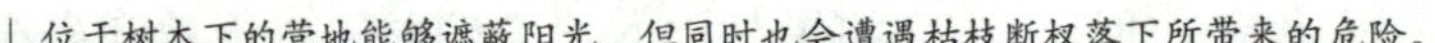

↓ 位于树木下的营地能够遮蔽阳光，但同时也会遭遇枯枝断杈落下所带来的危险。

风向
树木和灌木丛所提供的掩蔽
背对盛行风向的帐篷门
睡觉区
如厕区
社交或游戏区
准备食物的帐篷
由树木和帆布或防
潮布所提供的掩蔽
营火
准备好的食物
洗餐具和洗衣服的位置
炊具
煮食区
存放食物的帐篷
洗漱的位置
垃圾箱
取饮用水的位置

应安置在夜间人员走动较少的区域。

※ 营火的位置

营火的位置应该距帐篷一定的距离，以免柴火燃烧时爆出的火星把帐篷烧出小洞。此外，生火的位置应位于帐篷的顺风处，并要远离树木和灌木丛。

※ 食物准备区

准备食物的区域应距离睡觉的区域一定距离，以防夜间动物被食物引诱所发出的响动影响到你的休息。同时，也远离被食物的香气所吸引的苍蝇。如果可能的话，最好在煮饭地点的附近单独搭建一个用于存放食物的小帐篷。切记不要将食物放在睡觉的帐篷里面。

※ 社交中心

在远离睡觉和煮食的地方，可以选择一个大家一起做事、聊天或进行其他活动的场所。这一区域也就是整个野营团队的社交中心。每一个在此区域活动的成员都有义务保持该区域的整洁。

※ 泊车区域

一些大型的野营营地往往会有正规的通车路径。如果你们的团队是自己驱车前往的，那么在布置营地的时候要记得预留出一块地作为泊车之用。需要提醒的是：不要开车围着营地打转，以免造成不该发生的事故。

搭建帐篷

一旦完成了营地勘察之后，你就可以开始搭建帐篷了。不论是什么类型的帐篷，你都需要遵循大致相同的搭建方法。首先，你应该按照帐篷制造商所提供的使用说明书上的步骤来搭建帐篷，特别是在首次搭建帐篷的情况下。当然，如果上一次搭建帐篷的经历距今已有很长一段时间，你需要再次熟悉搭建帐篷的步骤。

建议你在出行前练习一下搭建帐篷的步骤（你可以在自己的院子或其他空地上进行练习），以便能够及时解决自己所碰到的问题并在正式旅行中迅速完成搭建帐篷的任务。在旅行途中，你有可能会遇到天气比较糟糕的日子。你可能不得不在风雨交加时搭建帐篷。因此，如果你能事先熟悉搭建帐篷的步骤和技巧，就会更得心应手了。如果你每次搭建帐篷的时候都遵循完全一致的步骤，经过多次重复之后，整个搭建帐篷的过程就会变得十分自如。

如果你所使用的帐篷是棉质的，在正式使用之前，最好先把它搭起来，弄湿，然后让其自然干燥。

※ 检查地面

搭帐篷的时候，第一件要做的事就是检查一下你打算扎营的那块地面。扎营的地面必须平整，不能有可能会积水的坑洼。该地的土质是否能让你轻易地将帐篷桩打入其中，你所选择的地块是否有很好的屏障来遮蔽大风。当然，帐篷也不能太过靠近屏障物，以免被屏障物上掉下的东西砸到。当你对该地块的位置感到基本满意后，下一步要做的是就是清除地面上的石头和树枝等尖利的物体，以免戳破防潮垫。此外，如果地面上有比较明显的隆起的小土块，最好将其整平。

※ 各部件的组装

如果你所用的是一顶新帐篷，搭建的时候最好先阅读一下说明书并检查零件是否齐全。大多数帐篷的搭建都是按照先搭内帐后搭外帐的顺序，当然也并不全都如此，因此你最好还是先查阅一下使用说明书。一般来说，搭建帐篷的第一个步骤总是先组装帐篷杆和帐篷桩。然后，根据不同的帐篷类型，搭建的步骤可能会有所不同。搭建帐篷的时候，要确保将所有的拉链全都合上。

现在的帐篷，尤其是穹顶帐篷，帐篷杆都比较细。为了使帐篷更为稳固，可以

※ 搭建穹顶帐篷

1. 检查一下是否已备齐了所有的帐篷零部件。如果该帐篷分内帐和外帐，则将两者连接起来。务必确保所有的拉链都要拉上。

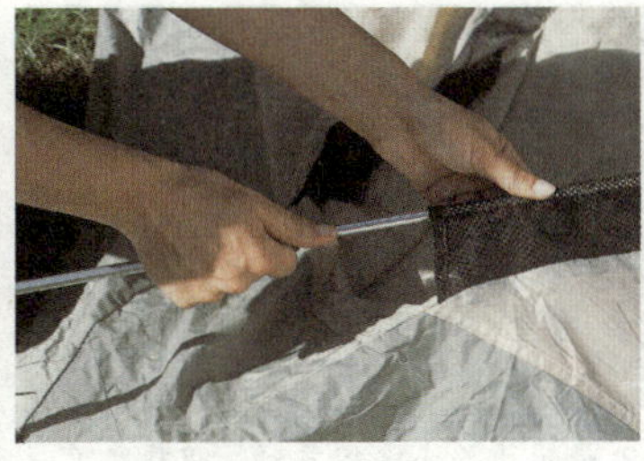

2. 组装帐篷杆——将其塞进帐篷的套筒里面（很容易推入）。

3. 将帐篷杆的末端固定在帐篷桩上，以便将整顶帐篷支撑起来。

4. 将内帐的帐篷杆向外拉伸，并将其与帐篷桩固定在一起。然后，使劲将帐篷桩按入地面，确保它不会被大风轻易拔起。

5. 将外帐的帐篷杆向外拉伸，并与帐篷桩固定在一起，再检查内帐是否正确连接。如果你要重新固定帐篷桩的位置，可借助另一根帐篷桩将其拔出来。

6. 将所有剩余的定绳都固定在帐篷桩上，然后将多余的帐篷桩收起来放好。

↓ 穹顶帐篷十分牢固，但是一旦其中的一根帐篷杆断了，其牢固性就会大打折扣。

※ 搭建山脊帐篷

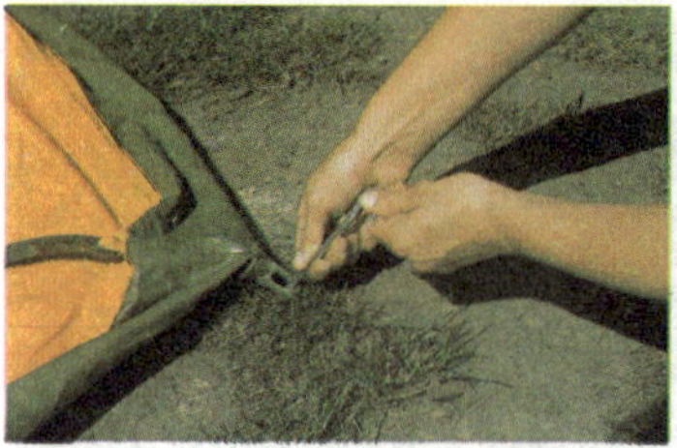

1. 将帐篷从包中拿出，查看一下是否所有的部件都已齐全。然后将内帐平铺在地面上，并将帐篷的四个角用帐篷桩固定在地面上。

2. 将帐篷的支架组装好。组装之前，务必弄清楚每根帐篷杆之间的相互连接位置，否则是很难装上去的。

3. 将内帐挂到组装完毕的支架上。然后将外帐覆盖到支架上面，并在需要的部位与内帐相连接。

4. 如同内帐的四个角一样，将外帐上的定绳也用帐篷桩固定在地面上。在实施这一步骤时，务必将有拉链的地方拉上。

5. 外帐上的所有定绳和支索都固定完毕后，外帐应当被完全撑开，并且不会和内帐相接触。

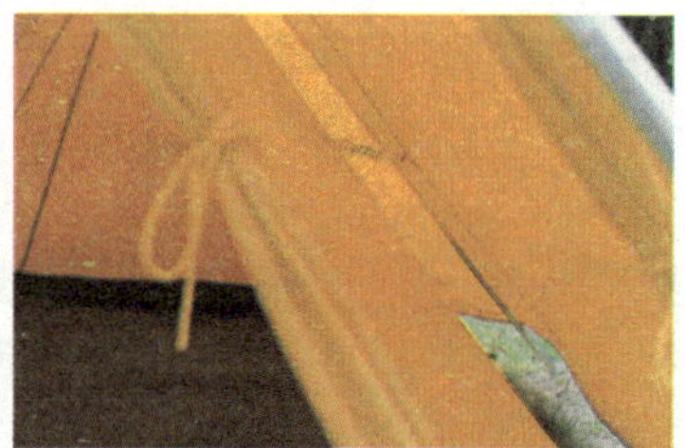

6. 帐篷门的拉链应该被拉开，以利于空气的流通。外帐支索的固定位置可以重新调整。务必要使内外帐不相接触。

↑ 这种传统的山脊帐篷在野外探险活动中使用十分普通，其优点是易于搭建、能够适应各种恶劣的天气状况。

※ 搭建家庭帐篷

1. 将帐篷从包裹中取出，按照说明书检查上面标明的配件是否齐全——帐篷桩、内帐、外帐、帐篷杆以及支索等。

2. 举起帐篷杆将整顶帐篷铺展开来。

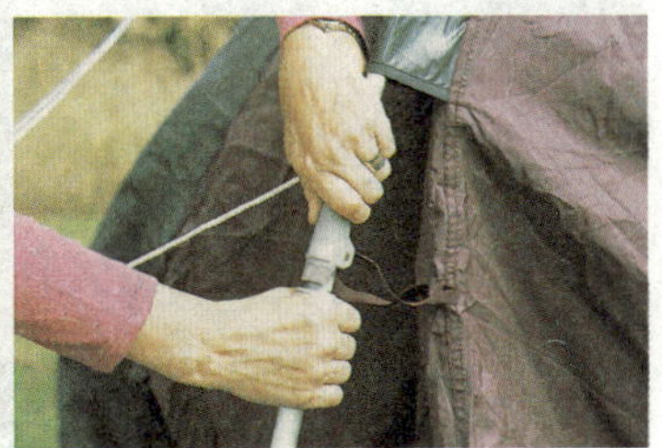

3. 固定好各个连接点，树起帐篷的整个支架。

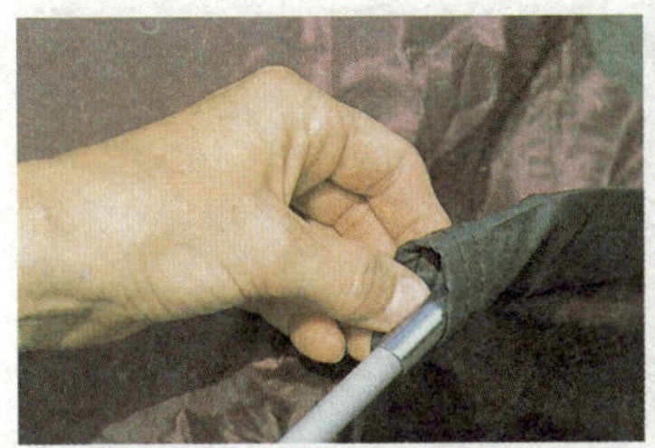

4. 将一些另外的帐篷杆推进帐篷的筒套里面，这一框架所构成的是帐篷的门。该过程中，注意不要将帐篷布或帐篷杆弄坏。

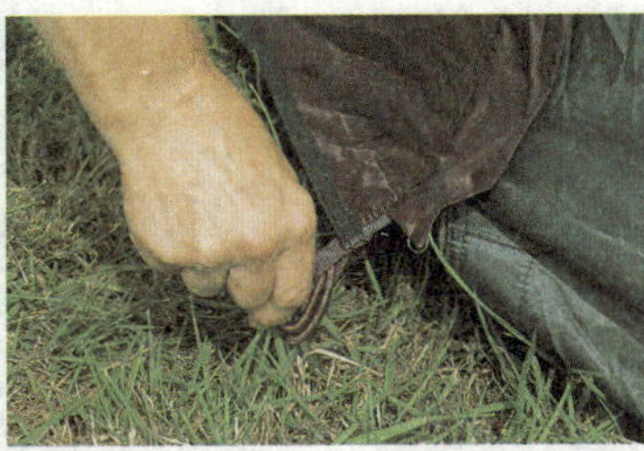

5. 将帐篷四周的支索都牢牢地固定于帐篷桩上。

6. 如果在帐篷外还要罩上一层防雨层，则应先将防雨层与内帐连接好后，再固定支索。

↑ 你搭建帐篷的时候可能风和日丽，但是即便如此，你仍应该固定好所有的支索以防天气变化。

1．将帐篷取出包裹，并检查零件是否齐全。

2．将主帐篷翻转过来展开在地面上。

3．将帐篷的横梁套进主帐的筒套或绳圈里面。

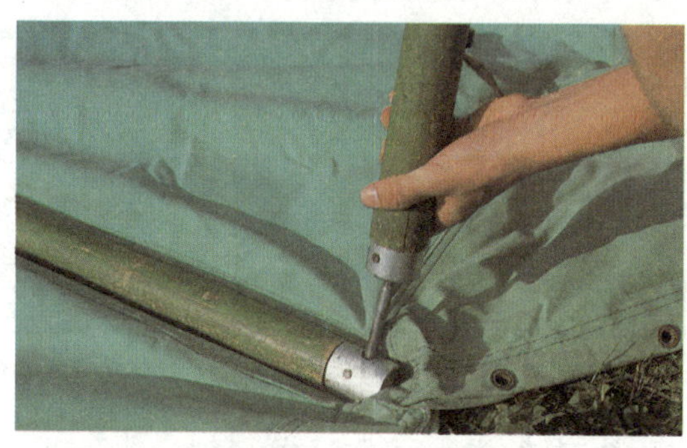

4．将支杆上的长钉套入横梁两端的孔眼里面。

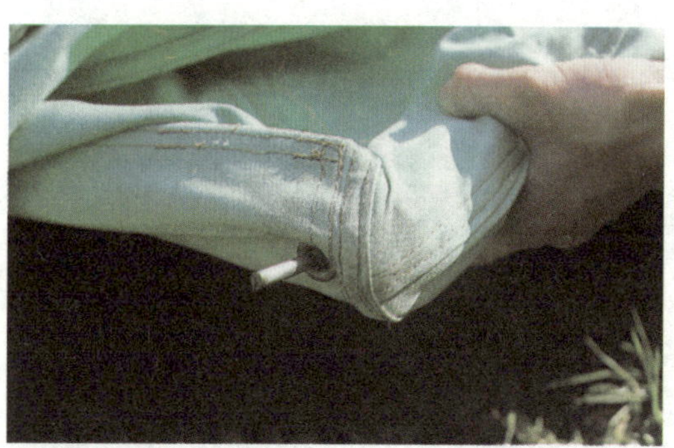

5．将长钉穿出帆布帐篷的加固孔。

6．将帐篷翻转过来，并系上主要的支索。

7．每个人抓住横梁的一头，将帐篷竖立起来。

8．用木桩标出支索将被固定的位置，以便让整个帐篷的支架立起来。

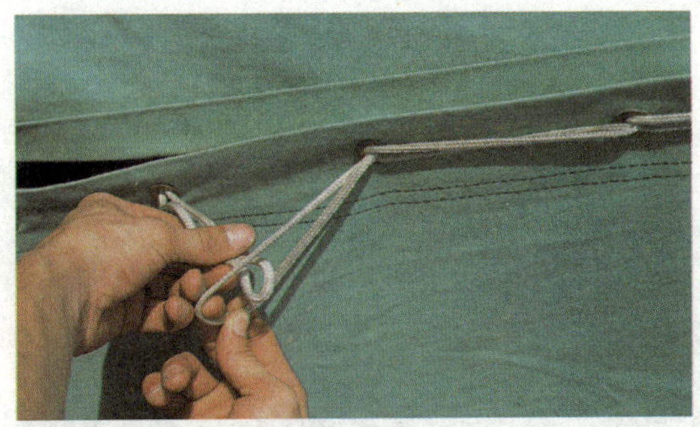

9. 将帐篷门的拉链或绳结系紧。

10. 用木桩标出帐篷边墙的固定位置。

11. 将帐篷边墙的支索固定于木桩上。

12. 检查整个帐篷。如果该帐篷没有内置防潮垫，那就需要再在帐篷里面铺上一层防潮垫。

在每根帐篷杆的连接处缠绕一些绷带。这样可以有效地防止这些连接处在强风的侵袭下被抻开。

建立大本营

对于一次时间较长或人数较多的探险活动来说，在艰险的地形上从事一些极具挑战性的活动肯定要涉及到众多的装备。为此，你们有必要建一个大本营作为半永久性的物资供应基地。从这个“大本营”出发，你就可以携带更少的行囊从事探险活动了，比如徒步穿越一片原野、登山或者考古考察等活动。一些探险过程中用不着的物品都可以存放在大本营的营帐里面。大本营扮演着一个通信中心和物资供应中心的角色。大本营的扎营地点应该选在车辆可以到达的区域，并且该地的各方面条件应该都能够提供一个相对比较舒适的环境。

用做大本营的帐篷更大也更重，搭建这种营帐自然要比搭建普通的临时性帐篷复杂多了。此外，你还得搭建相对正规的煮食区、如厕区并指定处理垃圾的临时场所。

※ 大本营中的日常事宜

为了更便于处理大本营中的日常事务，你最好制订一套每个成员都能遵守的合理而又简单的规章。如果你们的团队人数较多，则最好将每日的用餐时间、开会或计划活动等事项张贴于帐篷的墙上。除了以上这些事项外，你们还可以规定一个晚上的熄灯时间和白天的休息时间，以便让那些想睡觉和休息的人有一个安静的环境。当然，这些规定要得到切实的执行才有意义。特别是当你们的营地离其他一个团队很近的时候，更要有比较规律的作息时间和活动安排，以免打扰到别人。

↑ 一个大本营的搭建包含许多不同的细节。因此，在你搭建任何一顶帐篷之前，都应该先做一个关于营地布置的详细规划。

※ 营地的安全

如果你们的团队人数众多，且不时会有成员离开或回到营地（有时在夜间），那么你应该制订一个方案，以使你能够清楚各个成员所处的位置及目前营地中有哪些成员等。这不仅仅是一种确保团队成员人身安全的措施（能够让你在任何时候都知道各个团队成员的所在方位），而且也能让你准确地准备所需的食物数量。

当所有或绝大多数的团队成员都准备离开大本营的时候，你最好雇佣一个当地人来帮你们照看营帐。

※ 食物的准备

在营地的食物准备区，卫生是最重要的事。营地中准备食物的器具务必要保持干净，每天的垃圾都应及时处理掉，以免招来苍蝇及其他蚊虫。食物卫生如果不合格的话将很有可能导致大家都生病，在一些热带地区尤其容易发生这类事件。

所有的餐具和橱具每天都要用热水烫洗。炉子上的水壶最好时刻都烧着，以备随时取用。

如果可能的话，最好搭一个简易的架子用来摆放餐具、厨具和所有的食物。这

← 一个长期驻扎的营地地点必须要谨慎地选择，该地应该能够较容易得到物资补给，并且要有相对完善的洗漱和方便设施。

↑ 在一个人数较多的营地里面，有必要指定一两个人专门负责准备全体成员的一日三餐。

比直接放在地面上要卫生多了。而且在桌子上准备食物也要比蹲在地上轻松得多。所有新鲜的食物都要存放在密闭的容器或保鲜盒里面。

如果你打算将食物直接放在营火上烤，你得把柴火堆放得整齐一些。储水的容器应该时刻都装有水，并要分别标明饮用水和洗漱用水。

※ 垃圾的填埋

对于一个需要长期驻扎的营地来说，不乱扔垃圾是一件很重要的事情。食物的残渣会招引某些动物和苍蝇。为了处理营地的垃圾，建议你在营地挖两个深约60厘米的坑：一个用于填埋固体垃圾，如压扁的罐头盒；另一个用于处理食物残渣和废水。

每次将固体垃圾扔进坑后，都要记得用泥土将其掩盖，以防招引虫蚁。在填埋垃圾的地方应该插上一定的标记，以免有人不小心踩到上面。在处理空罐头盒和包装袋的时候，能焚化的就焚化，不能焚化的则将其压

■垃圾的焚烧

并不是所有的垃圾都适合放入营火中焚烧。特别是对于一个人数众多且又将长期驻扎的营地来说，最好有一个专门的焚化炉来处理垃圾。当然，该焚化炉的位置应远离营帐。这种焚化炉可以是专门用于处理花园垃圾的普通镀锌焚化炉；也可以利用一个废弃的油桶——在桶壁上戳一些小孔，以利于焚烧垃圾所产生的烟能够更有规律地向四周散出。垃圾燃烧后剩下的灰烬可埋于小坑中，用做固体肥料。

↓ 每天召集所有的团队成员开一次例会讨论一下当日的活动安排，这样会使大本营中各种日常事宜的进行更为顺利。

↑ 轻装野营探险能够使你的行动更自由，让你探寻到常人不能到达的地方。

扁以减小体积。

用于处理食物残渣的坑的表面应盖上一层蕨草，以过滤煮食物的废水中的残渣。这些过滤出来的残渣每天都应该用火焚烧掉。

轻装野营

所谓轻装野营，也就是一种将你所携带的野营装备减少到最低程度的野营类型，使你能够独自轻松地背负起自己的行囊。轻装野营所要求的装备都是用轻质材料制成的，能够装在背包以及独木舟或摩托车上的筐里面。

※ 将行李的重量减少到最小

轻装野营原本就是一种活动项目，但是很多人都将其作为进行其他活动的行李携带方式，如徒步、骑自行车或划艇。据一些轻装野营爱好者说，一次周末的轻装探险活动，你所携带的行李重量不应该超过 9 千克。要将你的行囊严格控制在这一重量之内是需要一定经验的。当然，如果你不是单人行动，而是有同伴随行，那么这一标准就比较容易达到了。因为有许多物品都只需要携带单份就够了，如帐篷、炉子、燃料和炊具等，同时你们又可以共同分担这些物品的重量。

■减少你的装备

自行车或皮划艇超载后不易平稳，从而大大增加了危险指数；而在徒步旅行的情况下，如果你背负过重的行囊，也会让你不堪重负，从而破坏旅行的兴致。

你所携带的装备重量最重不应该超过 11 千克，最好是控制在 9 千克左右。

当你将所有的装备都堆在一起的时候，你得对这些装备进行取舍，以减少所携带的行囊重量。

⊙眼前的这些装备是否都必要。

⊙你是否需要一些容器来放置其中的一些装备。

⊙你所需的洗漱用品是否齐全，肥皂和牙膏是否可以带更小体积的那种。

⊙你是否需要刀叉汤匙等餐具，或者仅仅一个汤匙就够了。

⊙你是否真的需要那些你打算携带的衣物。

※ 装备的选择

你所需要的野营装备既应该符合轻巧的标准，同时还必须有最佳的性能。这也就是说你所购买的野营装备不能太便宜。当然，越轻的东西也越容易被弄坏，因此你务必要严格按照使用说明书上的要求小心地使用和存放这些装备。

轻便旅行的技巧在于合理地选择你所携带的装备。在做这一决定之前，你得仔细考虑一下自己将前往什么地方以及该地的地形状况等因素。然后再根据这些问题来做出恰当的选择，以避免携带一些不必要的物件。当然，你的旅行经验越丰富，你就越清楚到底应该携带哪些东西。建议你在每次轻装野营旅行之后，把你的所有装备归为三类：“经常使用”、“有时使用”和“从不使用”。被列入“从不使用”范围的物品，除一些急救物品外，其余的就可以排除在下次的旅行装备范围之外了。

同时，对于那些你在旅途中想使用而又没有携带的物品，你也应该列一个清单，以便下次旅行的时候可以增加进去。这样，经过多次旅行实践之后，你就能够很好地将自己的行囊控制在最小的限度内，同时又能带上一切必需的物品。

※ 帐篷

单层的隧道式帐篷采用一种既防水又透气的材料，并有灵活且又轻便的支架和杆子，但同时其价格也是比较贵的。比这种帐篷还要轻便的是军用的临时小帐篷：无需支架，仅仅简单地覆盖于睡袋之上。

尽管轻质的帐篷也可能会有比较结实耐磨的，但你还是得小心使用，特别是帐篷的防潮垫（通常都是很薄的）。如果你不小心将这种轻便帐篷搭建在有尖利的树枝或石头的地面上，你的帐篷就很容易被戳破。避免这种情况发生的方法之一就是在地面上先铺一块睡垫，然后再将帐篷搭在睡垫上。这样一来，你既能享受睡垫所带来的温暖，又能有效地保护帐篷的防潮垫。

↓ 如果你所选择的营地视野开阔，也就意味着你的营帐可能要完全暴露于风雨之中。因此，要考虑到所使用的轻质帐篷是否能够禁得住强风的侵袭。

■轻便装备

对于一次在温和气候条件下进行的为期 3 天的背包旅行来说，你需要携带下列个人装备。

⊙衬衫、长裤、袜子、内衣。
⊙皮质或纤维材料的旅游鞋。
⊙风衣。
⊙羊毛衫或抓毛绒衫。
⊙防水的上衣和长裤。
⊙帽子和手套。
⊙单人帐篷或军用的临时小帐篷及防潮垫。
⊙睡袋和隔热垫。
⊙轻便的背包。
⊙煤气炉和打火机。
⊙燃料。
⊙锅子、杯子及盖子。
⊙汤匙和刀叉。
⊙水壶和净水器。
⊙食物及存储食物的包装袋。
⊙哨子。
⊙手表。
⊙地图。
⊙指南针。
⊙急救箱。
⊙基本的救生工具。
⊙太阳镜和防晒霜。
⊙驱虫剂。
⊙洗漱用品。

※ 炊具

如果你是个地道的轻装野营者，你所携带的炊具应当是十分简单的。这意味着你必须谨慎地选择自己所携带的食物、餐具和炊具。也许你所应当携带的餐具仅限于一把小刀和一个汤匙。

如果你是在炉子上煮食物（且使用的是脱水食品），你得确保有足够的用于烧煮食物的锅。你所选择的锅的锅盖最好是比较扁平的，以便可以用做煎炸食物的平底锅。煮东西的时候要记得看一下食物包装袋上标明的烧煮时间，以免烧煮的时间过长，从而浪费燃料。

每一件物品的选择也许只能为你减少一点点的重量，但是将它们统统加起来就能为你减轻不少的重量了。

营地的安全和卫生

在野营期间，你得比在家里更注重安全和卫生问题，特别是当你们处在缺乏医疗设施的偏远地区的时候。每一个野营成员都应

↑ 食物的烧煮一定要在帐篷外面进行，当然也可以放在帐篷的门廊处。此外，炉子的燃料绝对不能存放在睡觉的帐篷里面。

↑ 如果你是露天睡的，注意不要太靠近火堆，以免晚上睡觉的时候翻滚到火堆里或者火星溅在身上。

该将自身的健康和安全问题放在第一位。

※ 保持营地整洁

一个整齐的营地会是一个安全的营地。鉴于此，在每晚睡觉之前，除了晚上和第二天一早就会用到的物品，你应该尽量把其他所有的东西都收拾好。

诸如斧头、砍刀、锯子之类的物品，在任何时候都不应该随地乱放。万一有人不小心跌倒在这些利器上，后果将不堪设想。因此，所有的工具在不使用的时候都应当放好。此外，晾衣服的绳子不要绑在人们经常要通过的两棵树之间。晚上的时候，最好在晾衣绳上挂一些浅颜色的东西，以便人们在夜间能够较容易地辨识。

※ 用火安全

如果你打算在营火上烧煮食物，你得确保柴火堆的安全性。在天气干燥的季节里点火时，要加倍小心，以免引起森林火灾。在火堆旁最好堆放一堆沙子或泥土，作为在紧急状况下的灭火器。

如果你是在煤气炉上烧煮食物，那千万不要把煤气炉放在睡觉的帐篷里。煤气应储存在避光的地方，远离火源、睡觉的区域。此外，不要在狭小密闭的空间里换煤气或把空煤气罐放在火堆上。

当你打算拔营离开的时候，一定要记得将火堆完全熄灭，不要留下任何火星。

※ 食物准备

营地中的某块区域应当专门作为准备食物的地方，这块地方需要保持格外的干净。准备食物之前，双手要洗干净；用来烧煮的水要先用净水器过滤一下；避免苍蝇落在食物上。在天气炎热的日子里，诸

→ 营地中准备食物的地方应该保持最高的卫生标准。厨房的垃圾要及时进行处理。

↑ 当你使用砍刀劈柴的时候，注意不要伤及周围的人。

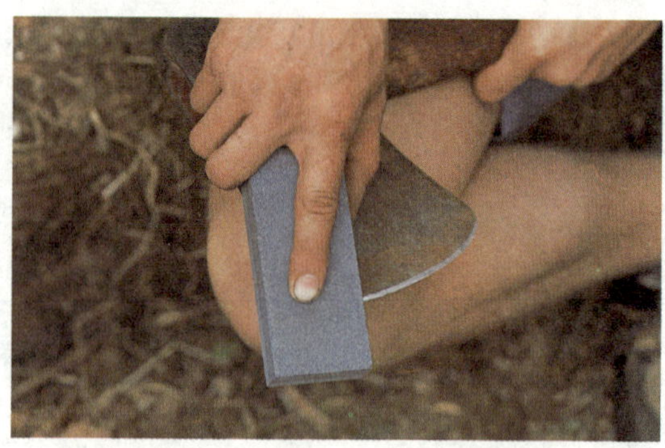

↑ 砍柴斧头得时常用磨刀石磨一下：锋利的刀用起来比钝刀更安全。

如鱼类这样的食物要在其新鲜的状态下尽快处理。此外，煮熟的食物不能放太久，否则会滋生细菌。

※ 垃圾处理

所有食物的废料和残渣都要及时地进行焚烧和填埋处理。如果没有地方填埋，可以将食物垃圾装在塑料袋里，扔进垃圾箱。存放垃圾的地点不能在睡觉的帐篷附近。而且处理食物残渣时，一定要记得将其用泥土掩盖，否则会招来野兽。

※ 帐篷卫生

如果你在某地的驻扎时间超过一个晚上，那么你得注意保持自己营帐的整洁和空气流通（如果天气条件允许）。如果帐篷并没有与防潮布缝在一起，你可以将帐篷墙壁的布掀起一点，以利于帐篷内空气的畅通。如果防潮布是和帐篷缝在一起的，那么只有打开帐篷的门来进行通风了。此外，每天都打扫一下自己的帐篷。每天都将睡袋拿到外面透透气，最好是在太阳底

↓ 在一个较大的营地中，帐篷与帐篷之前的空隙应稍微大一点，以免走在中间的时候被支索和木桩绊倒。

下晒一晒（至少1个小时）。晒完之后，将睡袋卷起来，等晚上睡觉时候再摊开来，以免有虫子爬到里面。

※ 方便与洗漱

你可在营地的某处挖一个坑作为排泄大便的场所，每次排泄完后都要用土掩盖。至于小便，最好另外再找一处。不能让洗东西的污水直接流进河流或湖泊，你最好挖一条渗水沟渠，让污水沿着这条沟渠排泄到河中，以利于过滤掉一些污染物和杂质。

个人卫生

个人卫生应当在旅途中引起人们的足够重视。特别是当你置身于某个卫生状况极差地区的时候，尤其要注重个人卫生，否则你极有可能感染某种疾病。如果是团队旅行，你的个人卫生还关系到全体成员的安危，因此，在旅行途中要尽可能地注意个人卫生问题。

※ 身体

如果有条件的话，最好每天都洗一个澡。洗澡的最佳时间是傍晚，也就是结束一天的行程或者营帐搭建完毕的时候。洗澡的时候，要特别注意清洁腋窝、腹股沟等部位，因为这些部位最容易因为白天长期受汗液的刺激而产生皮疹。耳朵后部也是需要注意清洁的地方。

↑ 使用这种专门的防水盥洗用品包能够使你更整齐地摆放各类盥洗用品，并有助于你方便地找到所需要的物品。

↑ 当你兴致盎然地在野外游玩时，你得比平时在家的时候更注重个人卫生。

如果用于洗澡的水极为有限，那么你就得减少肥皂或沐浴露的用量。因为如果肥皂或沐浴露的用量较多，而洗澡水又不够，那你就有可能洗不干净身上的肥皂水，而这又会对皮肤产生不利影响。

※ 脚部

千万不要光着脚在地上行走，以免脚被荆棘或石子戳破或者被虫子咬伤，致使行走不便。

当你结束了一天的行程或活动而准备休息时，第一件应该做的事便是洗脚。把脚放在火堆旁烤的时候要保持警醒，以免被火烧到。洗完脚后务必要擦干，并检查一下脚上是否有水泡。如果发现有任何水泡或伤口，一定要及时进行处理，以免伤口进一步恶化。此外，最好每天都能穿干净的袜子。

晚上睡觉的时候，应该将潮湿的鞋子放到帐篷外晾着。如果可能的话，最好在鞋子里塞一点报纸，以吸收潮气。此外，还要记得把里面的鞋垫拿出来。不要为了干得快而

■盥洗用品

如果将在野外驻扎较长一段时间，你应该带上个人的所有盥洗用品。从大本营出发进行短期的远足或探险时，你所携带的盥洗用品则应该简要。避免携带用玻璃瓶装的盥洗用品，以免在携带途中破碎。除了玻璃瓶外，其他任何易碎易爆的用品一概要避免。

将皮靴拿到火堆旁去烤，这样只会损伤皮靴的皮质。

※ 眼部

如果你将在某个多风沙的地区旅行，你得带上一些洗眼水。每天晚上，建议你用洗眼水洗一下眼睛。

如果你将前往某个气候干燥炎热的地方旅行，那么即便你平时是戴隐形眼镜的，此时也应该将其换成框架眼镜。因为戴隐形眼镜的时候，如果经常有灰尘进入眼镜，很容易导致眼睛发炎。

※ 牙齿

刷牙所用的水必须是净化过或消毒过的水。不要直接用河水来漱口，除非你确定该水源是干净无污染的。

※ 衣物

旅行途中及时换洗衣服是保持个人卫生的一个重要方面。旅途中是不可能携带太多衣服的，因此一有机会就应该把换下来的脏衣服洗掉，以免换洗不过来。内衣要宽松，且质地应是全棉的，利于吸汗。

无论是身上穿的衣服，还是随身携带的其他衣服，都要尽可能地保持干净。如果你带有足够多的衣服，则最好区分开白天与晚上睡觉时的衣服。在水资源有限的情况下，应优先洗袜子，以保证双脚处于较舒适的状态。

如果水资源丰富的话，你应该每隔一天就洗一次衣服。洗衣服所用的洗涤用品要尽量环保，避免污染水源。

如果所处的环境比较潮湿，你最好将睡袋和干净的衣服放在塑料袋里面。

如果所处的环境干燥且多灰尘，则衣物一定放在密闭的袋子里面，以免沙尘进入。脏衣服和干净的衣服要分别放在不同的袋子里。

■衣物的整理

带多少衣服以及带什么样的衣服取决于你自己的喜好、旅行的性质以及天气状况等因素。但是，在此过程中，你应尽量减少行李重量，同时确保有足够的衣服换洗。

⊙一有机会，就要把脏衣服及时洗掉，而不要等到所有的衣服都脏了，才想到要洗衣服。

⊙带一根绳子以及几个钉子，用来晾衣服。

⊙天然纤维衣料的衣服穿起来会更舒适，因为其具有更好的隔热性和吸汗性。

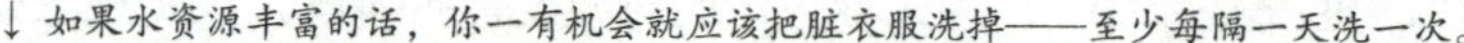

↓ 如果水资源丰富的话，你一有机会就应该把脏衣服洗掉——至少每隔一天洗一次。

建议你带上针线包，以便及时缝补衣物。如果是破掉的袜子，建议不要再穿了，因为缝补处会造成脚部不适。

营火

若要想顺利地燃起营火，一定少不了事先充足的准备。注意不要在那些树木交错丛生的林子或灌木丛里生火，以免引起火灾。在营火燃烧期间，你得一直注意安全问题。

无论采取何种生火方式，你都必须保证充足的燃料供应。通常生营火用的燃料都是木柴，某些动物粪便也可以作为燃料，只不过其燃烧时所发出的气味不太好闻。

当准备拔营起程的时候，你应该尽量

※“反射”营火的堆放

1. 如果你将要生营火的地方是一块草地，请先在草地上挖起一块草皮。生完火后再将该草皮重新填回原处。

2. 在清除草皮的地块处放一排干燥的柴火，以便将火与下面潮湿的泥土隔离。

3. 在柴火旁的地上斜插两根较粗的原木，然后在这两根倾斜的原木上再堆放一些原木，以便让木头将热量反射回火堆。

4. 当以上步骤都完成后，请再检查一下斜插在地上的两根原木是否稳固。

5. 在柴火堆的中央放一些引火物，然后将引火物点燃。之后，适时地向火堆添加一些柴火，使其持续燃烧。

6. 在火堆的燃烧过程中，一旁所堆放的一排倾斜的原木能够将火堆所散发的热量再重新反射回火堆。这样一来，烧煮食物时就能够获得更大的热量了。

将营火的痕迹清除干净（将柴火燃烧后所剩的灰烬掩埋掉），以恢复其原始状态。

※ 营火的用途

营火具有多种用途，最多的是用来取暖。当然，也有很多人使用营火来烧水或烤食物等。金字塔式的火堆是最易于堆放且最适合取暖的。但是，如果你想在营火上烧煮食物或水，恐怕还得在火堆上搭一个架子。

“反射”营火是最复杂和最花费时间的一种生火方式，但也是一种比较适合烧煮食物的营火，特别是同时烧很多人的食物时。在营火的一端放置一堆柴火或黏土，使其将热量反射回火堆。你可以在该营火上使用任

※“陷阱”营火的堆放

1. 在没有草皮的地面上平行地放置相距一定距离的两根原木。

2. 在两根原木间堆放些干燥的引火物，如干草、树皮或枯叶。

3. 然后在引火物上堆放一些柴火，将其摆放成金字塔形状。

4. 完成以上步骤后，检查一下柴堆的稳固性并清除火堆旁的一切易燃物。

5. 用火柴点燃引火物。待其开始燃烧后，再添加更多的干树枝，以便充分点燃上面堆放的柴火。

6. 之后，再适时地添加一些较粗的柴火。待金字塔状的柴火燃烧至倒塌后，才可以开始烧煮食物。

■安全贴士

⊙当人离开时，营火一定要熄灭。注意在燃烧中某根柴火可能突然坍塌，尽量避免损坏到你的食物或锅盆。

⊙在营火旁堆放一堆沙子或泥土，作为紧急情况下的灭火器使用。

⊙如果风力强劲，点火的时候要多用一些引火物。此外，柴火应堆放在营火的上风处。

何烧煮食物的方式，当然最适合的是烤鱼和烤肉。

“陷阱”营火是一种最适合于煮食物的营火类型。在生起这种营火之前，需要先搭一个简单的结构。在地上平行地放置两根较粗的原木，两根木头的间距大约为30厘米。然后在两根原木之间堆放柴火。堆放完毕后，就可以用引火物将柴堆点燃了。为了防止原木滚动，你可以在原木的外侧放上一块石头。

如果风力强劲，可以挖一处壕沟生火。建议挖掘壕沟的大小为长约90厘米，宽约30厘米，并在壕沟的四周围上一圈石头。烧煮食物的锅子可以放在这圈大石头所围成的灶台上。

除了上面这种方法外，你还可以尝试以下方法：用岩石块将火堆围住，以减慢热量散失，保存燃料。岩石上可放置器皿烧煮食物，另外，岩石散发的热量同样可以用来取暖。还可以用岩石垒成炕。注意：火堆边不可放置潮湿或带孔隙的岩石或石头，尤其是曾经浸泡在水中的岩石更要小心，它们在受热时可能爆炸。一切有裂缝、高度中空或表面易剥落的岩石都不可使用。如果它们含有水分，则膨胀速度更快，极易爆裂，迸溅出致命的碎片。

“星形”营火：把若干根原木的一头，并拢如星形，从中心点燃，然后一面烧一面把原木向里推，故而无需经常添加柴火。这种营火比较适合烧煮食物，且产生的热量也较大。

※ 易燃物和引火物

要想燃起营火，除了要有燃料，还必须有易燃物和引火物。易燃物和引火物有各自不同的用途。易燃物是作为点火的物质来点燃引火物，再由引火物去点燃燃料。虽说可

↓ 图示为“岩石”营火，顾名思义，是在即将生火的地方周围垒一圈岩石，以提高火堆的燃烧效率。

以跳过易燃物，而直接点燃引火物去生起营火，但是，这样一来，引火物的火焰通常会比较小。如果是在比较潮湿的环境下，柴火比较难被点燃。

易燃物

所谓易燃物，顾名思义，只要是容易被点燃的物质都可以作为易燃物。最好的易燃物是那种碰到一点火星就会燃烧的。如果你计划在途中生火，而又不确定天气是否会晴好，那么你最好提前准备好一些易燃物，以免到时候四周环境潮湿而找不到干燥的易燃物。有了易燃物你便可以根据自己的需要随时燃起营火了。

户外用品商店也出售一些人造的易燃物（火绒），但是你在野外能够找到多种天然易燃物，因此根本不需要花钱去买。在行进途中，你可以注意一下沿途是否有合适的易燃物，如果有的话，可以收集起来以备后用。如果天气干燥，可以直接将其装进塑料袋里。如果天气比较潮湿，则设法将其干燥后再行收藏。

引火物

作为引火物，一般都是木柴。最适于作为引火物的木柴是细小的干树枝。软木材比硬木材燃烧得更快（特别是那些含有树脂的软木材），但是燃烧时会产生噼里啪啦的声音，而且燃烧速度也比较快。这就意味着你需要有较多的软木材，才能点燃一堆较大的营火。引火物应当是一种比易燃物更粗大的燃料，同时又比作为营火主要燃料的柴火细小。引火物必须是干燥的，否则会需要更长的时间来燃烧。如果打算收集一些引火物以备后用，则要尽量将其装在能够防水的袋子里面，以防受潮。如果找不到干燥的引火物，你可以将那些潮湿的引火物的外皮剥去，其里面的部分会比较干燥一些。

易燃物和引火物的使用

易燃物的点火工具：火柴、打火机、打火石或火镰。当易燃物开始燃烧的时候，

↑ 干枯的碎树叶是一种理想的引火物。此外，松针和干草等也是不错的引火物。

↑ 干枯的松球果也可以作为引火物，因此如果发现地上有很多的话，可以收集一些。其缺点是燃烧时的火焰不是很大。

↑ 干燥的细树枝是一种理想的引火物。在使用之前，先将其掰成小段。

↑ 林地里的干树皮也可以用做引火物。但是不要从树上将树皮硬剥下来，否则会对树木造成损伤。

※ 制作“毛棍”

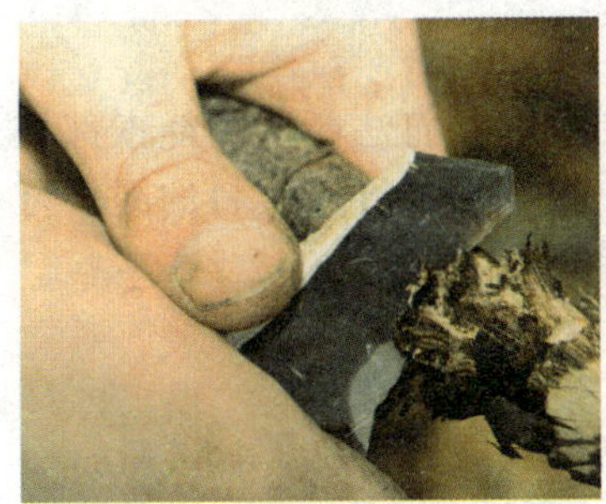

1. 如果你有可以用来削割的锋利的刀片，你可以采取这种方法：选择一根干燥的棍子，最好是桦树枝或者其他树脂含量较高的树枝。

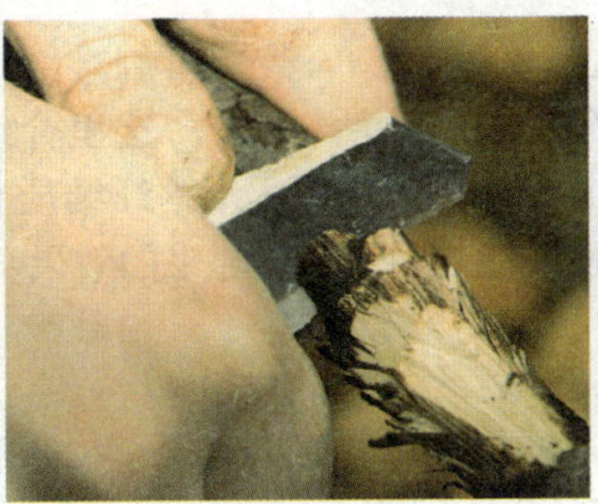

2. 在棍子表面进行削割，削出“毛片”，但不要削掉，就像鱼鳞似的。记住不要削到木质。

3. 通过削割出这种“鱼鳞”，棍子的表面就大大增加了。这意味着棍子更容易被点燃。

立刻将其靠近引火物，然后用引火物所产生的更大的火焰去点燃上面的柴堆。

※ 柴火的选择

如果你打算使用营火来烧煮食物，你就得了解一下各种不同木材的燃烧属性。要懂得辨别你所需要的柴火，并要确定自己有砍伐这类木柴的工具。

诸如电线杆、处理过的栅栏或建筑木材等木料是不适于用做营火燃料的。因为这些木材往往是经过化学处理的，在燃烧时会产生一些对人体有害的烟。因此，即使你看到这类木料，也不要用它们来做燃料。新鲜的竹子也不适合作为营火燃料，因为其内部所含的水分会使得其在燃烧时火星四溅。

不同的木材具有不同的 燃烧属性。有些木材的燃烧速度较快，且在燃烧过程中产生的热量不均衡。这类木材就比较适合用来烧煮食物。而燃烧速度较慢且产生热量较大的木材则适合用来烤食物。了解各种木材的燃烧属性将有助于你提高煮食效率，并能够节省燃料。如果你所准备的食物类型比较丰富，既有烧煮又有烧烤，那么最好采用不同的木材作为燃料。

硬木材通常被认为是最适合烤肉的燃料，因为其燃烧的持续时间长且产生的热量大（不要使用柳木作为烤肉的燃料，除非其十分干燥，因为柳木的含水量较多，燃烧时所产生的热量不够）。而软木材燃烧较快，只能用来烧煮。

无论是何种木材，都只能是干燥的枯木，这样才易于燃烧（岑树是一个例外，无论是干枯的树枝还是刚砍伐下来的树枝都很容易燃烧）。从地上拣起来的木材通常都是有些潮湿的，这样的木材燃烧起来会有一股难闻的气味，且产生的热量也不是很大（因为其所产生的热量有很大一部分用于蒸发燃料中所含的水分了）。相反，那些不是直接接触地面的木材就要干得多，也比较容易燃烧。

↓ 一般说来，小树枝和手腕粗细的木头是小木头，这是主要的燃料。

绳 结

以下所介绍的一些绳结都是在野外活动中非常有用的。建议你在出行前练习一下各种绳结的打法，以便到时候能熟练操作。这里介绍的绳结打法所用的绳索都是天然纤维质料的，合成纤维质料的绳子打起来的效果会稍差一些。

※ 称人结

称人结是一种十分牢固的绳结，可用做在登山时使用的绳套。绳结打好后，将两边拉紧会让其更牢固，但如果绳子太硬，太滑或弄湿后就不太牢了。

1. 在绳索的中间打一个绳环。

2. 将绳头穿过绳环的中间。

3. 绕过主绳。

4. 再次穿过绳环。

5. 将打结处拉紧便完成了。

※ 上西蒙结

该绳结可广泛应用于各种野营活动。那种光滑的合成绳索适合打这种绳结，而且拆解也比较容易。

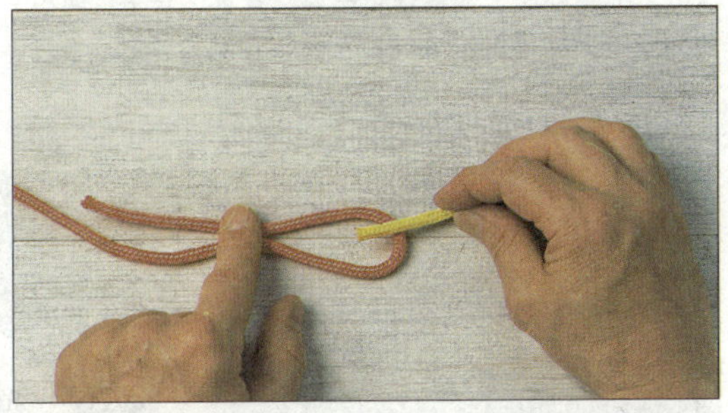

1. 将其中一根绳弯成一个线圈，将另一根绳子穿入本绳所构成的线圈当中。

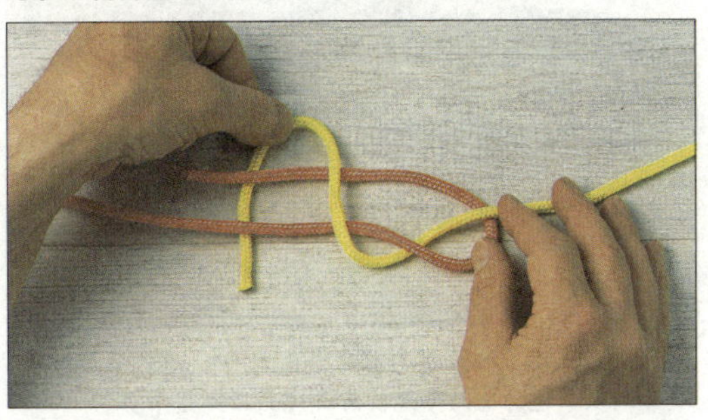

2. 然后将穿入线圈的这段绳子按如图所示折成 Z 字形。

3. 将 Z 字形绳子的左端从本绳的上面穿过线圈去。

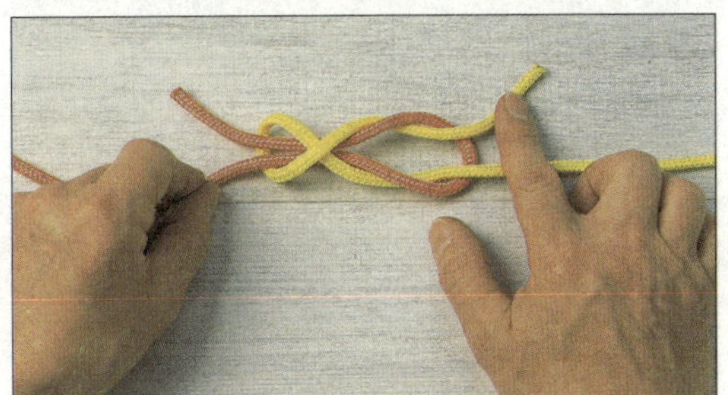

4. 这样，Z 字形绳子的两端都在一头了。将该结拉紧就可以了。

1. 完成与上西蒙结一样的前两个步骤后，将Z字形绳子的左端从本绳的下面穿过前面所说到的线圈中去。

2. 这样，Z字形绳子的两端都在一头了。将该结拉紧就完成了。

※ 下西蒙结

顾名思义，该绳结即上西蒙结的一个变形而已，但是要比上西蒙结更牢靠，且更适合于将两根材质不太相同的绳索结在一起。该结打法的步骤1和步骤2与上西蒙结完全一样。

※ 双套结

双套结适用于在物体上系绳子，简单实用。打结时把绳索两端拉紧，否则容易松开。

1. 如图打一个线圈。

2. 再打一个与前述相反方向的线圈。

3. 将两个线圈调整至大小大致相同，并将其靠拢。

4. 把右边的绳圈重叠在左边的绳圈上。

5. 直接套进物体，然后拉紧。

1. 抓住两条绳的各自一端，将其打一个半结。

2. 再打一个半结，将结头两边的绳子长短调整到大致相同，然后抓住两端的绳子将结头拉紧。

※ 平结

该绳结不容易打死结，能很轻松地解开，可用于连接两根绳子的末端，比如在急救中给绷带两端打结。不过只适用于绳结两端系有物体时，否则用力一拉结头就会松开。

※ 接绳结

接绳结在连接两条绳索时使用，打法简单，拆解容易，可用于材质、粗细不同的绳索。当两条绳索粗细不一样时，打的时候必须先固定粗绳，然后再与细绳相连。

1. 将一条绳索（粗绳）的末端对折，然后把另一条绳索（细绳）从对折绳圈的下方穿过。

2. 把穿过的绳头绕过对折的绳索一圈打结，然后握住两端绳头拉紧结。

※ 缩绳结

此绳结的主要用途是将长绳收短，以免因太长而要剪短，也可用此法加强对绳上容易磨损部位的保护。

1. 将绳子对折两次，按照你想要的长度来决定对折的幅度，使绳子形成如图所示的S形的两个线圈。

2. 打一个不完全的单结，也叫缠扎套结。

3. 将一个线圈穿过缠扎套结。

4. 将另一个线圈也穿过与其相对的缠扎套结。

5. 将两头线圈拉紧即可。

※ 抓结

该绳结主要用于攀登中的自我保护。抓结不受力时可沿主绳滑动，受力时会在主绳上卡住不动。

1. 将细绳对折，放在登山绳索上。

2. 将细绳的两端绕过登山绳索，再穿过细绳的线圈。

3. 将细绳的线圈拉松。

4. 将细绳的两端再次绕过登山绳索。

5. 然后，再次穿过细绳的线圈。

※ 圆环双半结

该绳结是一种结实可靠的结，可用于绑紧及拖拉物体，或加固帐篷的支索。登山的时候，可以使用此绳结来拖挂装备。挂重物之前，先检验一下绳子是否足够牢固。

1. 如图所示操作，将一绳穿过圆环之后，在其本身打一个双套结的活动绳套。

2. 将结头拉紧。

※ 渔人结或水结

这种绳结打法是将两根粗细大致相同的绳子套在一起。该绳结不适用于攀登或悬垂重物。

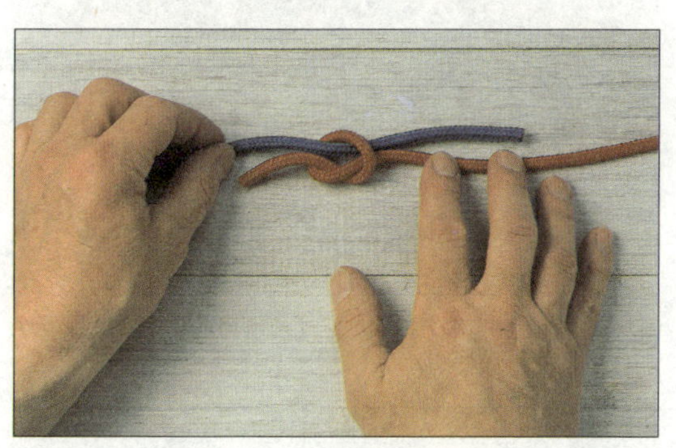

1. 将其中一根绳子的一端打一个较松的半结，然后将另一根绳子的一端穿入打好的结圈中。

2. 另一根绳子也同样打个半结。然后拉住两根绳子的一端向外拉，直至两个半结合在一起。

※ 两根绳索的连接

有些材质的绳索比较容易打滑，很难固定。下面就介绍一种用于连接两条易滑的绳索的打结方法。

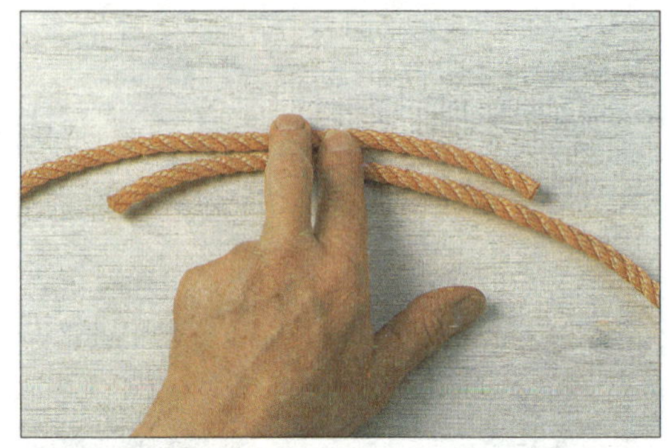

1. 将两条绳子平行地放在一起。

2. 将其中一根绳子的右端弯曲，并置于另一根绳子下面。

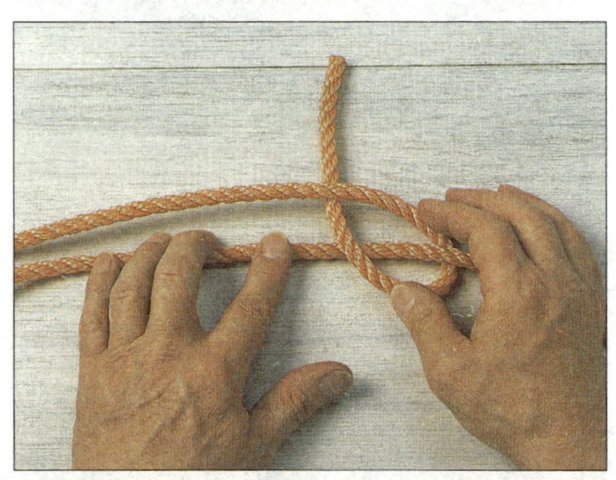

3. 将弯曲的那根绳子的右端穿过两绳构成的线圈里。

4. 将另一根绳子的左端也穿过两绳构成的线圈里。

5. 抓住穿过线圈的两根绳端，然后用力拉紧就可以了。

使用斧头

斧头是砍树伐木时的常用工具。只要刀刃锋利，用斧头来砍树是十分好用的。一般来说，只要你在砍伐时多加注意，就不会发生什么事故。使用斧头时对穿戴的要求有：上衣的扣子系紧，拉链都要拉紧，并且要穿比较厚实的鞋子，不能穿凉鞋或光脚。

一般来说，除非你已事先得到了某块林地主人的同意，否则不应该擅自砍伐树木。

※ 斧头的保养

磨刀石是用来保持斧头刀刃锋利的工具，其无论是在加水或干燥的情况下都能用来磨刀。如果发现斧头的手柄有开裂，应当及时更换。此外，在使用斧头之前你还得检查一下斧头与手柄的接合处是否牢固以及刀刃是否有缺口等。用完之后，应当将刀刃擦干净并用东西包起来。

※ 穿戴的要求

使用斧头作业时，所穿的衣服应当比较贴身。如果衣服太过宽松的话，在你挥舞斧头的时候，很有可能会受到衣服的影响。应该穿皮靴之类较厚实的鞋子来保护你的双脚；光脚或者是穿拖鞋及凉鞋都是绝对不允许的。

※ 作业前的准备

在开始砍柴之前，你应该先清理一下作业的场地，包括清理掉地面上的所有障碍物以及上空的障碍物（当你挥舞起斧头时有可能会碰到的物体）。砍柴的时候，闲杂人等不能站在砍柴场地的周围，以免溅起来的木屑飞到他人的身上甚至是眼睛里。

※ 如何砍下一棵树

在动手砍树之前，你要先盘算好让这棵树往哪边倒，并在该方向处用刀刃做一记号。然后再从相反方向略高于前一标记的位置下斧。每一斧头下去，应当都大致落在同一位置。此外，最好先清除倒地方向一边的枝杈，这有助于主干向正确的方向倒地。当树就快要倒地的时候，将落斧的位置重新落到第一次做过标记的位置。这个时候，只要两三下，整棵树就能应声倒地了。之后，将整棵树砍成一段段的原木时也会需要用到斧头。

↑ 随身携带斧头的正确姿势：将斧头握在手掌心，刀刃向前，并且不要太紧贴身体，以免跌倒的时候落到斧子上。

使用锯子

锯子是一种用来伐木的工具，它不像斧头那样会产生许多废弃的木屑。与斧头一样，使用锯子也具有一定的危险性，因此使用过程中要注意安全。

※ 锯子的保养

使用之前，请先查看一下锯齿是否锋利以及锯条与手柄的连接处是否牢固。在锯木头的过程中，要不时地清除锯齿上残留的刨花和木渣。用完之后，同样要清理一下锯齿并将其擦干。然后在锯齿上擦一点油，以防止其生锈。锯子在不用的时候，要用一些东西将锯条的锯齿部位遮盖起来。

← 在砍伐树干上的枝杈时，要在枝杈的下面部位落斧，并且朝上砍（左图），而不是朝下砍（右图）。

← 在砍伐原木的时候，应让原木的砍口呈V字形砍伐，即一刀向右砍一刀向左砍，交叉进行。

← 在将原木劈成两半的时候，应先将该段原木的一头搁在另一根更粗的原木之上，另一头则用脚踩住，然后再开始落斧。

↑ 在将原木劈成两半的时候，应先将该段原木的一头搁在另一根更粗的原木之上，另一头则用脚踩住，然后再开始落斧。

↑ 在使用斧头或者其他锋利的工具作业时，务必要穿合身的衣服和厚实的鞋子。

※ 穿戴的要求

在用锯子锯木的时候，上衣的扣子一定要扣紧并且要避免穿太过宽大的衣服，否则锯齿很可能会碰到衣角。此外，手上最好能戴一双比较厚的手套，以防锯子打滑，且有助于抓牢木头。当然，这里所指的手套不能是连指手套（连指手套反而会使手变得不灵活，从而更抓不牢木头）。

※ 树木枝杈的修剪

锯子比较适合在将一棵树砍伐之前或之后进行枝杈修剪的场合中使用。树干枝杈的修剪应遵循从上到下的原则，一只手扶住木头，另一只手则来回地移动锯子。

↑ 在锯树的时候，你得先在计划好的倒地方向锯一个位置较低的开口。

※ 如何锯倒一棵树

在计划好的倒地方向先锯一个开口，然后在相反方向略高于前一标记处落锯。等锯得差不多的时候（树快要倒下的时候），用手向你计划好的倒地方向用力推，基本上就能将树推倒了。锯的时候，如果觉得阻力较大，可以给锯子上一点油，这样会变得更润滑。

↓ 将你要锯的木头搁在一根较大的原木之上，然后再叫一个人帮你扶住木头。千万不要直接将木头放在地上锯。

↑ 当两个人一起用一把锯子锯木时，主要使用的应该是拉力，而不是推力。

拔营

当你们准备拔营起程的时候，应该分配好每个人的拆除任务。该项工作的复杂程度取决于你们所建营地的复杂性——是过夜的小帐篷还是大本营。最重要的是要完全将营地清除干净，不留下丝毫宿营的痕迹。

※ 过夜营帐

如果天气好的话，可以先将帐篷拆除，然后再将其他行李收拾打包。

如果是下雨天，则必须先在帐篷里面将其他行李收拾打包完毕，然后才能拆除帐篷。当所有行李都已打包完毕后，再绕营地一周，检查是否落下东西。

※ 大本营

由于大本营通常有许多营帐且人员众多，因此其拆除过程也更为复杂和费时。在进行拆除工作之前，应该先明确每个人所承担的任务。在所有行李收拾完毕之前，建议你保留一个帐篷，用来存放一些收拾好的行李。这样，即便突然下起雨来，也不会将收拾好的行李淋湿。另一种做法是留一块帐篷的防潮布，一旦下雨，将防潮布盖到收拾好的行李上面就行了。

※ 帐篷的拆除

拆除帐篷的具体方式与帐篷的具体搭建方式有关，但是也有一些共同的拆除原则可供遵循。拆除比较大的帐篷时，最好由好几个人一起进行，这样不容易损坏帐篷。

有时候准备拔营起程的时候，也许帐篷还是潮湿的，然而你又不得不将其打包。如果帐篷将在包裹中放好几天，棉布帐篷很可能会发霉，而合成纤维面料的帐篷也会产生一股异味。因此，一有机会，你就应该把包裹内潮湿的帐篷拿出来晾干。

如果你的帐篷是与防潮布连在一起的，

↑ 如果天气晴朗干燥，最好将帐篷防潮布的那一面翻出来摊在太阳底下晒干，并在装包前将其擦拭干净。晾帐篷期间，你可以抓紧时间收拾其他的装备和行李。

则还得将帐篷内部擦洗干净并将其晾干，然后才可以收起来。

在收拾帐篷的零部件时，你得清点一下帐篷桩是否齐全并检查其是否完好无损。此外，帐篷的支索以及帐篷上的拉链等部位都应该检查一下。

当整个帐篷的架子已经拆除时，你得将各种不同的部件分门别类地装在不同的袋子里面，然后再将它们一起装入一个大袋子里。

※ 野炊区域的清理

将你先前所挖的坑全都填平。如果营火还在燃烧，这个时候一定要记得将其完全扑灭。此外，你还得将生过营火的地面

↓ 比较理想的做法是在帐篷完全干燥的状态下将其装包。如果你不得不在帐篷潮湿的状态下将其装包，你得尽快找机会将其拿出来晾干。

↓ 在将帐篷杆打包之前，你应该先清点数目并检查是否有任何损坏。

↑ 在拆除规模较大的营地时，你得事先分配好每个人的任务，并指定装载行李和装备的地点。

清理干净，尽量使之恢复原状。

※ 如厕区域的清理

如果营地中有专门的如厕区域，那么在拔营起程之前，一定要确定已将所有的排泄物恰当地填埋了，先前所挖的坑和沟渠也都要填平。此外，先前设置的一些人造屏障也都要移除掉。

如果你们单独挖过一条沟渠作为小便的地点，那么最好在该处做一个标示牌，以便后来的野营者不会选择同一处地点小便。

※ 垃圾的清理

对于营地垃圾的处理，要么将其焚烧并填埋，要么将其装袋带走。千万不能将你们在营地中扔垃圾的塑料箱留在原地，因为其很快会被动物发现并撕烂，从而造成垃圾四散。如果有些动物去吃这些垃圾，还可能会中毒。

最后，建议你在一切收拾完毕后，再次绕营地一周以查看是否有物品遗漏或场地没有收拾干净，因为此类疏忽是经常会发生的。

↓ 如果天气晴朗干燥，最好将帐篷防潮布的那一面翻出来摊在太阳底下晒干，并在装包前将其擦拭干净。晾帐篷期间，你可以抓紧时间收拾其他的装备和行李。

第 8 章

野外扎营技能

生存的一个基本要求就是“住”，你需要住所为你提供保护。无论是待上一个晚上还是很长一段时间，住的地方都能让你在生理上和心理上具有安全感。一个好的住所将能够帮你避雨、挡雪、隔热、阻挡来袭的野生动物，同时能帮你保持体温，让你能够很好地休息、保存体力和恢复体能。尽管在野外环境下搭建房屋的原理非常简单，但是真正做起来却非常辛苦。

选择扎营的地方

在任何野外生存条件下，搭建住所都是首要任务。无论何时最先考虑的应该是住所。举一个假设的例子，一群在野外生存的人忘记带取火的工具，他们于是费了几乎整天的时间企图钻木取火。当最终意识到住的地方才最重要的时候，他们已经耗费了过多的时间和精力在取火上，而没法再搭建住所。于是他们不得不在野外度过一个寒冷的夜晚，既没有火，也没有住处。

※ 搭建住所需要考虑的因素

如果想到现代家庭中的设施，你会列举出一个长长的清单。像自来水管、电灯、马桶等等这样的便利设施让现代生活非常方便，但是没有这些你也一样可以生存。你并不是真正地“需要”它们。在考虑搭建住所的时候，你必须要分清楚什么是你需要的，什么是你想要的。

紧急情况下，搭建的住所一定要小，这

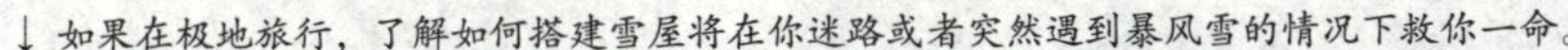
↓ 如果在极地旅行，了解如何搭建雪屋将在你迷路或者突然遇到暴风雪的情况下救你一命。

样有利于保存体温，而且覆盖物一定要厚，以便屋里的热量不外散，外面的雨水进不来。但是在热带地区，空间应该适当大一些，覆盖的东西可以相应的薄一些。

在紧急情况下，搭建住所一定要省力和省时。首先弄明白什么是必需的。答案是：无论处在什么环境下，必须确保安全。也就是关注如下因素：

- 冷
- 热
- 太阳
- 风
- 雨
- 危险的动物

在某些情况下，你需要考虑避免以上几个因素。想好你的营地该设在什么地方及其朝向，将遭遇危险的概率降到最低。

※ 满足心理需要的住所

搭建住所完全可以在不借用任何工具的情况下用双手完成。一个好的住所将能够保持适当的温度而不需要在整个夜晚都生火。

↑ 如果没有工具，完全可以通过双手搭建住所。

住所除了能保障生理安全外，还是心理上的需要。那是一个你可以称之为“家”的地方，你可以坐下来思考自己所面临的问题，也是一个你在野外生存的避难所，更是一个你出发寻找食物、水和燃料的基地。

※ 利用天然的环境作为住所

有一种情况很可能会发生，那就是你必须寻找天然住所。比如在傍晚你可能已经没有时间搭建住所，或者由于疾病、饥饿导致身体虚弱而没有能力搭建住所。

一个天然的住所就是任何存在于大自

↑ 林地往往能在一定程度上防御风雨，而且里边会有大量的落叶和树枝等原材料供你搭建住的地方。

↑ 天然的洞穴通常是不错的选择，但是你也必须注意，有可能别的动物也跟你有同样的想法。

然的、可以给你提供保护的场所。倒下的、仍然还有枝叶的大树能帮助你抵御风雨侵袭。大的灌木丛能让你很容易得到搭建住所所需的原料。在某些情况下，你还可以寻找天然的洞穴，然后放置一些树枝或干草用来过夜。

■选择正确的位置

考虑在何处搭建住所的时候，请参照如下建议：

⊙ 确保当地有足够的搭建住所所需的原材料；从比较远的地方拖来原材料不仅费时，而且还会耗费宝贵的体能。

⊙ 确保住地距离水源较近，但绝不能是溪流的漫滩。为了防止污染，请在距离溪流或者江河岸边30米开外的地方搭建住所，此举还能保证早上醒来的时候，住所不会有太多露水。

⊙ 仔细检查营地的上方是否有枯死的树枝，因为它们可能落下砸到人或者破坏住所；检查会不会出现雪崩或者土崩。

⊙ 确保住所没有建在蚂蚁山上或者动物的栖息地上。

⊙ 找那些可以自然抵御恶劣天气的地方，但最好不要是密林深处，因为那样的地方阳光很少，一般都比较潮湿。尽量选择丛林或者山脉背风的一侧。

⊙ 如果需要生火，一定要注意不要引起火灾，特别留意头顶的树枝、含煤量高的土壤以及干草等。

如果你不幸被困在了沙漠里，白天的时候你可能不得不将自己埋在黄沙里以抵御阳光。但是在绝大多数情况下，尤其是在寒冷的气温条件下，你应该想尽办法把自己的身体与地面隔绝，否则身体的热量将很快消耗殆尽。

在天然的住所过夜可能会是你度过的最难受的夜晚，但是不要忘记你的主要目标是生存。挨到第二天的时候，你可以对你的住所进行改建或者搭建一个新的住所。

↓ 倒下的大树树根能为你遮避风雨，也能用做搭建住所的材料。

用树枝和树叶搭建窝棚

很多野外生存环境中都有大量的落叶和树枝可以利用，而且它们是搭建供短期居住的窝棚极好的原材料。窝棚尽管小，但是隔热效果好，而且还能挡雨。哪怕是在0℃以下的极低温度，用树枝和落叶搭建的窝棚也能有效地保暖。搭建这种窝棚不需要任何工具和绳索，完全可以只靠双手完成。落叶和树枝不必是干燥的，在紧急情况下，也可以用新鲜的树枝和树叶来代替。

这种窝棚能够最大限度地让空气不流动以保证热量不散失，就像形成一个“茧子”一样，保证你的身体不会向更大的不必要的空间散热。

※ 适应性强的窝棚

只要遵循后面的指导原则，用树枝和树叶搭建的窝棚完全可以满足你在所有情况下的需要。你需要在最短的时间内收集尽可能多的树枝和树叶，因为当生命受到威胁的时候，每一分钟都很重要。窝棚覆盖物的厚度至少要有1米（开口处除外），你可以用一根棍子来丈量，并尽可能多地覆盖树叶。

在窝棚的内部放置你能找到的最干燥最柔软的东西。如果附近有很多蕨类植物，将

↑ 这个窝棚借鉴的是圆屋顶的原理，防水性好。

↓ 为了避免热量散失，入口处要尽可能小，只要趴倒之后能倒退着钻进去就够了。

※ 搭建窝棚

1. 躺倒在地上，在身体四周距身体约一只手的地方做记号。

2. 在标记的区域内向下挖 30 厘米。如果天气非常冷，可以挖得更深。

3. 在挖开的区域内按从头到脚的方向横着铺放树枝，搭建“地面”。

4. 在第一层树枝上再竖着铺一层树枝，保证它们牢固且平坦。

5. 在树枝上铺上干燥的树叶，至少 15 厘米厚。

6. 在头的那一边，将两根带叉的木棍跟地面呈三角形固定，让它们各自的树杈交叉在一起。

7. 把用做横梁的长棍一端搭在固定的树杈上，另一端落在脚的一边。

8. 在横梁的两侧，与横梁垂直的方向分别添加树枝，做成窝棚的框架。

9. 在已经建成的窝棚框架上添加小树枝，然后添加树叶。

10. 在窝棚四周添加树叶，厚度大约 1 米左右，但要留出入口。

11. 在窝棚的内部地面上铺上干燥柔软的东西。如果有蕨类植物，就将它们铺在最上层。

12. 在窝棚开口处用柔韧性好的新鲜枝条制作一条长约 1 米的入口通道，然后用大量树叶进行覆盖。

它们铺在最上层。它们不仅味道好闻，而且还不会扎身体。将它们铺平，这样当你躺进窝棚的时候，很自然地就会把多余的枝叶挤到四周，窝棚就像一个茧子将你裹住。

在窝棚上放一些树枝，让树叶不会被风吹走。如果能放上一些树皮或者苔藓，则更有利于防水。你还需要用一些柔软的枝条编织一个袋子样的东西，然后填上树叶当做门。当你进入窝棚的时候，将这个“袋子”拖到入口处对窝棚进行密封。如果直接用树叶密封窝棚，将会比较麻烦而且效率极低。当门口封好后，从窝棚内部检查“门”是否有漏洞，然后用里面的树叶填补好。

不要担心封住门以后空气不流通的问题，因为大量的新鲜空气能够透过树叶进来。你需要做的就是进入窝棚前上完厕所，因为进出窝棚都需要花费大量的时间。

用树枝和树叶垒墙

用树枝和树叶垒的墙具有多种功能。将两排棍子插入土壤里，用小树枝横向穿插，把这些插入土壤里的棍子编好，然后把中间空隙用树叶填满，这就是一面墙了，可高可低，可以直立也可弯曲。

你可以利用该技巧搭建一个小型的供自己住的小屋，也可以将其扩建成供一个团队居住的大屋。如果可能的话，还可以围绕火堆搭建多面这样的墙，以利于保存并反射热量。

这种墙还可以用在其他方面，如作为狩猎的陷阱。在火堆背后搭建一个这样小型的半圆形的墙可以作为热量的反射墙。

※ 所需的原材料

搭建这样的墙需要大量的棍子，其长度取决于你的需要，但是作为住所，一般长度需要在120厘米左右。

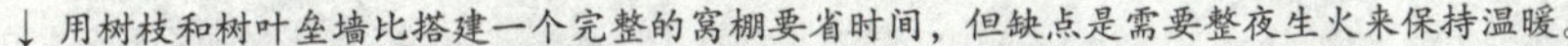

↓ 用树枝和树叶垒墙比搭建一个完整的窝棚要省时间，但缺点是需要整夜生火来保持温暖。

※ 用树枝和树叶垒墙

1. 在地上放两根长树枝或者画两条线，标记钉入棍子的地方。

2. 在第一条线上，将棍子按每两根之间 30 厘米的距离垂直钉进土壤里。

3. 第一排棍子钉完之后，在距离第一排棍子 50 厘米的地方开始平行地钉第二排棍子。

4. 在两排棍子的两端之间分别加钉一根棍子，防止在填充树叶的时候树叶从两端漏出。

5. 用柔韧性好的枝条在棍子上进行编织，以加强棍子的稳定性，同时更便于填充树叶。

6. 将靠里的一侧编织得光滑些；如果要在墙上糊东西，就要编织得更紧密一些。

7. 编织工作结束后，就可以在空隙间填充树叶了。

8. 尽量将树叶压得紧实些，不要留下太大的空隙。

9. 在墙上糊上“救生混凝土”或者黏土会更有利于热量反射。

10. 如果要加盖一个顶棚，在墙的两侧各加钉两根带树杈的棍子，其中两根靠近墙，两根离墙稍远些。

11. 将作为承重横梁的其中一根棍子放置在靠近墙的两个树杈上，另一根放在另外两个离墙稍远的树杈上，然后再在两根棍子之间铺上树枝。

12. 在顶棚上铺上树叶。50 厘米的厚度就能抵御一场中雨。

找一块够大的石头将这些棍子钉进土里，尽量让它们牢固一些。然后找大量的枝条在这些棍子间进行编织，在紧急情况下你可能需要砍伐新鲜的树枝。

最后，用大量的树叶把两排棍子之间的空隙填充好。树叶可以是任何种类，干湿均可。

※ 如何搭建

确定了建墙的位置之后，首先将第一排棍子按每两根之间30厘米的距离钉进土壤里，要尽可能地牢固。

第二排棍子要与第一排平行，距离大约在50厘米左右，以便能够填充大量树叶来隔热。

可以在两端额外添加一根棍子，这样可以防止在填充的时候树叶从两端溢出。

分别在两排棍子上用枝条进行编织，不需要太密。最后在两排棍子之间的空隙里填充树叶。

你可以把墙的内侧编织得密一些以承重。

如果外侧的墙也编得比较密，那你完全还可以在墙上糊上“救生混凝土”（按1∶1的比例将干草与稀泥进行混合）或者黏土。

还有一种选择就是在两端分别再建一个边墙，这样可以防风。

此外，你还可以搭建一个顶棚，找根带树杈的棍子承受顶棚的重量。

如果搭建得好，这种墙应该很牢固，有的甚至可以保存好几年的时间。

如果顶棚坡度设计得当，即使不用太多树叶也能防雨水。

可居住较长时间的窝棚

原始社会中搭建的窝棚都呈圆形。这样做有以下几大理由：如果在其中点燃火堆（在窝棚中心），热量能够抵达每个角落，而且能够很好地反射回来。在方形窝棚里，热量散布是不均匀的，会存在较冷的角落。而在圆形窝棚里，每个人所得到的热量则是均等的。另外，圆形的窝棚与方形的相比更坚固，而且更便于搭建。

※ 加固现有窝棚

当生存其他方面的要求都已得到满足，而且给养也能维持1周或者更长时间，如果此时有时间和原材料，你就可以考虑将现有的窝棚变得更舒适一些。但是切记不要浪费资源和力气去修建一个你根本不需要的大型窝棚。

利用搭建墙的技巧改进你的窝棚，这也就意味着你需要更多的棍子和编织材料。在这种情况下，顶棚的重量将由中间的4根带树杈的棍子支撑，每根2米长。它们要非常粗壮和结实。图片所示的这种棍子每根直径都有12.5厘米。你同时还需要4根约1米长的粗壮棍子来连接着这4根柱子构成一个方形。

※ 设计窝棚

想一想你到底需要修建多大的窝棚。如果你只有一个人，修建一个直径3米的窝棚

↑ 供较长时间居住的窝棚能够让生活更舒适，因此可以花更多的时间来搭建它，但是必须确保其他的基本需求首先得到满足。

※ 搭建一个居住较长时间的窝棚

1. 首先确定生火的地方。挖4条沟给你的火堆供给燃烧所需的空气，然后用大石头搭建炉壁。

2. 用结实的树枝盖住沟，需确保泥土不会掉进沟渠堵塞通气管道。

3. 在树枝上覆盖一层泥土，这样你就可以在地面上随意走动而不会破坏通气管道。

4. 找一根绳子和两根棍子，将其中一根棍子插入火炉位置的中央，以绳子的长度量出窝棚的半径，用另一根棍子画圈。

5. 在窝棚入口处做两个标记，在搭建窝棚的时候，将这个地方留空。

6. 在画出的圆圈上，将120厘米长的棍子钉入地面，每两根棍子之间的距离约为30厘米。

7. 第一圈棍子完成之后，在距离第一圈棍子 30 厘米以外的地方钉第二圈棍子。

8. 将 4 根带树杈的棍子钉进地面，让其构成一个方形，尽量让棍子避开窝棚入口处。

9. 分别在两圈棍子上用枝条进行编织。

10. 在两圈棍子之间的空隙里填充树叶，并确保树叶被压实。

11. 将 4 根结实的棍子放置在树杈上，必须确保这些棍子能够承受棚顶的重量。

12. 在墙和 4 根棍子之间铺上结实的树枝，它们将承受铺在其上的树叶的重量。

就够了，这样既能提供足够的空间，还便于取暖。不要高估自己所需要的空间。对于一个6人的团队，修建一个直径5米的窝棚也足够了，其实这就已经能够容纳下9个人了。

在修建窝棚的墙体之前，首先要设计好火堆的位置。如果氧气从地面下透进来，火会烧得更旺。你可以在地下挖4条沟来达到这个目的。从四面的墙体开始，每个方向挖一条沟通向生火的地方。

最好的标记墙体位置的方法就是用一根绳子和两根棍子。将其中一根棍子插入火堆中央的位置，根据需要调节绳子的长度，然后以绳子为半径用另一根棍子画圈。

接下来确定窝棚的出口处。通常情况下，出口处应朝向东方以接受阳光照射。早上出口处照进来的阳光（如果出口处保持开放的话）会将你唤醒，这样会令你在身体上和心理上感到舒适。而且阳光可除去窝棚里的湿气。如果让出口处朝向西方，你会发现早上起床的时间更晚，因为窝棚里会比较昏暗。

※ 修建和布置

当棍子被钉好之后，你应该对窝棚里的空间有一个更清楚的认识。如果你还想在窝棚里添置一些基本设备的话，务必在窝棚的墙体和顶棚搭建完成之前动手。因为窝棚一旦搭建完成，再想往里边搬运东西将不会是一件容易的事情。

考虑一下是否要在里面设计一些供睡觉的小平台，除非你喜欢睡在地面上。在里面铺上一层灯芯草或者小枝条，然后再铺一层约20厘米厚的树叶，以确保你睡觉的时候彻底与地面隔开。

在你对其内部设施满意之后，你就可以着手在两圈棍子上开始编织的工作了，然后再在两圈棍子之间填充树叶。注意墙体的高度至少要与你坐在窝棚内头顶的高度相当，大约120厘米，否则当你坐在窝棚内的时候将不得不弯着腰。

■警告

用树枝和树叶搭建的窝棚是易燃物。千万要注意控制好火，尤其是未燃尽的炭火，谨防蹿出火苗。窝棚着火之后，即便你能从里面成功逃脱，搭建窝棚所花费的大量时间和精力也会付诸东流。

在填充树叶之前，你最好将一些带树杈的结实棍子钉入两面编织的墙体之间，再在树杈上放置结实的棍子，这样就可以让它们一起承担顶棚的重量。如果不这样，整个顶棚在搭建好之后，有可能会逐渐下沉。

※ 搭建顶棚

在建完墙体之后，在窝棚中央的4根带树杈的棍子上放置结实的棍子，一定要确保它们足够结实，需要能够承受至少相当于顶棚3倍的重量才行。因为在使用过程中，随着树叶被压得越来越密实，你将需要不断地添加树叶，而且在下雨的时候，顶棚重量也会增加。

然后就可以开始搭建顶棚的工作了。在墙体和由棍子组成的方形之间铺上结实的树枝，确保树枝在墙体和方形两端都超出一定距离，但是要记住，在窝棚顶部中央一定要留出足够的空间，让生火产生的烟能够顺利散出去。根据窝棚顶部的风力情况，调整烟孔的大小，其直径应该至少在20～30厘米。

将两根粗壮的棍子钉入出口处两侧，然后在其上方横放绝对结实的棍子，顶棚上的棍子也可搭在此处以便让出口两侧的棍子分担部分重量。这时候如果顶棚上已经不能再铺结实的棍子，那就找一些较小的树枝把那些大的窟窿全部填上。

※ 在顶棚上铺树叶

现在你需要做的事情就是在顶棚上铺一层厚厚的树叶。根据窝棚的大小和你所收集的树叶数量来铺设。你可能还需要用一些柔韧性好的枝条来进行编织，以防止铺上的树

※ 熏出昆虫和臭虫

1. 将一些未燃尽的炭灰放进防火的容器内。

2. 撒一些新鲜的松针或者鼠尾草进去，让其产生浓烟。

3. 将这个防火容器放进窝棚，密封窝棚出口处约 30 分钟。

叶沿着棚顶滑落。

为了防止雨水渗入，最好是铺上一层厚约 60 厘米的树叶。确保树叶在整个棚顶（除了出烟口）上铺设均匀。

如果棚顶太高，铺树叶的时候够不着，那就可以暂时拆掉入口处的承重棍，然后利用这个空间在棚顶上铺树叶。在整个顶棚的树叶都铺完之后将其抹平，然后放上一些较重的树枝等，以防止顶棚上铺的树叶被风吹跑。

↑ 一旦顶棚的棍子搭完之后，就可以开始铺树叶了，但要确保留出出烟口。

※ 让窝棚更加完善

虽然这是一个原始的窝棚，但你可以让其变得更舒适。显而易见，在你收集的这些原材料中肯定会有一些小生物，因此在搬进你搭建的窝棚之前最重要的就是用烟熏，以驱除任何可能存在的小生物。

将一些未燃尽的炭火放进防火容器中，然后放一些潮湿的材料，这样就能产生大量有刺激性味道的浓烟。如果附近有松树或鼠尾草，用它们熏效果会更好。冒浓烟时将容器放入窝棚内约半个小时。密封出口处，这样烟雾就能弥漫整个窝棚。

一旦住进窝棚之后，你一定再也不想让窝棚里有烟了，而是希望生火产生的烟全部从窝棚的出烟口出去。你可以编一个跟出烟口差不多大小的方形“盖子”，将其放在出烟口临风的一侧。该装置将能起到烟囱的作用，让窝棚内产生的烟在没有被风吹到以前就顺利散出去，而且能有效防止烟被风吹回窝棚内。

出烟口盖可以用很多种方式制作。其中最简单的就是利用动物皮，将其绷在一块用树枝编成的方形结构上。一定要记住，兽皮在受潮之后会膨胀，在干燥之后会收缩，所以在编的时候掌握好松紧度。

※ 制作出烟口盖

1. 根据出烟口大小选择一定长度的柔韧性好的枝条，在地上插上一排，每两根之间大约 7.5 厘米的距离。

2. 在这些枝条间编织更多的枝条，让其结构更加坚固，同时用绳子将各个角绑定。

3. 在该结构上绷上兽皮或者一些大的树叶即可。一张兔子皮差不多正好是一个出烟口盖的大小。

在下大雨时，可以用这个出烟口盖盖住出烟口防止雨水进入，但是这时候你不能在窝棚内生火，因为产生的烟没有地方出去。

雪地住所

在冬天，雪也可以用来搭建紧急住所。有些国家的军队一直用雪来搭建住所。例如，瑞典军队就用雪搭建大型的车库和战地医院。

如果你在雪地旅行，掌握搭建雪地住所的技巧将在遇到暴风雪的时候救你一命。如果你迷路或者所携带的装备坏了，比如雪橇坏了，修建一个雪地住所能够帮助你抵御严寒。

在雪地扎营，防风是最重要的，因为强烈的寒风能够造成非常危险的局面，较易导致死亡。在野外大雪覆盖环境下搭建住所的

↓ 在南极洲，这是一个完美的供 4 人居住的雪屋，由 100 多块用锯子锯下的冰砖搭建。在严寒环境下锯子是最有用的工具。

时候，一定要记住往下挖远比向上建容易得多。找那些大树周围或那种大雪堆积最厚的地方挖住所。当然在某些情况下，你不得不搭建而不是挖掘一个住所。

雪地住所主要有三种类型，分别适合不同的雪地：圆顶雪屋适合坚硬的大雪；雪堆窝棚适合在粉末状的雪地里搭建；而雪地洞穴比较适合紧急情况下使用。尽管搭建不同的住所需要进行不同的设计，但是无论在什么情况下，一些重要的注意事项都需要谨记在心。

※ 保证空气

你要确保屋子能抵御寒冷，尽量保证热量不散失，但同样也需要保证足够的新鲜空气流通。当身体的热量将整个住所烘热之后，雪的表面就会轻微融化，从而形成一种良好的密封状态，因此你必须留出通风口或者定期检查，防止住所内二氧化碳超标。

※ 保持干燥

用雪搭建住所的时候，弄湿衣服是非常危险的。在温度极低时，这种情况还不太糟，但是温度一旦高于 –5℃，这就会是一个非常严重的问题，所以要注意。同时，无论在什么样的气温条件下，手套都很容易弄湿。另外也要避免干活的时候出太多的汗。当身体干燥的时候保持温暖还比较容易，但是湿了之后就是另外一回事了。

※ 圆顶雪屋

在纬度极高的地方、冻土地带或者其他大雪覆盖的地形条件下，如果温度低于 –5℃，你能够相对容易地挖掘或者切割雪块来搭建住所，因为低温能保证墙体的安全。如果你恰好在这种雪很坚硬的地方，完全可以切割雪（冰）砖搭建一个圆顶雪屋，这样可以搭建一个非常舒适、能够长时间使用的住所，但是你必须记住，这将花费很多时间，而且你需要准备锯子或者刀来切割雪（冰）砖。

在紧实的雪地上画一个圆圈，如果供两个人居住，其直径大约需要 2.5 ～ 2.8 米。准备切割好的雪（冰）砖，用其较长的一侧呈向内倾斜的方式搭建，保证上面一块砖的绝大部分重量落在下面一块砖的上面。完成圆顶结构之后，内部应该保持光滑，确保砖缝在内部温度上升之后不会往下掉水。外墙也应该用散雪覆盖，尤其要糊住砖缝，让圆顶雪屋能够防风。最好是在墙体下面挖一条地道作为进出圆顶雪屋的通道。如果这种方式不可行，直接在墙体上打通一个出口也是可以的，但是要用背包或者雪块挡住。

※ 修建圆顶雪屋

1. 切割紧实的雪砖（60 厘米 ×40 厘米 ×20 厘米），用它们在切割雪砖的地方围成一个圆圈。

2. 砍掉最初使用雪砖的部分棱角，使其与地面吻合并保持一定的倾角，然后以向内倾斜的方式搭建墙体，在墙体下方挖掘一条地道作为出入口。

3. 每一层雪砖都要以一定角度向内倾斜，以构成圆顶。从圆顶雪屋内部修理最后一块雪砖，确保其刚好与屋顶中央的洞口吻合。

雪堆窝棚

雪堆窝棚从一定角度上看上去像更被人们熟知的圆顶雪屋。但事实上它是以一种不同的方式搭建的，且适合在粉末状的雪地里搭建。显而易见，这种环境下的雪不具备做建筑材料的条件，不能被切割成用做修建圆顶雪屋那样的雪砖。

收集大量的雪，堆成一个大型雪堆，让其结晶，然后从内部将其掏空，这就是雪地窝棚。堆这样一个大雪堆，至少需要花费1个小时左右的时间。一般在温度至少在-10℃的情况下，你需要再等待1个小时左右的时间让其结晶。如果温度更高，可能需要等待2个小时甚至更长时间。

※ 设计雪堆窝棚

如果供2人居住，雪堆应该约1.8米高、2.5米宽、3米长。如果还需要容纳更多的人，每增加1人，相应增加80厘米的宽度。

除非时间来不及，如天快黑了，一般宜放慢堆雪的速度，避免由于过热而出汗。铁铲是完成这项工作的理想工具，但在紧急情况下，雪鞋、露营铁罐、煎锅都可以用来铲雪。

在堆雪堆之前，要标记出其位置，然后将地面上的积雪踩实。

※ 修建雪堆窝棚

首先在选好的地面上堆上背包、个人物品以及任何能够找到的大型的材料，这样有助于构建一个圆形的结构，而且能够大大减少你挖掘内部空间的工作量。这些东西可以在最后取出。用雪覆盖它们，至少1米厚，然后等待其变坚固。

一旦这个雪堆结晶变得坚硬之后，你就可以从侧面挖掘，取出刚开始堆在雪堆内

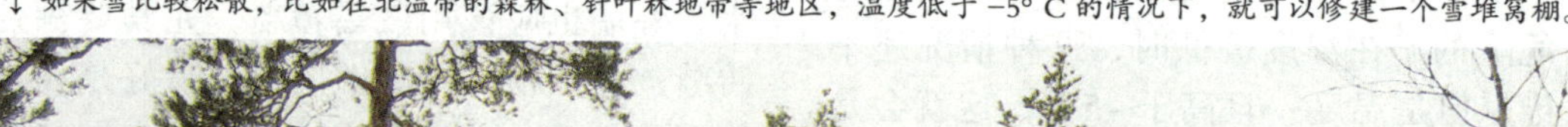

↓ 如果雪比较松散，比如在北温带的森林、针叶林地带等地区，温度低于 -5° C 的情况下，就可以修建一个雪堆窝棚。

※ 修建雪堆窝棚

1. 躺下以计算出大致需要的面积，然后做好标记（图示为3人窝棚的面积）。

2. 将地面的积雪踩实，然后在上面堆雪堆，至少3米宽、1.8米高。

3. 雪堆堆好之后，用铁锹的平面将雪拍实。

4. 等待1个小时让雪堆结晶变坚硬。

5. 同时准备一些30厘米长的小棍子，并将它们均匀地插在雪堆上。

6. 当雪堆足够坚硬之后，挖一个小的开口，在迎风的方向修建一堵挡风墙。

7. 将雪堆内部掏空，将雪从开口处运出。每当发现小棍子的末端的时候，就不要再往深里挖，这样能够保证窝棚墙壁厚度为 30 厘米。

8. 窝棚顶部应该是拱形的，在其上挖一个直径 10 厘米的小孔作为通风口，避免二氧化碳浓度过高。

9. 用雪、背包或者装满雪或衣服的塑料袋封上进出口。你还可以做一个小架子放置蜡烛。

部的东西，然后从内部开始对其进行修整，这时候你必须十分小心，确保不要挖得太多而导致墙体太薄弱。为了避免出现这种情况，你可以找一些小棍子并将他们修剪成统一的长度，至少 30 厘米。然后将其分布均匀地插入雪堆四周。当你从内部挖掘的时候，一旦碰到了棍子的末端就知道该停止挖掘了。当雪堆窝棚的主体工程完成之后，可以挖一条地道作为进出口，同时冷空气也得以下沉到你坐着或者躺着的位置以下。将进出口修建得越小越好，只要能够爬进去就可以。你还可以利用从窝棚内部挖出来的雪在进出口处修建一道挡风墙。在睡觉之前，一定要用雪或者背包将进出口封闭。

※ 注意空气流通

雪墙是密封的，因此必须在顶上开一个小孔以通风，避免二氧化碳浓度过高。在窝棚里点一根蜡烛将会提示你窝棚内部氧气是否充足。点蜡烛最好的位置是睡觉者的头部附近。

※ 使用雪堆窝棚

1. 雪堆窝棚的内部温度应该还是在冰点以下，雪应该是干燥的。不要在窝棚内生火。

2. 在窝棚内部靠近头部的地方挖一个可以放蜡烛的洞穴。只要蜡烛还在燃烧就说明窝棚内部氧气充足。

雪地洞穴和其他住所

如果天气状况急剧恶化或者光线迅速变暗，可能就没有太多时间在雪地上搭建住所了。在这种情况下，寻找天然洞穴比如大树底下等地方，它们有一定的防风效果；或者寻找一个大的雪堆，你可以进行挖掘然后建成一个洞穴。切割雪和冰的工具是在极地环境下生存的必备工具。但在紧急情况下，滑雪板和做饭用的锅也可以用来挖掘壕沟或者洞穴。尽量让一切事情简单些：小的住所能更长时间地保持温度，而且修建起来花的时间较少。

※ 雪地壕沟

供 1 人居住的最简单的住所就是雪地壕沟，其主要目的是防御寒风，基本要求包括用任何可以利用的工具在雪地上挖一条狭长的沟、加盖一个顶棚、并用雪进行覆盖以便保暖。

挖好沟之后，在一端继续向下挖 60 厘米。在用树枝和雪搭建顶棚的时候，确保出口处的位置位于壕沟的最深处上方。将树枝和其他材料铺在沟内部的最高处以保暖。如果这个沟底已经抵达地面，那你完全可以生火保持温暖，但是如果雪非常厚，没有达到地面的话，生火就不可能了。不过即使不能生火，冷空气也会下沉到壕沟的最底端，而位于较高处的你会感到相对暖和些。

※ 雪地洞穴

挖雪地洞穴要求雪地的厚度达到至少 2 米。挖最简单的雪地壕沟可能只需要半个小时，但是挖雪地洞穴则需要更长的时间和更大的工作量，至少要 3 个小时的时间来完成一个简单的洞穴。你还需要挖掘的工具，而且挖掘工作将会使你流汗，所以挖之前最好脱掉一件内衣，以便在完成工作之后还有一件干燥的内衣更换。

如果在一个大型雪堆的一侧挖洞穴，要在距离其底部 2.5 米以上的地方向上挖掘：

↑ 如果在松林里，那里会有大量的原材料可供搭建一个临时的住所。用云杉树枝建一面带坡度的墙并在其前方生一堆火将会是一个很好的防雪棚。但是要确保当地有很多圆木和树叶把人与地面隔开，而且要注意不要让火把或火堆上方树枝上的积雪融化掉。

↑ 在极地环境下旅行，携带一个包括雪地锯子、冰斧和铁锹的紧急生存工具包是至关重要的。

↑ 在靠近积雪顶端的斜坡位置开始挖掘洞穴，这样你挖出的雪将会顺着斜坡自然下落。

↑ 如果雪非常厚，你可以直接向下挖，然后向旁边挖地道。

※ 挖雪地壕沟

↑ 挖一个深度和宽度大约 1 米、长度为 2 米的壕沟作为紧急情况下避身的地方。图示为一个盖有雪砖顶棚的壕沟。

↑ 如果当地能找到木料，将一些树枝铺在壕沟上方，留出壕沟一端开口，然后在树枝上铺上一层厚度为 30 ~ 60 厘米的雪。

↑ 在壕沟两侧用灌木和挖出来的雪堆积起来达到一定高度，这样，你能够在壕沟里面坐立起来。

※ 修建雪地洞穴

↑ 在一个小型的雪堆上挖洞穴时，可以将内部积雪掏空，然后用雪块挡住入口处，留出一个通风口。

↑ 在一个坡上挖掘洞穴的时候，睡觉的地方可以比入口的地道稍高，这样有利于保暖。

↑ 如果在平地上，只要积雪够厚，先向下挖，然后往旁边挖，需要注意的是通风的问题。

这样比较省力，因为挖出来的雪能够顺着坡自然下滑。你应该沿着向上的方向开始挖掘隧道，这样能保证最后的洞穴比入口处的位置稍高。如果是在小型积雪堆上挖，可能就不得不挖一个很浅的洞穴，然后用雪块挡住入口处。

与其他任何住所一样，千万不要忘记通风的问题，因为这关系生命安全。同时在外面树立一个明显的标志，这样便于可能前来的营救人员有机会发现你的所在。

在沙漠中寻找住所

沙漠为生存带来了特殊的问题。其中绝大多数的问题都是由于其白天的热量过大造成的，这导致了很少有植物供你用来搭建住所。在没有材料可以利用的情况下，你还可以利用其他自然条件。但如果没有地方可以挖洞穴，找不到灌木，没有水也没有食物呢？答案听起来让人绝望，但也是事实，如果不能找到有资源的地方，你就只有死路一条。

※ 白天的住所

白天的时候，你最需要关心的就是找个阴凉地。如果身边有材料，搭建一个顶棚将会让你感觉凉爽。但是晚上的情形又非常不一样了，你需要保暖。绝大多数情况下，在沙漠中旅行都是晚上行进白天睡觉。这也就意味着你只需要一个供白天使用的遮阳的地方，让你在睡觉的时候不被太阳晒到。在很多情况下，并不需要修建什么东西。

大树底下往往能够找到阴凉的地方。如果没有大树，可以利用那些天然的洞穴。需要注意的是，一些动物也有与你一样的想法，它们也可能在这些阴凉的地方栖息。所以要经常检查周围是否有蛇、蝎之类的动物。在树底下或者很浅的洞穴里休息的时候，要想着太阳会移动，很可能一段时间之

↑ 在白天，找到一个阴凉的地方最重要，如大树底下或者是天然洞穴。

↑ 一个浅的洞穴只能够作为白天的住所，而且也不一定能提供一整天的阴凉。

后你睡觉的地方就不再有阴影了。在睡着的时候，皮肤很容易被阳光灼伤，所以要留心。在万不得已的情况下，你还可以在沙地上挖洞穴将自己埋在里面，这样也能相对凉快一些。

※ 应该避开的地方

千万要选择一个安全的地方作为自己的住所。在很多沙漠地区，雨季的时候很容易出现山洪暴发，因为雨太大导致硬实而干燥的地面没有时间吸水，雨水就顺着地面流走了，然后汇聚成河。

这些洪水能够很快在没有任何征兆的情况下汇聚而成。有时你会发现5分钟前还只是土地断层的地方现在就是一条河流了。这些“临时”的河流可能带来强大的洪峰，因此避免在看上去是河床的地方、峡谷底部、悬崖底部或者其他低矮的地方设营。远离可能发生石头坠落、山崩的地方也是非常重要的，在沙漠里这些现象都经常发生。

※ 利用晚上的时间

炎热和缺水将会很快让你的体能下降，因此应该在晚上行进，而白天的时候在阴凉的地方休息。这样你就不至于在高温下运动，高温下运动只会进一步消耗你的体能。除非完全没有必要，否则建议你还是搭建自己的住所，然后找一些晚上烧的柴火，在早晚天气相对较凉的时候也应该生火。如果对此有疑问，可以参照一下当地动物们的生活习惯：它们在什么地方住、它们在什么时候使用宿营地、它们在什么时候出去觅食、它们去什么地方找水。

↑ 沙漠里的岩石坡是一面天然的防风墙，还能在晚上散发热量。

下面的表格介绍了各种不同温度条件下给身体造成的压力。数据越高，你身体承受的压力就越大，你的处境也就越危险。例如，在40° C的温度和50%的相对湿度条件下，你身体承受的压力指数为135，这已经是一个非常高的数字了。位于“极度危险”区域内的数据意味着如果继续暴露在这种高温条件下极有可能会中暑。如果在这种条件下再进行活动会增加中暑的风险。

=热应力指数=

温度（℃）	相对湿度（%）														热应力指数
	10%	20%	30%	35%	40%	45%	50%	55%	60%	65%	70%	75%	80%	90%	
21	65	66	67	67	68	68	69	69	70	70	70	70	71	71	
24	70	72	73	73	74	74	75	75	76	76	77	77	78	79	
27	75	77	78	79	79	80	81	81	82	83	85	86	86	88	I 27～31℃警告
30	80	82	84	85	86	87	88	89	90	91	93	95	97	102	II 32～39℃严重警告
32	85	87	90	91	93	95	96	98	100	102	106	109	113	122	III 40～53℃危险
35	90	93	96	98	101	104	107	110	114	119	124	130	136	·	
38	95	99	104	107	110	115	120	126	132	138	144	·	·	·	
40	100	105	113	118	123	129	135	142	149	·	·	·	·	·	
43	105	112	123	130	137	143	150	·	·	·	·	·	·	·	
46	111	120	135	143	151	·	·	·	·	·	·	·	·	·	
49	116	130	148	·	·	·	·	·	·	·	·	·	·	·	
52	123	141	·	·	·	·	·	·	·	·	·	·	·	·	
54	131	·	·	·	·	·	·	·	·	·	·	·	·	·	
57	·	·	·	·	·	·	·	·	·	·	·	·	·	·	IV 54℃以上极度危险
60	·	·	·	·	·	·	·	·	·	·	·	·	·	·	

上表中颜色最深处表示已经超出空气能够含有水分的极限。

I 27～31℃警告影响：长时间的暴露或者体力活动会出现疲劳（热应力指数范围65～89）。

II 32～39℃严重警告影响：长时间的暴露或者体力活动可能出现热痉挛、热衰竭（热应力指数范围90～104）。

III 40～53℃危险影响：可能出现热痉挛、热衰竭；长时间暴露或体力活动可能出现中暑（热应力指数范围105～129）。

IV 54℃以上极度危险影响：长时间暴露极容易中暑（热应力指数范围130以上）。

在沙漠中修建住所

在沙漠中，当你需要一个住所但又找不到天然洞穴的时候，你就不得不自己动手了。

一定要记住“小而美”的原则，避免花费力气构建不必要的空间，哪怕是你非常想要也不行。无论是你在里面休息的时候还是离开的时候，都要确保住所的密封性，因为一些危险的动物也想在那里避开烈日，尤其是当你修建的是地下住所的时候。这意味着你需要制作一扇跟入口处刚好吻合的门，并确保没有任何其他洞口暴露的开口处。

※ 利用热的石头

度过寒冷夜晚的最基本的办法就是找一个有大量石头的朝阳的坡。取那些最热的石头在你准备过夜的地方四周搭建墙。为了保证在夜晚获得最大的热量，应该确保将石头朝阳被晒的一侧作为墙的内侧。这些石头在晚上会释放出余热。

如果在沙地上，你可以稍微向下挖，然后用石头垒洞穴的墙壁。这样的地方也能让你安全度过夜晚。但是这种洞穴的缺点就是早上出来之后会被破坏，晚上的时候不得不重新挖。在一个需要待较长时间的住所，你也可以利用这种方法进行取暖。

※ 地下坑道

在沙地或者土地上，你可以修建一个地下坑道，大约 1 米深，但是不要把它挖得过大，只需要有躺下的地方就已足够。

你可能需要用树枝或者岩石在坑道的内壁垒墙，还需要两根结实的横梁放置在洞口来支撑顶棚，顶棚会有一定的重量，必须确保坑道不会在晚上的时候塌陷。

用衣服、灌木或者平整的石块压在横梁上，然后再铺一层沙子。这种坑道最大的问题是如何修建门，怎样做既能防止热量散失，又能防止动物入侵。

※ 修建岩石墙住所

1. 当修建岩石墙住所以保证温暖过夜的时候，首先寻找一个朝南的斜坡。

2. 如图示的浅洞穴是非常理想的场所，这是因为它朝南，岩石墙已经吸收了大量的太阳热量。

3. 寻找分散在坡上的岩石，它们在白天的时候已经充分吸收了太阳的热量。

4. 用这些岩石搭建墙，留出足够躺下的地方即可。确保岩石最热的一侧朝向你躺下的地方。

5. 尽量用石头填满整个空间，除了入口处。

6. 让容身的地方尽量小一些，这一点非常重要，因为如此可以让你的身体几乎接触到温热的石头，而且不会有更多不必要的空间来分散热量。

※ 修建地下坑道

1. 选择一块能挖得动的沙地或者土地，并且附近要有树枝或者灌木。

2. 标记出所需坑道的大小，其大小不应该超过你身体长度和宽度的 30 厘米。

3. 用工具或者双手挖坑道，坑道深度应该在 1 米左右。

4. 如果土质沙化，你需要在坑道内壁修建防护墙，防止内壁坍塌。

5. 即使土质不沙化，你也至少需要两根横梁放置在坑道入口的两侧，用来承受顶棚的重量。

6. 收集一些结实的树枝铺在坑道上方，修建顶棚。

7. 在坑道靠头部一侧留出空隙，在树枝上铺上平整的石块。

8. 在石块上铺沙子或者土壤，让其成为坑道的天花板。

9. 把缝隙填补好，防止沙子掉进坑道。

10. 在石块上铺沙子以隔热，并且使其形成一个轻微的突起，确保雨水不会积在此处。

11. 确保留出足够的空隙，让你能够顺利地钻进去。

12. 坑道的位置要稍醒目些，既是为了方便自己外出散步回来能迅速找到，也是为了方便被可能出现的营救人员发现。

在丛林中修建住所

在丛林中，最需要关注的问题就是下雨。你搭建的住所必须能够禁得住雨水，要能提供干燥的环境。在热带雨林中，棕榈树很多，它们的叶子是你搭建住所的理想原材料。竹子也是另外一种可供搭建住所的理想材料。下图中展示的住所用的是巴西棕叶子。

热带雨林提供了丰富的可用来搭建住所的原材料，不过最主要的困难就是如何保持干燥。

※ 搭建倾斜的结构

需要6根2 ~ 3米长的木棍来搭建支撑顶棚的结构。将两根木棍垂直钉进地面，间距一般2 ~ 3米。将另一根木棍绑在这两根钉好的棍子顶端作为横梁。你可以将藤条当做绳索来进行捆绑，另外还有一些树皮也可以用做绳索。将剩下的3根木棍靠在横梁上，使其与地面形成一定角度。

↑ 竹子是丛林中用途最广的植物。它不仅能提供食物（如竹笋），而且有异常坚硬的材质，可用来制作很多东西。

※ 搭建热带A字形住所

1. 将两根棍子或者竹竿绑定形成A字形结构，将其竖立起来绑在树上作为支撑；在距离第一个A字形结构2.5米的地方再制作第二个A字形结构，并将其固定。

2. 在两个A字形结构的顶端绑定一根棍子。再在框架两侧的棍子的相同高度上分别绑牢一根棍子，将防潮布固定在这两根棍子上，就构成了一张悬空的床。

3. 将防水油布在整个框架的上方展开，这样就可以挡雨，用绳子将防水油布的4个角拴好，将绳子的另一端固定到周围的树上即可。

※ 编棕榈树叶

砍下一些棕榈树叶（你会需要很多），将它们分割成两半（从叶顶端分开比较容易）。然后开始将它们编到已经搭建好的框架上。

从框架的底端开始向上编树叶，让所有的叶尖朝下，这样便于雨水顺流而下。编的时候还需注意将两层叶子斜着交叉，以增强防水功能。编完一层之后用藤条进行绑定，然后继续下一层，直到将整个框架全部覆盖。

你还可以用以上的编法将棕榈树叶做成席子或坐垫，供你在棕榈叶屋中休息。

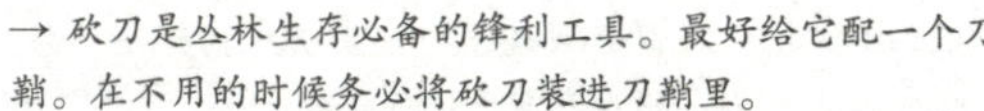

→ 砍刀是丛林生存必备的锋利工具。最好给它配一个刀鞘。在不用的时候务必将砍刀装进刀鞘里。

↑ 在雨林里，可以用棕榈叶子编成窝棚来遮风避雨。

※ 用棕榈树叶盖顶棚

1. 选择一棵合适的棕榈树。考胡棕的叶子很大，能够用来盖茅草屋那样的顶棚。

2. 用砍刀砍下棕榈树的主干，将叶子砍下来。搭建一个密实的顶棚需要大量的叶子。

3. 将棕榈树叶从叶尖端沿着中间的位置分成两半，如果从叶柄处开始分，很有可能会折断。

4. 收集大量的藤条用做绳索，捆绑棍子和固定树叶。

5. 从框架的底端开始绑定树叶，叶尖朝下，一层压一层地往上绑定。

6. 最上面一排棕榈树叶应该是完整的。这样就像提供了一个“屋檐”，能够确保雨水顺利导流。

第 9 章
野外取火技能

在没有火柴或者打火机的情况下取火是野外生存必须掌握的一项关键技能。有了火种之后，不仅能够在寒冷之时提供热量，在漫漫长夜提供光明，供你做饭、烧水、制造工具等等，还能鼓舞士气。摩擦生火并不是一件简单的任务。何况，学会点火只是掌握了一半的技巧。引火物并不能保持长时间燃烧，因此学会让火堆保持燃烧同样重要。

生存之火

在生存的四大必要因素中，对火的需求可能显得最不迫切，但是在很多情况下，你在考虑水之前就必须要考虑生火。原因就是，在一些地方，直接饮用没有经过净化的水可能是不安全的。除了病菌、病毒和其他自然污染物外，水中可能还会含有化学污染物。这些污染物可能来自飞机燃烧的废料、农民在田地里喷洒的农药、在河流上游倾倒的垃圾或者丢弃的化学废料等。尽管水有很多种被污染的可能，但是只要在饮用之前将其烧开，就能降低或者消除其危害。

除了这个功用外，火还能辅助制造不同形状的工具、容器以满足你的其他需求。火能让你感到温暖和舒适，还能驱赶存在潜在威胁的野生动物，从而让住所变得更加安全。

※ 找生火的地方

在你决定生火之前，为其选择一个最佳的位置。需要记住如下重要的原则：

- 在干燥的地面上生火，火很容易被生起来，而且不会产生大量的烟。如果没有干燥的地面，应该用树皮或者大的石块创建一块干燥的地方，一旦火生起来之后，湿气或较小的雨水对它的影响就不会太大了。
- 如果能够找到大的岩石或者地面上的一块凹陷地的话，旁边的自然围绕物就能是天然的挡风墙，而且还能反射热量。如果风很大，而且没有自然的屏障可以利用，你就

↑ 火堆不仅让人感觉温暖，而且能让你有一种强烈的成就感，还会增加你的安全感。

※ 使火堆有效保存热量的方法

1. 选择一个没有落叶的合适的地方，或者对场地进行清理，然后挖一个 15 ~ 25 厘米的小坑，让其四周呈一定坡度。

2. 在坑的底部铺上石头，这样有利于向上反射热量，还可以在火堆一侧你坐的地方的对面搭建一面墙来向你反射更多热量。

3. 收集生火需要的所有材料，在沙漠里，这种东西通常很难收集，不过至少它们是干的。

4. 用石头或者其他可以找到的材料在距离火堆 1 米的距离背向你的一侧搭建一面墙用来倚靠。

5. 在你背后的这面墙也有利于将热量反射回来。

不得不将火堆设在地面下的坑道里，并让其处在顺风的位置上。

• 在选择住地的时候就应该考虑生火的问题，一定要有大量生火材料。这样你就不必到很远的地方去找柴火。

• 在点火之前，要确保地面上没有诸如树叶等其他易燃物品。在一些极其干燥的地方，树根或者地面下堆积的树枝也很容易被点燃，可能会导致一场火灾。当地面上有易燃物的时候，一定要清理出一块至少 120 厘米见方的空地。而且至少在距离住所 2 米远的地方生火，以确保安全。注意：一个用枯枝和落叶搭建的窝棚可能变成一个巨型的火把。

• 如果地面潮湿或者有一些像树根之

■可能爆炸的石头

一定要小心挑选铺在火坑底部的石头。千万不要使用那些含有大量水分的石头，因为这样的石头被加热的时候会产生蒸汽，从而引发爆炸。为了避免这样的情况出现，不要选择那些位于河床或者谷底的石头。找到完全干燥的石头也无必要，记着不要那些被水浸泡过的石头即可。

■使火堆有效保持热量的方法

这里是一些帮助你生小型火堆的技巧，既能保证火有效燃烧又能让你感到温暖舒适。

⊙ 在挖火堆坑的时候，让其四周呈一定坡度，这样既利于将柴火集中在火堆的中央，也利于柴火燃烧更长时间，散发更多热量。

⊙ 在火堆一侧你坐的地方的对面搭一面马蹄形护墙，尽量使其光滑，最好用石头，这样有利于热量反射。护墙大约 90 厘米高距离火堆 60 ~ 90 厘米远。

⊙ 搭建另一面墙或者借助天然屏障用于背靠，这样更有利于热量的反射。草堆、柴垛或者树桩也可以作为背靠的墙，而且还更好。

⊙ 如果是一个大的团队，可能需要在距离火堆较远的地方搭建两面墙，以便所有的人都能够坐下，而且也利于反射热量。

类的易燃物，你需要用石块垒一个生火台，以确保火堆不易熄灭，同时要注意不要用那种可能爆炸的石块。

• 不要让火堆过大，这样既可以防止事故也能有效地节省资源。用石块在火堆四周堆一个圆圈以控制火堆的规模。

• 最后，确保火堆始终在你的视野范围内。

※ 清理火堆痕迹

当你到野外进行生存技能训练的时候，在离开时保持当地自然美景的完整性这一点非常重要。这就意味着在你用完火堆之后，应该消除一切可见的痕迹。

如果想保留火种，以便在另外的地方生火，你可以将未燃尽的炭火盛进防火的容器里。在火堆上倒水确保其完全熄灭，检查是否还有余温或者烟雾冒出来，如果有，继续倒水直至全部熄灭。

最理想的状态是在熄灭火堆之前使里面的所有柴火燃尽。如果没有燃尽，将其中未燃尽的柴火挑出来埋掉，然后将灰烬洒在附近区域。搬走用来确定火堆大小的石块，用土将烧火的地方埋上，然后将落叶撒在上面让其与周围的环境相协调。这样一来，以后的旅行者来到这个地方，这里又是原生态了。

摩擦生火

除了用火柴和打火机外，还有很多方式可以生火，而且它们存在的时间比这些人造的取火方式久远得多。学会这些所谓的“原始”方式将让你在火柴被弄湿、用光或者根本就没携带的情况下能够生火。

远古人都是用这些原始的方式取火，他们依赖这一技能生存。学习这项古老技能时会有一种特殊的感觉，特别是当你努力了几个小时终于取到第一个火种时那种心情真的无法形容。即便生了无数次火之后，你还是会有一种特殊的成就感。

摩擦法依靠两块木头相互高速摩擦，产生足够的热量制造炭火小颗粒和火星，再利用这种小火星点燃火绒。其中的诀窍不仅仅是摩擦的技巧，更包括一个良好的心态。当你学会取火之后，你可能就会明白这个道理，其实生存的所有技能也都是如此。

※ 刨子取火

摩擦生火的一个简单实用的方法就是利用刨子。用一个削尖的棍子在一块木板的凹槽里上下摩擦。在凹槽的底部会出现一些非常细微的木屑，这些木屑越积越多，在最后温度达到一定高度之后就会燃烧起来。需要注意的是，在摩擦的时候不要让木板晃动，以免将凹槽里的木屑散落出来。但这是一个相当辛苦的过程。

※ 钻木取火

弓弦钻钻木取火法、手钻钻木取火法、泵式钻钻木取火法都是钻木取火的传统方式。每一种方式都需要一根棍子作为钻轴在“取火板”上的槽口里高速旋转产生热量点燃火绒。

※ 利用简易刨子取火

1. 找一根木质坚硬的棍子，将其一端削尖。

2. 将一段木质稍松软的木头劈成两半，或者将木头的一面削平，使其成为一个长约 60 厘米长的平面。

3. 在木板中央用尖利的石头刨出一个长约 45 厘米的供硬木棍前后摩擦的槽。

4. 将硬木棍在槽内前后摩擦，刚开始的时候基本不会有什么变化。

5. 过一会，你会注意到有烟从木板和木棍之间冒出，槽会变黑。

6. 槽的底部会出现木质纤维，加大力度快速摩擦，这些纤维就会被点燃。

※ 制作钻轴的材料

钻木取火的时候需要一根中等硬度的棍子作为钻轴，可以用于此用途的木材种类如下页图片所示。如果不能确定是哪种材料，一个非常简单的办法就是用大拇指甲掐一下该棍子以检测其硬度。

制作弓弦钻的时候，除了木料，还需要一根 60 ~ 90 厘米长的绳子。绳子可以用植物或者树木纤维搓制而成。最好的纤维可以从荨麻秆中获取，但是其他的一些植物也可以替代。用石头将荨麻秆捣碎，取出纤维然后搓成绳子。

还有一个做绳子的办法就是利用云杉树根，其效果也相当好。要寻找云杉树根，

※ 可以用来做钻轴的材料

↑ 桤木是一种中等硬度的木材，经常被用来制做钻轴。

↑ 雪松树皮是一种很好的引火材料，其木头可以用来制做弓弦钻轴。

↑ 白杨木可以用来制做钻轴，其木头燃烧较慢。

↑ 接骨木中间软，可以用做钻轴，而且有木髓，能够产生更多更大的火星，有利于取火。

↑ 结实的毛蕊花杆中间也有木髓，是制做钻轴的好材料。

↑ 牛蒡也有坚硬的木质化的茎杆，是做钻轴很好的材料。

※ 检测木质的硬度

1. 选择一根准备用做钻轴的棍子，削掉其中的一块树皮，露出木质。

2. 用大拇指指甲在削开的木质处从一端划向另一端，不必沿着木质的纹理划。

3. 如果指甲划出的线非常明显，那就说明木质太软或者已经开始腐烂；如果没有线或者线几乎看不见，那说明木质太硬。

最简单的办法就是在云杉树底下挖掘。当碰到树根的时候，沿着其走向挖，然后小心取出。云杉树根通常长在比较浅的地方，从树干处一直向外延伸。找到云杉树根之后，将其在树枝上摩擦，直至去掉根皮。云杉树根有的会很长。最好选用一根较长的树根，因为拼接之后的树根容易在打结处折断。

弓弦钻钻木取火法

弓弦钻钻木取火法是摩擦取火常用的方法。它与其他摩擦取火法的原理是一样的，但更易于操作。即使是在潮湿的环境下也能使用。

※ 选择木料并进行加工

制作弓弦钻钻木取火装置需要几块木料：一根钻轴、一块钻板、一块垫板、一根手握的棍子，以及一段绳子。你需要刀子或者其他锋利的工具对这些原材料进行加工。

首先需要加工的就是钻轴。它的长度至少应该跟你将手张开之后大拇指指尖与食指指尖的距离相当。钻轴的顶端应该削得尖一些，底端应该平一些。钻轴应该是圆而且光滑的，其两端应该尖而平滑。

与钻轴材质一样的钻板应该厚度均匀，其宽度应该是厚度的 2 倍。长度应该在 30 厘米长以上，而且其底部应该是平的，这样便于你用脚踩住并保持平稳。

握在手上的垫板可以用与钻轴一样或者更坚硬的材质的木料。垫板应该与手的大小相当，便于握住，其厚度应该不低于钻轴的直径。

手握的棍子，也就是弓，最好略弯，尽管笔直的棍子也能够使用，但最好是一根有一定弯度的棍子。首先学会使用长度在 1 米左右的弓弦钻。掌握之后，可以试一下更长或者更短的弓。

将绳子绑定在弓上，将钻轴绕在绳子上之后，努力控制好绳子的松紧度，既不能松得让钻轴上下滑动，也不能让钻轴紧得一点也动不了。理想的状态是，用上一定的力后能够勉强将钻轴抽动。此外，绳子（弦）的松紧度也决定着弓的灵活性。在使用过程中，可能会需要调整弦的长度。方便起见，在绑定绳子的时候，一端打死结，一端打活结。

※ 准备弓弦钻

在开始钻木取火之前，要分别在钻板的边缘处和垫板上用刀或者锋利的工具削一个与钻轴直径差不多大小的坑，用来放置钻轴的两端。或者先用刀子等工具分别削一个小坑，然后用转轴将坑钻大，其过程与钻木取火的过程一样，而且在此过程中你也练习了

↑ 用中等硬度的木料，如榛树、雪松、白杨或者悬铃木，自己动手制作取火工具。

※ 制作弓弦钻

1. 收集几块木料：一根钻轴（直径约 2.5 厘米）、一块钻板、一块垫板、一根手握的棍子。

2. 修理钻轴：它应该是直的，圆而光滑，直径 2.5 厘米左右，长度为 20 ~ 23 厘米。

3. 将钻轴顶端削或者磨成大约 2.5 厘米长的尖。

4. 将钻轴底端削或者磨成平一些的尖，约 6 厘米长。

5. 在使用之后，钻轴底端和顶端可能很难分辨，因此为了易于辨认，在顶端一侧削一条槽。

6. 制作完成之后的钻轴应该是直的，两端的尖一个长一个短，其顶端一侧有一条槽。

7. 在准备钻板的时候，在钻板的边缘处削一个与钻轴直径差不多大小的坑，用来放置钻轴底端。

8. 在垫板上削一个类似的坑，注意避开握住垫板时指尖的位置。

9. 将绳子（弦）绑定在手握的棍子（弓）上，注意一端打死结，一端打活结，这样便于调整绳子的松紧。

10. 将钻轴绕在弦上，确保弦在弓与钻轴之间（钻轴在弦的外侧）。

11. 左脚踩在钻板上，将钻轴两端的尖分别放进钻板和垫板的坑内。

12. 将弓用力地前后拉动，这样钻轴就会转动。

13. 当钻轴全部进入钻板之后，可以停下来，这时候，手上垫板也会出现一个洞。

14. 给手上垫板的孔内添点“润滑剂”，让钻轴更容易转动，钻轴顶端的槽将预防你把钻轴底端当成顶端。

15. 削开钻板上钻孔旁边的木料，做一个楔形的凹槽以收集炭灰。

如何有效地转动钻轴。

※ 站好位置

这里列出的指导原则针对的是习惯用右手的人。如果你是左撇子，请进行相应的调整。

左脚踩在钻板上，将右腿跪地上。左脚足弓应该在钻板上的钻孔边上附近，也就是装上钻轴之后钻轴的附近。左膝盖成直角弯曲。将钻轴绕在弦上。

将胸部贴紧左膝盖。左手握住垫板，从左腿外绕过小腿。将钻轴定位好，让其底端位于钻板上的钻孔内，顶端位于垫板上的钻孔内。

※ 正确拉弓的方法

钻轴应该在钻板和垫板之间保持完全直立。如果不是，那就调整膝盖的角度，直到钻轴与钻板之间保持垂直。等角度正确，钻轴也已经与钻板垂直时，用右手持弓。

为了保证每一个拉弓的动作能够发挥最大功效，将弓拉到最远的距离，然后慢慢地前后推拉弓，保持弓与地面平行。等找对了感觉，而且这个动作已经平稳和有规律之后，你可以适当加速推拉。

如果你的技术是正确的，即用在垫板上的力度适当，保证钻轴稳定并与钻板垂直，弓与地面保持平行，即使你推拉弓的速度并不是太快，你也可能会发现钻板上的钻孔边缘出现了烟和黑色的粉末。如果没有烟，你也不用担心，这需要一定时间的练习。通常出现的问题是没有保持钻轴的稳定或加在垫板上向下的压力不够。利用25%的力量来让左手腕抓紧垫板，50%的力量向下压，然后用25%的力量来推拉弓。

※ 使用弓弦钻

1. 将一块木头、一片干树叶或者一块干燥平整的石头放置在钻板上槽的下方，这样收集到的炭灰不会掉到潮湿的地面上。

2. 将钻轴放进钻孔内，以平稳缓慢的速度前后推拉弓，当出烟的时候加快推拉弓的速度并加大左手向下压的力度。

3. 一旦成功，在槽内的炭灰处应该会出现炭火星。刚开始的时候可能不太明显，但是炭灰中会持续有烟冒出。

※ 让炭火转变为火焰

1. 将引火物小心翼翼地举起，让其稍微高过脸部，注意别让烟熏眼睛，然后轻轻地吹。一旦炭火在引火物中蔓延，就可以稍微加大吹的力度。

2. 当引火物已经烫得几乎在手上拿不住的时候，尽最大能力给它吹风供氧，它会燃烧得很快，抓紧时间将引火物放置到准备好的火堆中，但是一定要小心。

3. 如果抓得太紧，你可能会让火焰熄灭。如果担心引火物太少，会很快燃尽，就在火焰还没有完全产生的时候就将引火物放进火堆，在火堆里对其吹风，让它能够燃烧起来。

如果出现了大量的烟，你可以适当加快推拉弓的速度，并加大左手向下压的力度。在钻轴整个陷进钻孔之后，你就可以暂时停止转动钻轴了。

※ 完成弓弦钻的制作

这时候，可以给手上垫板的钻孔内添加润滑剂，这样钻轴更容易转动。并在钻板上开一个槽，以收集产生的炭灰，并最终形成炭火星。

垫板上的钻孔能够用捣碎的松针挤出的油、动物油或者其他植物油、来自身上或头发上的油脂或者其他任何可以当做润滑剂的东西进行润滑。但是千万不要用水。水不仅不能在钻轴顶端起到润滑作用，反而会让钻轴膨胀、钻孔缩小从而增大摩擦。一旦对钻轴顶部进行润滑之后，就千万不能将钻轴两端混淆，不能将润滑过后的顶端放入钻板上的钻孔当中，因为这里需要的是摩擦。

钻板上的槽非常重要，因为需要它来收集摩擦产生的炭灰。它的宽度应该是钻孔周长的1/8，从钻板边缘一直到钻孔的中心附近。将钻孔等分成16份，用刀或者锋利的工具将最靠近钻板边缘的两份挖去即可，同时确保槽是光滑的。

现在，你的取火工具就已经完全准备好了。这时候，你首先要搭建好火堆，准备好引火物取火。用柔软干燥的纤维制作的引火物应该是蓬松的，形成一个中空的鸟巢形状。

※ 钻木取火

在钻板上槽的下方放置干树皮或者一些干的树叶，这样可防止炭灰掉到地面上被弄湿或者冷却。在这个地方也放上引火物，用于随后的取火。有的人在槽下方的地面上挖一个小洞来放置引火物，但是这种方式可能会导致引火物被压扁或者被弄湿。

槽在你的哪边不要紧，可以查看风向，调整位置。但要确保有足够的地方供你把脚放在钻板上。将钻轴放进原来的位置，重新开始慢速地前后推拉弓，让钻板上的钻孔受热。这时候如果发出尖厉的声音，说明你推拉弓的速度过快或者左手下压的力度太小。

刚开始的时候也不要在左手上施加太大的力度。开始冒烟的时候，你可以加快推拉弓的速度和加大左手的压力。继续推拉弓，直到有大量的烟冒出来，而且钻板上槽内的炭灰也要有烟冒出来。这时候，小心地取出钻轴，非常小心地将钻板拿起来检查是否已经有了炭火。根据从炭灰底下冒出的烟的多少能够判断是否已经有了炭火。有的情况下，你还可以直接看到红色的火光。这时，你可以松一口气，等炭火继续燃烧。你还可以用手轻轻扇风，但是切记要小心，因为这时候炭火才刚形成，还非常微弱。

一旦炭火烧得比较稳定的时候，你可以休息几秒钟，然后小心地将炭火移到准备好的引火物上。

手钻钻木取火法

尽管手钻钻木取火与弓弦钻钻木取火使用的技巧和材料不同，但是原理相同。手钻需要一根钻轴和一块钻板。钻轴长介于0.35 ~ 1.50米，粗细跟一般的钢笔差不多。钻板厚度要均匀，与钻轴的直径差不多，其宽度是厚度的2倍。这意味着手钻利用的材料比弓弦钻要少，准备工作也要相

※ 制作手钻

1. 准备钻轴，选择一根粗约1.2厘米的直的树枝。

2. 将钻轴处理光滑，去掉所有的侧枝和树节，如果不够光滑，可能还要去皮。

3. 将钻轴底部处理光滑，避免与钻板上的钻孔之间产生不必要的摩擦。

4. 将钻轴一端在钻板上距离边缘约6毫米的距离上做一个圆形的标记。

5. 小心地在标记内打孔，使其大小正好与钻轴的粗细相同。

6. 用脚踩住钻板的一端，将钻轴放在钻孔处，双手搓动钻轴的顶端。

7. 当钻轴进入钻孔并确定钻轴不会滑落的时候，停止搓动钻轴。

8. 在钻板上切一个槽，其大小为钻孔周长的 1/8。

9. 如果钻轴是空心的，你可以将槽口直接切到钻孔的中心。这时，手钻就已经制作完毕了。

※ 使用手钻

1. 将钻轴一端插入钻孔，调整钻板槽的位置，避免其被风吹到。

2. 用双手手掌前后慢慢地搓动钻轴，注意观察钻孔冒烟的情况。

3. 将双手迅速移动到钻轴底部附近，接着继续迅速搓动钻轴。

4. 尽量用整个手掌（包括手指）搓动钻轴，这样能够保证每一次搓动产生最大的功效。

5. 当停止搓动，槽内充满炭灰并有烟冒出的时候，你可能就已经制作出炭火了。

6. 炭火可能非常微弱，很快就烧尽，因此在其产生之后应尽快引燃。

对简单。但是手钻的劣势在于在潮湿环境下这种方法不一定可靠，而弓弦钻在绝大多数情况下都适用。

手钻需要的是中等硬度的木质。钻轴可用诸如接骨木、毛蕊花、牛蒡等植物笔直的空心树枝，而钻板可用白杨或者雪松的木头。这次不需要确定钻轴的顶端或者底端，只需要将钻轴弄光滑，去掉多余的侧枝和树节。

※ 钻木取火

将钻板在地面上放置平稳，用脚进行固定，脚要远离钻孔。如果像使用弓弦钻那样跪着的话，要让你的左手臂位于腿的内侧。你还可以坐在地上，用脚的侧面固定地上的钻板。这样的话将让你有很多空间移动手，但是可能在用手施加向下的压力时会有更大的难度。

将钻轴放入钻孔内，双手搓动钻轴的顶端。在前后搓动的同时施加向下的压力，让钻轴转动。刚开始的时候慢慢地搓动钻轴，等到钻轴底部出现大量的烟，就可以加速转动钻轴并施加更大的压力。

手钻产生的炭火一般都比较微弱，很快就会烧尽。因此在手边放一些易燃物，让炭火烧得更旺一些，以便将它顺利转移到引火物上。易燃物可以是助燃的任何干燥蓬松的材料，如芦苇绒、撕碎的雪松树皮或者捣碎的干燥软木碎屑。

泵式钻钻木取火法

在野外生存情况下，你需要快速生火，这就需要时间和精力。如果你在一个供长期居住的住所，而又没有更多的空间可以随意走动的话，你可以尝试使用这种泵式钻钻木取火法。这种装置在制作上更难，但是在一个诸如窝棚内部的有限空间内将更容易使用，而且能很轻松地生火。这种装置还能用来钻孔以用做其他用途。

↑ 泵式取火装置在有限空间内，如供较长时间居住的窝棚内以及需要经常取火的情况下尤其适用。

※ 制作泵式钻

1. 钻轴应该长度在 1 米、直径在 2.5 厘米左右，在其顶端（较细一端）割一个槽。

2. 在钻轴较粗的一端顶部钻一个孔，便于以后安装钻头，并用绳索等物在孔外的钻轴上进行绑定，防止破裂。

3. 寻找一块 7.5 厘米宽、45 厘米长的木料，在中间钻孔，然后将其劈成对等的两半。

4. 找一块 60 厘米长的木条作为握柄，在两端分别割槽，用来绑定绳子。

5. 在握柄中央钻一个孔，孔的大小要能够保证握柄在钻轴上下自由滑动。

6. 找两块圆形的 1 ~ 1.5 千克重的石头来增加飞轮的重量。

7. 找一些绳子，将绳子绑在飞轮木板的中央对其进行加固，防止其在受力之后裂开。

8. 将两块石头分别夹在两块飞轮木板的两端，用绳子进行绑定。

9. 将飞轮从钻轴较细端套进，飞轮应该位于钻轴上距离底端 2.5 ~ 5.0 厘米的位置。

10. 把一根 1 米长的绳子绑在握柄两端的槽口内。

11. 将握柄套进钻轴，将握柄上绳子的中部套进钻轴顶端的槽口内，然后将握柄绕着钻轴旋转几圈。

12. 将握柄提升到最高处，然后下压，这样钻轴就开始转动，整个装置就可以使用了。

※ **制作钻轴**

泵式钻的钻轴需要一根长约60厘米、直径3厘米的直棍子。如果棍子是弯的，必须将其弄直，或者换一根。否则的话，泵式钻将不能很好地工作。

刮除树皮，并对其进行磨制，让其形成轻微的锥形，其较粗的一端将作为钻轴的底部。完成之后，在钻轴底端割一条槽，便于安装钻头，在顶端也割一条槽，便于安放绳子。

※ **制作飞轮**

制作飞轮时，为了让飞轮的两块木板更好地吻合，最好在一块长约45厘米、宽约7.5厘米的木头上进行分割。用钻、烧或者挖的方式在其中间部位弄一个孔。孔的大小比钻轴底部稍小。然后将这块木头分两片，就得到两块相互吻合的木板，并各有一个孔在中间部位。

找两块重量相等的圆石头将飞轮加重，将它们分别夹在两块分开的木板的两端。在木板的两端分别切割一些槽口，这样便于用绳子将石头定位。在绑定这两块用做飞轮的木板的时候，一定要确保中间的孔在一条直线上。

飞轮绑好后，可以将其安装到钻轴上（从钻轴顶端安）。如果飞轮上的孔大小合适，安装就比较容易。飞轮应该在距离钻轴底部2.5 ~ 7.5厘米的位置上。

※ **握柄**

该装置的握柄应该约60厘米长、7.5厘米宽。你可以砍下一根树枝然后进行加工。握柄的中央也应该有一个圆形的孔，其大小应该超过钻轴的直径，至少应该保证握柄在套进钻轴后能够自由滑落到飞轮的位置。在握柄两端分别开一条槽口，便于绑定绳子。

现在对于整个装置，你还需要的就是一条绳子了，其长度大约为1米。将绳子的两端分别绑定在握柄两端的槽口内。将握柄套进钻轴，然后将绳子的中部卡进钻轴顶端的槽内。

※ **准备取火的泵式钻木装置**

这个泵式装置可以有很多用途，如果为了摩擦取火，需要在钻轴的底端安装一个木质的钻头。选择一段中等硬度的木头（如白杨、雪松等）作为钻头。钻头应该被制成与弓弦钻钻轴的底端差不多大小，并将其顶端削成能装进泵式钻轴底端槽口的形状。钻头的直径可以与弓弦钻钻头一般大（12毫米），或者稍大，这样的话能更有效地摩擦。将钻头安装在钻轴底端，并将其固定好，避免晃动。

找一块与弓弦钻钻板差不多的木料来做钻板。在其表面开一个小孔，然后将钻头放进去。将握柄提升到钻轴顶端，然后下压至飞轮处，这样钻轴就会转动，然后飞轮会自动将握柄反弹回顶端，再下压。这样循环往复，钻头就会在钻板上留下一个坑。在钻板上挖一个槽用来收集炭灰，这样你就已经做好用泵式钻木装置取火的准备了。利用泵式装置取火的技巧与用其他方法取火相同。

丛林取火

在热带环境中最实用的取火方式就是火锯取火，其材料就是长约60厘米，直径4 ~ 5厘米的干燥竹子。

■**火活塞**

在丛林中，周围环境可能很潮湿，摩擦生火不是一件容易的事。土著居民们于是发明了一种非常精巧的装置来解决这一问题，这种装置被称为“火活塞”。这种方法能够在一个小的十分光滑的圆柱体里迅速压缩空气，使空气变热。活塞的底部装上火绒，当空气达到一定温度，火绒就会着火。

这种柱体的一端自然封闭，通常可以用硬木头或者动物角做成。而活塞可以用缠紧的丝线、纤维或者皮革做成，以保证活塞的封闭性，确保能够有效地压缩空气。

将竹子劈成两半。将其中一块平放在地上当做锯板，切口在下，弯面在上。如果你只有一个人，一定要将其固定。如果还有别人，可以叫别人帮忙按住。在弯面上切一道槽，以固定锯的位置。

锯片也用竹子，将上面的竹节剔除干净。将竹片的一侧清理干净并加工光滑平整。把加工好的光滑平整的这一侧朝下垂直放在锯板上。

※ 使用火锯

与其他摩擦取火的方法一样，首先在锯板上慢慢地推拉锯片，直到锯板冒烟。然后可以加快推拉锯片的速度并增大下压的力度，直到锯板冒出大量烟或者推拉不动锯片的时候。这样，锯板底下的空隙处将会形成炭火。

这种炭火同样也比较微弱，因此也要用一些干燥蓬松和易燃烧的材料引燃，要

※ 制作火锯

1. 将一定长度的竹子劈成两半，其中一块作锯板，另一块作锯片。

2. 用刀或者尖利的石块在当做锯板的竹子的弯面上切一道槽。

3. 清理另一块竹子的一侧边缘制作锯片，锯片边缘应该是光滑的。

4. 将锯片放进锯板上的槽内，让锯片保持一定程度的倾斜。

5. 在锯片上施加一定的压力，并将锯片前后推拉，不久之后就会冒烟。

6. 当锯板大量冒烟的时候，取出锯片。如果冒烟还在继续，则表示锯板下已经形成炭火了。

小心别弄灭。

※ 藤条拉锯取火法

除了使用锯片，还可以用一根 90 ~ 120 厘米长的干燥柔韧的藤条取火。这时候，锯板的放置方式刚好相反，弯面在下，切口朝上。用藤条在上面进行拉锯。这种方法被称为“藤条拉锯取火法”，在经过练习之后也是一种很有效的取火方式。

■找燃料的意识

在极地地区能够被用做燃料的材料很少。如果够幸运的话，能找到一些干草、苔藓，或者矮小的树，但是这些东西绝对稀少。而在海洋冰原上，这些材料几乎不存在。漂流木或者动物脂肪是生存者能够用做燃料的唯一的材料。

如果你有蜡烛，在雪地住所里点一根蜡烛就足够了。记住，多余的热量会让雪融化，把你弄湿，甚至会让你有被埋的危险。你还需要经常保持通风，否则可能会因为一氧化碳中毒窒息而死。

极地取火

到目前为止，在极地最有效的取火方式就是利用冰。利用这种设备取火确实是一种特殊的方式，因为它是唯一不需要在木块之间进行摩擦的自然取火方式。实际上，用这种方式取火根本就不需要任何木料，火堆燃烧的时候除外。在极地地区，火堆的燃料其实也可以用其他的材料，比如干燥的动物粪便和动物脂肪。

制作一个冰透镜，需要一块厚度在 10 厘米、长度和宽度在 5 厘米左右的冰砖。里面不应该有断痕或者瑕疵，以免影响效果。将冰砖削成圆形，然后小心地去除边角，要将边缘削薄制作成透镜。当透镜大体成形之后，放下工具，然后靠手掌的体温去融掉那些需要修理的地方。这种方式能有效地避免不小心将透镜损坏。通过透镜看一个较近的

※ 用冰取火

1. 取厚度为 10 厘米、长度和宽度为 5 厘米的冰块，将其切成圆形，然后削掉边缘。

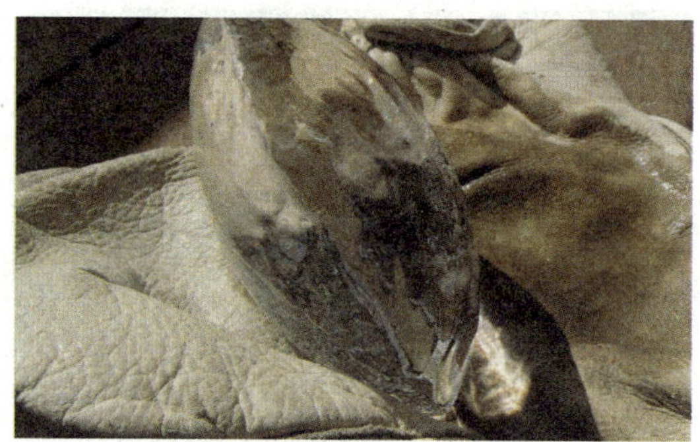

2. 冰透镜外形应该是规则的。在初步成形之后，用体温对其进行整形。

3. 通过透镜看东西，应该得到清晰的放大的图像。

4. 如果透镜聚焦正确，通过它聚点应该能很快将纸烧焦。

5. 透镜制作完成之后，最好戴上手套再拿在手上，否则冰很容易融化。

6. 将太阳光聚焦到火绒上，火绒很快就会冒烟。

物体对其进行检测，然后进行修理，直到通过透镜能够清楚地看到放大的目标。

※ **聚光取火**

利用透镜生火需要非常好的火绒。纤维含量高的碾碎的树皮是很好的材料。将透镜放在太阳与火绒之间，直到透镜将阳光聚焦到火绒上。这样，火绒会很快冒烟。轻轻地吹火绒，在30秒的时间内你就能得到炭火。

搭建火堆

确定在什么地方搭建火堆以及如何点燃之后，你就需要用挑选出来的干燥的材料搭建火堆了，确保这些材料能够稳定地燃烧，否则你之前取火的一切努力都将白费。不同环境下需要不同类型的火堆。但是，圆锥形火堆可能是野外生存时最好的选择之一。这种火堆具有如下优势：

- 热量最大。
- 光线最强。
- 能够有效利用燃料。
- 产生的烟和火花直接上行。
- 能够有效防雨和雪。

搭建火堆的时候，需要一个浅的火坑，在潮湿或者特别干燥（可能引燃火坑周围）的环境下，需要在火坑底部铺上干树皮、干草或者石块，然后再放燃料，首先放的是小的燃料便于引火。将添加的柴火尽量堆成圆锥形，但是要在靠近地面的地方留出空间放火绒。

将较细小的材料靠近火堆的中心，较大的材料放置在火堆的外围。不要将柴火堆得太紧实，留出空隙让氧气能够进入火堆当中。如果有风的话，让火堆开口处正对风的方向，因为风会让火燃得更旺。如果当地有的话，可以在火堆中放置诸如桦树皮这样富含树脂的燃料。

然后在火堆外放置斯科木，也可以放一些小的木头。但是问题是，当里面的那些材料燃烧之后，火堆可能会倒下。无论什么情况下，都应该在火堆中间添加一些较小的木头，尤其是当你打算在火堆上放置大型木材时。否则火堆中间都烧空之后，外边的木头可能还没有燃烧起来。

↑ 将鱼破开平摊在滚烫的岩石上，或者放在火堆旁的木头上。

※ 搭建圆锥形火堆

1. 挖一个浅的火坑，让其四周呈一定坡度，这样有利于将灰烬集中在火堆中间。

2. 如果地面潮湿或者极其干燥，把树皮或者石块铺在火坑底部。

3. 在火坑四周堆一些较大的石块以控制火堆的大小。

4. 折断一些用来引火的柴火，并将它们堆成圆锥形。

5. 在引火物的外面添加稍粗的柴火，并留出一定的空间用于放置火绒。

6. 然后再添加更大一些的木材，但是不要太多。

7. 火绒燃好之后立即放进火堆，因为火绒不可能燃烧较长时间。

8. 火堆点燃之后，可以继续添加更粗的柴火以保持其燃烧。

让火堆保持燃烧

很多时候，你可能希望火堆能够持续燃烧整个夜晚，以便第二天不需要重新取火。其实有很多种方法能够保证火堆整晚燃烧，但是必须确保在晚上睡着的时候，火堆没有失去控制的危险。

在准备睡觉之前，可以在火堆里添加大型的湿柴来保证其能够整宿燃烧。最好的材料就是像橡树这种木质坚硬的树木的新鲜树枝，但是新鲜树枝会产生大量的浓烟。

如果火堆在住所内部，而且你不会受到烟雾的干扰的话，完全可以利用这种湿柴让火堆过夜。如果火堆是在野外，容易受到风的影响，你可以在添完湿柴之后，在燃烧的炭火上盖一层干燥的土壤，以阻止过多的氧气进入而导致炭火燃烧过快。但是要确保土壤中没有干的树叶、草或者其他易燃的材料，以防发生意外。

第二天早上，要让火堆继续燃烧，只需要小心地移开火堆上的土壤。火堆中应该还有大量燃烧着的炭火，有可能在一层炭灰的下面。将火绒和一些其他引火物放在炭火上面，然后吹气，你就能在很短的时间内得到火了。

搭建做饭用的火堆

做饭用的火堆应该能够提供大量的炭火。因为当用陶制容器烤肉或者加工其他食物的时候，可能并不需要太多火焰。好的炭火提供的热量更持久，而且温度也更稳定，这样不容易将食物烧焦。

做饭用的火堆经常搭建在两根大型原木之间，这样既能控制火堆，也能用来放置做饭的工具。当然，这两根原木也会被点燃，需要替换。为了避免原木被烧着，可以在原木靠近火堆的内侧糊上一层黏土，这样能有效阻止原木被烧着。原木从某种程度上也会阻碍火堆的燃烧，因此如果有风的话，让原木放置的方向与风向保持一致，这样能为火堆提供更多的空气，有利于燃烧。

在原木之间搭建一个圆锥形的火堆。在火堆燃起之后，可以添加较粗大的木头，燃烧之后就会剩下大量的炭火，非常适合做饭。

从现在开始，需注意的就是一直保证火堆中有一定数量的炭火。可以每次添一根木头，这样木头很容易被烧着，烧完之后再添加第二根。

做饭用的火堆还有很多其他用途，如烤

※ 制作火媒

1. 收集一定量的火绒，如芦苇绒或其他的纤维，找一块10厘米宽、30厘米长的树皮。

2. 将火绒像卷雪茄那样卷进树皮，不能裹得太紧，也不能太松，这需要一定的实践练习。

3. 用绳子将“雪茄”捆好，把炭火放进其顶端。制作火媒的诀窍在于给它提供刚好的氧气让其慢慢地向下燃烧。

※ 搭建做饭用的火堆

1. 挖一个浅的火坑，以集中炭火，火坑的大小应不超过做饭容器的大小。

2. 将火坑底部用树皮或者石块进行铺垫，如果用石块，一定要确保它们是干燥的。

3. 将两根粗的原木分别放在火坑两侧，之间的距离要小，必须确保能放置做饭的容器。

4. 折断一些用来引火的材料，并在火坑中间将它们堆成圆锥形。

5. 在火堆的一侧留出一定的空间用于放置火绒。

6. 在火堆的另一侧添加稍粗的树枝，这时候的火堆看上去是一个坡形。

7. 如果可能，还可以添一些更粗的木头，但是注意不要将火堆压塌。

8. 将火堆点燃后，可能需要扇风让其燃烧。

9. 在火堆点燃之后，在刚才留空放火绒处添加木头。

10. 在火堆充分燃烧之后，添加较大的木头，保证火堆中产生一定量的炭火。

11. 继续添加燃料约半个小时，就会有大量的炭火可供做饭了。

12. 在炭火形成之后，还可以继续添加柴火，这样就会产生新的炭火。

胶、去除云杉树根皮等等。你可以充分利用它，否则白天的时候，要完成这些事情还需要重新点火。

※ 做饭需要的工具

除了防火的容器之外，你还需要一些工具来将做好饭的容器从火堆上取下来。应该在做饭之前就制作好这些工具。最有用的工具就是钳子。当然根据不同的炊具制作不同的工具也很重要。尽量给能装手柄的容器装上手柄。

利用烧热的石头做饭

除了在火中或者火上做饭，还可以利用另外的方式。烧热的石头就能够用来做饭。需要找一些大块的光滑的石头，然后将它们放进火堆中烧，直到烧得通红才取出使用。

※ 正确选择石头

千万不能选择那些小溪里、沼泽地里或者被水浸泡过的石头。尽量从高地上选，因为那种地方的石头没有吸收太多水分。被水浸泡过的石头在被加热的时候容易爆炸。那些从高地上捡来的由于下雨看上去潮湿的石头是可以用的，但是即便如此，在第一次烧这些石头的时候，也最好与火堆保持一定的距离以保证安全。

※ 烧水

这种烧热的石头最有效的用法就是烧水。你可以用它们烧开装在诸如木碗或者动物膀胱这种放在火上直接烧会被烧坏的容器中的水。几块拳头大小的石头就能轻易地将几升水烧开。如果有必要，还可以再放进几块烧热的石头，让水持续沸腾。

※ 烹饪食物

如果可以找到大的平整的石头，将其放在火堆上烧，直到烧热，你完全可以把它当做平底锅或者煎锅来使用。如果你有油或者动物脂肪防止食物粘在石头上的话，用这种方法更好。这种方法还可以用来煎或者烤面包。

↑ 无论被水泡过的石头看起来多么“诱人”，都不要将它放进火堆中烧。

※ 加热石头烧水

1. 收集干燥的石头，置入火中，确保它们被放在火堆中温度最高的地方。

2. 继续给火堆添加木材，并正常使用火堆，当石头开始发红就可以用了。

3. 用制作的钳子将石头夹出，并小心地放进入水中，水会很快产生气泡。

4. 如果需要烧开的水很多，或者需要保持水持续沸腾，就添加更多烧热的石头，搅动水能够使其更均衡地吸收石头的热量。

如果有两块这样的平板石头，你还可以用它们烹饪鱼或肉之类的食物。将食物夹在两块石头之间，这样烹饪食物不仅味道好，而且熟的速度也快。

※ 取暖

做完饭之后，还可以用这些石头来取暖。你可以将它们放进住所内，让整个空间保持温暖，也可以将它们作为个人取暖设备（但是不要把它们烧得过烫）。

在土坑中烹饪食物

在土坑中利用烧热的石头可以烹饪食物。你只需要将食物放进土坑中，让石头的热量自动对其进行长时间烹饪，当你晚上返回的时候就可以享受到美味的食物了。土坑深度为 30 ~ 60 厘米，将烧热的石头放进土坑底部。等待一段时间，让石头将土坑烘干，这样能避免食物带有泥土味。

一旦土坑烘干之后，在石头上方铺上一层厚厚（约 20 厘米）的青草或者可食用的树叶，然后将准备烹饪的食物放进去，再盖上一层青草或者树叶，最后用泥土将坑全部埋上。然后你需要做的事情就是等待，几个小时之后将坑挖开，取出食物。如果你放置的石头足够热，食物就能烧熟。至于需要多少石头和多长时间能将食物做熟，还要多进行试验。

※ 在土坑中烹饪食物

1. 收集大量没有被水泡过的石头，将它们放进火堆中加热。

2. 挖一个深度在60厘米左右的土坑，其宽度取决于你要烹饪的食物的量。

3. 当石头被充分加热之后，将它们夹进挖好的土坑底部，石头越多越好。

4. 等待一段时间，让石头将土坑烘干，然后在石头上铺一层树叶，以防止石头把食物烧焦。

5. 将食物包进可食用的树叶内，再将包好的食物放进坑内，大块的食物不需要用树叶包裹。

6. 石头的热量将会升上来加热食物。

7. 用可食用的树叶或者青草盖住食物，覆盖一层树皮同样也能避免泥土弄脏食物。

8. 用泥土将坑全部填上，用某种方式作记号，提醒自己土坑的位置。

9. 让食物保持这种烹饪状态3～7个小时（时间长短与食物大小有关），然后小心地挖开土坑，就可以享用美食了。

第 10 章 野外取水技能

即使在理想状态下，如果没有水，人类也只能生存 3 ~ 4 天的时间，如果在从事体力劳动或者面临高温情况下，时间还可能更短。因此一旦搭建好住所后，必须确保自己能够找到淡水水源。如果没有现代化的滤水装置，还需要将水烧开以进行净化。在野外环境下，水的净化可能是最让人头痛的问题，但又是最基本的问题。

水的重要性

人体的 60% ~ 70% 是由水构成的，大脑约 85% 是水。这就意味着人体平均含有 50 ~ 60 升的水。因此，水对于生存来说显然非常重要。每天我们都需要补充一定量的水，因为从食物中，我们不能获得足够的水分。很多身体功能失调都是由于缺水，或者由饮用水含有微生物或受到化学污染引起的。

在温和的气候条件下，为了维持身体的各项功能，平均每个人每天需要摄入 2 升的水。在高温或者从事高强度劳动情况下，平均每个人每天需要摄入 3 升的水。

※ 延缓水流失

如果不能立即获得水，或者水量有限，降低水流失速度非常重要，这样也可以相应减少水分补充。

↑ 天然的洼地通常有水，但是饮用之前进行净化非常重要，因为这些水处于不流动状态可能已经很长时间了。

■脱水反应

脱水量	反应	生存机会
4 升以下	口渴、不适、急躁、恶心、效率低下	温和的气候条件下 3 天
8 升以下	头昏眼花、头痛、呼吸困难、四肢疼痛 血液浓度升高、唾液缺乏、皮肤发紫、 吐字不清、行走困难	温和的气候条件下 2 天
15 升以下	精神狂躁、痉挛、视觉模糊、死亡	温和的气候条件下 1 天

※ 水源标志

↑ 在干旱季节，往往是看不见河流的，但是它们可能会在地面下流动。地面上的植物带能够提示你它们的位置。

↑ 通常在峡谷谷底的地面下会存在水。但是这种情况下，植物就不一定能够作为判断是否有水的标准了。

↑ 粗大的植物往往会生长在距离水源相对较远的地方，但是地面的青草表明水源就在地面下方。

人在温和气候条件下从事剧烈运动，每小时以出汗的方式将排出 1.5 升的体液。如果在高温情况下从事剧烈运动，必将失去更多水分。在温和气候条件下，人在休息状态每小时也能排出 1 升的水。这就意味着，只要减少出汗，就能有效减少体液的流失。

在野外生存，你可能没有别的选择而不得不辛勤劳作以满足自己的日常所需，这就有可能导致出汗。但是，也有一些方式能够帮助你减少身体水分的流失。

首先需要的就是掌握野外生存所需的所有技能。例如学会在 30 秒内用弓弦钻取火就比花 30 分钟取火节省大量的精力，从而减少大量的水分流失。学会如何快速地收集所需的材料，这样也能减少身体水分的流失。

第二种有效减少身体水分流失的方式就是尽量在一天当中最凉快的时候从事那些可能需要体力劳动的工作。在一些极其高温的

※ 正确储水

1. 如果有一定量的水可以储备，应该在避免阳光照射的地方保存，避免水分蒸发。

2. 将水袋吊在树下能够保持水的清凉，每次喝多少取多少，避免浪费。

环境下，需要晚上干活，白天休息。

第三种方式就是避免在热的时候脱掉衣服。相反的，在有些情况下可能还需要添加衣服来降温。其中一个最好的例子就是沙漠地区的游牧民，他们经常将自己从头到脚宽松地披上好几层衣服来保持凉爽。在头上戴一块头巾或者其他头饰来遮挡阳光也是一个很好的例子。

呼吸也能让大量水分流失。因此，保持身体内部温度和减少活动也能减少以这种方式流失的水分。另一种减少呼吸导致的水分流失就是用鼻子而不是用嘴来呼吸。这一点看起来可能无关紧要，但是在野外生存条件下，注意这种极小的差异可能导致完全不同的结果。

消化食物的时候也需要水，因此在缺水的情况下，尽可能地减少食物的摄入。同时对喝的东西也要加以注意。不要饮酒，因为分解酒精需要大量的水，分解酒精需要的水甚至比添加在酒类饮品中的水还要多。另外，在缺水情况下咖啡也应该避免，因为咖啡有利尿的功效。

※ 水的分配

很多人都认为，在缺水情况下，应该将水像分配食物一样进行分配，这其实是一种常见的误区。千万不要这么做。这种节水方式的负面影响往往远远超过其正面效果。很多时候，脱水能够很快将人击垮，快得都让人不能察觉。脱水时，很容易在没有任何征兆的情况下出现昏厥。很多真实的案例就说明了这一点，在一些事故中，由于脱水而死亡的人身边往往还有一整瓶水。因此，即使在水量有限的情况下，也要与平常一样饮水。但是也不要狂饮，而是啜饮。如果在脱水情况下发现水源，要切忌狂饮，一定要让身体慢慢地补充水分，否则可能造成胃部痉挛，导致呕吐而失去更多的水分。

保证饮水安全

补给水的方式有很多种，但是最理想的就是寻找干净的、新鲜的、流动的水。收集水是其中的第一个步骤，你可能需要人工制

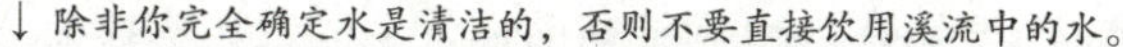

↓ 除非你完全确定水是清洁的，否则不要直接饮用溪流中的水。

造的或者天然的容器。你往往还需要对水进行过滤和净化，但是从最干净的水源里取水是个好主意。

※ 寻找目标

寻找那些流速相对较快、岸边生长有茂盛植物的江河溪流。一般情况下，静止的水塘中更容易滋生和繁殖细菌和病毒，而流动较快的水中不太容易有这类细菌和病毒存在。

检测水质的一个方法就是观察是否有大量动物前来饮水。但是这种方法并不十分可靠，因为很多野生动物已经对水中某些致病性细菌和病毒产生了一定的抗体，但这些细菌和病毒在人体中可能会导致严重的疾病。观察当地居民的饮水情况也是同样的道理。在很多情况下，当地人一辈子都在饮用这种水，外来者喝了却会生病。

当发现一个看似很好的干净的水源的时候，尽量往其上游走进行检查，看是否有动物尸体或残骸或者其他的污染物，以确定水源是否干净。

※ 饮用水中存在的危险

饮用不干净的水可能引起的常见疾病包括霍乱、甲型肝炎和贾第鞭毛虫病。

霍乱是一种相对轻微的疾病。这是一种细菌感染疾病，主要会导致腹泻，通过持续饮用干净水补充身体水分能够治愈（如果继续饮用受污染的水将导致病情持续恶化）。大约 20 位受感染的病人中才有一位会出现水腹泻、呕吐和腿抽筋的严重症状。在这类人群中，身体水分的快速缺失通常会导致身体脱水和休克。如果得不到救治，几小时后有可能死亡，这种病人需要进行静脉注射以补充水分。

甲型肝炎是一种比较严重的疾病，是由于肝脏被滤过性病毒感染而引起。其症状并不一定非常明显，但通常能持续长达两个月的时间，其中包括发热、疲劳、没有胃口、恶心、腹部不适、尿液发黄、黄疸（皮肤和眼睛变黄）。通常老年人比小孩更容易受到感染而患上该疾病。所幸的是，这种疾病并不威胁生命，但是通常需要进行治疗。一旦治愈，身体里将出现抗体，能防止再度感染该疾病。

贾第鞭毛虫病是一种由肠道寄生单细胞微型寄生虫引起的疾病，可能由于饮用了被下水道污染的水而引起。这种寄生虫有坚硬的外壳，在体外也能存活相当长一段时间。贾第鞭毛虫病是当前最常见的水传染疾病之一。感染之后能引起一系列肠道系统症状，包括腹泻、大便多油脂（差不多能漂浮）、

↑ 将非洲热带大草原上出现的水坑当做水源可能是危险的，因为这种水坑也能吸引大量危险的动物前来饮水。

↑ 有动物饮用的水源并不一定表明人类也能饮用。许多动物对某些可能导致人类生病的细菌和病毒具有免疫力。

↑ 一些水井有提水的机械装置，而另外一些水井必须手动将水提上来。千万不能在水井附近进行清洗，那样可能会污染水井。

※ 收集水

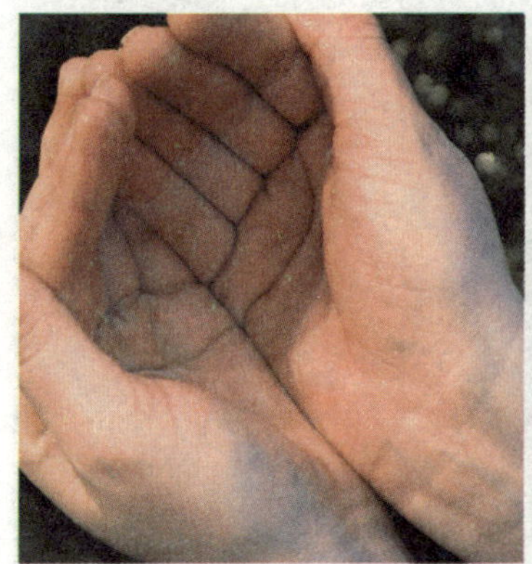

↑ 最常用的取水方式就是用手捧着从溪流中直接喝。但是只有在彻底保证水的安全性的情况下才能如此。

↑ 如果拥有大量容器，下雨的时候可以收集雨水。即使雨水受到了轻微的化学污染，也可以不必净化。

↑ 如果有防水油布或者雨布，将布的四个角绑在立起的柱子上，在布的中央放一块重物让布接水，将布的一侧放低，让水顺着流进容器中。

胃痉挛、恶心等。症状会持续2～6周，或者更长时间。但是也有感染贾第鞭毛虫病不出现任何症状的情况。该疾病的诊疗方式通常是减轻症状，将寄生虫从体内驱除。

※ 对水进行净化

如果发现有动物饮水的地方，水流速度相当快，水是清凉的，在其上游也没有发现动物尸体，你就可以推断，这水是相对干净的。但是即便如此，在饮用之前也要进行净化，因为等到发现细菌和病毒的时候，往往为时已晚。

※ 检查化学污染物

即使水里面没有细菌和病毒，水源也可能受到化学物质的污染。降低饮用化学污染水的概率的唯一有效途径就是沿着河道一直往上游走进行检查，或者仔细检查水中及水边植物的生长情况。

经常在头脑中想到这样的问题，首先，水中是否有藻类？没有藻类可能是坏的迹象，但是如果藻类太多也可能不怎么好，因为某些藻类在磷酸盐等环境下能够大量繁殖。其次，水源周围的植物生长得是否健康？通常情况下，一旦水被化学物污染，就会严重影响污染区域的植物生长。还有一个问题就是：溪流中是否有很多健康的鱼类？

水被化学污染之后的问题是，很多污染物并不能通过烧开被净化掉。利用木炭或者其他的过滤设施过滤也不能完全将化学污染物滤净。因此，如果对水是否受到化学污染存在疑问，最好的办法就是寻找另外的水源。

自然水资源

在绝大多数地区，找到满足自己需要的水量是相对容易的事情。在温和的气候条件下，通常会有大量的江河和溪流可以供取水。但是，如果发现身边没有河道或者河床已经干涸，你就必须学会如何寻找另外的水资源了。

※ 寻找天然水

下雨之后，可以在诸如石洞这样的天然的地方找到水。一般情况下，这种水必须在下雨之后尽快利用，因为时间长了之后，它就成了滋生细菌和病毒最好的温床。

天然的水储备往往在不平的地面上，尤其是岩石表面的坑中。这种水通常情况下都是安全的，但是即便如此也不要忽视对水的

↑ 在图中这样的小溪流中能够找到水，但是一定要检查是否有明显的污染物，以确定其是否可以饮用。

处理，以防水受到了某种形式的污染。

应该尽可能多地从这种天然的地方收集水，因为它们可能就只存在一两天的时间，有时甚至几个小时之后就会消失。

※ 收集晨露

即使是在没有下雨的情况下，晚上气温的变化也可能将空气中的水蒸气浓缩成露水附着在地面物体上。在早上，你可以将植物和岩石上的露水用吸水性能好的毛巾或布料收集起来，然后将水拧出来放进容器里。

澳大利亚土著居民发明的一种非常成功的方式就是将吸水性好的材料绑在腿上，

※ 收集露水

1. 棉制的吸水性能好的布料可以用来收集露水，将它们绑在脚踝处。

2. 在长满高草或者其他植物的地方随意走动，让绑在脚踝上的布充分吸收露水。

3. 将布中的水拧进容器中。尽管露水看起来很干净，不含污染物，也不要忘了进行过滤。

然后在有露水或者雨水的草地上行走。用这种方式能够收集到大量的水。

※ 雨水

饮用水的最好资源就是雨水，因为它们没有受到细菌和病毒的污染。但是，在高工业化的地区，雨水中可能含有一定的化学污染物。

雨水也能通过像收集晨露那样的方式收集，但是如果正在下雨，而你又有大量的容器，你完全可以将它们放在地上接雨。

※ 从植物中取水

在丛林中，一种常用的取水方式就是从富含水的植物藤蔓中抽取。这种藤蔓很容易辨认，其直径为 7.5 ~ 15 厘米。只需要砍一段 1 米的藤蔓就可以取水了。如果从这种藤条得到的液体是浑浊的或者有苦味的，那就是找错了物种，这种液体是不能喝的。从藤蔓中取出的液体应该是无味的或者有水

※ 储水植物

↑桦树叶可以直接从树干上割取，或者将其放在水中煮，煮后得到的液体会有一股类似枫树糖浆的味道。

↑饮用流动缓慢的溪水往往是危险的，因为流动缓慢的水里更容易滋生细菌和病毒。

↑从很多树木的果实中也能获得水分，即使未成熟的椰子里面也含有大量的可饮用的水。

↑ 这种罐状植物的“罐子”里一般都有可以饮用的水，但要注意里面是否有昆虫。饮用之前要进行过滤和消毒。

↑ 像芦荟和龙舌兰这样肉质比较丰富的沙漠植物含有大量的水分。将它们新鲜的叶子取下来能够获得水分。

↑ 仙人掌长有大量的刺，但是它们的肉质里含有大量的水分。

果味。此法的缺点就是这种液体不能被保存；还有一些藤蔓对皮肤有刺激性，因此最好用容器收集液体，而不要直接就着藤蔓用嘴喝。

在澳大利亚，水树、沙漠橡树和红木树的根部都靠近地表，很容易挖出来。将树根去皮，吮吸汁液，或者将根碾碎，然后挤出汁液。新鲜竹子也是取水的好原料。将竹子弯下来绑定，然后砍掉其顶部，将容器放在竹子被砍掉部位的下方，过几个小时容器中就能得到大量的清水了。

在沙漠地区，各种仙人掌都含有大量的水分。将仙人掌的顶端砍掉，将肉质捣碎，就可以将其中的水分吸掉。即使这种仙人掌不可以食用，其中的水分也同样可以吸食。但是，你需要有一把大砍刀之类的工具，否则就不能避开仙人掌上的刺来接近其中的肉质了，或者很有可能会把整个仙人掌弄死。

过滤和净化水

无论得到什么样的水，最好先进行净化，因为不能确定这些水流经过哪些地方、里面都含有些什么物质。

如果水里含有枯枝落叶或者其他较大的杂质，首先需要过滤。这样的话，你就需要制作一个过滤器。取一段掏空的圆木，在中间放上青草，用来过滤水，这样能够有效地去除水中的较大杂质。如果有袜子，你就可以做一个更好的过滤器。在袜子里塞上青草，如果有沙子的话更好，首先装最细小的沙子，然后是稍粗的直到装满袜子。

将装沙的袜子吊在容器的上方，把需要过滤的水倒进袜子里，让水慢慢渗漏进容器里。

↑ 在净化水之前先用装满沙子的袜子对其中的杂质进行过滤。最好的方式是在底部装上细小的沙子，然后再装较大的沙子。

※ 过滤水

1. 将一块干的木头用火烧一个洞，但不要烧太大，用来过滤水中漂浮的杂质。

2. 在洞中填满青草就是一个简易的滤水器，可以将水中较大的杂质滤除。另外，木头中剩余的炭也有过滤水的功能。

3. 将水从过滤器上方倒入，在下面放一个容器接住过滤后的水。过滤后的水必须要进行净化。

※ 将水烧开

过滤之后的水看上去可能很干净，但是还不足以安全到可以直接饮用。为了净化水，需要将其烧开，除非你有现代化的滤水设备或者净水剂。

水烧开的时间根据细菌的存活时间而定。最好是将水烧开 15 ~ 20 分钟，就比较安全了。这时间听起来可能比较长，但总比冒险喝下还没有完全被净化的水要好。

※ 使用净水剂

现代化的净水方式包括使用净水剂，如家用漂白剂、碘、净水药片等。现代化的滤水设备能很好地将水进行过滤。各种净水剂的使用方式如下：

漂白剂 将 10 滴家用漂白剂加入 4.5 升的水中，充分混合。然后静置 30 分钟。如果水中含有一股轻微的氯味，则说明水可以饮用了。

碘 使用方法与漂白剂大致相同。

净水药片 按照使用说明做就可以了。这种药片会让水有一股漂白剂的味道，但是饮用还是很安全的。

在使用这些净水剂的时候，一定要确保净水剂与水充分混合，保证不漏掉任何可能存在的细菌。细菌尤其容易藏在容器的螺旋形部位。

用以上方法净化水可能存在的问题是，

↑ 净水剂能够杀灭水中的任何细菌，但是其缺点是味道不佳。

※ 保持水的自然味道

1. 在水被烧开 15 ~ 20 分钟进行净化之后，它就已经失去了自然的味道。这种水完全可以饮用，但是毫无味道。

2. 在烧开的水中添加少量木炭就能够大大改善水的味道。在添加木炭之后需要将水静置一段时间。

3. 还有一种方式就是用吸管向水中吹气，也可以将水从一个容器倒进另一个容器，反复几次。

※ 海水淡化

1. 在只有海水的情况下，就只能通过蒸馏的方式获得饮用水了。用防火的容器装上海水烧开。

2. 在容器上方放一块干净的布，让其充分吸收水蒸气。如果没有布，可以用苔藓代替。

3. 不时地将布料或者苔藓拧干，将拧出来的水装在另一个容器中。这种水是干净的，晾凉之后可以直接饮用。

如果长时间饮用这种水可能会让你觉得不适。很多净水剂的生产商都会建议使用者不要连续使用它们的产品超过几周的时间。当然，这些药剂最终都会完全排出体外，所以在找到清洁的饮用水，或者不得不使用更原始的方法对水进行净化之前，还是尽量用净水剂吧。

※ 使用现代化的过滤器

第二种选择就是使用现代化的过滤器。需要长时间净化大量水的时候使用过滤器是一种非常理想的净水方式。市场有各种各样的过滤器，其中一些非常小巧，完全可以装进口袋。

过滤器在很多情况下都适用。但是要确保它能够去除化学物质和细菌病毒，因为很多过滤器都只能滤除一种污染物质。应该仔细阅读过滤器使用说明，有些过滤器需要定期用碘酒或者其他消毒水进行清洁。有些过滤器有使用寿命，也就是说在过滤器失效之前，只能净化一定数量的水。如果出现了这种情况，你又不得不回到原始的烧开净化水的方式了。

寻找和处理水的其他方式

即使在最荒凉且明显干旱的地方也能够找到水。

※ 路径

在沙漠中，跟踪当地的野生动物寻找水源的方法值得一试。但是一定要记住，某些沙漠动物并不喝水，而是从它们的食物中获得足够的水分。

在沙漠地区的居民中流传着一句名言："走已经存在的路总比开辟一条新路要明智"。人和动物通常走同样的路，这些路往往弯弯曲曲，在整个大地上延伸。如果你

↑ 有些水过滤器很复杂，由很多部件构成（如图示）。在紧急情况下这可能带来麻烦。

在沙漠中遇到这样一条经常被人或动物走的路，一定要沿着它走下去。不要为了避开那些拐弯而走直线。因为人或动物经常走的这些路上障碍最少，而且经常是从一个阴凉处到另一个阴凉处，从一个水源到另一个水源。

※ 地下水

在干旱地区，你需要寻找能够挖出水的干枯的河床或者峡谷。任何植物都能给你指示出正确的方向。你首先遇到的可能是距离水源最远的带刺的荆棘，当看到青草样的植物的时候，你可能就已经接近地下水源了。在沙漠中，植物带可能是有地下水的唯一标志，这表明水就在地下。如果水很难获取，可以用过滤型吸管取水。在紧急情况下，这种很小很轻便的装置将能够在你吸水的同时帮你进行水过滤和净化。

在一些沙漠地区，当地土著居民建立了大型的水利设施来保存雨水。例如在以色列的内盖夫沙漠，很多地方都在岩石中开凿了下山的管道收集雨水，将它们导流到深水池中。这些设施非常有效，能够保证水池中常年有水。当你在有这种设施的沙漠中处于危险状况的时候，你可以直接寻找这样的水池。

※ 液化水

在温度很高的情况下，如果有大量植物，可以使用这种简单的取水方法，将一个透明塑料袋套在一根带有大量树叶的树枝上。确保选择的树是无毒的，因为毒素有可能会存在于水内。将塑料袋的一角朝下，让水不至于从袋口溢出。

只需一天的时间，就能从塑料袋内得到相当数量的水。记住定期更换被绑的树枝，否则叶子干燥之后就不能取水了。在太阳底下用这种方式取水比在阴凉的地方

↓ 将这种轻便式过滤器的管子插进未经净化的水中，打开小水泵，干净水就会从出口处流出来。

※ 利用阳光蒸馏器

1. 可以利用阳光蒸馏器对水进行蒸馏或净化。挖一个宽约60厘米、深约60厘米的坑。（尽量不要在沙漠中利用阳光蒸馏器进行取水，因为这需要付出很多努力而且收获也小。）

2. 将一个空的容器放置在坑的中间部位。找一根塑料管子，至少60～90厘米长，可以将其一端放进容器里，另一端放置在坑外。

3. 将找到的水（无论什么样的水）或者植物放在准备接水的容器旁边。将干净的塑料布铺在坑上，用沙子盖住塑料布边缘，并在塑料布中央、容器的上方加一个重物，让塑料布上凝结的水珠掉进容器。

※ 利用过滤型吸管

1. 如果找到一个干涸的河道，可以直接向下挖，并用过滤型吸管直接喝水。

2. 如果有过滤型吸管，完全可以在那种无法直接取水的水源中喝水。

3. 在喝水之前，一定要将水面上的杂质去除干净，否则可能堵塞吸管。

← 将一个干净的袋子套在有树叶的树枝上，将袋子一角朝下。叶子上的水分蒸发之后会在袋子上凝结成水。

效果更好。

用这种方式获取的水是绝对干净的，不需要净化就可以安全饮用，即使里面可能含有从树枝上掉下来的杂质，也只需要进行简单的过滤即可。

※ 冰雪融水

在极地地区，水的主要来源就是身边的雪和冰。雪总是与雨水一样干净（或者脏，也就是说它可能含有化学成分，但没有细菌）。但是如果雪已经在地面上积聚一定时间之后，它就可能受到环境的污染。“不要食用发黄的雪”这种说法还是有科学根据的。

在食用之前应该把雪提前融化，如果让雪在口中甚至胃中进行融化的话，会消耗掉身体大量的能量。这可能不仅让你失去至关重要的热量，也有可能因为不能有效吸收足够的水而导致脱水。

冰与雪一样需要提前融化，也是水的极好来源。在极地地区，一个大的问题就是，很多冰都是由海水冻成的。不透明或者呈灰色的冰通常都是由海水冻成。呈淡蓝色晶体状的冰可能含有少量盐。海水冰块融化的水需要进行蒸馏之后才能饮用。

千万不要忘记，冰并不一定洁净，这种用冰融化的水通常需要净化。很多细菌和病毒在冰冻状态下也能够存活很多年。

第 11 章 制作工具和装备的技能

11

在野外生存中最令人有成就感的事情就是制作工具和装备。这往往标志着纯粹“生存”的结束和“生活”的开始。你的生活已经不再是简单的生存了，因为利用野外找到的材料制作工具的技能已经是高级技能了。这些技能对于绝大多数现代人来说在不重新学习、不经过大量练习的情况下根本就不可能掌握。学习这些技能是一件令人愉快的事情。

制作容器

※ 基本的盛食物的容器

利用火可以迅速地做出木碗和木勺，只需要将炭火放在木头上，并控制好火势。

如果要做碗，首先找一块大约 30 厘米长的圆木（如果找不到合适的，放火里烧到这个长度）。将圆木劈成两半，然后将炭火放在平坦面的中央。小心吹炭火，让其慢慢燃烧木头，并控制其燃烧的方向。如果发现燃烧得太靠近边缘或者底部，放一些沙子或者土壤在这些地方以阻止炭火继续燃烧。如果希望燃烧速度变慢，可以不时地刮掉木头表面被烧焦的地方。如果希望加快燃烧的速度，可以用空心的茎杆，如接骨木、芦苇或者竹子，甚至动物的气管来吹炭火。这样烧制完成之后，碗就可以直接使用了。如果将被烧焦的表面全部刮除干净，并用沙子将碗里面全部磨光滑，那样的话碗内所盛的食物味道会更好。

烧制勺子与做碗的原理相同。烧制完成之后，将其修整到适合用来装饭的程度。用这种木器器具装食物会有部分微粒进入木质纤维里，因此在每次使用完洗净之后，最好放在火焰上烤一两分钟，这样有利于杀菌消毒。

※ 制作勺子

1. 生一堆火，多烧些炭火。如果有必要，将柴火弄短些。

2. 用钳子夹炭火到准备制勺子的棍子上，放在准备烧的地方。

3. 按住炭火，然后吹风，让炭火烧木头。将烧出的地方弄干净，然后进行修整。

※ 制作木碗

1. 生一堆适当大小的火，烧足够的炭火。

2. 用锋利的石头当楔子和结实的棒子当锤子将圆木劈成两半。

3. 将炭火放在劈好的圆木平整面的中央。

4. 按住炭火，然后吹风，木头就会开始燃烧。

5. 木头上的坑加深之后，可以多放一些炭火，这样木头燃烧更快。

6. 如果某些地方烧得过狠，用土加以隔离，不要让它继续燃烧。

※ 树皮容器

一些大的容器还可以用树皮制造。很多物种都适合制造树皮容器，如桦树、雪松和榆树。尽量使用那些已经脱落或者正要脱落的树皮。如果一定要利用树上长着的树皮，不要割下超过其周长 1/3 的树皮，以确保该树还能继续存活。为了达到最好效果，先将树皮在水里泡几个小时。

↑ 树皮筐做起来相对容易，能够用来装很多东西，如工具或者可食用的植物等。

※ 利用动物器官做容器

你还可以用动物的胃来装食物或者水。将其彻底洗净、翻转、悬挂在三脚架上，或者在地上挖一个坑，将胃的边缘贴在坑上。这样可以用来装液体，然后用烧热的石头将液体烧开。膀胱也能有同样的用途，但是其使用寿命会短一些。

↑ 动物的胃是一种很好的不漏水的容器，能够用来烹饪食物和烧水。

编篮子

篮子有很多用途，既可以用来收集食物，也可以用来存放食物。篮子可以做成各种形状和各种大小。一旦学会，就可以随心所欲编制自己想要的篮子。

由于篮子的通风性好，所以很适合用来存放诸如浆果和菌类这种放在不通风环境下容易变质的食物。篮子还可以用来存放绿色植物和肉食，或者用来收集像引火物之类的材料。编得松的篮子还可以用来抓鱼。

※ 篮子的材料

篮子的功用将决定篮子的大小和形状，同时也决定编篮子的材料。很多材料都可以用来编篮子，只要具有柔韧性。细长的柳条和榛木条是用来编织篮子的传统材料，如果附近长有这类植物，它们就是很好的编织篮子的原材料，但是自然界中还有很多其他柔韧性好的材料可以用来编篮子，如松枝、雪松枝、云杉根等。用长的枝条编篮子会减少重新起头的麻烦，而且也容易使篮子看起来更光滑。有的时候，一根枝条就可以编一个篮子。

※ 编织篮子

1. 收集6根柔韧性好的柳条或者雪松枝条作为篮子的骨架。

2. 用工具在一根枝条的中间部位划开。

3. 将另一根枝条穿过刚才划开的口子。

4. 在第一根划开口子的枝条旁边再放两根同样划开口的枝条，将剩下两根枝条全部穿过划开的口子。

5. 找两根用来编织的枝条，放在3根用做骨架的枝条旁边，穿过那些口子。

6. 将其中一根用来编织的枝条紧密地编织在用做骨架的最初的3根枝条上，紧紧握住。

7. 将第二根用来编织的枝条编在最初的3根骨架枝条下方，然后压在后3根骨架枝条的上方。

8. 同样的编织的方式，在底部附近编织3圈，确定要紧密地编织。

9. 然后在每根枝条之间进行编织，直到篮子的底部已经足够大，要保证现在编好的形状是圆的。

10. 在骨架枝条上靠近编织枝条的地方用工具划口子，要保证骨架枝条能够弯曲，但不能折断。

11. 将所有的骨架枝条弯曲，在其中一根的右侧插入3根编织枝条。

12. 将其中的第一根编织枝条从上方编过第一根骨架枝条，然后用手在篮子底部将它剩余的部分压紧。

13. 将第二根编织枝条从下方编过第一根骨架枝条，在从上方编过第二根骨架枝条，这时候将第一根编织枝条放开，用同样的方式压住第二根编织枝条。

14. 将第三根编织枝条编织过 3 根骨架枝条，其中两根从上方，一根从下方，然后将第二根编织枝条放手，压住第三根。

15. 根据先前的步骤继续编织，直到全部骨架枝条的角度达到自己满意的程度。

16. 当一根编织枝条用完之后，在这个地方添加另一根编织枝条，保证其方向与原来一致。

17. 当骨架枝条的弯曲角度达到要求之后，用两根编织枝条按照编织底部的方式继续编织。

18. 当编织达到你符合要求的面积之后，将编织枝条的末端插入刚才编织的空隙里。

19. 如果骨架枝条可以弯曲，也可以弯回插入编织的空隙里，或者用工具将其砍掉，但是砍的时候，枝条上一定要留有剩余，防止编织枝条滑出来。

20. 用这种编织方式可以编织出各种型号的结实的篮子，尽管其形状不一定规则。

制作简单陶器

制陶工艺是人类文化中最先开发的工艺，很多现在仍在使用的罐子等都是用天然的河底泥加上最简单的手工和烧制技术制造的。你自己制作的容器可能会比较粗糙，但是它们将是你做饭和吃饭的工具。

※ 寻找黏土

在野外生存环境下，你不可能买到已经制好的黏土，但是却可以找到很多身边就有的天然原料。黏土是花岗石被风吹日晒之后形成的，随处可以发现，但是最好是挖开河湾处，寻找那种没有污渍的干净的黏土，因为最好的黏土会存积在此处。

※ 准备黏土

收集到黏土之后，首先将其晾干，捏成粉末状，便于除去里面的石子等任何可能影响陶器品质的杂质。黏土末弄好之后，在里面加入一些较硬的物质，如海贝壳末、沙子、蛋壳末或者粉碎的陶器末等让土质变硬。这样可以防止陶器在晾干和烧制过程中因过度收缩而破裂。

在将黏土做成陶器形状之前，应充分对黏土进行摔打揉制，避免黏土中间出现气泡，否则在烧制过程中会由于膨胀而使陶器破裂。尽量在制作陶器前再开始揉制黏土。黏土应该是湿软的，但也不能沾手。学会制作简单的陶器之后，你会有一种非常强烈的成就感。

※ 将黏土从球状制成碗

这里介绍的陶碗是由一个橘子大小的黏土团制成的。它完全是用手捏的方法制成的。将大拇指按进去直到距离底部大约6毫米的位置，然后从底部开始用手指往外顶，形成罐状。如果罐子太大，将它放在平面上，再用手将罐壁弄薄，做成统一的6毫米厚。完成之后，将成品放置几天待其完全干燥。

干燥之后对其进行烧制，让其更耐用。最简单的烧制方法就是直接在火堆中或者在地上挖一个坑之后烧，这种方法也是当今世界很多地方仍在使用的烧制陶器的方法。这里介绍的方法是最基本的。如果火的温度太低，陶器可能会破裂，但是你能够很容易地再制作一些坯胎继续烧制。

制作弓

弓是一种应用广泛的狩猎工具，能够用来接近和猎杀各种大小的猎物。这里介绍的

※ 制造陶碗

1. 为了保证黏土不含杂质，将黏土彻底干燥之后用石头碾碎。

2. 将其中的杂质挑出来，继续碾，直到黏土彻底呈粉末状。

3. 在黏土末中加入少量用来让其变硬的物质，如粉碎的贝壳，其比例是大约 10 ∶ 1。

4. 在混合后的粉末中加入适量的水，让其结合在一起，捏成球状。

5. 用双手对黏土球彻底进行揉制，捏掉中间可能存在的任何气泡。

6. 揉制之后，将黏土捏成球状。如果需要的碗较小，一个橘子大小的黏土球就足够。

7. 将大拇指从球的顶端按入，取出，然后捏制，如此反复。

8. 继续捏制，慢慢扩大开口，形成碗状。

9. 将成品放置几天，让其干燥，然后用石头对其进行磨光，这样还能保证碗不漏水。

10. 烧制陶器的时候，将成品放在一层厚厚的泥土下，然后在上面点火堆，或者直接在成品四周点火烧。

11. 保证刚开始的时候火焰不会直接烧到陶器上，然后再慢慢让火堆靠近陶器，这样可以避免陶器因加热过快而破裂。

12. 当陶器已经完全没在火堆中之后，添加更多柴火，让火的温度越高越好，至少烧3个小时。

弓适合短期生存，很多情况下也被称为“父子弓”：一把较大的弓的背后还绑有一个较小的弓。这样设计的原因在于这种弓是由新鲜的木材制成的，尽管比较容易制作，但是却没有那种比较好的木材做的弓结实。利用这种添加小弓的方法，可以让用不够结实的木料做成的弓变得结实一些。

※ 选择木料

如果要制作弓，需要找一棵幼树的树枝，而且要没有侧枝和树节。树枝要是直的，其长度大约在150厘米，直径在7.5厘米左右。

在树枝中间处将其劈成两半，这两半树枝在后来都会被用到。如果这种方法不能得到两根树枝，也可以取另一根树枝。在这种情况下，树枝长度在120厘米就可以。

选择其中一半树枝为“父”，也就是作为弓的主要骨架。树枝上带树皮的一侧作为弓的背部，这一侧绝不能用刀子割伤。而树枝没有树皮的另一侧将会是在使用的时候朝向身体的一侧，称为弓的腹部。在弓的中间部位量出一个约7.5厘米的长度作为手握

↑ 尽管“父子弓”是用现砍的树枝制作的，比较脆弱，但是这种双弓结构使其相互加固，能够达到射杀猎物的力度。

的地方。然后小心地对两根树枝进行修整，直到它们能够均衡地进行弯曲，而且能够形成一个“D”字形。

※ 弓的定型和测试

这时候可以在两根树枝的两端分别切割槽口，然后分别绑上一根绳子。绳子不必太紧，因为并不是最后的弓弦，只是为了通过拉动绳子来测试弓的效果。

测试弓的弯曲度的最好方式就是制作一根长约 75 厘米的“测试棍”。在这根棍子的顶端切割一槽口，然后每隔 12.5 厘米再切割一个槽口。将弓的手握处放在棍子的顶端，然后将绳子拉动到第一个槽口的位置。检查弓的弯曲情况。如果看起来一切正常，继续拉动绳子到下一个槽口。如果发现某些部位弯曲过狠，需要在其两端进行修整，让它能够与其他地方一样均衡地弯曲。如果某些部位弯曲得太少，也需要对其进行修整，削掉一部分。用这种方法逐步检测弓的弯曲状况，直到绳子能够抵达棍子上最后一个槽口。

现在可以缩短绳子的长度，让绳子距离弓绷紧之后的手握处 15 厘米，这时候弓张开的距离为 63 ～ 70 厘米。用同样的方法处理第二根较短的弓，直到其张开距离达到 25 ～ 37 厘米。较短的弓不需要手握处。当较小的弓被绑在较大弓的弓背之后，应该在手握处两端放置两个小楔子，然后用绳子绑牢固。将两根弓进行连接，然后绑好弓弦。每一根弓能够承受 7 ～ 9 千克的拉力。

※ 射箭

制作完箭之后就可以使用弓箭了，但

※ 制作弓

1. 收集两根直的柔韧性好的新鲜树枝，不能有侧枝和树节。

2. 用工具将树枝劈成两半，尽量在远离弓背的一侧进行。

3. 除非能够将一根树枝均匀地劈成两半，否则还需要劈开另一根树枝。

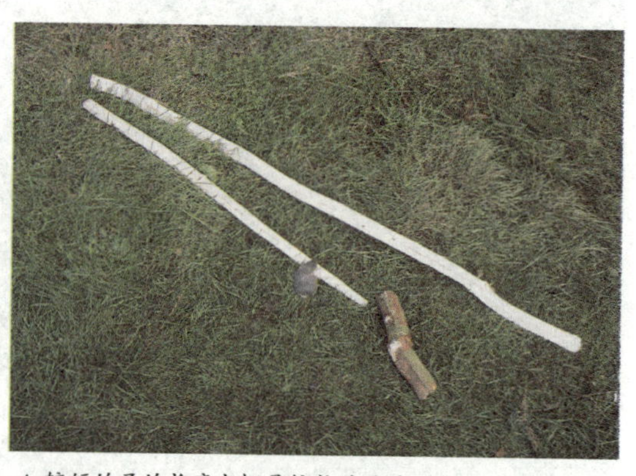
4. 较短的弓的长度大概是较长的弓的 3/4。

5. 小心地沿着树枝进行修整，让其能够均衡地弯曲。

6. 修整完一根之后，继续修整第二根。

7. 在两根弓的两端分别切割槽口。

8. 在中间部位将两根弓绑在一起，较短弓的腹部贴在较长弓的背部。

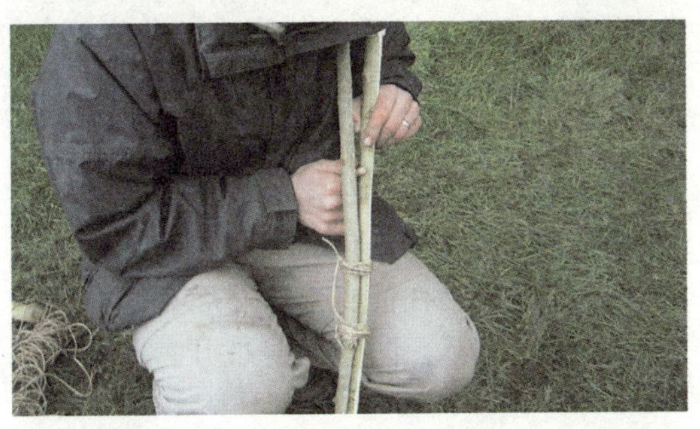

9. 在手握处的两端两弓之间处插入小楔子，让两弓之间存在一定空隙。

10. 用绳子将楔子绑定，防止在使用的时候楔子滑落。

11. 将大弓的两端分别与小弓的两端连接，确保连接处是紧的，但绳子不能绷紧。

12. 最后在弓上绑上弓弦。弓弦的长度比弓短 10 ～ 12.5 厘米。

是最好将弓箭放置一两个礼拜，待其彻底干燥之后效果会更好。不要期待用弓箭打猎立即就会取得成功。首先应该找一片开阔的地方（确保箭不会丢失），树立目标靶，然后进行练习。学会如何在不同距离上装箭、拉弓、瞄准和进行有效射击。在各种情况下都能够充满信心地射击到目标之后，就可以进行实战了。

制作箭

最好一次制作很多箭，因为使用过程中很有可能会折断或者丢失。寻找树木幼枝制作箭，因为它们往往又结实又直。用做箭的树枝在去皮之后其直径应该在 6 ~ 10 毫米之间，然后将其切断成 70 厘米长。榛树、柳树和紫杉的枝条都是制作箭的很好的原料。

如果树枝不直，则需要弄直，可以将它们放在火上烤，烤热到刚好能用手握住的时候，将其往反方向弯，然后保持住，直到树枝完全冷却下来。然后再放手，如果还是弯曲的，继续反弯直到树枝最后完全变直。

如果没有羽毛，可以在箭的末端装上大的树叶，或者一把松针也能达到羽毛的效果。

※ 加强箭尖

如果你需要立即使用箭，直接在装上羽毛之后把箭尖削尖，然后放在火上烧一下就可以了。如果还有时间，最好是在箭的前端切割槽口，然后安装箭头，非常简单。箭头可以用动物的骨头或者非常坚硬的木头，当然也可以利用石头。很多情况下，都需要将箭头绑在箭身上。

↑ 再简单的箭也应该是笔直的，否则在发射的过程中将把握不准方向。

为了让箭头更加牢固，可以在绑之前首先用胶将箭头粘在箭身上。然后在箭头后边的箭身上绑绳子，防止箭身裂开。同时也要

※ 制作石头箭头

1. 找到有锋刃的石头之后，首先在脑中想象一下箭头的形状，好对石头整形有一个大致的构想。

2. 将石头尽可能打磨薄，但是每次去掉的材料越少越好。

3. 你肯定会慢慢地得到符合要求的形状，同时也要最大限度地减少原材料的损失。

4. 当石头厚度在 1.5 ~ 3.0 毫米的时候，这个厚度对于制作箭头就足够了。

5. 在箭头的两侧各制作一个槽，最好是先在比较难以下手的一侧制作槽。

6. 然后在另一侧与刚才的槽相对应的位置制作另一个槽。最后进一步对箭头进行打磨和整形，这样箭头就可以使用了。

※ 制作箭

1. 寻找嫩枝，越直越好，而且不能有侧枝。

2. 小心地去除树皮，但不要切割到木质，因为切割到木质之后，箭会很容易折断。

3. 通过加热和往反方向弯曲的办法弄直树枝。

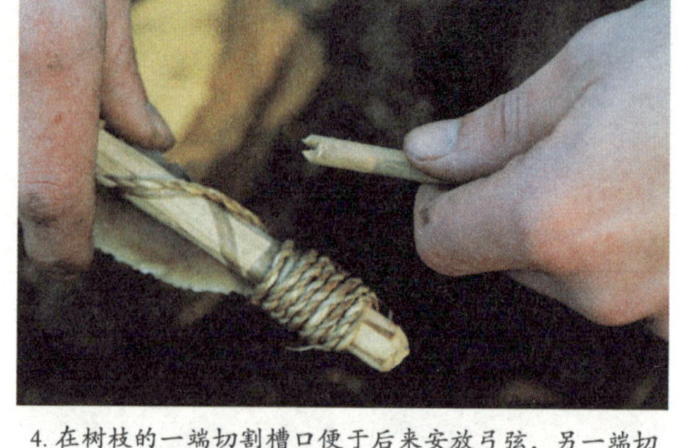

4. 在树枝的一端切割槽口便于后来安放弓弦，另一端切割一个更深的槽口用来安装箭头。

5. 准备用鹿筋来绑箭，找干燥的鹿筋，抽取长的纤维。

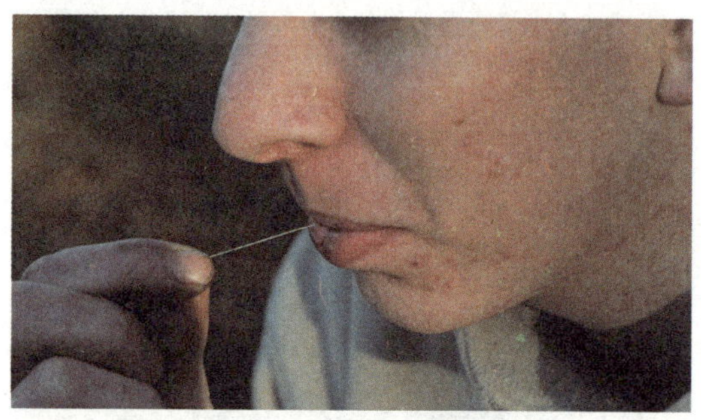

6. 将纤维放进嘴里嚼，让其变软和变黏：筋在遇水潮湿之后会粘在一起，干燥之后会收缩和变硬。

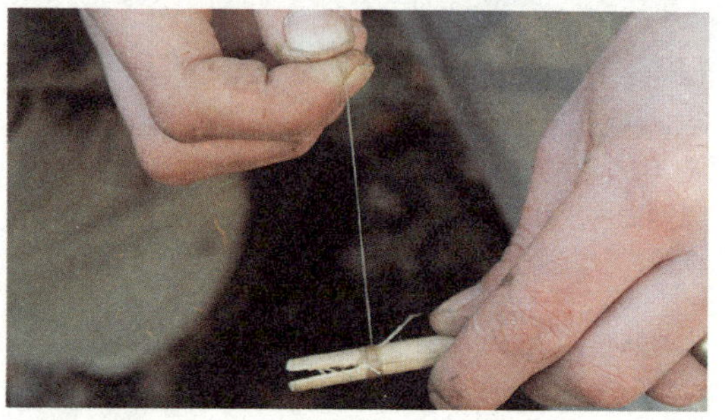

7. 当筋准备好之后，将其绑在箭身前端的槽口边上，防止箭身裂开。

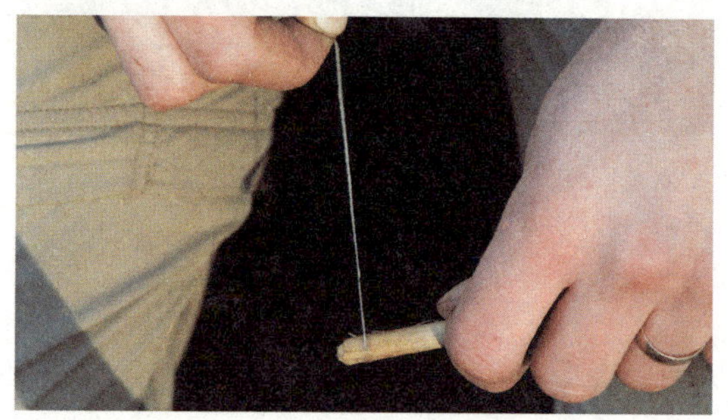

8. 用同样的方式绑紧箭身的另一端。确保捆绑时鹿筋一圈压一圈，这样在干燥之后就能粘在一起。

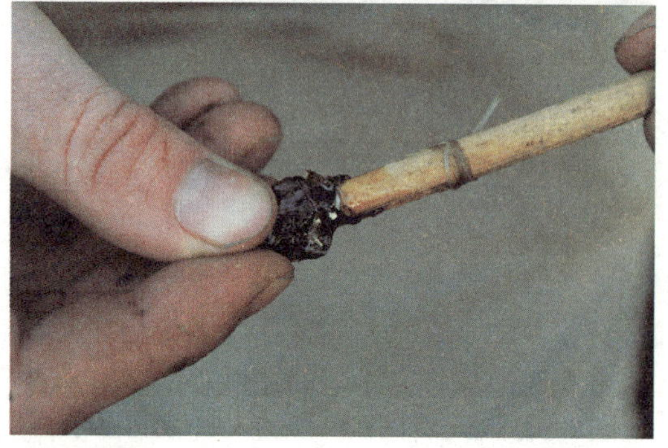

9. 将在树脂胶里浸泡过的箭头安装在箭身的槽口上，安装的越深越好。确保箭头与箭身在同一条直线上。

10. 熔化更多的树脂胶，浇铸在箭头上，让胶流进缝隙中，更好地将箭头与箭身粘在一起。

11. 树脂胶弄好之后，再用筋将箭头和箭身绑牢进行加固。

12. 用筋给箭绑上羽毛，让箭具有平衡性。图中使用的是劈开的云杉树枝做成的“羽毛”。

在箭身末端的槽口前绑上绳子，防止射箭的时候弓弦割开箭身。

利用石头制造工具

会制作用来切割的石头工具是一种非常重要的野外生存技能。在现代社会，你也可以出于兴趣或者感受历史等目的学习这项技能。

最简单的制作用来切割的石器的方法就是“两极敲打”。需要找一块长约7.5厘米的圆形的鹅卵石，最好是纹理清晰的甚至是玻璃状的（粗糙的石头不容易形成锋利的刃）。将其放进一个用石头堆成的槽子中，或者在石头周围堆沙子，让其保持竖立状态。然后竭尽全力用一块重的石头敲打鹅卵石。如果敲打的力度够大，鹅卵石就会裂开，形成一些长长的、锋利的石片，这些石片就可以在紧急情况下用做切割工具。

※ 敲击石头

对于更精细的工具，使用的是一种被称为“敲击”的技术。用石头制造工具就像是下棋。你必须了解每一个步骤，然后将它们放在一起来综合考虑该去除哪些石片。

你正在使用的石片可能非常锋利（黑曜石比手术刀还要锋利400倍），因此做好保护工作非常重要。也就是说，戴上手套、在大腿上铺上皮革或者羽毛垫等。操作的时候还可能产生小碎片溅入眼睛，因此需要戴上护目镜。如果需要经常进行这种敲击工作的

↑ 石头工具和箭头可以用很多材质的石头做成。图中上面的箭头是用英国燧石做成的，而下面的箭头则是用陶瓷形变岩制成的。

↑ 根据功用和制作者的水平，可以将箭头制作成各种形状和大小。但制作的首要目标是实用，因此美观只能放到最后考虑。一块不美观的石片也能达到基本的功用。

※ 石片敲击过程

1. 对于大块的打火石，用“直接敲打”的方式。用手握住另外一端，直接用石头将石片敲下来。

2. 当石块很大，而又需要很薄的石片的时候，需要利用“软锤”（图中显示的是一块鹿角），敲打的方向应该顺着石片的方向。

3. 最后一种方法“压成片”可以用来在修整时去掉那些较小的石片，用一块适当大小的鹿角按住小石片，将其去掉。

※ 用石头制作刀子

1. 选一块鸡蛋大小的纹理清晰的鹅卵石，再选一块至少为鹅卵石两倍重量的石头当锤子，将鹅卵石放在坚硬的石头表面。

2. 将手指移开避免受到撞击，或者用沙子将鹅卵石直立地固定在石头表面，用当做锤子的石头竭尽全力对直立的鹅卵石进行敲打。

3. 理论上鹅卵石将会裂成很多带有锋利边刃的石片。即使不是如此，也应该至少得到一片图中这样的石片。

话，最好选择一个通风好的地方，如户外。在地上铺一张防潮布，在敲击结束之后，要认真清理地面和各种表面，确保周围没有任何锋利的碎屑。

从考古学的观点来看，应该负责任地将这些碎屑进行处理。有些人会在处理这些东西的地方下面埋一个玻璃瓶，以向将来可能的挖掘者显示这些碎屑并不是远古时代的产物。

※ 制作砍刀

1. 用坚硬的锤子，有可能只用3个步骤就能制造像砍刀这样粗糙的工具。选择一块用做锤子的石头和一块燧石。

2. 将燧石上的锋刃用敲击的方式全部去掉。使巧劲，不要使蛮力。

3. 下面描述的原则将帮助你推断能产生锋刃的位置，然后根据需要对其进行敲击。

■如何在石头上敲击出带锋刃的石片

有5种主要的“原则”可以帮助你判断敲击石头上的什么地方可以敲击出锋刃。

⊙ 敲击平面的角度：这个平面就是你准备在上面施加力量以取得带锋刃的石片的平面。用一个与平面接近90° 但比90° 略小的角度敲打，可能就会得到这样的石片，而且这样效果会是最好的。如果角度过小，得到的将是碎屑，如果角度过大，可能什么也得不到。

⊙ 每一块石头都有一根虚构的中间线：中间线将石头分为两半。如果平面位于中间线上方，在施加力量的时候，石头很可能会裂开。如果石头不裂开，可以选择一块不对称的石头。如果平面位于石头中线上或者下方，你将很容易得到想要的石片，而且还不会把石头弄碎。

⊙ 施加力量的角度：如果使用坚硬的锤子，直接敲击的方向与平面之间的角度应该大于90° 。如果使用“压成片”的方法或者用软锤直接敲击，用力的方向与希望得到的石片的方向一致。

⊙ 石片更容易在凸面上产生：在凹面上，一般不会产生薄石片，只会断裂。

⊙ 石片容易在石头的“纹理”上产生。

利用骨头和棍子制造工具

在解决好诸如住所、取暖、食物和水等基本的需求之后，可以利用身边的自然资源制造一些其他的用品。如果需要在野外生存很长一段时间，可以让生活变得尽可能地舒适，这样也有时间练习自己的技能，寻找最好的材料来制作工具。

※ 制造骨头工具

任何被你猎杀来做食物的动物的骨头都应该洗干净以备他用。骨头很软，可以轻易用石头进行加工。骨头也很硬，完全可以打磨成锋刃或者削尖。骨头可以用来制作大量有用的工具，如针、钓鱼钩、锯子或者钻孔器等。大块的骨头和兽角可以用做挖掘的工具或者锤子，还可以通过加工制作成锯子和刀子等。

骨头只需要用一块坚硬的石头进行敲击就会碎，但是会碎成什么样子是不可预知的。如果需要一个特定的形状，可以像切割玻璃一样首先在骨头上划出痕迹，这样能够让骨头更容易向预想的形状裂开，然后再用石头对其进行磨制以达到满意的形状。

骨头工具也能打造得极其锋利。首先用热油擦骨头，然后放在火上烤，最后像磨刀一样对其进行磨制，就可以得到非常锋利的刃，这样可以制作骨质刀或者箭头。

※ 靠背和垫子

一个简单的靠背就能够让生活变得更舒适，让你能够在火堆前或者在住所内放

※ 用骨头制作刀

1. 大块的骨头，无论是找到的还是从猎物身上得到的，可以用石头砸成较小的碎片。

2. 将得到的碎片根据需要工具的形状进行加工，可以放在石头上磨。

3. 为了更精确，在已经基本成形的骨头工具上刻痕迹，然后根据刻画的痕迹对其进行进一步的加工。

4. 当刀的加工工作全部结束之后，在打磨刀刃之前用热油涂抹刀片，然后放在火上烤。

5. 像磨刀一样对骨头刀片进行磨制，直到出现刀刃。这时候用来磨刀刃的石头应该越光滑越好。

6. 还可以在骨头刀片上连接一根较长的光滑的骨头或者树枝，用做刀柄。

※ 制作靠背

1. 选 3 根结实的棍子，每根长 90 ~ 120 厘米，每根棍子都要比较直。

2. 将 3 根棍子并排，然后在一端用一定长度的绳子绑好，不要绑得太紧。

3. 将绳子在每两根棍子之间缠绕，尽可能地绑紧。

4. 在绳子绑紧之后，把棍子立起来，将中间的棍子向后拉。

5. 将边上两根棍子分开，形成一个三脚架。调整棍子之间的距离，使三脚架安放平稳。

6. 在两根棍子之间绑上一些水平的棍子，这样能够提供一个平面让你依靠，最后在上面再绑上草垫子。

※ 制作草垫子

1. 收集大量的高草或者芦苇。首先将高草或者芦苇分成7.5厘米粗的小捆。

2. 将草捆从中间折断，折回，这样能够保证最后垫子的厚度基本一致。

3. 用2～3根长绳子将草捆上，将绳子缠绕2～3圈。

4. 图中绳子打好的结有一个平整的表面，然后可以在上面放置下一个草捆，以同样的方式将这个草捆固定好。

5. 继续以同样的方式添加草捆，直到达到草垫的长度要求。这种平整的节不仅能让垫子展开，还能有效消除草捆之间的缝隙。

6. 这种方法可以用来编织任何大小和任何形状的垫子。如果愿意，还可以对垫子的两侧进行修整。

松。一个简单的制作靠背的方法就是将一些结实的棍子搭成三脚架的形状。这种靠背既可以任意移动，也可以在不平整的地面上放稳。

你还可以编织草垫子，用来搭在靠背上或者用来坐，这样会更舒适。草垫子也可以用来睡觉。当然，要制作草垫子，需要很多高草或者芦苇以及大量的绳子。在编织的时候，不断添加草，直到垫子长度达到要求为止。垫子的宽度由草的高度来决定。当然如果编织完成之后发现垫子太长，你也可以将其砍掉一部分。

利用天然树脂和油料

无论是动物还是植物都可以用来制作在野外生存中用途广泛的胶。动物脂肪除了用做食物以外，还可以用做润滑剂以及油灯的燃料。

※ 皮质胶

皮质胶通常被用来粘合有机材料，是目前所知粘合力最好的胶。其缺点就是遇水会伸展，不能受热，还不能粘合石头这样的材料。皮质胶是用兽皮刮下来的东西或者生皮熬制而成的。皮质胶必须在烧热的情况下才能使用，在冷却的过程中能够迅速定形。要重新使用皮质胶，只需要添加少量水，然后慢慢加热。皮质胶只能存放几天的时间，因为它很快就会变质。

※ 树脂胶

松类树（主要是松树和云杉）上的树脂能够制作成很好的防水胶。这种树脂会从树干上的“伤口”处流出，或者储存在树皮下的突起处，这样的话用棍子将树脂取下来就可以了。

将收集到的树脂放在容器内，然后放在火上烧。当树脂开始熔化的时候，会闻到一股强烈的松油味道，这是正常的。不要让树脂被烧开，那样会减弱树脂胶的黏合性。同时还要保证手边有一个盖子，因为树脂很容易着火，一旦烧着，立即用盖子盖住容器避免树脂燃烧。如果你有大量的树脂，而且也需要得到很纯净的树脂胶，你可以对液态的树脂胶进行过滤，动作要快，否则树脂胶可能会凝固。

树脂冷却之后将恢复到以前的自然状态。为了让树脂胶更坚硬和结实，需要在里面添加“调和剂”。通常添加的物质有3种，3种物质各有优点。碾碎的木炭由于便于获

※ 制作皮质胶

1. 将兽皮刮下来的东西放进防火的容器里，然后倒进一些水，水和皮质的比例为9：1。

2. 将容器放在火上，烧开。这时候脂肪可能会浮到表面上，将脂肪撇开，弃之不用。

3. 继续烧开，添加更多的水，防止所有水分蒸发，直到皮质完全溶解成黏稠的胶状。

※ 制作树脂胶

1. 收集一定量的松树或者云杉树脂，放进防火的容器里。收集树脂的时候，尽量不要将其他杂质掺进树脂中。

2. 将容器放在火上，慢慢加热。充分搅拌，让热量均匀散开，不要烧开。

3. 添加适量碾碎的木炭、蜂蜡或者干燥的食草动物粪便作为“调和剂”以便树胶在冷却后变得更硬。让树脂胶凝固在棍子上或凝成一大块然后进行保存。

取，是常用的添加剂。在绝大多数情况下，添加木炭都是可以的，尽管这种树脂胶干燥之后比较易碎。添加蜂蜡能够让树脂胶更具柔韧性，但是这种树脂胶不够结实，摸起来更油腻，而且成形之后会比较软。食草动物（如兔子和鹿）干燥的粪便是最好的添加剂。这种树脂胶最结实，而且最耐用，但是不够卫生，因此不要用它来粘杯子等用具。

该添加多少调和剂来制作树脂胶很难确定。首先按照 1 ∶ 10 的比例添加，然后取一点出来定型。如果定型之后已经坚硬了，说明就够了。如果还是比较软比较黏，则继续添加调和剂。添加调和剂之后，树脂胶必须在热的时候立即使用，因为一旦冷却就会定型。

最好是将树脂胶分成小份，每次用的时候取一部分就可以了。因为树脂胶被加热的次数越多，就越不结实。有很多种方法可以将树脂胶分成小份，但是最简单的方法就是使用棍子。

手边放一个装满水的容器，将一根小棍子伸进滚热的树脂胶中，将棍子取出，这样棍子上就会有一些树脂胶，然后再将棍子放进水中，让树脂迅速冷却。然后再继续这样做，直到棍子上有足够的树脂。当树脂还有余温的时候，将这些树脂制成球状或者条状以便于保存。

在需要使用树脂胶的时候，你既可以加热需要使用树脂的地方然后将带有树脂的棍子放在上面，也可以加热棍子让树脂滴落在需要使用树脂的地方，这时候最好对需要使用树脂的地方进行预热，这样可以加强树脂的粘合效果。

※ 油灯

顾名思义，这种灯是以油为燃料的。对早期社会的研究表明，古人们常常利用动物脂肪作为燃料照明。油灯可以使用任何不能燃烧的容器来制作。陶制容器尤其适合，因为可以根据自己的需要来进行制作，可以制成任何形状和大小，而且还可以很简单地制作一个油灯嘴来支撑灯芯。

灯芯最好使用含树脂量较大的树皮来制作，如铅笔柏或者椴木。用荨麻或者其他纤维织物制成的天然绳子也可以用来制作灯芯。将动物脂肪熔化在容器里，然后点燃灯芯就是一盏很好的油灯了。

※ 制作油灯

1. 制作油灯的容器可以是很多不同的材料。图中分别是一个简单的陶碗和专门制作的油灯容器。

2. 将准备炼油的动物脂肪放进防火的容器中放火上加热，不断取出熬炼出来的液态油。

3. 将油倒进准备作灯的容器中。要确保炼油的方法正确，这样油才能保持液态。

4. 将植物纤维搓成灯芯。灯芯最好使用含树脂量较大的树皮来制作，如铅笔柏或者椴木。

5. 将灯芯放入油中，一端略微露出油面。此前最好将整根灯芯完全没入油中一两分钟，这样可以帮助灯芯更好地燃烧。

6. 最后点燃灯芯。灯芯火焰的大小可以通过调节灯芯露出油面的长短来进行调节。

制作绳子

在野外生存环境下，你需要大量不同长短、不同粗细的绳子来满足各种需求，如绑定窝棚的柱子、捕鱼或者制作圈套等等。绳子既可以用植物纤维也可以用动物纤维制成。像动物筋之类的纤维更结实，然而植物纤维往往更容易获取，而且不怕水，因为动物筋遇水之后会伸展。因此应当根据使用目的而选择绳子。

※ 植物纤维

植物茎杆的内侧部分往往被用来制作绳子。带刺的荨麻是制造绳子的好材料，但是其他具有较长坚韧茎杆的植物也可以用来制作绳子。找那些嫩的绿色的茎杆，然后小心地去除枝叶，不要破坏到纤维（也不要伤害到自己）。用手套或者一块皮革去除茎杆上的毛刺，然后从一侧将茎皮破开，将茎杆里面的木质去掉，然后小心地将纤维表层的外皮刮掉。这种表皮不能增加纤维的结实度，

※ 准备植物纤维

1. 很多不同的植物都可以用来准备制作绳子的纤维。如图中的黑莓枝。仔细挑选杆，尽量选用那些最长的茎杆。

2. 用一块动物皮或者其他的东西将茎杆上的毛刺和枝叶等杂物去除干净。

3. 沿着茎杆将其分为两半（如果茎杆太粗，可能还需要继续破开），确保裂口刚好从茎杆的中间穿过。

4. 这时候会发现茎杆里面有一种木髓物质，这种物质应该被刮除（这种物质可以保存好，钻木取火时，可以作为引火物）。

5. 向外折断茎杆以剥除茎杆上的木质部分。

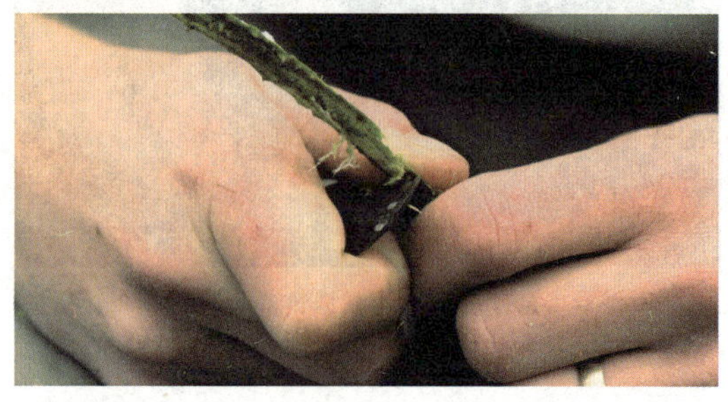

6. 用锋利的东西小心地刮掉纤维表层的皮，剩下的纤维才是准备利用来制作绳子的材料。

而且往往会让纤维更加脆弱。最后小心地将纤维放在两手上搓，让其变得柔顺。

※ 动物纤维

如果需要做非常结实的绳子，动物筋和生皮完全可以满足需求。这种动物制品的优点是在其干燥之后将会收缩，绑得更加紧实。其缺点就是潮湿之后会变松。

从动物身上取下筋之后，根据需要立即将纤维抽出。这种纤维在制作弓箭时尤其适宜，甚至都可以不需要打任何结。用唾液将纤维弄湿之后它会变得有黏性，绑上之后会自动粘到一起。

如果用动物筋制作很长的绳子，首先需要将筋放在木质表面上，然后用木质锤子对其进行连续敲打。如果使用石头或者金属锤子的话，就可能会将纤维砸断。可能需要敲打很久才能将纤维分开，这时候最需要注意的问题就是敲打的节奏。

※ 利用动物或者植物纤维制作绳子

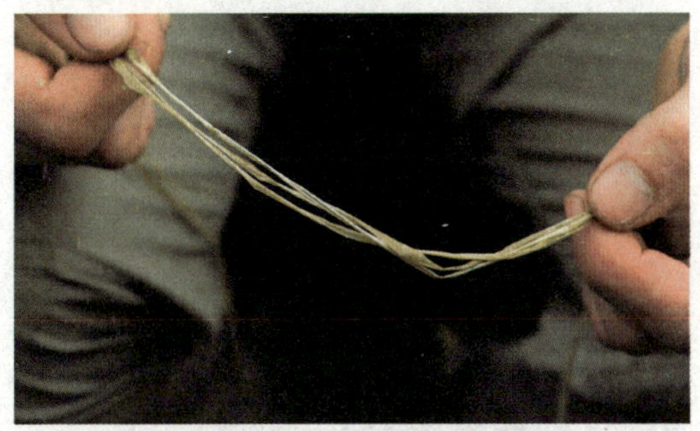

1. 如果希望制作耐用的绳子，最好使用干燥之后的纤维，否则搓制好之后会收缩，导致绳子变松。

2. 将一束纤维握在大拇指和食指之间，两手距离约为5厘米。

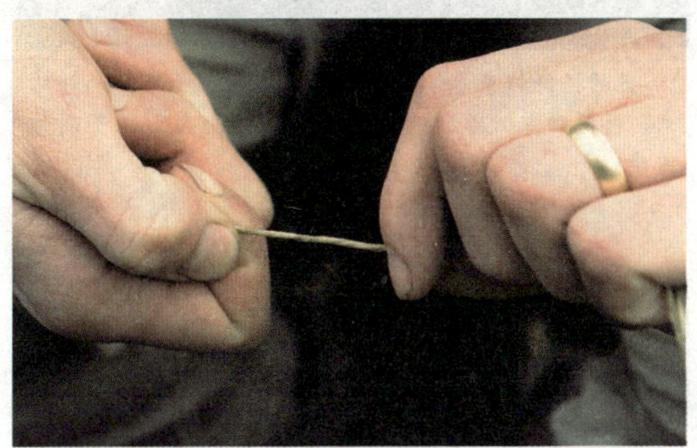

3. 用右手将纤维往外搓动，这将会让纤维变紧。

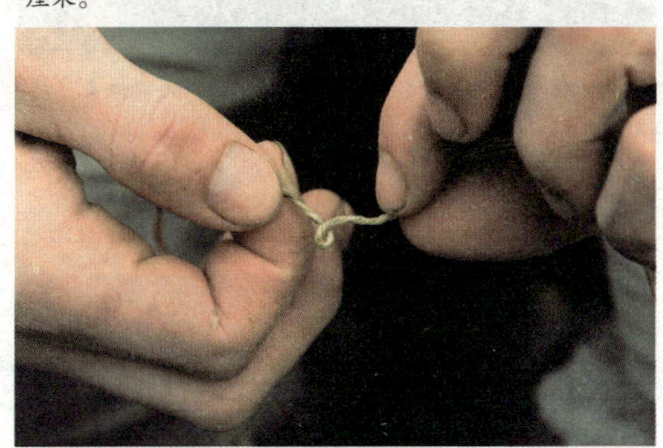

4. 继续用右手搓动纤维，直到形成一个圈。

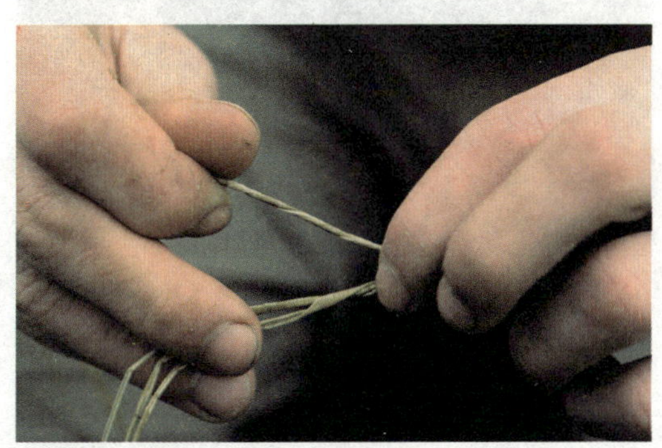

5. 用左手大拇指和食指将形成的圈握住。

6. 继续往外搓动纤维束位于上面的一侧，直到打圈为止。

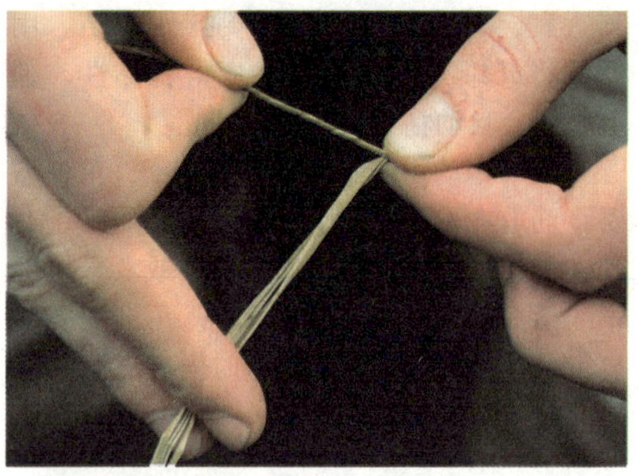

7. 用右手握住搓完之后的纤维束，用中指和无名指握住下面的纤维束。

8. 右手往内搓动，将左手移动到两根纤维束交叉的地方。

9. 放开位于下面的纤维束，抓住位于上侧的纤维束，然后按照第 6 步的方法继续搓动。

10. 当两根纤维束卷紧之后，再次抓住位于下面的纤维束，再搓动，然后继续重复这些动作，直到绳子制作完毕。

11. 手上的纤维束用完之后，在用完的纤维束末端续上，但是避免让两根纤维束同时用光。

12. 要制作一根合格的绳子，必须让两根纤维束同样大小，这样才能够确保整根绳子粗细一致。

打结的方法

在野外生存和日常生活中以及一些紧急情况下，我们会用到结绳技巧，比如利用绳结将东西捆绑在一起，将绳子或类似物连接起来做成救生工具，把船系在岸边，甚至拉动汽车等。此处介绍的结都是非常有用的，应该不断进行练习，直到能够熟练掌握。8 字形结打起来快而且简单，比一般的结体积要大，但是更容易解开。多用途的单套结不会松动，可以在绳子末端打成绳套，比如在用来攀登的绳子上打一个能套住手腕的绳套。

※ 系木结

1. 将绳子绕过固定物两圈，将绳子活动端从固定端上方穿过，下方穿出。

2. 拉紧刚才的结，然后再打一个结加固。

※ 8 字形结

1. 形成一个绳套，把绳子的活动端首先从底下绕过固定端，再从固定端上方穿出，这样就形成一个 8 字形。

2. 把活动端从绳套中穿出。

3. 拉住绳子两端以拉紧绳套。

※ 单套结

1. 单套结不会滑动，将绳子形成一个圈，活动端压在固定端上方。

2. 顺时针方向旋转手，形成一个更小的圈。

3. 让绳子的活动端从小圈中穿出。

4. 将绳子活动端从绳子固定端背后穿过。

5. 然后再将绳子活动端从前向后穿出小圈。

6. 拉住绳子固定端，拉紧即可。

第 12 章 野外觅食技能

12

在野外生存的时候，你会立即发现，平时在现代城市环境中你把很多东西都当成了理所当然。日常所需的食物在家可能不费什么周折就能得到，但是此时，给自己寻找足够的食物成了一件非常辛苦的事情，可能会花费掉大半天时间。有了几天在野外寻找食物的经历之后你将会更加珍惜食物。你还会注意到的变化就是你将改变自己的口味。

生存所需的营养

食物就是身体的燃料。它不仅提供身体工作所需的能量，也产生维持体温所需的热量。食物还提供制造和修复细胞所需的材料。

像徒步旅行和攀爬这样的活动会消耗大量的能量。如果能量没有得到定期的补充，身体就开始使用体内以脂肪形式存在的能量储备。无论身体中这种脂肪储备有多少，如果得不到及时补充，这种能量储备也将最终用光。如果能量补充跟不上，身体将不能释放更多能量，因为它要竭力维持身体重要器官的能量供应。当所有能量储备都已经耗光的时候，死亡也就来临了。

※ 热量

身体所需热量的衡量尺度是焦耳。焦耳是热量的单位。因为焦耳是一个非常小的热量单位，所以人们经常使用“千焦”来表示所需的食物量。

每天所需的食物量根据年龄、性别和所消耗的热量的不同而不同。在中等劳动强度下，女性平均每天所需的食物热量是 6280 千焦，男性的平均量是 7500 千焦。但是在野外生存条件下，由于所从事劳动强度大（如搭建窝棚），或者极度严寒，需保持体温，此时需要的能量可能达到 16700 ~

→ 在野外生存条件下，你将不得不从事大量的劳动来维持生活，因此需要寻找大量营养丰富的食物来补充身体的能量。

21000千焦。富含碳水化合物的食物，如水果、蔬菜和谷物通常能够提供大量身体所需的能量。

※ 维生素

身体需要定期补充某些有机物质，一般统称为维生素，这对于将食物进行化学分解并吸收以及维持细胞的化学变化非常重要。维生素不足导致的疾病包括坏血病（缺乏维生素C）和糙皮病（由于缺乏烟酸而引起的营养缺乏症）。

维生素可以分为两大类。一种是水溶性维生素，如B族维生素和维生素C，这种维生素不能在身体里储存，每天都需要补充。另一种是脂溶性维生素，如维生素A，维生素D，维生素E和维生素K。这种维生素能够在身体里储存一段时间，尽管它们不需要每天摄取，但也需要进行定期补充。

与其他营养元素一样，绝大多数维生素都能从包含水果、蔬菜、肉类、谷物和奶制品的均衡饮食中获取。但是在野外环境下，这种均衡饮食很难得到保障，因为你可能不能长期摄取肉类、谷物和奶制品，而且作为维生素最主要来源的水果也只是季节性的。身体自己能合成的唯一的维生素就是维生素D(维生素D在阳光直射时能在皮肤下产生)，它对于钙的吸收非常重要。

■均衡饮食

在正常情况下，日常饮食应该包括4类食物，其比例如下：

蔬菜和水果：5～9份

谷物制品，如面包和米面：6～11份

奶制品：2～3份

蛋白质含量高的食物，如肉类、鱼类和豆类：2～3份

※ 膳食纤维

日常饮食中的谷物类制品如面包和麦片等提供身体所需的膳食纤维，也就是纤维。身体不能对膳食纤维进行分解，因此它没有任何营养价值，在身体里停留一段时间之后以粪便的形式被排出体外。但是，它却能帮助食物消化，因此也是日常饮食的重要组成部分。身体缺乏膳食纤维将导致新陈代谢缓慢，形成便秘。所以，如果没有谷物类食物，也需要食用大量同样富含膳食纤维的蔬

↑ 在地面上没有足够食物的时候，就需要寻找地面下的食物来维持生存。像山药这样的根茎植物能够提供基本的营养。

↑ 尽管蝗虫能够破坏许多植物，但是它们也能救命，你可以将它们当成理想的食物。

↑ 香蕉是热带地区常用的食物。生吃、加工后再吃均可。

菜和水果来代替。

※ 蛋白质和钙

身体大约需要 20 种不同的氨基酸来制造从食物中不能获取的蛋白质。其中，12 种氨基酸由身体自己制造，另外 8 种必须从食物中获取。像肉类、鱼类、蛋类和奶类的食物都被称为完全蛋白质，因为其中含有这 8 种我们身体必需的氨基酸。

奶制品是现代日常饮食的重要组成部分，因为它们不仅能够提供完全蛋白质，还能提供钙。但是，奶制品也是野外生存条件下最不容易获取的食物。不过单就钙来说还可以从水中获取。

※ 野外生存中保持均衡饮食

在野外生存条件下，如果没有谷物和奶制品，“均衡”的饮食就需要将每天蔬菜或者水果的摄入量调整为 11 ~ 12 份，将诸如肉类和鱼类这样富含蛋白质的食物的量调整为 4 ~ 6 份。如果能有机会获取谷物，还是要摄入一定量的谷物类食品。

↑在野外，获取肉食可能是最难的事情，因为需要某种工具或者陷阱。但是动物能够提供大量的蛋白质，是一种重要的食物来源。

非常明显，这样的饮食将很快让人感到厌烦，因此学会尽可能辨认所在区域可以食用的动植物，将能够保证你有一个更多样化的饮食结构。也应该抓住一切机会收集像水果这样季节性的食物。秋天的时候，要抽出尽可能多的时间来收集像浆果这样的水果，将它们制作成果酱或者晾干，以备冬用。

在收集可食用植物的时候，如果发现野兔等动物，记住它们洞穴的位置。想好在什么地方设陷阱，如在它们觅食、睡觉或者喝水的地方或路上。在傍晚或者早上的时候设陷阱是最好的时机。

可食用的植物

野外生存的均衡饮食中几乎有 1/3 来自蔬菜和水果，因此学会尽可能多地辨认可食用植物将大大提高生存的机会，还必须学会辨认植物各个不同时期，因为很多植物在一年当中的不同时期会呈现不同的样子。例如，在长期野外生存情况下，必须学会辨认什么树在什么时候结果。

有些树会在冬天的时候完全消失，除了其树根。当其他食物很少的时候，这种树根可能就能提供身体所需的营养。鉴于这种情况，很有必要在夏天当这种树还在生长的时候就对其位置做好标记，或者对其生长的区域进行标记，这样到了冬天如果需要的话，就可以进行挖掘。

※ 尝试

80% 的植物都是可食用的，另外还有一小部分尽管无毒也是不可食用的，而剩下的就是非常危险的。但是，在没有其他选择的情况下，还是可以尝试一下。

在尝试之前，确保之前 8 小时内没有进食任何东西。将植物的叶子、茎、根、芽和花分开，每次只尝试其中的一部分。

首先闻一闻植物的味道。如果味道浓烈

↑ 并不建议进行尝试，但是在某些紧急情况下，进行尝试也是找到可食用植物的唯一途径，有必要冒这个险。

↑ 很多人都知道像黑莓或者酸果蔓这样的浆果可以食用，其实这些植物其他的部位，如叶子，也可以食用。

或者呈酸味，就不要食用。

将植物的一部分涂在皮肤上约 15 分钟（肘部最好）。如果皮肤没有反应，就准备用某种方式进行烹饪（最好是水煮）。

当植物煮好后，先将少量放在嘴唇上等待几分钟，如果没有出现发痒或者灼热的感觉，再将其放在舌头底下大约 15 分钟。如果没有出现发痒或者灼热的感觉，再将其放在口中 15 分钟。如果还是没有过敏反应，就可以将其吞下。

※ 收集植物

无论什么时候收集植物或者无论收集什么样的植物，都要谨记如下要点：

- 植物应该是干净的，并且生长在一个看上去清洁的地方。不要选择生长在大道边、采石场附近或者其他受到污染地方的植物。
- 某种植物的采集不要超过当地总量的 1/3，以防该物种绝种，同时还能保证在紧急情况下有备用。
- 在摘取茎叶的时候，尽量选最嫩的，一般来说它们更利于消化。

↑ 注意只摘取目标植物的叶子，因为稍不留心就可能摘到长在旁边的其他物种，它们有可能是有毒的。

↑ 就像在市场上挑选蔬菜一样，尽量选择那些又嫩又新鲜的叶子，而避开那些被其他昆虫或者动物吃过的叶子。

↑ 在温带地区的夏秋季节，像黑莓这样的浆果到处能找到。

• 选择没有被其他昆虫和动物啃食过的树叶，应尽量找到最好的树叶。

• 避免不小心采摘生长在可食用植物旁边的其他物种。

• 无论以什么植物为食，首先都要少量进食，因为各人对不同植物的反应是不一样的，有可能你所选的物种并不适合你。

然后需要做的事情就是等待8小时，看是否感觉正常。如果感觉不舒服或者出现肚子痛，一定要立即采取措施将胃里的东西呕吐出来，然后喝下大量水。如果一切正常，就可以食用更多了，然后还需要等待8小时，如果还是没有剧烈反应，那就可以放心食用了。

尝试可能存在的问题就是，某些植物的一片叶子可能就会让你感觉非常难受，而另外一些植物少量食用也许是安全的，尽管它们也可能带有毒素。这种毒素会在体内堆积，经过一段时间的积累，当毒素达到一定量的时候可能会让你感到非常难受。这也就是为什么除非别无选择的时候才进行尝试的原因。

在逐步摸索的过程中，你的前几顿食物肯定会非常“乏味”，但是随着经验的积累和对植物知识的增加，你会迅速在“野外厨房”中做出味道更好的食物。

可食用的动物

几乎没有动物不能食用。但在野外情况下，为了安全起见，尽量把肉类和鱼类彻底做熟之后再食用，因为这样可以杀灭肉质里

■有毒菌类

菌类富含蛋白质和维生素，味道鲜美，而且采摘方便。地球上有超过1 000种可食用菌类，但是除非你能够完全确定它是安全的才可以食用，因为某些菌类含有致命毒素，有些在食用之后长达14小时后才能引发中毒症状。当处在极度饥饿的情况下，忍着不吃可能很难，但是也不值得冒肝脏衰竭的生命危险。

某些有毒菌类很容易与可食用菌类相混淆。值得一提的是，黄斑蘑菇这种有毒的蘑菇与可食用的草原蘑菇非常相像，唯一可区别的是黄斑蘑菇在被压或者被砍之后会出现黄色，但是草原蘑菇的菌伞将一直保持天然的浅黄色。在食用菌类之前，一定要进行积极的判断，坚决不食用不熟悉的菌种，而且在食用之前一定要彻底加工使其熟透。

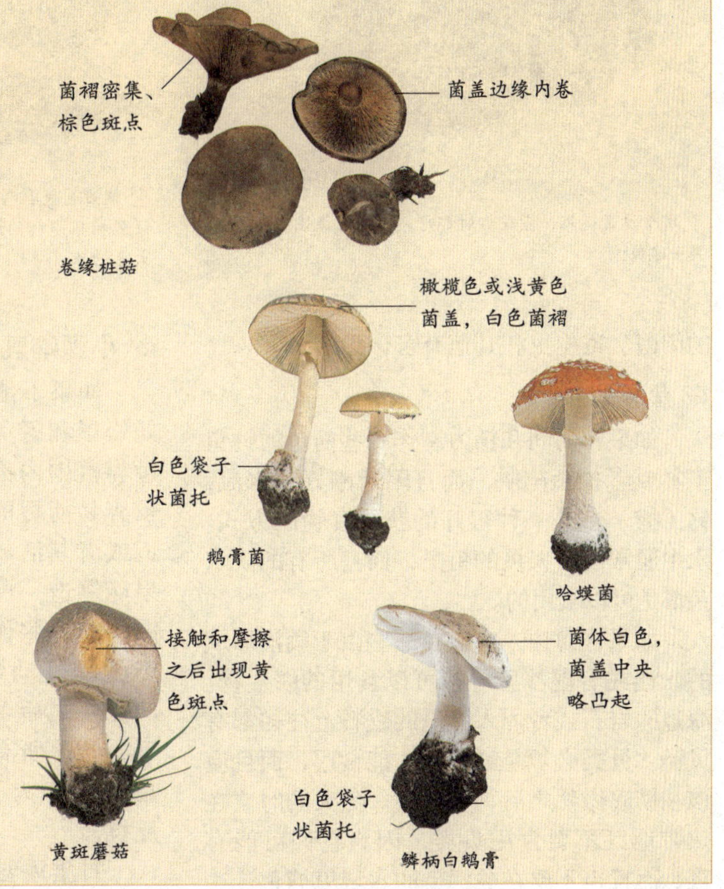

↑ 只要彻底煮熟，蜗牛是可以食用的，它们富含钙、镁和维生素C。

↑ 尽管螃蟹肉质鲜美，但是必须在捕捉之后立即食用，因为螃蟹肉很容易变质。

↑ 将贝类带壳蒸、煮或者烤都行，与绿色蔬菜一起炖也是一道美味。

↑ 捕鱼是获取新鲜肉类的一种有效途径。尤其是在可以设置捕鱼陷阱的情况下，不需要花费很多精力就能捕到大量的鱼。

的细菌、寄生虫和其他有害微生物。

※ 鱼和贝类

如果有时间和精力制作一些简单的钓鱼工具或者捕鱼陷阱，而且附近刚好有水流，钓（捕）鱼是一种很好的获取食物的方式。水中通常都有大量的鱼类，而且所有的淡水鱼都是可以食用的。

如果在海边，应该在那些由于潮汐形成的水洼或者湿沙里寻找可以食用的海生物。海边的岩石或者伸入水里的礁石上往往都有贝类。贝类必须是鲜活的才能食用，而且应该在彻底做熟之后马上食用。冬天的时候在热带地区不要食用贝类，因为它们可能有毒，而且也不要在被污染的水域里捕鱼。

※ 小型哺乳动物

如果不能捕鱼，你就必须考虑捕捉诸如松鼠和野兔这样的小动物了。野兔在全世界范围内都存在，而且也是一种相对比较容易捕捉的动物，只需要在它的洞穴附近或者其活动的区域设陷阱就可以了。如果能制造一些打猎工具，如抛掷棒，就可能捕获一些像鹿这种较大的动物了。捕猎野生哺乳动物唯一值得注意的就是当它们受伤之后可能对你构成威胁。一般情况下，几乎所有的哺乳动物在被追赶到某个角落或者为了保护幼崽都会进行疯狂的反抗。

打猎需要一系列不同的野外捕猎技巧，

※ 去鱼内脏和骨

1. 从鱼肛门处插进刀子或者锋利的石头，顺势上拉，直到鳃部，将鱼内脏小心取出。

2. 在紧挨鳃部的位置将肉切开，去头，用手指将鱼肉和鱼骨分离。

3. 将鱼头和鱼骨与鱼肉完全分离，鱼头和鱼骨可以熬汤。

包括跟踪、潜近和伪装，这些技巧在后面的会有详细讲解。一定要学会这些技巧，因为在野外生存条件下，你可能不会有猎枪或者现成的弓箭。

尽管绝大多数动物都可以食用，但是并不是所有动物的肉质味道都好或者易于消化。尽量捕杀年幼的动物，因为它们的肉质可能比较嫩。也有部分动物的肉会有一股强烈的异味，不好吃，因此在可能的情况下尽量避免猎杀这类动物，但是一旦已经猎杀，就不要浪费。

※ 昆虫

昆虫也一样可以当做食物。昆虫体重的70%左右都是蛋白质，而其他肉类的蛋白质含量只有20%左右。但问题是，通过食用昆虫获取蛋白质需要捕捉大量的昆虫。大量的昆虫可以在石头底下或者如烂木头、蚂蚁穴这种昆虫群居的地方找到。

需要提防的昆虫种类就是那些成年的带刺或螯、长毛或者颜色鲜艳的毛虫以及具有刺鼻气味的昆虫。还应该特别注意蜘蛛和那些带有细菌和病毒的昆虫，如虱子、苍蝇和蚊子等。

↑ 绝大多数蛙类都是可食用的，但要避开那些颜色鲜艳的和背部有十字图案的。还要知道绝大多数蟾蜍都是有毒的。

↑ 绝大多数蠕虫（比如蚯蚓）尽管看上去恶心，但基本都是可食用的。食用时将它们放进清水中泡几分钟，然后放进炖菜中即可。

↑ 像松鼠这样的啮齿类动物数量庞大，在制造打猎工具之前，可以成为肉食的主要来源。

食用昆虫可能会让很多人觉得恶心。其实食用任何一种倒胃口的东西时，最好的方式就是把它们放进炖菜中，然后努力忘记它们的存在。

※ 搜寻食物

在营地里享用“正常”的一餐，这样的机会不多，你应该充分利用自己的能量，这就意味着你可能需要在寻找食物的时候在路上用餐或者找到食物后立即生吃。尤其是在刚开始的几天，你可能没有太多的时间寻找足够的食物，但这不要紧，只要每天保证足够的水就不用担心。这时候可以通过食用荨麻、浆果或者其他易于找到的食物充饥。在一切最基本的生活所需得到满足之后，再考虑花大量时间搜寻合适的食物。当你在周围环境已经巡游了几天后，你就应该对在何处能找到合适的食物有一个全面的认识了。

如果能够找到一个稳定的食物来源，尽量将中午左右的时间定为正餐时间，因为这时候光线充足，便于做饭。这样安排饮食也更有利于保持身体健康。在上午的时候享受一顿丰盛的美餐能够很好地恢复体力，让你精力充沛地度过接下来的一整天。

↓ 鹿休息或者睡觉的地方可能会被使用很长时间，直到季节变化或者这个地方经常受到威胁。

跟踪动物

当你准备猎杀哺乳类动物或者啮齿类动物为肉食的时候，你需要认识到的第一件事情就是它们并不会均匀地分布在整个野外。它们倾向于在能摄取食物的地方、水源和它们的住地之间活动。例如在密林深处，由于缺水、缺光线或者缺食物，就不会有很多动物生活在那个地方。而森林边缘则更可能提供水、光线和住的地方。

※“小路”和“小径”

要知道某一个区域居住着什么样的动物，就必须找出它们出没的“小路”和“小径”，这些都是野生动物最明显的标志。“小路”就是很多种动物行走的路线，可能前往水源、食物所在地或者住处，而“小径”是比“小路”小的供某种动物行进的路线。“小径”连接前往其住地的“小路”，有时也连接前往水源或者觅食区的“小路”。“小径”的位置经常改变，有时“小径”也会在一段时间之后变成一条“小路”。可以根据“小径”的宽度来判断是什么样的动物在此活动。

※ 睡觉和觅食区域

另一个能够帮助寻找动物踪迹的标志就是动物睡觉、休息和觅食的区域。物种不同，其睡觉的地方也不一样。很多小动物在洞穴中睡觉，而更大的动物只是在野外睡觉。如果睡觉的区域是在野外，你就可以根据动物躺在地上的轮廓来判断动物的大小。这种动物睡觉的地方往往都是在矮树丛之间，矮树丛一般会非常密，让掠食者不能通过，即使不这么密，也要能让掠食者不容易发现。在这种地方，动物一般都会有 3 条或者更多的逃生路线。

而休息的地方一般较少有遮挡物，让动物能够对周围环境进行监测。这种地方一般位于水源和觅食地的附近，但并不经常使用。

※ 辨认动物的脚印

能够辨认动物脚印是一种有用的野外生存技能。其脚印能够显示动物的种类、前往的方向，及其最后经过这条路的时间等等这些关键的信息，以便于你决定是进行猎杀还是与它们（如熊和其他大型猫科野生动物）保持较远的距离。

↑ 灰狐
前脚 4 厘米 x3.5 厘米
后脚 3.8 厘米 x3.2 厘米

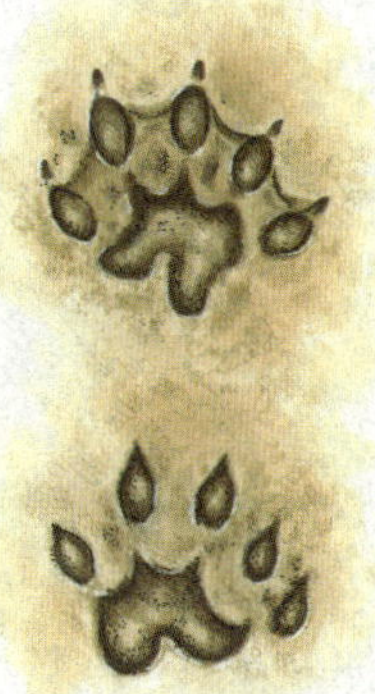

↑ 水獭
前脚 6.7 厘米 x7.5 厘米
后脚 7.3 厘米 x8 厘米

↑ 臭鼬
前脚 2.2 厘米 x2.8 厘米
后脚 3.8 厘米 x3.8 厘米

↑ 貂鼠
前脚 4.5 厘米 x4.5 厘米
后脚 3.5 厘米 x4 厘米

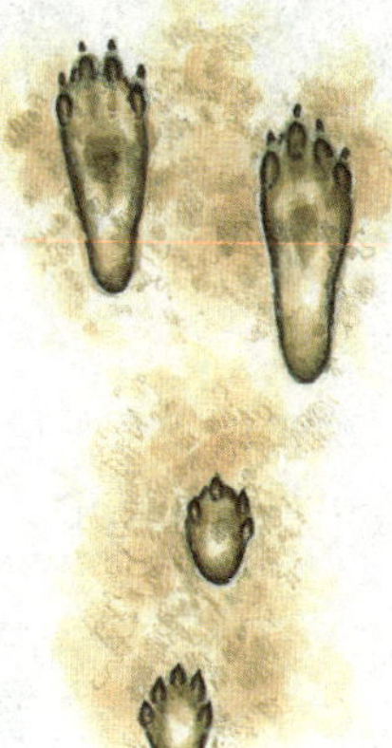

↑ 野兔
前脚 3.8 厘米 x2.8 厘米
后脚 7.5 厘米 x5 厘米

↑ 兔子
前脚 2.2 厘米 x1.5 厘米
后脚 7 厘米 x2.8 厘米

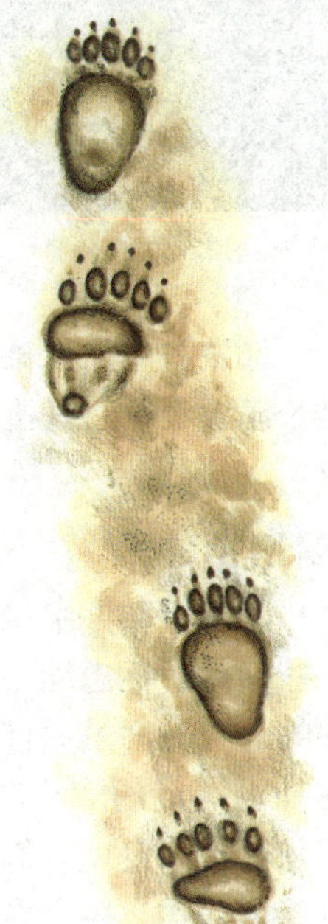

↑ 灰熊
前脚 14 厘米 x12.5 厘米
后脚 25 厘米 x14 厘米

↑ 鼬鼠
前脚 2.8 厘米 x1.2 厘米
后脚 3.8 厘米 x2 厘米

↑ 灰松鼠
前脚 5 厘米 x3.5 厘米
后脚 6.7 厘米 x3.2 厘米

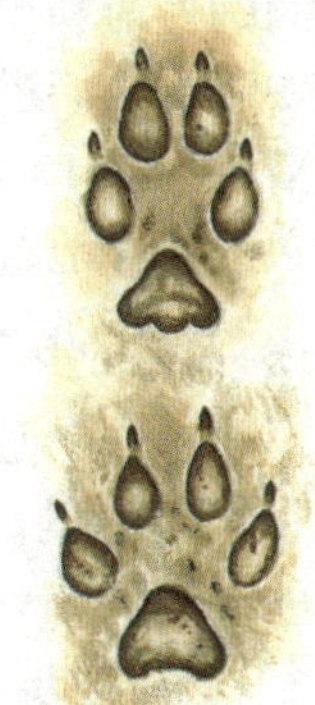

↑ 灰狼
前脚 12 厘米 x10.8 厘米
后脚 11.5 厘米 x10.5 厘米

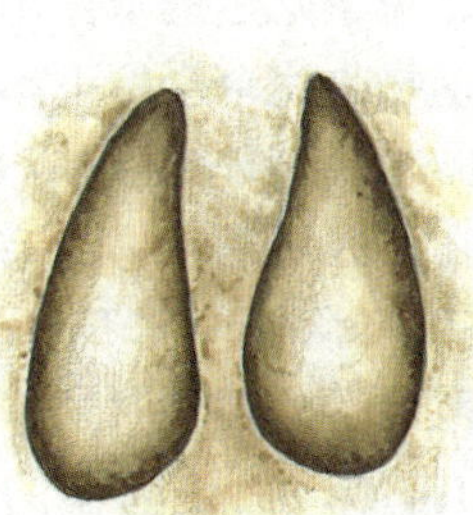

← 白尾鹿
（只显示了一种脚印）
前脚 7.5 厘米 x4.7 厘米
后脚 6.7 厘米 x3.8 厘米

↑ 图中这种长满苔藓的原木上的痕迹能够帮助辨别该地区的动物种类。

不同物种有不同的觅食区域，但是一般都是长满青草的、地上有大量不同的植物的地方。

※ 辨别物种

一旦发现某些痕迹之后，还可以通过观察一些细微的标志缩小在该区域生活的动物物种的范围。通过更仔细的观察，你可能就会在动物活动的“小路”、“小径”、休息区甚至是觅食区发现它们的排泄物。如果它们是有蹄类动物，还会在地上发现被它们踩踏的树根和树枝等（上面会有痕迹）。在觅食区域，可以通过地上青草等植物被啃食的样子来进行判断。例如，兔子吃过的草像用剪刀剪过的，而有蹄类动物吃完草会留下参差不齐的形状。而在动物休息和睡觉的地方，更有可能会发现居住在该区域的动物的毛。

接下来就可以寻找实际的动物脚印，进一步缩小动物的物种范围了。很多时候，可能并不能发现清晰的脚印，而是模糊的轮廓。无论是清晰的脚印还是轮廓都可以与先前得到的有关信息进行综合，这样有利于得出最后的结论。

靠近动物

为了靠近猎物以猎杀它们，需要学会一些让它们在不知不觉的情况下被抓住的技巧。你可能没有威力强大的枪支，而只有自制的弓箭和抛掷棒。为了足够接近猎物，以便于对它们进行准确猎杀，你需要走到距离猎物只有 10 ~ 15 米的距离。这就意味着你必须安静地、不被察觉地向猎物移动。

※ “狐狸步”

首先，放慢速度并注意周围的环境是非常重要的。你可以采取“狐狸步”的行进方式。

“狐狸步”是我们的祖先们早就使用过的接近猎物的方式。其原理就是每前进一步都将重心落在没有移动的那条腿上，让移动的脚“感受”地面，也就是说脚从外侧到内

↑ 抛掷棒的优势就是能够轻易从地面上获取。随时将它带在身边，在动物没有发觉你的的情况下就可以使用。

侧逐步贴近地面，探测地面上的东西。一旦确定脚底下没有锋利的东西或者不会发出声音，就可以让脚掌完全落地，然后将重心前移；如果脚底下有东西刺着或者地面上有声音，重新将脚提起，换一个位置。无论是在抬脚还是落脚的时候，都要小心，避免碰到树枝和石头发出声响。

你可能会发现这种行进速度非常慢，但是其主要优势就也在这里，你不需要将视线从周围环境中收回来盯住地面。这样行进还会非常安静，而且由于速度移动很慢，很多动物不会把你当成威胁。

※ 广角视线

动物往往会在我们发现它们之前发现我们。其中的一个原因是我们移动太快或者声响太大。另一个原因就是动物在观察周围环境时使用与我们不同的方式。动物使用的是广角视线，这种方法能让它们发现周围所有的情况。

我们看世界的方式是使用一系列聚焦视线，对周围的环境建立的是独立的影像。这意味着我们只是聚焦于某些物体上，因此在我们身边，还有很多我们根本就没有看见的东西。但是我们也有能力以动物这种少聚焦的方式使用我们的眼睛。经过练习之后，我们就能够看见身边所有东西的活动情况，尽管所看见的每样东西都相对模糊。

※“狐狸步”

1. 小心地抬起准备移动的脚，用承重的那条腿保持身体平衡。

2. 将抬起的脚向前伸出，从脚外侧到内侧小心地落地。

3. 如果地面是安全的，将脚完全放下，将重心移动到前面这条腿上，慢慢地重复这样的动作。

※ 广角视线练习

1. 为了学习看见身边的所有东西，你需要前往野外开阔的地方或者进入森林。将双臂平举在身体前方，手指向内，两手距离在大约 30 厘米。

2. 目视两手及两手之间的所有东西，慢慢将两手分别向身体两侧移动，两眼继续目视两手之间的物体。

3. 将两手分别位于身体两侧的时候，弯动手指，这时候你的眼睛应该能再次看见手，保持这种“视线”慢慢将双臂放下。

很多人在练习广角视线的时候，由于练得太过辛苦，最后像还魂尸似的在地上晃来晃去。

在练习的时候，不要忘记移动头部，这样将能大大增大你的视野范围，达到 360° ，让你不漏掉任何东西。一旦发现可疑活动，立即对其进行聚焦观察，如果没有发现特别问题，则恢复到广角视线，继续观察。

4. 保持视线不变，将双臂平举，这次是一上一下。

5. 将手臂向上下两个方向分别移开，注视两手之间的所有东西，直到最后看不见双手。

6. 放下手臂之后，你的视野范围就将达到左右 180° 、上下 80° ，你能够看见这个范围内的所有活动。

在行进的路上，如果用这种方式观察，会在野外发现更多的野生动物，因为任何细小的活动都逃不过你的眼睛。

※ 新的听法

与视觉技巧一样，也可以对听觉进行训练。遵循练习广角视线的步骤，用耳朵努力听所有的声音，而不是单纯地听最明显的声音。

※ 感受环境

上面提到的那些技巧将使你对环境的认识更加清晰，使你更容易发现该区域的野生动物。另外还有一种意识可以加进这种技巧中去，那就是感受。

感受风吹过身体、感受腿上的肌肉在运动、感受雨滴掉落在皮肤和衣服上。当你将所有这些技能成功地放在一起，你就将对所处的环境更加熟悉。不仅仅是了解环境，你将成为环境的一部分，让你能够在看见之前就感受到动物的存在。

像这样在野外活动将使你能够更加接近当地动物。当距离足够近的时候，你就可以对其进行猎杀了。但是，你还需要更多的技巧，如如何靠近动物以及如何伪装等。

※ 慢慢靠近

最基本的靠近猎物的技巧几乎与“狐狸步”差不多，也就是在落脚之前先感受地面。但是，这次的速度将更慢，慢得几乎都看不出在移动。平均每步花费的时间大约为1分钟。有时需要你通过移动来掩盖进一步的行动，比如环境在“动”的时候——树叶在风中沙沙作响或者树木在风中前后摇摆。这种方法不仅能够隐藏你的行动，还能掩盖任何不小心弄出的声音。将双手置于身体前或者身体后，最大限度打破熟悉的人类形象。将双手置于身体前相对容易些，这样你能够握好武器或者帮助你抬腿。

※ 四肢着地靠近猎物

1. 四肢着地趴在地上，用手去感受地面上可能发出声音的东西。

2. 将膝盖放在刚才手移开的地方。

3. 在当地有大量低矮树丛的情况下适宜使用这种方式接近猎物。

下面所讲的两种靠近猎物的办法主要用于在人和猎物之间有大量隐蔽树丛的情况下。第三种方法就是趴在地上腹部着地，将双手置于肩膀处。用手和脚趾支撑起身体离开地面10厘米的距离，身体前进，然后落回地面，将手和脚前移，然后再支撑

※ 为了接近猎物进行伪装

1. 将草木灰涂抹在身上和衣服上，减少皮肤的光泽，同时还能有效覆盖体味。

2. 将炭灰涂抹在那些通常不能被遮住的地方，涂抹的样子越自然越好。

3. 利用稀泥进一步打破自己的形象，涂抹之后的形象看上去要自然。

4. 利用长在该地区的树叶对皮肤上的稀泥进行进一步伪装。

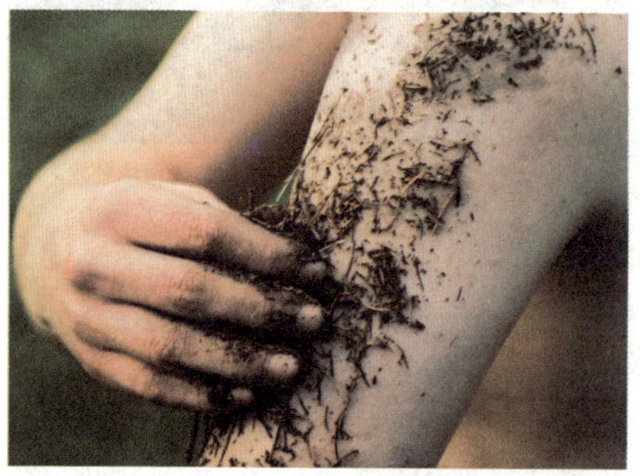

5. 在身上的稀泥还没有干透的时候，在上面撒上草屑。

6. 当接近猎物的时候一定要保持平静。

※ 安静移动

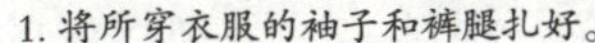

1. 将所穿衣服的袖子和裤腿扎好。

2. 保证身体不会碰到任何植物。

3. 在抬脚的时候将脚趾弯曲，否则可能会碰到灌木丛。

起身体，重复以上动作。任何另外的行为，如站起来、坐下、准备武器甚至拍蚊子都必须要极其缓慢和轻微。

※ 保持平衡

缓慢移动的最大问题就是如何保持平衡。为了避免摇晃，在站立的时候可以轻微弯曲膝盖，紧绷身体以检查身体平衡状况。如果失去平衡，一定要努力用臀部以下进行校正。如果用上半身校正身体平衡，身体的晃动肯定会惊扰旁边的动物。

※ 利用伪装

伪装不是隐藏，而是在开放环境中被“看见”，从而接近猎物。如果隐藏在树后，对猎物射箭或者投掷抛棒都将变得很困难。

有两种对自己进行伪装的简单方式。第一种方式就是将草木灰涂抹在身体和衣服上，然后把炭灰涂在脸上，木炭应当涂抹在那些比较亮的地方，如眼睛下方或者鼻梁上。然后用稀泥在身上涂抹不同的颜色。最后还需要在树林里的落叶上打滚，让自己“蓬松”起来，更彻底地改变自己的形象。由于在身上涂抹了炭灰，所以你的体味也已经被很好地掩盖了。第二种方式更简单，只需要先在稀泥里打滚，然后在落叶上打滚。但是这种方法不能有效地覆盖自己的体味，所以还需要利用一些有味道的植物。一定要利用捕猎地存在的植物，否则你的体味还是会非常明显。

如果伪装得当，而且利用了正确的靠近猎物的方法，你应该能接近几乎所有动物的有效猎杀范围。但是，当达到一定距离的时候，你必须稳定心态。动物们非常擅长把握人类的“心理”。

哺乳动物都不能分辨颜色，因此即使没有伪装，只要它们没有闻到你的味道，你也能接近它们到足以猎杀的近距离。另外，还要注意鸟类。鸟类能够分清颜色，而且它们经常是野生动物天然的哨兵。

捕捉动物

在学习设动物陷阱之前，你必须了解，在世界上的许多地方这么做都是违法的，除非你为了活命不得不如此。这是因为陷阱可能会杀死那些濒危的物种，不仅如此，它还能对大型动物乃至人类构成伤害。

这儿介绍的陷阱都是比较简单的，在绝大多数情况下都可以利用，并且旨在迅速和彻底地杀死动物。虽然有很多种类的陷阱，但是书中介绍的都是最有效的。设好陷阱之后，首先进行测试，确保动物不会忍受不必要的痛苦。不要让动物在受重伤之后从陷阱中逃脱或者在套索中慢慢窒息死亡。

在设陷阱的时候，尽量不要惊动当地的其他动物，以免让它们对已设陷阱有所察觉。也应该将陷阱设在偏远一些的地方，因为一旦某动物被套住，周围其他的动物就将保持高度警惕。利用炭灰、稀泥或者当地味道浓厚的植物对陷阱进行伪装。

※“4”字形陷阱

这种陷阱主要是为在觅食区使用而设计的。它全名叫“致命下落”陷阱，是因为它利用的是当动物啄食放在水平棍子上的诱饵的时候重物落下砸在其头部致死的原理。

这种简单陷阱由3根棍子组成，设立起来之后与数字“4”的形状很像。这个装置由一个重物压着，树立在地上，但是当地上的水平棍子被动物移动的时候整个装置就会倒塌。下落重物的重量应该是准备抓住的动物重量的2倍以上，这样才能够保证杀死动物，但是也不至于重得将动物压碎。下页图中是用来捕杀兔子的陷阱。

你也可以在地上铺一块平整的石头让这个陷阱的效果更好。确保下落重物的力量不会由于树立的棍子而被减弱。如果出现这种情况，重物将会落在棍子上，而不是动物身上。

用当地生长的你认为最受动物喜欢的植物作诱饵，放在陷阱上。如果用其他地方的植物作诱饵，有可能会引起动物的怀疑。

为了引诱动物从正确的方向前来食用你放置的诱饵，可以在陷阱周围设置一些障碍，但是这些障碍必须看上去自然，不会引起动物的怀疑。

※ 双钩套索陷阱

这种套索陷阱一般是用在动物活动区域，但是经过改动也能用在动物觅食区。确保套索足够牢固，能够勒断动物的脖子，并且能够将动物吊到一定的高度，避免其他动物在你到达之前发现它。

这种陷阱由两根棍子组成。这两根棍子上都有槽，要能够相互钩住。其中一根棍子被牢牢地钉进地面，另一根棍子用一定长度的绳索绑在一根结实、柔韧性好的小树或者树枝上，这棵小树或者树枝必须保证两根棍子上的槽能够互相钩住。将一个活结套绑在可以活动的棍子的钩上，并将活结套放置在动物活动区域，这样动物踩进活结套之后，陷阱将启动，然后动物将被树枝吊起来。

活结套的高度应该保证动物能够直接踩进去。例如，对于捕捉兔子来说，活结套在地面以上的正确高度应该是手掌的宽度左右，其直径大约是12.5厘米。根据欲捕捉动物的大小，调整棍子上槽的深度能够改变陷阱的灵敏度。需要注意的是不要让动物缓慢死亡，因此将装置调整到适当的位置非常重要。

不要使用新砍下来的棍子，否则它们可能会胶合到一起，或者晚上的时候会被冻到一起。还可以通过使用多棵小树或者树枝来增加陷阱的张力。如果在动物活动区域没有可以利用的柔韧性好的树枝，可以搭建一个杠杆来达到这个目的。在地上牢固地钉一根带树杈的柱子，在树杈上绑一根长的树枝，将活动的棍子绑在杠杆的一端，在杠杆的另一端添加一个重物。

※ 设置“4”字形陷阱

1. 将垂直棍子的中间部位削平，将一端削成改锥的形状。

2. 在水平棍子的一端靠近端点处削一个向上方向的槽，准备放置倾斜棍子的一端。

3. 在水平棍子的中间削一个槽，卡住垂直棍子上中间被削平的部位，让这个槽与接近端点上的槽呈90° 直角。

4. 在倾斜棍子上也削一个槽来放置垂直棍子的顶部，将倾斜棍子的一端削尖卡进水平棍子近端点上的槽内。

5. 在设陷阱的时候，在倾斜棍子上施加压力，用另一只手让各槽全部结合到位。

6. 在倾斜棍子上靠一个重物（如圆木或者石头），在水平棍子没有槽的一端放置诱饵。

※ 设双钩套索陷阱

1. 在一根棍子的一端削一个槽，将棍子牢固地钉入地面。

2. 在第二根棍子上也削一个槽，第二根棍子将被绑在陷阱上方的一根柔韧性好的树枝上。

3. 将准备捕捉动物的活结套也绑在第二根棍子上。

4. 将第二根棍子绑在树枝上，并让两根棍子相互钩住，它们应该相对稳定，但也要容易被挣开。

5. 一定要确保活结套容易滑动，其大小应该适合套进欲捕捉的动物的头部。

6. 将打开的活结套放置在棍子或者结实的草叶上，距离地面 2 ~ 4 个手指的距离。

捕鱼技巧

如果在水域附近，捕鱼是一种获取高蛋白质食物的极好途径。鱼可以用网捕、用钩钓、用鱼叉叉或者用套索套，甚至还可以用手抓。在溪流里设好陷阱，这样在你等待鱼自己游进陷阱的时候，就可以展开其他的工作。

※ 设捕鱼围栏

捕鱼最简单的方式之一就是利用双钩套索。只需要将套索的材料改成鱼线就行。用来捕鱼的时候，它会将鱼拉出水面。

另一种有效的捕鱼方法就是建一个捕鱼围栏：建一个环形的围栏，让其开口处朝向溪流上游，然后再建一个漏斗形的围栏深入开口处。如果溪流水流较急，这个装置完全可以捕捞足够的鱼；如果在水流较慢处，则用柔韧的枝条沿围栏编织一个盖帘，指向陷阱的入口处。当鱼游进围栏的时候，盖帘会被推开，当围栏里的鱼要出去的时候却被挡住。可以通过调整围栏缝隙的大小来捕获不同大小的鱼。

※ 制作鱼叉

如果想捕获更大的鱼或者手头有大量的时间可供利用，那制作一个鱼叉可能是最好的选择。鱼叉由两部分组成：带两个尖的鱼叉头和一根又直又长的鱼叉杆。鱼叉头是被安装在鱼叉杆上的。这样做的目的是，一旦鱼叉头没有刺中鱼而是插入了河床，鱼叉头就会从鱼叉杆上脱落，可以重新安装鱼叉头，但是如果鱼叉是整体的，就可能由于鱼叉头被折断而导致整个鱼叉的报废。

最好使用新鲜的树棍做鱼叉头，以保证其灵活性，而且也不容易折断。做鱼叉头的棍子应该是直的，其直径在2.5厘米左右，捆绑在鱼叉杆上，以避免它过度侧滑，而且应该用植物纤维类的绳索。如果使用动物纤维做成的绳捆绑，容易在遇水之后变松。

※ 设捕鱼围栏

1. 用棍子在水流较急有鱼出没的溪流里建一个环形的围栏，让水从开口处流进围栏。

2. 再用一些棍子建一个漏斗状的围栏，确保两层围栏能完全拦截住流水，将漏斗状围栏的开口留小，让鱼能够游进围栏里。

3. 在水流较慢的溪流里，用柔韧的枝条沿着围栏编一个盖帘，朝向陷阱的入口处，这样鱼能够游进围栏，却不能从里面游出来。

鱼叉的叉应该是尖而结实的，这样能够避免在河床的石头上被折断。在叉的内侧应该制作两个小型的“架子”来支撑倒钩，这样能够避免在叉到鱼之后鱼从鱼叉

※ 制作鱼叉

1. 找一根长约 30 厘米，直径 2.5 厘米的直棍子，剔除所有侧枝。

2. 将一根一定长度的用植物纤维做成的绳子紧紧地绑在棍子的中间部位。

3. 用一块锋利的石头将棍子一端小心地劈开，直至裂纹抵达棍子中间绑线的地方。

4. 将一根小棍子楔入裂纹中，将这两根“叉”分开 5.0 ~ 7.5 厘米。

5. 再用线将楔子绑牢定位，防止鱼叉头干燥之后楔子滑落。

6. 用小刀或者锋利的石头将两根“叉”削尖。

7. 分别在两根"叉"的内侧削一个小型的"架子"来支撑倒钩。

8. 用燧石做两个长约 2.5 厘米的锋利的石片作为倒钩。

9. 利用质地好的线将倒钩绑定在"叉"上。

10. 将鱼叉头的另一端的一侧削平，让其能与鱼叉杆上的槽吻合。

11. 用一定长度的线绑在鱼叉头上，另一端打一个套索来准备绑定鱼叉杆。

12. 在 3.0 ~ 3.5 米长的用做鱼叉杆的直棍子的一端挖一个槽来安装鱼叉头，将鱼叉头装上。

上逃脱。倒钩最好的材料是如燧石片这样锋利的石片或者坚硬的小木片，当然也可以简单地利用其他动物的骨头。倒钩必须用质地优良的线捆绑牢固。如果知道如何制作树脂胶，还可用树脂胶将倒钩牢固地粘在鱼叉头上。

※ 用鱼叉抓鱼

寻找一片水域。鱼可能出现在溪流拐弯处，水清或者水浅的地方，在炎热而且阳光强烈的天气情况下的树阴底下等。将鱼叉放入水中，保持绝对安静地坐着，时刻准备着在鱼出现的时候将其叉住，或者也可以尽量接近鱼。无论如何，你都需要在不同的地点进行大量的练习才能成功。

↓ 用鱼叉叉鱼需要在水清的地方才能够看得清，悄悄地靠近鱼，然后调整好速度和精度用力猛刺。

制作和使用抛掷棒

在野外环境下，你首先制造和使用的工具可能就是抛掷棒，制作这种工具需要的材料就是任何可以找到的结实的棒子，其直径 5.0 ~ 7.5 厘米，长约 60 厘米。如果将棒子的中间部位削小，让整根棒子看上去像翅膀，这样它将成为一种出手无声、抛行更快的打猎武器。当然也可以制作飞镖，飞镖如果投掷得当，其飞行距离可以超过 100 米，但是它们的基本原理都是一样的。

抛掷棒主要是随机打猎用的工具。在需要食物的情况下，无论你前往什么地方，都随身携带一根这样的棒子。你有可能会

※ 制作抛掷棒

1. 找一段结实且柔韧性好的棒子。将棒子进行修整，以减少其在空中飞行时发生的声响，并能够保证飞行更快。

2. 将棒子中间部位削小，让其呈翅膀样的形状，并修正两翼上的任何棱角，避免其影响棒子的飞行。

3. 在棒子的两端留下更多的木头，这样不仅能使整个棒子有一定重量，还更便于在棒子两端削尖，而不至于让整个棒子太脆弱。

碰巧发现前面有一头好奇的动物将头从树丛里伸出来，这样刚好可以进行猎杀。如果以“狐狸步”和“广角视线”的方法首先接近猎物，再用这种方法捕猎动物将会有更加明显的效果。

※ 如何投掷

投掷这种抛掷棒，有两种方法。第一种就是举手过肩而投。尽管这种投掷方式击中动物的概率相对较小，其有效猎杀区域也只有7.5厘米宽，但是这种技巧在你和

※ 举手过肩投掷抛掷棒

1. 如果你习惯用右手，将左脚向前跨出，右手握抛掷棒举过肩膀，面对目标。

2. 可以用肘部简单地瞄准目标，从肩部以上将抛掷棒掷出。

3. 在抛出抛掷棒的时候，用手腕轻轻一抖，让抛掷棒在飞行中旋转。

※ 低手掷出抛掷棒

1. 侧面面向目标，将抛掷棒握在腰部的位置。

2. 将抛掷棒向后摆，身体前倾。

3. 弯曲膝盖让上半身下沉，将空着的手放在其中一个膝盖上。

4. 身体下蹲，让臂部处于即将抛掷物品的状态，做好抛掷准备。

5. 用整个身体给抛掷动作施加动力。

6. 抛出抛掷棒的时候手腕轻轻一抖，让抛掷棒在飞行中旋转。

动物之间有很多树木或者有很多高草的时候将非常有用。需要记住的一点就是，在投出棒子的时候用手腕轻轻一抖，让棒子增加投中目标的机会。

第二种方法就是低手掷出。与第一种方法一样，将棒子一端握在手上。但是这次站立的方式是侧对目标，棒子呈水平方向旋转飞出。这种方法将有更大机会击中猎物，因为其有效猎杀区域有大约 60 厘米宽，但是这种方法只有在没有高卓或者没有树丛阻挡棒子飞行的情况下才能使用。

↑ 可以对动物骨头进行彻底清洗，或者埋在土壤里一段时间让骨头变得干净。

保存肉和其他动物产品

你所猎杀的动物的任何部位都不应该被丢弃。大型动物除了能够提供新鲜的肉食之外，剩下的肉还可以保存下来，而其他不能食用的部分也可以用来制作衣服或者工具。

※ 有用的身体部位

在解剖完动物之后，应该立即将肠、肚、膀胱洗净，因为它们会有很多用途。将动物腿上的筋小心抽出，用刀子将筋纵向剖开，

↑ 鹿的下颌骨可以作为很好的锯子，尽管使用一段时间之后牙齿可能会松动。

↑ 将动物骨头清理干净并保存起来，因为其中很多都能用来制作工具。

然后展开晾干。

动物的头包含了很多有用的东西。眼睛里面的液体和树脂混合可以制成强力胶。舌头去皮之后可以食用。将头部剩下的部分完整地保留。尽管脑髓在新鲜的时候（1天以内）可以食用，但是最好是留着以后鞣制皮革。

蹄子可以留着用来熬制成强力胶。熬制时，将水面上的油脂撇出，就是很好的骨油，可以用来软化皮革。

※ 晾干肉

晾干肉的最好办法就是放在太阳底下晒或放在火堆旁边烤，但是切忌将肉放得靠火堆太近，否则就是烤肉而不是干肉了。对于大块的肉，首先要剔除脂肪，因为脂肪会很快变质，然后将肉切成不超过3毫米的薄片。你可以将它们挂起来，放在火堆旁边烤干或放在太阳底下晒干。在收藏之前，必须确保肉彻底干透。如果在手中能将肉捏成粉末，可能就太干了，但是必须确保肉拿在手上能够折断。如果只能把肉折弯而不是折断，就意味着肉还过湿。

你可以将这些晾干的肉装进此前洗好的肠内，这样可以保存很长一段时间。

※ 用三角架晾肉

1. 找3根长约120厘米的长棍子，在顶端附近将它们较松地绑定，将三角架支开。

2. 在三角架之间适当的高度上绑一些水平的棍子。

3. 将肉切成尽可能薄的片，将三角架放在火堆上方，把切好的肉片放在水平棍子上，确保肉不要离火太近，否则就是在烤肉而不是在晾肉了。

制造做衣服的皮革

在野外没有比鞣制好的皮革更适合做衣服的材料了。如果需要在野外生活很长时间，就应该学会怎样将兽皮鞣制成皮革，然后才能制作暖和耐用的衣服。

※ 准备兽皮

首先搭建一个比准备处理的兽皮大半个面积的框架。这个框架应该是牢固和结实的，因为这个架子将用来固定兽皮。两根相邻的树可以作为这个架子天然的柱子，然后可以在其间绑上两根水平的棍子。

在兽皮的四周打孔，用来穿绳子，但是不要让孔太靠近兽皮边缘，那样的话当兽皮被绑在框架上的时候可能会被绳子撕裂。所用的绳子也一定要结实，并且在绑好之后，一定要确保整张兽皮是紧绷的。

这时候，你可能需要一把锋利的刀子或石片来刮兽皮。握住刀柄，让刀刃与兽皮呈一定角度，在用力下压的同时，滑动刀片。确保在用力下压的同时刮动，一旦停下来就可能会割破兽皮。

※ 刮

刮的目的是去除兽皮上的脂肪和皮的最里层，也就是皮下组织（一层由脂肪和容纳血管、神经的连接性组织构成的物质）。兽皮的内层刮干净之后，再开始清理外层。将兽皮上的毛和最外层皮（表皮）刮掉。如果毛不容易去掉，可以将兽皮泡进溪流或者盛水的容器里 1 ~ 2 天的时间。浸泡时间不要太长，否则兽皮就会腐烂。

在兽皮两面都已经刮干净之后，把兽皮留在架子上放几天时间，让其充分干透。之后，你就得到了一张极好的生皮，它可以有

※ 兽皮的准备和刮制

1. 将两根结实的棍子绑在两棵相邻的树上，搭建一个约为兽皮面积 1.5 倍大小的架子。

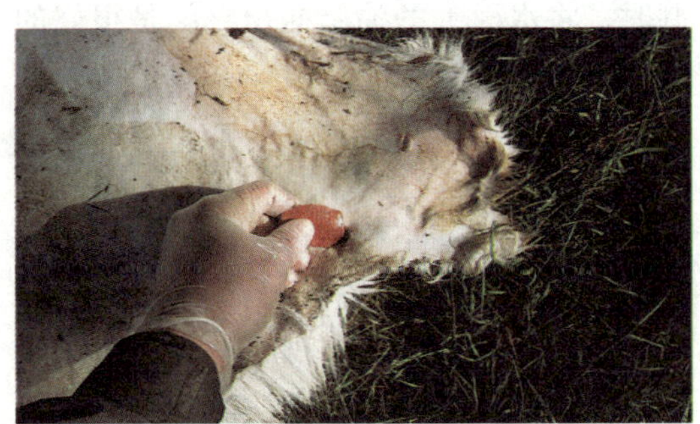

2. 在兽皮的四周距离边缘大约 2.5 厘米的位置每隔 7.5 ~ 10 厘米打一个孔。

3. 用绳子通过孔将兽皮固定在架子上。

4. 用一块边缘齐整的但不太尖利的石块刮除兽皮里侧所有的脂肪组织和残留在兽皮上的肉。

5. 用非常锋利的工具将兽皮上的毛剃掉，还要刮干净兽皮的表层；如果将兽皮事先放进酸性水中浸泡，毛更容易刮干净。

6. 刮干净兽皮上还存留的脂肪，直到整张兽皮变得柔软光滑，然后把兽皮彻底晾干。

很多用途。但是如果要用来做衣服，还必须要进行软化，也就是进行鞣制。这时候就可以利用解剖时候留下来的脑髓了。

※ 用脑髓鞣制兽皮

在兽皮干好之后，烧一些热水，然后放入脑髓进行充分混合。将这个混合物揉进兽皮里。如果有蛋，也可用蛋黄代替脑髓。但是无论用什么东西，都一定要确保整张兽皮充分吸收这种混合物。你还可以将兽皮从架子上取下来，泡进这种混合物里一段时间。

脑髓能够防止纤维重新集结从而形成生皮。只要兽皮在干燥之后纤维还是保持伸展分离的状态，就不再是生皮了。要保持这样效果的方法之一就是再次将兽皮固定在架子上或者拿在手上不停地对其进行延展和绷扯，直至干透。如果干透之后还能发现较硬的地方，必须再次对这些部位进行鞣制。当整个兽皮都已经柔软而且干燥之后，可以把它套在树干或者绳子上左右拉动，让其变得更加柔软。

※ 熏制兽皮

现在就可以熏兽皮了。这一步非常重要，目的是避免兽皮在遇水之后重新变成生皮。将兽皮弄成一个袋子的形状。在炭火上架一个三角架，再把这个袋子状的兽皮放在上面，袋口朝下。在炭火上加一些如松针等易出烟的材料，然后等待几个小时。一定要确保炭火不会冒出火焰，否则可能会烧毁兽皮。一面熏好之后，将兽皮

※ 用脑髓鞣制兽皮

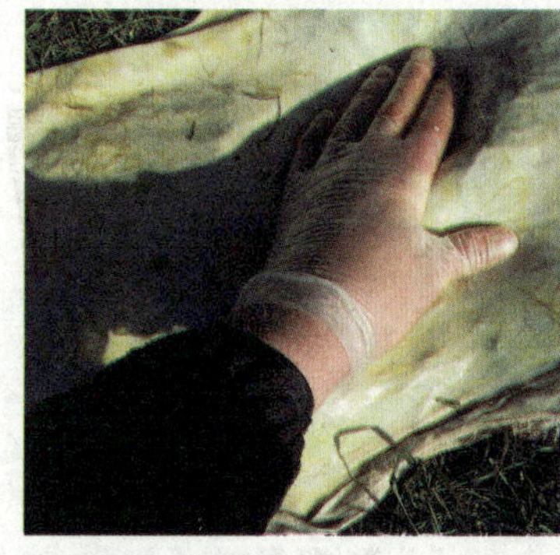
1. 待刮好后的兽皮晾干之后，将脑髓烧热，揉进兽皮里。

2. 拉扯兽皮，让其纤维充分延展，直到兽皮完全干燥。

3. 兽皮干燥之后，可以将它套在拉紧的绳子或者树枝上左右拉动，让它变得更柔软。

翻面，再熏另一面。这样完成之后的兽皮就是熟皮，可以用来制作衣服了。

你需要经常对兽皮进行熏制，保证兽皮一直是含油的，以防止纤维重新变硬。

※ 用兽皮做衣服的优点

在长期野外生存中，用身边的东西制作衣服和其他物件是一种非常基本的技能。尽管将兽皮制作成熟皮将会花费很多时间和精力，但是你也会发现用这种方式做出来的皮革制品比现代工艺制作的皮革制品更结实和耐用。而且这是一种天然的产品，能够有效掩盖自己的体味，更有利于靠近猎物。而且它还不会发出声响，能够很好地进行伪装。

在制作衣服的时候，你可以利用各种各样的材料来缝合兽皮。动物的筋也可以用来缝衣服，但最好是在比较干燥的地方使用。当然也可以用植物纤维制成的线来缝衣服，不过这样缝合处容易裂开，必须经常缝补。最简单的缝补裂口的方法就是利用小条状的皮革边角料。当然，皮革边角料还可以用来作边饰，这样可以在丛林中进一步改变自己的外在形象，把这种边饰弄得不规则一些但不要太长，否则可能被树丛挂住。边饰的一大缺点就是它会晃动，在悄悄靠近猎物的时候，如果不小心将会暴露自己的行动。

※ 剪裁皮革制成衣服

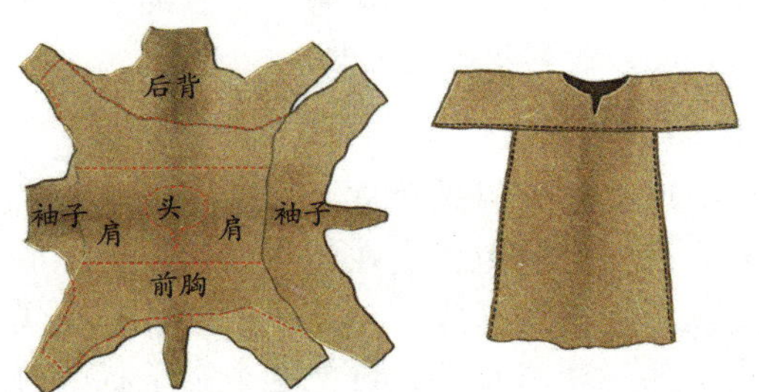

↑ 两块平均大小的皮革就可以制一件很好的上衣。剪裁方法如图示。这种设计因为在肩部添加额外的材料，所以会使衣服更结实暖和。右图中这是衣服制成之后的样子。你可以在袖子上添加边饰，让自己在接近猎物的时候不容易被发现。

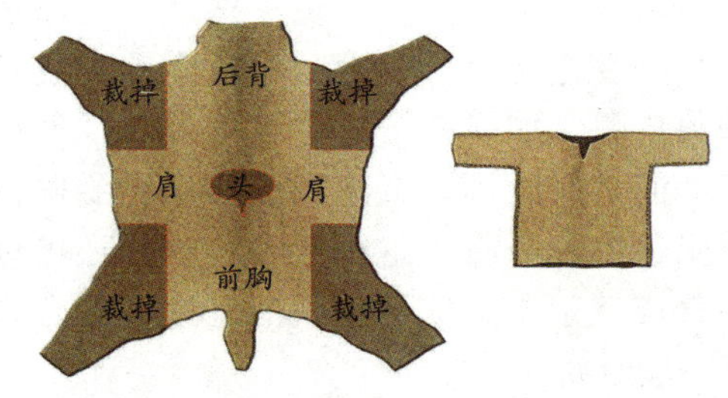

↑ 如果皮革够大，完全可以在一张皮上制作一件T恤，一半用做前胸，另一半当后背，在肩膀处折叠，用线缝好两侧和袖子就可以了。右图中这件衣服由于袖子没有成型，所以看上去比较“方”。不过像这样把衣服做宽松也是一个好主意，这样手臂能够充分自由活动。

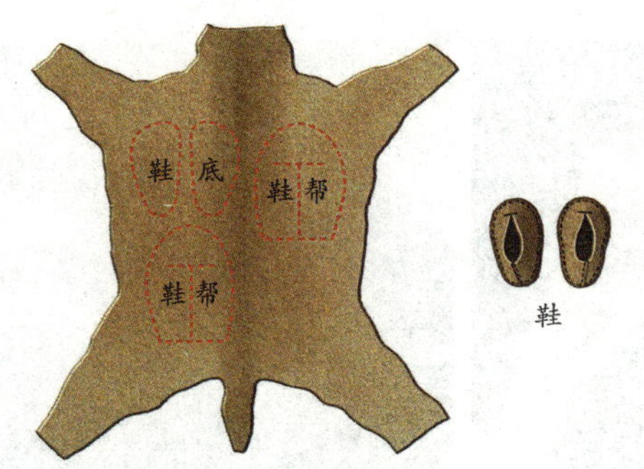

↑根据图示，一块较小的皮革就足够制作一双鞋了。如果皮革有厚有薄，将厚的部分用做鞋底。

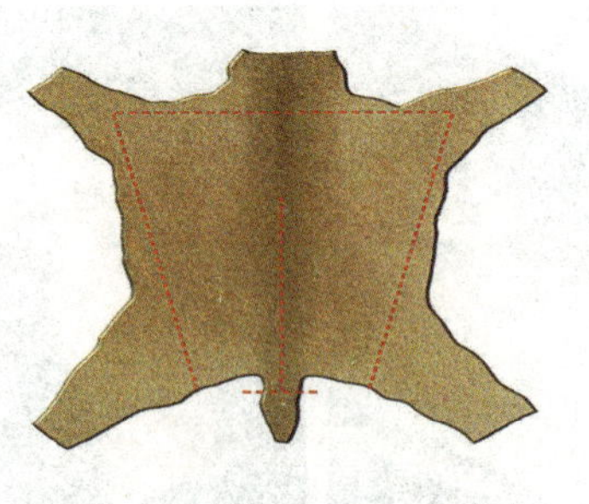

↑用两张皮可以制作一条最简单的裤子。如图示，先进行剪裁，然后缝在一起。尽量让裤子跟上面的衣服一样宽松。

第 13 章 野外生存的食物与营养

无论你打算进行何种探险活动，食物都是影响你探险活动成功与否的重要因素之一。如果你在白天的艰苦跋涉、骑车或登山中消耗了大量的体力，那么肯定需要在一天行程的开始之前和结束之后好好饱餐一顿以恢复体力。当然，一大群人在营地中共煮共食也有助于提升团队精神。由于旅途中不可能有冷藏设备，有时候甚至连热水都没有，因此加倍注意食物卫生就显得尤为重要。

营养需求

待在家里时，你可以有很大的食物选择范围。在食欲正常的前提下，如果你能摄入各种你喜欢的食物，饮食肯定是均衡的。然而在旅行途中，你所关注的应是食物的营养，而非其口味，因为你所面对的可能是完全不同的气候环境以及完全不熟悉的食物；你所在的地方可能很难采购到食物；而且如果你将进行高强度的活动，客观上也要求你摄入高能量的食物。营养不良很容易导致疲劳甚至疾病。特别是当团队中有儿童时，你更得尽量满足他们的所有饮食需求。

均衡的饮食必须包含以下元素：碳水化合物、蛋白质、脂肪、维生素和矿物质。

※ 碳水化合物

植物通常都以碳水化合物的形式来储存其大部分的能量，如谷类、蔬菜和水果就是典型的富含碳水化合物的食物。碳水化合物可以分为两类：简单碳水化合物和复合碳水化合物。

简单碳水化合物主要是糖。这类碳水化合物极易被人体吸收，且能快速地为人体提供能量（如果该能量没有立刻被消耗掉，其会以糖原的形式存储在体内）。水果就是富含糖类这种简单碳水化合物的食物。对于旅行者来说，可以带果干，这样能够减轻重量，且易于携带。然而，糖类所提供的热量要远远少于其他食物。此外，过多地摄入糖类会使你的体内产生更多的胰岛素，从而降低血糖水平。因此，如果你需要快速地补充能量，应该将含糖类食物和其他食物搭配在一起食用。

↑ 意大利面是富含复合碳水化合物的食物，也就是说其消化过程缓慢，能够持久地为身体提供能量。

复合碳水化合物多存在于含淀粉类食物中，如面包、米饭和豆类。淀粉在被人体所吸收之前，要先转化为单糖，但是其所提供的能量更持久。因为淀粉类食物需要更长的消化和吸收时间，所以也就能够为诸如长途跋涉、登山、骑车或划船之类的耐力活动提

↑ 鸡蛋能够为人体提供大量的蛋白质和脂肪，可用于各种菜肴。

供持久的能量。

建议你最好摄入未经加工的食物和纯谷物类食物来获取碳水化合物，因为它们能够同时提供必要的维生素和矿物质，而那些经过加工的精制食物已经损失掉部分营养元素。当你在国外旅行的时候，要弄清当地主要食用哪种谷类食物，并把该谷类作为你的主食。

※ 蛋白质

蛋白质不仅为人体提供能量，还提供了大量的人体必需氨基酸。氨基酸是身体成长和组织修复的必需元素，能产生各种酶、激素和抗体。正因为如此，儿童尤其需要大量的蛋白质。此外，受伤和生病的成年人也需要补充大量的蛋白质来帮助其复原。

完全蛋白质含有所有重要的氨基酸，主要来源于动物类食品，如肉、鱼、蛋、奶等。而谷物和豆类所含的通常是不完全蛋白质。因此，那些不食荤腥的素食主义者应该将谷物或豆类与其他食物搭配起来吃才能获得均衡的营养，例如，将豆类和糙米、坚果等一起搭配食用。

■水

摄入足量的水是保持人体各部分机能正常运转（消化、吸收、循环、排泄）的关键。此外，维持人体正常的体温也需要足量的水。即使是轻微的脱水也会使人出现诸如易怒、恶心以及头痛等症状。

尽管人身体的 70% 都是由水构成的，但是人体却没有办法在体内存储水。水不断地通过正常的呼吸、出汗、小便、消化等途径流失。一般来说，1 个人 1 天必须至少摄入 3 升的水。

↑ 米饭是世界上食用范围最广的谷物之一，你可以很轻易地在旅行地买到它。

※ 脂肪

除了以上所提到的碳水化合物和蛋白质以外，饮食中还应含有一定的脂肪。脂肪是人体能量的最集中来源，特别是当你进行一些剧烈活动的时候。相同质量的脂肪和碳水化合物，脂肪所提供的能量几乎是碳水化合物的 3 倍。高脂肪的食物有牛奶、奶酪、食用油、蛋黄和坚果等。

※ 维生素和矿物质

均衡的饮食需要摄入一定量的新鲜蔬菜和水果，因为它们能为人体提供大量的维生素和矿物质。然而，人体不能将维生素和矿物质存储在体内，同时旅途中又不可能总是有新鲜的食物。为此，建议你带上多种维生素补充片。盐对人体来说也是一种重要元素，但人们通常只会摄入过多的盐，而不会摄入不足。因为当身体需要盐时，你会对比较咸的食物更有兴趣。

↑ 诸如苹果之类的新鲜水果富含一些重要的维生素。如果旅途中携带水果不方便，可以带一些多维生素补充片来均衡营养。

※ 合理的食物摄入量

由于在户外活动，大多数人的饥饿感都会比平时强烈许多。每个人的胃口都各不相同，但是要想一天都体力充沛，你必须比平时吃得更多。如果你是随身携带食物，你应该在自己可承受的范围内尽量多带。

男性在一般的生存条件和运动强度下，一天大概需要10460千焦的热量（对于女性而言，该数字要稍微低一点）。如果是要从事诸如远足、登山或划船之类的高强度运动，这一数字则上升到14650千焦。此外，在严寒气候下，也会需要更多的热量来维持人体的正常体温。因此，综上所述，户外运动中男性1天约需要20900千焦的热量，换句话说，是平时1天所需热量的2倍。

如果能将上述对于所需热量的粗略计算应用到饮食上，你基本上就能够合理地摄入所需的食物，以便获取足够的热量。此外，为孩子准备食物时，最好能迎合他们的口味，以便让他们乖乖地吃饭。

↑ 野外生存的时候，你的食欲肯定会增加，特别是在从事高强度运动和处于寒冷的环境下。

↓ 在为孩子们准备食物的时候，既要保证食物的高热量，又要尽量迎合他们的口味。

饮食规划

合理的食物选择对于旅行来说是十分重要的。每个团队成员都应当获得均衡的饮食。在旅行的计划阶段，你就应该决定好所配给的食物类型以及烹饪方法。此外还应该了解一下是否需要一些特殊的膳食补充。

↑ 如果有条件的话，要尽量吃现烧的新鲜食物。

※ 各种食物的配给

野营的时候，一般有 4 种类型的食物可供选择，它们分别是：新鲜食品、脱水食品、袋装食品和罐头食品。以下将详细介绍这 4 类食物的优点和用处。

除非你所前往的旅行地十分偏远和闭塞，否则建议将各种食物搭配起来食用。比如，将你随身携带的脱水食物与当地买的新鲜食物搭配起来。在旅行中的不同阶段，所能得到的食物配给也不尽相同。

- 在行进途中，吃预先包装好的食物或者找一家路边的小餐馆是比较好的选择。
- 在营地的时候，因为可以把各种炊具拿出来使用，可以吃一些现做的新鲜食物以及罐头食品。
- 在野外进行某项活动时，你只能吃一些背包里存放的脱水食品和袋装食品。

无论你吃的是何种食物，有一点是必须要记住的，即不要随地乱扔食物的包装袋和罐头盒。

※ 如何计划食物配给

在做食物配给计划的时候，你得考虑到如下可能会限制你所能携带的食物种类与数

↓ 野外活动比较适合携带那些分量轻并且易于准备的食物。

量的因素。

- 重量。
- 体积。
- 燃料。
- 团队成员的数量。
- 包装。
- 烧煮时间。
- 烧煮方法。
- 价格。

在旅行途中，你能很容易地买到当地的食物吗？如果可以的话，你可以选择携带一些包装食品，这样与现买的食物搭配起来吃，口味应该还不错；反之，你就得更关注所携带食物的口味了。

在制订食谱时，有一点需要注意的是：你所选择的食物必须是大家都能够接受的食物。

※ 特殊要求

在制订食谱的时候，你得了解一下各个成员的特殊饮食需要，以便做出一个尽量让每个团队成员都满意的食谱。有些团队成员可能由于食物过敏等原因，会对食物有特殊要求。关于此类信息，你必须在出行前了解到并采取相应的措施，以满足他们的特殊需求。

※ 采购食物的预算

根据每人的日常饮食费用以及应急饮食费用，你得制订出整个旅行期间所需花费在食物上的总预算。只有在有根据地推测和对目的地详细调查的基础上，才能得出一个大致精确的预算。如果到时候购买食物的预算不足的话，后果将不堪设想。因此，你所做的预算要尽量精确。

↑ 意大利面是理想的旅行食品，具有分量轻、易于携带、烧煮方便的优点，而且还富含碳水化合物。

→巧克力是大多数人喜欢吃的食品之一，因此可以考虑将其作为特殊的奢侈食品。

人数越多的团队，花在食物预算上的钱越划算。相反，人数较少的团队需要更多的食物预算。如果你们打算在餐馆里吃几顿的话，则所需的预算就更高了。

※ 食物的包装

如果你决定携带包装好的食物，你得确定这些包装食品含有你所需的所有营养元素。除了带上食品之外，你还得根据食品的不同包装，带上纸巾、开罐器等物品。

如果你们所进行的是一次时间较长的旅行，而且会在沿途多次扎营，那么建议你在所有的食品包装袋上标明计划食用的地点，以免提前将食物吃完。

食品包装上的标记要让每个人都看得懂，免得到时候大家都来问你。建议你不要贴不同颜色的纸条来做区分，因为也许某些成员是色盲。

对于那些包装食品，其包装越简易越好，以免产生太多的垃圾。此外，你得确定食品包装的牢固性。当然，也不要牢固到很难打开的地步，否则就会影响到你吃饭的心情。

如果你所携带的包装食品是用马、骆驼等动物来驮运的，则需在那些食品包装的棱角处加垫一些东西，以免戳到动物的

■快乐饮食

煮饭与吃饭是野营生活中的一个重要方面，因此应当将这个环节搞得愉快一些。即便你们所能吃的食物种类十分有限，也要尽量调动大家的情绪。

⊙除了询问某些团队成员的特殊饮食要求外，你还得尽量了解每一个团队成员的饮食喜好。

⊙适当地携带一些特殊的奢侈食品，包括某些成员特别喜欢吃的食物。这些奢侈食品可以在一些特殊场合拿出来作为庆祝，如到达了某个探险目的地，或者为某位成员庆祝生日，或者处于整个旅行的艰难时期。

身体。如果是开车旅行，也需要给食物加垫一些东西，以免路途的颠簸影响食物质量。

※ 携带食物出境

如果你打算将国内的食品带到所前往的国外旅行地（也许你会采取事先将这些食物托运过去的方式），你最好了解一下相关国家食品进口方面的规定和限制以及所需的费用。有时候，你可能会发现将食物随身带走要比事先将大批量的食物托运到国外更便宜和更方便。

当地的食物

旅行的最大乐趣之一就是能够品尝到各地的特色美食。当然了，也要注意病从口入。因此，无论是在餐馆吃还是自己在营地煮着吃都要注意食品卫生问题，以免吃坏了肚子而破坏了旅行的兴致。

※ 避免食物中毒

无论是在国内还是在国外旅行，吃经过合理烹饪的新鲜食物都是至关重要的。尽管有时有些食物看起来很不错，但其有可能受到过污水或者苍蝇的污染。

有些国家的主要水源不是很可靠，因此最好避免吃未经煮熟的食物，如生拌沙拉。如果你对餐具的卫生不放心，在吃餐具内的食物时，可以将底下的一些倒掉不吃。

烧饭和吃饭的时候，都要记得把手洗干净。此外，还要注意如果桌上放着一些煮熟的食物和打开的酱料，要防止苍蝇落在上面。因为食物的香气是很容易招引苍蝇的。

↑ 对于一次人数众多的旅行活动来说，最好在所携带的各种食物的包装袋上贴上标签（注明该食品将在到达哪一个地方时食用）。

↑ 对于露天放置的食物要谨慎食用。如果要外出就餐，建议选择那些人气较旺的餐馆。

※ 外出就餐

如果你打算上当地的餐馆就餐，你最好去那些当地人光顾得比较多的餐馆。因为这些餐馆的菜肴肯定是比较正宗的，而且你还能顺带了解一下当地的饮食文化。再有，一般来说，人越多的餐馆，其菜肴就越新鲜和美味。

有些地方对食物卫生不是很讲究，而且当地人由于长期吃那种卫生标准的食物，肠胃并不会出问题。而你却极有可能会吃坏肚子。因此，当你看到当地人在街边一些看似不太卫生的食摊上津津有味地吃东西时，千万不要效仿他们，以免导致腹泻甚至痢疾。同样，一些小店里自制的冷饮也需谨慎食用，最好只吃那些较有知名度的冷饮。

当你在当地的餐馆里就餐时，最好能看到餐馆烹饪菜肴的过程，特别是贝类和肉类，有些在烹饪前就已经变质了，有些有可能含有有毒物质。只有那些烹饪前还鲜活的贝类才能放心食用。

※ 当地食物的购买

如果你打算在旅行目的地采购食物或外出就餐，你最好事先了解一下当地有哪些可以买到的食物和特色小吃及其价格。这类信息一般通过旅行机构和最新的旅游指南获知。一些季节性食品的价格可能会随着季节的不同而变动，事先做一下了解会有一个大致的预算。

↑ 品尝当地的食物是旅行中的最大乐趣之一，但是也要注意食物的卫生问题。

※ 当地食物的烹饪

新鲜蔬菜和水果在食用前一定要用水冲洗干净，最好再在纯净水里漂洗一下。如果你没有时间清洗，比如，你正在逛当地的市场时突然想要吃某种水果，那么最好挑选那种可以剥皮的水果。而且买之前要检查一下水果的表皮是否有破损。

在食物卫生状况比较糟糕的地方旅行时，

■安全购物

⊙肉类、家禽、鱼类的颜色都要看起来新鲜才行。

⊙有些国家的牛奶即使是消过毒的，也不一定安全。因此，在饮用之前最好煮一煮，或者冲泡自己带的奶粉。

⊙黄油和人造黄油如果闻起来没有走味，则应该是新鲜的。至于奶酪，则是摸上去越坚硬越新鲜。

⊙在有些国家，建议最好不要吃冰淇淋。

⊙只有你亲眼看到现场新鲜压榨的果汁，才可放心地购买。

⊙至于罐头食品、脱水食品以及人们常吃的面包、面粉和食用油之类的食物，还是可以放心购买的。

↑ 在气候炎热的一些地区，诸如鱼肉之类容易变质的食物，最好是当天烧当天吃完。

最好不要买西瓜吃，因为西瓜可以注水。

※ 观察当地习俗

如果你有幸被当地人邀请到家里吃饭，你得事先了解一下当地的风俗习惯。作为一个旅游者，你应该注意观察当地的一些礼仪规范，并要入乡随俗。

※ 饮食禁忌

在行前做旅行计划的时候，你得事先了解一下旅行目的地的一些饮食禁忌。特别是要确认一下你们所需要的一些特殊食物是否与该地的饮食禁忌有冲突。在有些地区，对于严格的素食主义者来说是很难吃到纯粹的素食的，特别是在餐馆就餐的时候。

※ 饮料

咖啡和茶都要用煮开的水冲泡才可以，因此是相对比较安全的饮料。至于那些未经消毒的牛奶、散装水和自制冷饮，建议你还是不喝为好。瓶装饮料也要尽量选择那些品牌知名度较高的。

至于酒，并不是每个地方都公开出售，因此在进入这些国家之前，你得把行囊中的酒类都清除出去，否则会被该国的海关人员没收，甚至还要罚款或拒绝通关。

↑ 未经消毒的牛奶中含有许多细菌，因此在一些食品卫生比较糟糕的地方，要注意避免饮用此类牛奶。

脱水食品

脱水食品的主要优点是分量轻，尤其是当你背包徒步旅行的时候，考虑到这一点显得尤为重要。当然，其口味远远不如新鲜食品和罐头食品。因此在食用脱水食品的时候，也许你需要加一些调味料来使其口味变得更好一些。

脱水食品的分量很轻，在食用时，你需要用热水将其泡开。如果你打算在途中自己用营火来烧水，并且沿途也有可饮用的水源，那么你只需带一个锅子就行了。但如果以上这些条件不具备，也就是说你得自行携带炉子、饮用水和锅子以及燃料，那么所有这些东西加起来可就是个不小的负担了。

脱水食品一般分为两类：一种是真空的脱水食品，另一种是冷冻的脱水食品。也就是说，脱水食品的包装都是密封的，这样才有助于保鲜。大批量地购买食品要比少量购买更便宜，因此你可以买大包装的脱水食品，然后再分成若干份，但要注意不能将其内部的小包装弄破。

※ 真空的脱水食品

所谓真空的脱水食品，即是将包装袋内的空气和湿气全都抽走。这种处理方式往往容易破坏食物的细胞结构，造成脱水食品的形状总是糊状的。不仅仅食物的形状改变了，食物的味道也被破坏了。

※ 冷冻的脱水食品

这种保鲜方式要比真空保鲜方式更能保持食物的原味。当你当将包装袋内的食物解冻并加工后，其外观和味道都比较接近于新鲜的食品。

※ 改善脱水食品的味道

在正式出行前，你有必要在家里试验一下在旅途中食用脱水食品的最佳加工方法，同时也可以看一下你是否能接受这种味道。也许你可以加入一些辣椒粉或洋葱之类的新鲜蔬菜来改善其味道。

如果有时间的话，你最好让脱水食品在烧煮之前多在水里浸泡一会儿。此外，在浸泡的时候，最好盖上盖子。因为野外虫蚁比较多，须防止其爬入。

※ 脱水食品的加工

1. 将脱水食品倒进锅中，搅拌一下使其中的结块分解。

2. 向锅中加入一些清水，并将其浸泡一段时间。如果是在高纬度地区，则需要加更多的水，且需要更长的烧煮时间。

3. 将锅放在文火上煮，并不断地搅拌，以防止其粘锅。锅中的脱水食物已完全重新水和，才表明食物被煮透了。

罐头和袋装食品

罐头和锡箔包装食品的优点在于：口味较好、可开袋即食、保质期较长。由于锡箔包装食品的分量更轻，因此在军用食品方面，已经代替了罐头食品。

※ 罐头食品

几乎所有的食物都可以被加工成罐头食品。只要罐头没有破损，罐头食品都是可以放心食用的。但也有一点例外，即当罐头的盖子出现鼓起时，则表明其内部的食物已经变质。现在，大多数罐头食品的包装上都会明确标注其保质期。罐头食品是已经被煮熟的，因此可以在未经加热的情况下立即食用。这样，在一些紧急状况下，有罐头食品就会方便得多。蔬菜类和水果类的罐头食品多为腌制品和果酱，其分量相对较重。

虽然大多数罐头食品上都有拉环，但是容易拉断，因此还是要带一个开罐器比较好。吃完罐头食品后，不要将罐头盒乱扔，要么随身带走，要么将其填埋掉。

※ 袋装食品

袋装食品的特点在于可以将其连同包装一起放入沸水中煮一定的时间，然后出锅就可开袋食用了。当然，和罐头食品一样，在紧急情况下袋装食品在未经加热时也能开袋

↑ 现在有很多公司生产一种可在紧急状况下用于罐头和袋装食品加热的化学加热装备。

↑ 如果你打算将罐头食品作为旅行中的主食，则你需要给每个团队成员都配备一把开罐器。

※ 袋装食品的加工

1. 将清水倒入放在炉子上的锅里。

2. 当水煮沸的时候，将袋装食品连同包装袋一起放入沸水中煮10～15分钟。有些袋装食品所需的加热时间可能短些。

3. 加热之后，就可以倒在盘子里吃了，也可以直接在袋子里吃。

即食。

其另一个特点就是可以将好几种袋装食物同时放入沸水中进行加热，而且不会把锅子弄脏，可以省去煮完食物后的刷锅之劳。

除了以上提到的一些优点之外，袋装食品的主要缺点是其包装没有罐头牢固，容易在旅途中被一些尖利的东西戳破。此外，品种比较单一，目前市场上袋装食品大多是炖菜和沙锅菜两种。最后一个缺点就是价格较贵。

食物的包装

准备好的食物配给要仔细地进行打包并贴上清晰的标签。当然，你所携带的具体食物将取决于你所前往目的地的气候类型、你将要进行的活动以及运输的方式等等因素。但是，无论什么食物，你都要将其捆扎好，以免在途中被压碎或污染。此外，你还应该尽量减轻所携带食物的重量。

※ 准备携带的食物

一般来说，你准备在旅途中食用的食品本身都是有包装的。但是你需要考虑一

↑ 无论何时，只要一有机会，你就应该买一些当地的新鲜蔬菜和水果，以均衡饮食结构。

■食品安全

⊙在将食物装进容器之前，检查一下食品的包装是否有破损。

⊙查看一下包装袋上的保质期，看其是否已过期。

⊙所有盛放食物的容器都必须有良好的密闭性。

⊙熟食与生食要分开放置，以防交叉污染。

⊙在气候炎热的地区，所购买的新鲜食物要当天煮当天吃完。

食物的存储要避光和避免直接接触地面。

下有些食品是否有重新包装的必要性。在你拆除原有包装袋的时候，一些涉及食物加工方法和存储条件等信息的包装纸不能扔掉。此外，你还应该在包裹里放入开罐器、纸巾、食盐、辣椒粉等物品。

※ 存放食物的容器

如果你所进行的是一次周末背包远足，那么使用一些牢固的塑料密闭容器来盛放食物是比较合适的，这样能够将食物和其他物品很好地隔离开来，并能有效防止食物在途中被压碎。诸如洗洁精和食用油等可灌在塑料小瓶里面。

用于盛放食物的容器一定要有很好的密闭性，这样才能使食物保鲜。此外，这些容器最好能够颜色各异，以便于你寻找所需要的食物。尽管如此，你还是应该在各个容器外面贴上明确的标签来注明其内装的食物品种。熟肉和生肉要分别放置在不同的容器里，以免食物交叉污染。在营地的时候，放在台子上的食物都务必要用东西盖着，以防苍蝇落在上面。取完食物后，不要任盖子随意打开着，否则食物的香气会将野兽和虫蚁招引来。另外，存放食物的容器要避光放置。

※ 食物包装

交通方式将是影响你所能携带的食物重量的一个重要因素。

如果你是驾车旅行，食物的重量将不成问题。但是如果你所行进的路途十分颠簸，则对食品的包装要求就比较严格了。如果包装不好，食物很可能被其他物品污染或者被压碎。

↑ 这种塑料容器能够有效防水和防止虫蚁进入。

如果你是使用某种牲畜来驮运行李，那么食品的重量和包装这两个方面都需要仔细考虑。超重将会让牲畜不堪重负，而不当的包装将可能对牲畜的身体造成损伤。如果你是划船旅行，则需要考虑如何保持食物干燥以及解决船上空间狭小的问题。在这种情况下，你所用来存放食物的容器必须要有防水功能。如果是背包徒步旅行，那么重量问题将是你应优先考虑的。一般来说，你应遵循尽量减轻所带食物重量的原则。

户外炊事规划

如果你所进行的只是一次轻装野营，那么你的炊事用具也就是营火或炉子而已。但是，如果是时间较长的野营活动，那就十分有必要来规划一下如何在营地布置你的炊事场所了。

※ 建立炊事场所

建立炊事场所首先要做的就是将你们选中的作为炊事区的地块用一些东西围起来。如果营地中有小孩，还需采取一定的防护措施来避免让小孩接触到炉子。存储食物的营帐和柴堆等与准备食物有关的设施都应该设立在炊事场地的附近。

下一步要做的就是在围起来的炊事场所内选择一块地来搭个灶台。如果刚好该地块上有一些自然特征可供利用，如一块扁平的岩石，你就可以将其作为灶台的底基；如果没有的话，则自己用一些砖块搭一个。你们所搭建的灶台一定要具备相当的牢固性，以免到时候将锅子放到上面后发生坍塌。如果你们是生营火的，注意不要将柴火四散堆放，以免绊倒人。

之前提到过，储物的营帐应设置于炊

■水的携带

水的分量比较重，但同时又是在任何时候都必不可少的。如今，市场有很多种类型的储水容器。

⊙如果你用的是水袋，要注意避免与尖利物体接触，以免戳破水袋。

⊙每天行程结束后，都应该检查一下水是否有渗漏。

⊙净化过的水与未净化过的水要用一定的标记区分开来——可在瓶身上贴上不同颜色的胶布或在手柄处系上不同颜色的绳子。

⊙如果你所用的是帆布水袋，可以将水袋挂在外面，这样可以起到降低水温的作用。

← 这种可折叠的储水容器用起来很方便，但是长时间使用后其折叠处易出现裂痕。因此，如果你所使用的折叠式储水容器是旧的，建议你在使用之前检查一下其是否有裂缝。

← 水袋有多种型号可供选择，其优点是所占的空间比较小，但也容易被弄破。

事场所的周围。这是为了方便拿取一些食物、炊具等。但是太靠近炊事场所也有可能让炊事人员感到场地拥挤。

※ 保护炊事场所

除了灶台，你还可以做一些木头架子用于放置锅碗瓢盆之类的厨房用具。这样会使得炊事场所更加整洁和井井有条。如果该炊事场所周围有树木，这也是一个优势。茂盛的枝叶可以为你提供一个很好的遮荫之所。当然，灶台的位置也不可太靠近树木。此外，你还可以利用树上的某些枝杈来悬挂一些炊具。这要比直接放在地上干净得多。

※ 用餐场所

对于一个人数较多的野营团队来说，设一个专门的就餐场所是非常有必要的。这有利于保持营地中其他场所的整洁。如果你所在的地区经常下雨，那么你们的炊事和用餐场所最好有棚盖遮挡风雨。各个团队成员最好不要在各自的睡觉帐篷内用餐，以免食物的残渣或碎屑招引虫蚁。炊事场所的旁边需要挖两个坑，一个用于处理废水，另一个用于填埋食物垃圾。每个成员用餐完毕后，都应将食物残渣立即处理掉。

※ 食橱

储物帐篷用于存放那些脱水食品和包装食品，新鲜的食物也同样需要放在一个避光的场所。为了解决这一问题，你可以做一个悬挂式的食橱。这种食橱在市场上也可以购买到。制作食橱所需的材料为几块木板、一块粗棉布或尼龙网罩以及几根绳索。该食橱可以悬挂在炊事场所附近某棵大树的枝杈上。这样一来，食橱就避免了太阳的照射，而处于一个较为阴凉的地方。你可以将仔细包捆好的食物存放在该食橱内。

※ 防熊偷食的办法

万一食物的香气把某些野兽招引到了营地，那你们的食物可能就要遭殃了。为了保护食物，食橱和其他一些存储食物的包裹最好要悬挂在那些野兽够不着的枝杈上。特别是当你们在某个有很多熊类出没的地区时，这一点显得尤为重要。一般来说，将食物悬挂在离地 4 米以上并且距离主干 3 米以外的树枝上，熊就不太可能拿到你们的食物了。此外，帐篷应位于食物悬挂处的上风区，以免熊在顺着食物的香气寻找所悬挂的食物时路过你们的帐篷。

如果营地周围没有树木，则上述方法就

↑ 在一个长期驻扎的大本营里，如果你能搭建一个摆放锅碗瓢盆的架子，炊事场所将会显得更加井井有条。

不适用了。在这种情况下，你只好尽量避免携带新鲜食物，而代之以脱水食品、袋装食品及罐头食品。如果真的很想在营地中吃一些新鲜的食物，则一定要用较厚的包装纸将其包裹严实，以防香气外泄，招引野兽。而且一定不能将食物存放在自己睡觉的帐篷内或者帐篷的周围。

食物的存储与卫生

野外探险会面临诸多危险，其中之一便是食物卫生问题。记住，团队中每一个成员的身体健康都取决于整个团队对这一问题的关注程度。如果团队中的某些成员没有遵循一些基本的安全饮食原则，他们就有可能腹泻甚至是食物中毒。

↑ 如果能将火堆或火炉生在一个木架子上，炊事人员就可以不用弯腰了。但是，该木架一定要足够稳固，确保其能够承受燃料和锅子的重量。

※ 食物的准备

无论是谁，在准备和烧煮食物的时候，务必要勤洗手。在准备食物的过程中，熟食和生食要分开放置，而且最好用不同的砧板和器具来进行处理。如果没有那么多的砧板和器具，则在交叉处理熟食和生食的过程中，注意清洗相关用具。

※ 清洗

每次用餐后，锅碗杯碟等用具都要用热水清洗干净。如果可能的话，最好每隔三四天往水里加入一些消毒剂。每个成员吃饭和喝水的用具都应当严格分开，以切断任何可能的传播途径。

在长期驻扎的大本营里，最好能够每隔三四天用抗菌的洗涤剂擦洗一下各种炊具和厨具。在气候炎热的时候，最好每天都能清洗一次。所有的抹布和碗碟擦干布也都要经常清洗。

木质厨具尤其要保持洁净，如果发现其出现缺口，就不要使用了，因为这样的

↑ 食橱可悬挂在某棵枝叶茂盛的树的枝杈上，以便遮阳。存放在食橱内的食物必须包装好，并悬挂在野兽不能够到的位置。图中所示的食橱是由用麻绳串起来的3块夹板，再罩上一层粗棉布，顶上盖一块防潮布构成的。

↑ 空的罐头盒不能随地乱扔，要么在离开营地时随身带走，要么将其填埋在90厘米深的地下。

木质厨具容易滋生细菌。

※ 用餐卫生

刚煮好的食物宜趁热食用，因为食物凉了之后就容易滋生细菌。鉴于此，在食物快要出锅的时候就召集大家吃饭，这样才能把热气腾腾的食物盛到大家的碗里。

如果可能的话，不同的食物最好都能用各自专用的勺子舀。在舀食物时溢出的汤汁要及时擦干净。

无论是分发食物时或是你自己用餐时，如果要用手接触到食物，包括面包在内，务必要先把手洗干净。

最后，食物在出锅后食用前的一段时间内，都务必把食物放在避光处并用东西罩住。

※ 干货的存放

所有的食物都应该存放在避光、干燥和通风的地方。你要尽量确保所存放的食物不会被鸟类和啮齿类动物偷吃到。存储食物的容器一定要盖好。如果盛放食物的锅子没有盖，你可以用一块粗棉布罩在上面。

如果没有专门存储食物的帐篷，食物就不应该放在自己睡觉的帐篷里。但如果是一次轻装野营旅行，就不太容易做到这点了。但是你应该将所有的食物都放入密闭的容器里面。

↑ 不同的食物最好要在不同的砧板上切，以避免食物交叉污染。

在热带地区，如果你从当地的市场上买了些咸鱼或咸肉，在煮之前务必要用水好好洗一洗。因为这些鱼肉在太阳底下晒干的时候，总是会有很多苍蝇落在上面。

※ 新鲜食物和熟食的存放

除非带有冷藏设备，否则建议你不要长期存放新鲜食物和熟食（在气候炎热的国家，存放时间不能超过24个小时）。所有的新鲜食物和熟食都要避光存放，并用菜罩或粗棉布罩起来。此外，熟食与生食不能放在一起。

如果你们的营地离当地的市场很近，最好每天都采购一些新鲜的食物，并且现煮现吃，不要留剩饭。这样就不存在食物存放的问题了。

如果不想每天都往市场跑，也可以和当地的某个小贩约好固定的时间和地点，让他把菜给你送来。

↑无论是熟食还是生食，在进行处理前，都要记得把手洗干净。

在营火上煮食

大多数时候，将熄未熄的营火木炭要比旺火更适合烧煮食物。因此，建议你当火势已去之时，再将装有食物的锅子放到营火的木炭上面。

※ 厚实的锅

在营火上使用的锅一定要比较厚实，否则不利于锅的受热均匀，容易将食物烧焦。如果是直接放在营火上烧，锅底还很有可能被烧穿。

烤箱用的隔热手套也是必需的，在端放锅的时候需要用到。在端放锅时，你要小心别让烟灰进入眼睛。

如果锅很重，可以由两个人一起从营火上端下来。你也可以用一根棍子套在锅的两个手柄处，再由两个人一起抬下来。但是，所使用的棍子一定要非常结实，否则后果不堪设想。

在风大的日子里烧煮食物的时候，要尽量注意别让烟灰掉进食物里面。

※ 计划烧煮时间

在开始准备烧煮食物之前，你得考虑好如何利用营火，比如说在火最旺的时候烤肉、在火快熄灭的时候把锅子放上去煮东西。如果你要烧煮好几样食物，则要根据其所需的烧煮时间来决定烧煮顺序。所需烧煮时间长的食物，要先放到营火上烧。

※ 维持木炭的燃烧

当营火生好后，在烧煮食物的过程中你仍得时刻关注其火势。一旦发现木炭快熄灭时，要立即将锅子从木炭上拿下来，并向木炭中添加一些柴火。最理想的状态

↓ 这种专业的轻质厨具适用于背包徒步旅行，但对于大规模的野营团队来说，则显得有些不够结实。

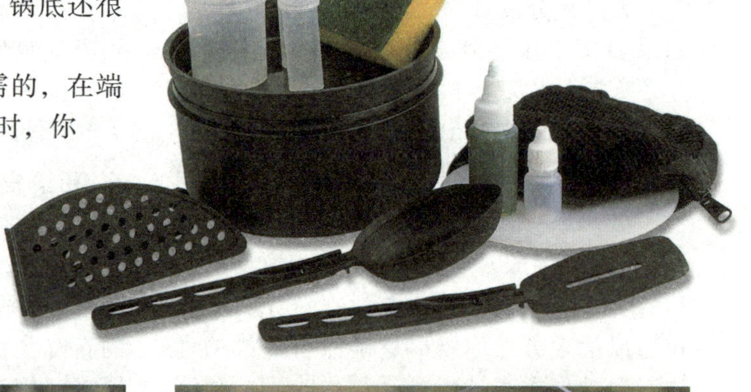

↑ 每次用餐后，碗筷盘碟都要用热水洗净。

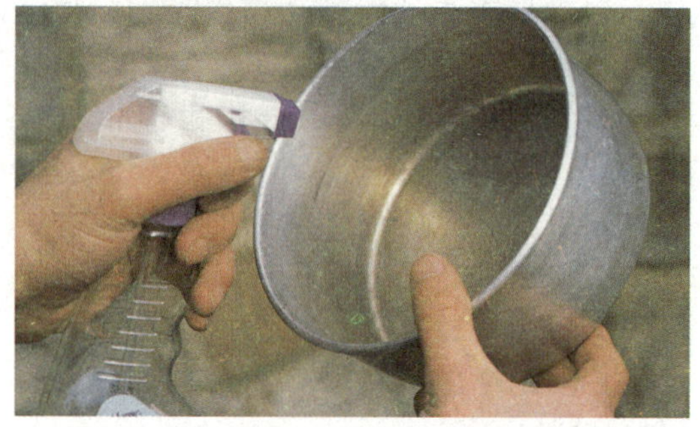

↑ 建议你每隔三四天用抗菌洗涤剂彻底地清洁一下各种厨房用具。

↑ 尽管这种塑料大盆比较笨重，但是用它来洗碗要方便得多。

↑ 在洗干净的碗碟上盖一个纱布罩能够防止苍蝇落在碗碟上。

是让火堆的一部分有一小撮营火，以便为其他的木炭提供热量。这样你就仍可将锅子放在木炭上烧煮。这也是最有利于食物烧煮的状态。

柴火一定要准备充足，要是食物烧了一半，柴火却不够了，会是件很麻烦的事。

↓ 在为众人分发食物的时候，合适的分发工具是很重要的，如长柄勺、大汤匙等。

↑ 这种网眼菜罩用于防苍蝇是很管用的。

■用餐卫生

⊙与厨具一样，用餐时的餐具也要求有很高的清洁程度。

⊙分发食物不能是自助式的，也就是说不要用个人的餐勺来取锅里的食物，而要用一个公勺来分发。

⊙你得确保用于分发食物的勺子是绝对干净的，而且每种食物最好都有其各自的勺子。

※ 野营烧烤炉

如果你有野营烧烤炉的话，可将其放置在营火的一端，并在周围洒上一圈泥土或沙子，以利于其温度处于稳定状态。烤炉的门应背向火堆，这样便于将食物伸进里面进行烧烤。

一般来说，正常的烤炉都是上部温度高下部温度低。因此，不宜将火直接置于烤炉的下面，这样会使烤炉下部的温度变得最高，从而容易把食物烤焦。

※ 直接将食物放在营火上烧烤

直接将食物放在营火上烧烤非常有野趣。当然，这对于一个人数众多的野营团队来说是不太现实的。这类烧烤需要在没有烟的木炭上进行。你还可以将食物包裹上锡箔纸，以利于保持食物的水分，并防止烟灰掉在食物上面。

在吃烧烤食物之前，你得务必确定其已经完全烤熟了。为了缩短食物烤熟的时间，

■炊具的维护

如果你打算在营火上烧煮食物，则建议你在锅子的外壁上涂上一层用洗衣粉和清水和成的浆糊。待该浆糊干燥了以后，再将其放在火上使用。有了这个涂层，你就能很容易地将锅子外壁上的烟灰清洗掉。

可以将食物尽量切得薄一些。同时每一块的大小厚薄也应大致相同，以便其能够大致在同一时间熟透，而不会出现几块熟几块生的现象。

在炉子上煮食

如果你打算使用炉子来烧煮食物，你们得事先决定大概需要一次能供几人伙食的炉子，或是需要多少只炉子（如果是一个大团队的话）。单火口的炉子虽说很轻便，但是能煮的东西太少，准备食物得花很长的时间。

↑ 当你把锅放到营火上的时候，你要确保该锅子的底部是完全稳固的，不会在烧煮过程中倾斜。

※ 安全使用炉具

使用炉子时，要将其放置在通风的地方，也就是说绝对不能放在睡觉的帐篷里面。不仅如此，连炉子所用的燃料也不宜存放在睡觉的帐篷里面以及附近。如果你们使用的是煤气炉，尤其要注意这些安全事项。比较封闭的空间和明火的附近是不适宜更换煤气瓶的。在换煤气瓶之前，要先将炉子的阀门关紧，以防在换煤气的时候发生泄漏。

炉子所产生的火焰肯定不如营火那么炽烈，因此你所使用的锅子也可以是轻薄型的。尽管其火力不是特别猛烈，但是当将其调到最大火力烧煮食物而又没有人看着的时候，食物也是很有可能被烧糊的。如果碰到风比较大的日子，你可以在炉子周围围上专用的野外炉具挡风板，用几块石头或几根木头也行。但是，你得确保没有将任何易燃的物品放得过于靠近炉子。

↓ 当你把锅子放到营火上的时候，最好把锅子的提手拨到最上面，以免被营火烘得滚烫。

↑ 树林里面有很多生营火用的木柴、枯叶，但是要注意选择适当的生火地点，以免引起火灾。

食物煮完之后，要立刻随手将阀门关紧。如果需要换燃料，要待炉子冷却下来以后才能进行。在把炉子收起来之前，最好用抹布将其擦干净（也许有些炉子配有专门的清洁用具）。

※ 单火口的炉子

如果你进行的是一次背包徒步旅行，而且只能携带一只单火口的炉子，那你就得好好地考虑一下如何准备食物了。要知道，在这种情形下，你不可能在炉子上同时煮好几样食物。

↓ 烧烤食物要等到营火烧成没有烟的木炭时才能进行。

■用火安全

每一个使用营火的人员都应该遵循以下规则。

⊙营火的位置应与树木及其他植物保持一定的距离。

⊙添柴火的时候，要轻轻放，不能将柴火扔进火堆。

⊙水一定要存储充足，以备随时取用。

⊙营火的周围，尤其是用于烧煮食物的营火周围，不允许有闲杂人等逗留。

⊙保持营火周围的整洁。

⊙营火旁的柴火要堆放整齐。

⊙在营火上烧水或煮食物的时候，一定要有人看着。

⊙准备一双烤箱用的隔热手套，用于端放锅子。

在开始准备烧煮食物之前，先检查一下燃料是否充足，免得半途中需要更换或添加燃料。此外，当锅子放到炉子上之后，你一定要在一旁看着。因为当放上锅子之后，整个炉子就变得头重脚轻了，容易翻倒。

※ 多火口的炉子

如果你带的是多火口的炉子，或许还有烧烤的铁架子，那你就可以像在家里一样烧煮食物了。除非你们带有烤炉能将冷的食物随时加热，否则最好计划好以让所有的食物大致在同一时间准备好。

除了炊事人员之外，不要让其他人员随便地进进出出炊事场所。特别是当炉子是设置在帐篷或某个较封闭的空间里的时候，尤其要禁止闲杂人等随便出入。因为人太杂很容易发生碰翻炉子或菜肴的事件。万一在封闭的空间里发生此类事件，后果可能是非常严重的。

轻装野营食物

如果你打算将食物放在自己的背包或自行车篮子或独木舟里面，你主要关心的问题应该是如何尽量减少食物的重量，而不是食物的品种。否则，等到你连续吃了一个礼拜的脱水食品后，你就会抱怨当初的优先考虑是错误的。事实上，除了一些传统的袋装食品、脱水食品外，超市的货架上还有其他很多可供选择的轻质食品。

在选择食品的时候，要考虑到自己所使用的炊具和炉具。你应该仔细阅读一下食品包装袋上注明的烧煮方法。比如，有些汤只需烧几分钟的时间，而有些汤则需烧煮 20 分钟，所需的烧煮时间越长表示你需携带的燃料越多。

↑ 放置炉子的地面一定要十分平坦，以免在使用的时候翻倒。

↑ 风大的时候，可以在炉子周围围上专用的野外炉具挡风板，用几块石头或几根木头也行。

※ 早餐

如果你想轻装简行，以加快行进速度，那么面包加果酱肯定是最节省时间的饮食方式。如果生营火，还可以将面包烤一烤。如今，市场上有很多种牛奶什锦早餐（麦片）和其他一些速食谷类食物，但是这些食物都需要有牛奶或酸奶酪。在天气严寒的时候，用热开水或热牛奶泡一点燕麦粥喝可以让人很快地暖和起来。因此，你可以多买一些不同口味的燕麦，作为早餐食用。

如果你想要一顿更为正式的早餐，以便支撑较长的时间，那么你的早餐应该包括黄豆、香肠和面包等。如果更奢侈点的话，还应该包括袋装肉。吃早餐的时候，要

※ 煤气炉的使用

1. 在室外将煤气瓶和煤气头连接起来。

2. 打开炉子的阀门，并用火柴将其点燃。

3. 如果需要更换煤气瓶，应该待瓶身冷却下来，然后迅速地将其从煤气头上取下来。

※ 酒精炉的使用

1. 酒精炉组装完毕后，将其放置在平坦的地面上。

2. 将酒精添加到炉子里面，再小心地将其点燃。

3. 用盖子覆盖到正在燃烧着的火焰上来将其熄灭。

※ 固体燃料炉的使用

1. 打开燃料罐的盖子，把金属薄片安装到罐子上面。

2. 将固体燃料点燃。如果该燃料是凝胶体形状，在点火的时候注意不要沾到手上。

3. 用盖子将火焰熄灭，待其冷却后再收起来。

※ 汽油炉的使用

1. 检查一下汽油瓶是否是满的，然后将其与火口连接起来。

2. 用活塞抽吸一下汽油瓶，然后打开阀门。

3. 点燃炉子。用完之后，将火口熄灭，关上阀门。

多喝水或牛奶及其他饮料，因为在接下来的行程中人体会流失很多水分。至于该饮料是冷的还是热的倒并无多大关系。

※ 午餐

如果中午的时候你正在行进途中，想必你会将就着解决午餐，以免耽误太多的时间。但是，作为午餐的食品一定得是高能量的，如坚果、水果、巧克力等。这些食物无须太长的准备时间，但同时又比较耐饥。

※ 晚餐

晚餐一般是一天中的正餐。当结束一天的行程安营扎寨后，你们肯定想享用一顿相对较丰盛的晚餐。晚餐一般由 3 个主要部分组成。

第一个阶段是喝开胃汤。这里的开胃汤当然只是用开水冲一下的速食类型。然后就是主餐了，一般是一些脱水食品、袋装肉以及含有碳水化合物的米饭和土豆泥等。这些食品都十分便于携带和处理。

↑ 铝质和搪瓷餐具在盛放热的食物时是非常烫手的，因此要小心。

↑ 一杯汤、一盘热的烤黄豆以及一碗速食布丁只需在小炉子上热几分钟就可以了。

最后一个阶段就是布丁或奶油水果冻等甜食了。如今，市场都有这种类型的速食销售，因此也无须你花很多时间制作，只需冲一点热开水就行了。

※ 途中点心

由于时间紧迫或者个人习惯，在白天赶路的途中，也许你们不会停下来专门做一顿午餐，而是吃一些小点心。至于是什么小点心则完全取决于个人的喜好。当然你所能携带的点心类型有时候也会受到气候状况的影响。例如，在气候十分炎热的国家，就不太适宜携带巧克力。一般坚果、干果、肉干、饼干和奶酪等都是适合作为途中点心的食品。最好不要吃腌制品，以免让你更加口渴。以上所提到的这些食品大多数人都能接受，至于其他一些小点心，你需要事先了解一下大家的口味，以免有人吃不惯。

↑ 干果和坚果是高能量的点心，且十分便于在途中食用。

途中吃点心的时候，注意不要随地乱扔包装纸。如果没有发现垃圾箱，则要随身带走，直至看到垃圾箱了再扔掉。

※ 包装型号

旅途中食用的食品宜采用小包装的。因为小包装的食物大都能够一次吃完，因此有利于防潮、防灰尘和虫蚁。当然，小包装也有缺点，会有较多的包装袋。

有一个折中的方法是：除了一些必须要密封的食品外，你可以将一些买来的散装食物，用较为轻薄的保鲜袋重新包装成小份的。但是，你得在每个袋子上贴上明确的标签。此外，印有食物食用说明的包装纸不能扔掉。

※ 饮料

茶叶、咖啡、可可等饮品都是比较易于携带的。在准备这些饮品的时候，往里面多加一些糖，能够增加热量的摄入。

当然，最重要的饮品还是水。如果你是将脱水食品当做主食，多喝水就尤为重要了。此外，天气炎热或从事剧烈运动的时候，也要注意多补充水分。你还可以在水中放一些矿物质补充剂来弥补体内流失的营养物质。

※ 其他食物

如果你在途中能够找到一些新鲜的水果，或者你本身携带一些干果，这将大大缓解长时间吃脱水食物所带来的饮食失衡。当然，树林中的一些不认识的野果千万不能随便食用，否则可能会中毒。一般说来，马路边的野果受到的车辆尾气污染比较多，最好不要采摘。无论你是从何处采摘来的野果，在吃之前都要将其洗干净。

脱水食物的烧煮

⊙脱水食品一定要加入足够的水来使其重新水和。如果吃了没有充分水和的脱水食品，则会加速人体体内水分的流失。

⊙在加工脱水食品的时候，实际加入的水最好多于食品包装上的建议加入量。

⊙诸如脱水蔬菜等脱水食品最好在正式烧煮之前让其在水里浸泡一段时间，以便使其充分水和。

⊙煮的时候要用文火，且要不断地搅拌。

⊙在加盐之前，先尝一下味道，因为有些食品本身就是咸的。

⊙诸如米粉、通心粉等食品要等水完全沸腾了才能倒下去。

⊙为了增加某些食品的浓稠度，你可以往里面添加一些土豆泥、生鸡蛋、碎奶酪或奶粉等物。

↑意大利通心粉煮起来很方便，可以作为晚餐中的主食。将其放入沸水中煮大约 12 分钟，期间需不断搅拌，以防其粘锅。然后，将其捞出锅，拌上自己爱吃的酱料后就可以吃了。

不使用器具的烹饪

使用尽量少的器具来准备自己的食物是野营活动中极具野趣的事，也是轻装野营的一个重要方面。事实上，学会不使用器具来解决自己的饮食问题有着更深层的意义——当你遇到紧急情况、手头上没有任何器具时，如果你具有这项技能，就能轻松解决自己的温饱问题。

※ 面包

处理面包有多种方法。未经发酵过的面包应该做得薄一些，因为其与发酵过的面包相比更厚实。未经发酵的面包须在烤好之后尽快趁热食用，否则吃起来会很硬。

取两满杯面粉，再往面粉里加入水和少许盐，将面粉揉成生面团。揉透了之后，将面团分成一个个小面团（厚约 2.5 厘米、宽 7.5 ~ 10.0 厘米）。将这些小面团放在一块干净的石板上。石板的旁边生一堆营火，用营火的温度来使石板变烫。大约 20 分钟后，将面团翻一个面。如果不确定面包是否已经烤透了，可以用一根干净的棍子戳一下试试。另一种方法是将面团裹在一根棍子上，拿着棍子放在营火上烤，大约烤 10 分钟就差不多了。烤熟了之后，将中间的棍子取出来，中空部位可以塞进黄油、蜂蜜和水果等物。

※ 鸡蛋

将个头较大的土豆挖成中空，然后把鸡蛋灌进里面。为了防止烟灰进入鸡蛋里，可以在开口处再盖上一块土豆片。这样就可以把土豆放到火堆的木炭中去了，大约 20 分钟左右就烤熟了。如果你想连土豆一起吃，则需再给土豆裹上一层锡箔纸。除了土豆之外，橘子皮也有同样的作用，其烤熟的时间大约只需 10 分钟。

↑这种在石头上烤出来的未经发酵的面包，味道还是不错的。

↑ 一个橘子对半切开，将里面的果肉吃掉，剩下的橘子皮就可以作为装鸡蛋用的容器了。

※ 肉

如果有锡箔纸的话，可以将肉裹在锡箔纸里面。如果有土豆、卷心菜等蔬菜，也可以将这些蔬菜一起放进去。由于烤肉需要较长的时间，因此最好包两层锡箔纸。包好之后，就可以将其放入火堆的木炭中了。大约 30 分钟就可以取出来吃了。

如果你手头上没有锡箔纸，那就只能将肉切成块状，串在一根棍子上，放在营火上烤。如果你想吃蔬菜的话，也可以将蔬菜和肉串在一起。

如果你逮到一只野兔子，建议你使用黄土烘焙的方法来加工。将野兔剥皮洗净后，先用菜叶裹起来，然后再裹上黄泥。接着，就可以将其放到火堆中去了。烤上 1 个半小时左右，基本上就熟了。用这种方法烘焙出来的肉，闻起来特别香。

↑ 肉和蔬菜可以一起串在棍子上，放在营火上烤。

※ 鱼

如果你抓到了鱼，要趁新鲜把它尽快处理掉。将鱼肚子破开，把里面的内脏全都掏干净。然后将其放到一块光滑的石头上，接着连同石头放进火堆的木炭中。15 分钟左右，鱼就差不多熟了。你可以用一根棍子在鱼肉最厚处戳一下，以检验其是否熟透。

↑ 烤鱼的方法：可将鱼放在烘烫的岩石上烤或挂在营火旁的原木上烤。

※ 甜点

取一个苹果，将其中间的核挖掉，然后往中空部位加一些糖或干果。接着将其用锡箔纸包裹起来，放入木炭中烤 15 ~ 20 分钟。吃的时候不要太性急，因为刚烤好的时候是很烫的。

↑ 你可以将肉和蔬菜等一起用锡箔纸包裹起来烧烤。

↑ 烤苹果是一种简单的甜食做法：挖去内核，填入糖或干果，再用锡箔纸包裹起来。

↑ 烤香蕉做法简单而且味道很好。待香蕉的外皮变黑后就表示烤得差不多了，剥去香蕉皮后，就可以用汤匙取食了。

大本营中的伙食准备

在长期驻扎的大本营肯定会做出比在临时营帐更丰盛的食品，因为你会携带更多的炊具。最重要的是，你能够获得更多的新鲜食物原料。

至于你具体能做出些什么菜肴，得取决于你所处的地方以及你准备进行的活动。比如说，如果有很多人都要离开营地去进行某些探险活动，那你的早餐就要准备得丰盛一些。

↑如果你白天将从事高强度的体力活动，那么一顿好的早餐对你来说将是十分重要的。

※ 早餐

当天气比较热的时候，你可能不需要一份热的正规早餐，特别是会在营地吃午餐的情况下。相反，如果是在天气比较寒冷时，就有必要准备一份热气腾腾的早餐了。适合作为早餐的食物有：谷类、麦片、燕麦粥，再配上熏肉或鸡蛋，或者是涂上果酱或蜂蜜的面包。此外，吃早餐的时候，最好能有果汁、咖啡或可可等饮品，以便为人体提供更多的水分。

※ 午餐

午餐通常是一日三餐中最随便的一餐。但有时候，当人们在野外折腾了一上午后又回到营地时会感觉很饿。因此，你所准备的午餐可以简单，但是一定得耐饥。比较好的午餐搭配是一碗汤加上一份三明治。如果可能的话，最好再搭配一点新鲜的蔬菜或水果。

※ 晚餐

晚餐是一日三餐中的主餐，享用晚餐的时刻也是大家放松休息的时刻。整个晚餐一

↑ 午餐可以做得相对简单随便一些，一碗汤加上一份三明治就可以应付过去了。

↑ 晚餐是一日三餐中的主餐，因此需要准备得丰盛一些。

般会包含3道程序。

餐前开胃汤是第一道用餐程序。如果你们喝的是袋装的速食汤，建议你尽量弄点新鲜的蔬菜加到里面去，既增加了营养，同时又改善了口味。

喝完汤后，接下来就是享用主菜了。主菜应该有一块肉或一条鱼，再配以米饭或者通心粉、土豆泥以及蔬菜沙拉。在营地里做鱼和肉的最方便的方法就是炖。因为可以同时炖很多的菜，比较适合人数较多的团队。

调味料也是用餐时必不可少的。它可以使你的菜肴变换出多种不同的口味，如酸、辣、甜、咖喱味等。你可以在炖的时候，就将调料放进去。但是加调料的时候，要注意控制好合理的量，特别是辣椒粉，因为不是每个人都能吃辣。或者你可以将一份食物分成两锅烧，一份放辣，一份不放辣。又或者在炖的时候不加调料，等吃的时候让大家各取所需。

主菜吃完后，就该餐后甜点登场了。做什么样的甜点得看你们有什么原料以及炊事员的手艺了。如果你们所准备的是甜食袋装速食布丁，则建议你们最好再配上一点新鲜的水果，或者水果罐头也行，以改善其味道。

※ 保持食物的温度

当你为一个人数众多的野营团队准备食物时，所要面临的一个重要问题就是如何保持食物的温度。其中一个方法是：将煮好的食物放在一口煮着沸水的大锅上面蒸着。这样就能让大家都吃到热腾腾的食物了，而且锅里的沸水还可以用来洗餐具。

至于像煎鸡蛋这样一次不能煎太多且又不适合放在水蒸气里保温的菜肴，可以在大家用餐的时候再做。这样，一出锅就可以马上放到盘子里，从而让大家吃到热乎乎、香喷喷的煎蛋。

※ 饮食卫生

尽管是在户外野炊，但你同样不能降低饮食卫生的标准。不要把什么食物都往一个盘子里装，如果盘子不够，可以吃完一样之后，将其洗干净，再盛另一样食物。

用餐的地方要保持干净。用餐完毕后，食物残渣和溅到外面的汤汁都要收拾干净。

※ 炊事任务的分配

在人数较多的野营团队里面，最好指定一两个人专门负责规划和准备大家的饮食。这样更有利于合理地控制食物配给量，避免出现混乱的现象，比如弄不清轮到哪个人负责准备食物。从另一个方面来讲，团队中的每一个成员又都应该分担起饮食方面的一些任务，比如洗菜、添柴、分发

■鸡蛋的烹饪

鸡蛋是一种很好的食物——易于获取、营养丰富、价钱便宜，且烹饪方法简单；其缺点是易碎，容易在旅行途中被弄破。鸡蛋的烹饪方法有：煎、炒、煮、做汤以及前面提到的放在土豆里面烘烤。

↑炒蛋需要掌握火候。鸡蛋打碎放入锅后需要不断地翻炒，以防其变焦。

↑煎蛋的烹饪时间很短，因此可以在其他食物都已准备就绪后再来煎。

食物、洗碗等杂事。

由于团队中的不同人都有各自拿手的好菜，有些人擅长烧鱼，而有些人擅长煲汤等等，因此当你们手头有一些特殊原料，而恰巧团队中某个人又擅长做这道菜时，就可以让其来临时掌勺为大家做一顿美食了。但是，负责炊事的人员应当事先告知其一些原料的配给量，免得被其一次用掉很多甚至是用完。

大本营的常用食谱

以下食谱可以作为你在野外准备食物时的参考。当然，这些推荐的烹饪方法适用于在长期驻扎的大本营中加工食物。也就是说，只有在有较多的炊具和时间的前提下，你才能按以下方法来准备食物。这里所推荐的食谱，是以6～8人的量来安排的。

※ 主食

在营地中烹饪的食物，最好是那种放进锅里后就不用翻炒或搅拌的。这样的菜最省事。

土豆奶酪鱼

675克鱼，如鳕鱼

30毫升植物油

250克奶酪，捣碎

450克番茄，切片

500克煮熟的土豆或者300克煮熟的米饭，做拌料

将鱼洗净后，切成长宽均3厘米的方块，然后在鱼块上淋上少许油。在锅底抹上一点油。将鱼块放入锅中，然后浇上一层奶酪，之后再放入切片的番茄。盖上锅盖，炖20～30分钟。

↑土豆奶酪鱼是一道美味的主食。

咸牛肉煮意大利面

1个洋葱，切碎

30毫升植物油

350克咸牛肉

400克剁碎的番茄

400克拌有番茄汁的意大利面

50克奶酪，捣碎

500克煮熟的土豆，350克水焯过的通

↑ 咸牛肉是一种常吃的野营食物，因为其本身就是熟的，只需稍微加热就行了。

心粉或者现烤的硬皮面包，做拌料

将洋葱放入油锅中稍微煸炒一会儿，出锅待用。将咸牛肉切成方块，然后和煸炒过的洋葱以及剁碎的番茄、意大利面拌在一起，放入蒸锅里蒸5分钟左右。蒸好之后，将奶酪、土豆、通心粉或硬皮面包洒在上面。

墨西哥辣味牛肉

15毫升植物油

450克牛肉酱

1个大洋葱，切碎

400克剁碎的番茄

400克煮熟的红四季豆或烘豆

1包牛肉汤料

375毫升水

5克红辣椒粉

300克煮熟的米饭或现烤的硬皮面包，做拌料

↑ 墨西哥辣味牛肉是一道经典的野营美食。

先将牛肉放入油锅中翻炒，当把牛肉炒至褐色后，放入洋葱、番茄和四季豆一起翻炒。翻炒一会儿后，在锅中加入牛肉汤料，炖5分钟左右，然后加入辣椒粉。之后再以慢火炖30分钟左右，期间偶尔搅拌一下。出锅后，可与米饭或面包搭配食用。

炒碎丁

50克黄油

450克煮熟的土豆，捣碎

450克肉丁

半个洋葱，切碎

300克罐装甜玉米粒

盐和辣椒粉

先将黄油放入热锅之中，待其融化后，将切好的土豆、肉丁、洋葱和玉米粒全都倒入锅中一起翻炒。按照自己的口味酌量放入调料，熟了就可以出锅了。

↑ 晚餐吃剩下的肉和土豆，可以将其切碎后加入调料做成炒碎丁，作为第二天的午餐。

※ 甜点

所谓甜点，并不是切几块新鲜水果那么简单，它得能让人们吃完主食后仍有食欲来享用。

油炸水果

150克芡粉

25克白砂糖

1个鸡蛋，拌匀

175毫升牛奶

115克水果（苹果、香蕉、菠萝、梨子

↑ 将碎玉米片糖浆浇在煮熟的苹果片上是一道好吃又易做的甜点。

或橘子）

植物油

绵白糖

将芡粉和水搅拌，并加入白砂糖、拌匀的鸡蛋和牛奶。搅拌均匀后，放着待用。将水果去皮、去核，然后切成片状或条状。将切好的水果放入前面搅拌好的芡粉糊里面，取出，并放入油锅中煎炸。炸至表面呈金黄色就差不多了。可以蘸着绵白糖吃。

↑ 任何水果都可以用来做油炸水果的原料。炸好之后，要趁热蘸着绵白糖吃。

姜汁大黄面包屑

8 根大黄

糖或蜂蜜

水

20 块姜汁饼干

50 克黄油

纯酸奶或奶油

将大黄切成小段，并将其放入锅中，加入水、糖或蜂蜜，慢火炖至大黄变软。将姜汁饼干放在一只塑料袋里面，并将其压碎。将压碎的饼干放入锅中，与黄油翻炒。将处理过的大黄和碎饼干放在一起搅拌，然后再洒上面包屑。可根据口味加入酸奶或牛奶。

↑ 将碎姜汁饼干、黄油和大黄搅拌在一起，然后在上面洒些烤面包屑。这就是一道做法简单的甜食。

瑞士苹果派

800 克煮熟的苹果（或者梨等其他水果，罐头水果也行）

50 克糖

40 克黄油

15 毫升碎玉米片糖浆

奶油、酸奶酪或硬皮面包

将苹果去皮、去核、切片，放入糖水中煮熟，然后捞出放在碗里待用。如果是罐头水果，需沥干水分。将黄油和碎玉米片糖浆放入锅中融化，混合搅拌在一起。然后将调好的汁浇在处理好的苹果片上，就可以食用了。

饮用水

野外生存的时候，你对行进路线、扎营地点等的选择都在一定程度上要受到水源的影响。行进路线和扎营地点附近最好能有干净的水源，这样才有利于你们在野外生活。

※ 寻找水源

野外探险时，所取用的水一般都来自于河流、湖泊或小溪。因此，寻找水源也就是寻找河流、湖泊或小溪。如果是在荒漠，一般有植物的地方就会有水源，因此要循着植物寻找水源。此外，干涸的河道或悬崖底下也有可能隐藏着地下水（向下挖60 ~ 90厘米）。

如果你是在海岸边，可以在高水位线以上的地面试着挖地下水。一般来说，很容易挖到一口水井，水微咸，但尚可以饮用。尽量取用水井上部的水（含盐量相对低一些）。记住，任何时候都不要饮用海水，因为海水只会使你的体内更缺水。在淤泥比较多的河流，越是下层的水就越是干净，因为水中体积较大的杂质大都漂浮在水的上层。因此，从河里取出来的河水在净化前应撇去浮于水表面的大颗粒杂质，然后再倒入过滤袋中过滤小颗粒杂质。

※ 水的净化

下文所列清楚地显示了各种净水方法的优缺点。天然水一旦经过净化后，应立即放置在干净的储水容器里面，并贴上标签，以区别于未经处理的天然水。

※ 煮沸

将水煮沸是一种最安全的净水方法。一般只需将水烧开并保持至少5分钟的沸腾就能达到净水目的了。但如果你想在短时间内一下子获得大量的纯净饮用水，那么这一方法显然并不是很可行。

※ 化学处理方法

目前，市面上有3种常用的水处理化学品，即碘、氯和银。在使用任何一种化学品进行水消毒处理的时候，务必仔细阅读说明书，严格按照其指定剂量投放。如果超量使用的话，很可能会对人体造成损害。

碘

用于饮用水消毒的碘有液体和片状两种

↑ 将水煮沸是一种最安全的饮用水消毒方式，几乎能够清除水中所有的杂质。

外观。经过碘处理过的水需要放置20 ~ 30分钟后才能饮用。类似碘这种中和性的药剂能够消除水中的大多数异味。

碘只能在短期内使用，不能长期饮用用碘净化的水。特别是孕妇、儿童和甲状腺功能亢进的人是不能饮用碘净化水的。

氯

氯也是一种常用的饮用水消毒剂。将一定剂量的氯投入水中后，大约只需10分钟就能完成对水的消毒处理。

银

银对水消毒的效果要逊于其他化学药剂，但其持久性更长且无一点味道。银对水的消毒过程大概要花2个小时左右。

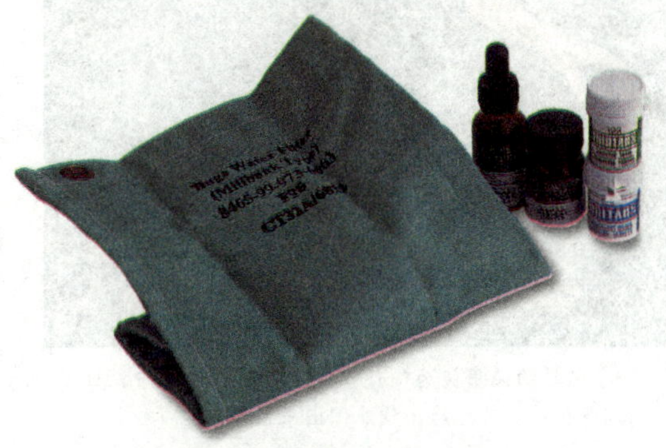

↑ 你最好携带多种净化饮用水的装备和物品。

■清除杂质生物体

净化方法	原生物（5 ~ 15 微米）	细菌（0.2 ~ 10.0 微米）	病毒（0.004 ~ 0.100 微米）
煮沸	杀死	杀死	杀死
碘	没有作用	杀死	杀死
氯	对微生物体没有作用	杀死	杀死
银	没有作用	杀死	没有作用
过滤器	能够过滤	如果过滤孔足够小也能过滤	不能过滤
净水器	杀死	杀死	杀死

※ 过滤器和净水器

净水器具有过滤和消毒双重功能，处理后的水可直接安全饮用；而过滤器只有过滤一项功能，之后还需经化学药剂处理或煮沸。

在选择过滤器的时候，主要是考虑其容量问题。过滤器的容量大小应与你们旅行的实际需要相匹配（在温带气候条件下，一般一人一天需要 2 ~ 3 升的水；而在炎热气候条件下，一般一人一天需要 6 升的水；如果进行剧烈运动，则需要更多的水）。除了容量外，就是看其过滤水的速度有多快了。至于净水器的选择，主要是看其净水速度及其内筒是否可清洗或更换。

↑ 净水器的使用极为简便：将水装入净水器中，让其内部运转一会儿之后，就能倒出来饮用了。

↑ 在每次使用过滤器后，你都得对其进行清洗，否则其过滤功能将会受到影响。

第 14 章

各种意外事故中的生存

14

大自然是可怕和令人敬畏的。它能够让我们完全陷入恐慌，例如海啸，由于其极其罕见，因此一旦出现，大家会完全震惊，只剩求生的本能。即使在熟悉的环境下，人们也可能碰到完全出乎意料的而且可能存在破坏性后果的情况。从生存的角度来说，事前准备和积极态度是具有决定性影响的因素。

陆上事故逃生技能

公共汽车和火车的事故一般来说要比空中和海上事故造成的极端情况要少，但不幸的是，这种事故也更常见。很多人可能都会碰到一次或者更多的交通事故，尤其是在陆地上旅行的时候。在所有的紧急情况下，关键的就是要预先想到并做好应对准备。

计算一下座位距离出口处的座椅排数，熟悉紧急安全门的操作方式，注意发生意外情况时可以用来敲碎玻璃的设备的位置和使用指南。随身携带如手电和手机之类的小物品，从登车就开始考虑逃生的策略等等，这些都将让你在发生意外情况的时候能够从容面对。

※ 道路交通事故

在道路交通事故中最好的保护措施就是系好安全带。如果车辆上配备了安全带，从上车开始就系好，哪怕是停车的时候。一旦车辆在发生交通事故停稳之后，立即解开安全带，让自己和车上的其他人尽快下车，然后迅速逃离到尽可能安全的地方。当然，脊椎可能受到严重伤害的人例外。任何受到这种严重伤害的人在医护救援人员抵达之前都不能被随意移动，除非车辆还会出现其他致命的事故。

↑ 道路上越来越多的交通堵塞现象意味着出现交通事故和车辆机械故障的概率也在持续增加，我们必须做好准备应对各种情况。

如果车上没有安全带，当预感到即将发生事故的时候，立即采取抱头的保护姿势，用双手保护头部，双肘抵在前排座椅的背部。这将减小受伤害的可能性。

※ 从车辆上逃生

在车辆发生事故需要撤离的时候，你可能不得不自己动手打开车门。紧急出口可能已经向内侧、外侧或者两侧同时打开。在部分公共汽车和火车上，电源被切断之后，紧急出口就只能强制打开了。

如果门不能用来逃生，就只能选择敲碎

↑ 在车站站台上等车的时候，不要站得太靠近站台边缘，这样会有两种危险，首先可能被高速行驶的火车挂上，其次就是可能会掉下站台落到铁轨上。

↑ 很多大都市如果没有地下铁路交通系统将会陷入瘫痪。地下交通事故非常罕见，但是一旦发生，会给救援工作造成很大的困难。

玻璃从窗户逃生了。很多公共交通工具上，都在车厢接头处配备有在发生紧急情况的时候用来敲碎窗户玻璃的装置。登车之后，一定要注意距离自己最近的这种装置的位置，并熟悉其操作规程。这种装置的型号和操作规程各不相同，如果没有这种装置，你就可能敲不碎车上的强化安全玻璃。

※ 从行进中的车辆上逃生

当意识到自己不得不从一辆行进中的车辆上逃生的时候，一定要谨记下面的规则。跳车之前首先观察移动方向，确保自己不会撞上路边的灯柱或者其他类似的物品。跳车落地之后要保持向前跑的姿势，然后迅速向前滚动，双臂抱住头部。如果以前练习过从移动中的物体如秋千、旋转木马、自行车或者滑雪板上跳下来，那你就会做得更好。车辆速度超过 50 千米可能就不值得冒受伤的风险跳车了，除非确定继续待在车上就只有死路一条。

警告：这是一个极端危险的方式。只有在生命受到严重威胁的时候才可以使用。

※ 火和烟

公共交通工具一旦失火，地毯、座椅泡沫和塑料制品燃烧产生的浓烟会迅速充满整个车厢。如果你根据前面的指导，数好了座位距离出口处的座椅排数并携带了手电，你就可以在手电的帮助下趴在地面上，避开有毒气体向出口处移动。在脸上包一条围巾将

※ 敲碎窗户安全玻璃

1. 根据指示打开装有锤子的盒子，通常是敲碎盒子的玻璃盖，尽量用身边的书或其他物品来敲碎盒子玻璃。

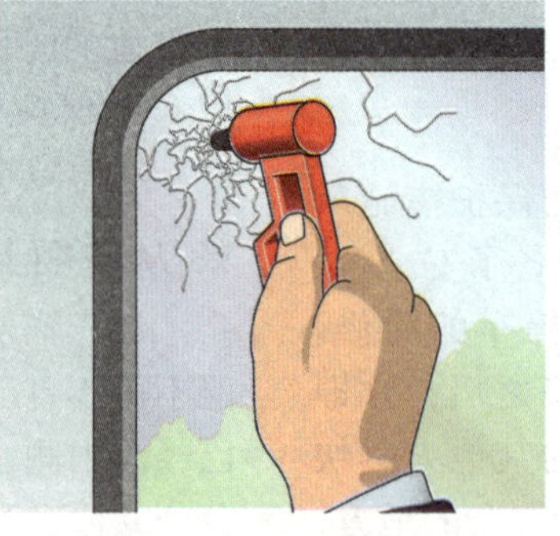

2. 拿出锤子，然后用锤子稳固地敲击窗户玻璃的一个边角，如果是双层玻璃，一定要确保两层玻璃都被击碎。

3. 用背包或者衣服包将洞扩大，为了避免被玻璃划伤，一定要将窗框上的所有玻璃碎屑清理干净。

帮助你过滤气体，更易呼吸。

※ 电力火车和有轨电车

下火车之后，你需要注意铁轨。有些铁轨是带电的，因此不要碰它们。也要注意地上或者空中的任何导电的东西，以免遭到电击。部分电车从顶上获得电源，因此也要注意，既要预防车顶带电，也要预防电线在事故中被拉下来。

※ 地铁车站

如果从地铁列车上撤离，你只能沿着地道里的铁路线逃生。这时如果还有其他火车，就比较危险了。迅速查看地道里的墙上每隔一段距离是否有供躲避火车的安全洞，很多地道都会有这样的安全洞。即使在安全洞里的时候也要控制好衣服和头发，谨防被过往的火车挂住。

如果不知道最近的车站在哪个方向，查看地道中是否会有一股微风。最近的车站一般都位于微风风向的位置。一旦抵达车站，迅速爬上站台，然后离开。如果失火，一定不要使用电梯或电动扶梯。尽管走楼梯的人可能不会太多，但这通常是最好也是最安全的方式。一旦使用某条线路成习惯的人，在发生紧急情况的时候也很难改变这种习惯。

如果你已经进入电梯，电梯突然停止运作，你可以强制用手把门打开，看电梯是否靠近某个楼层，然后选择是否爬进这个楼层。如果不靠近楼层，你可能就必须通过电梯顶上的天窗爬出去，然后爬进某个楼层。其实这两种情况都非常危险，尤其是电梯又重新开始运作的时候，因此在开始行动之前一定要按下电梯控制面板上的停止键。但是，最好的办法还是冷静地等待救援，除非情况非常危急。绝大多数电梯都有一个电铃或者电话可以发出求救信号。尽管可能在断电的情况下，这种电铃和电话会不好使，但还是值得一试。你还可以通过大声叫喊或者敲击电梯地板上的金属部分，这些声音在电梯升降井中都能传递到很远的距离。

空中事故逃生技能

绝大部分人即使明确地知道乘坐飞机其实是很安全的交通方式，但是在坐飞机时还是比乘坐其他交通工具更害怕。部分原因是不熟悉，人们可能经常乘坐汽车、火车，但是乘坐飞机的机会可能就不会这么多。另一个因素可能就是人们认为坐飞机缺乏对周围

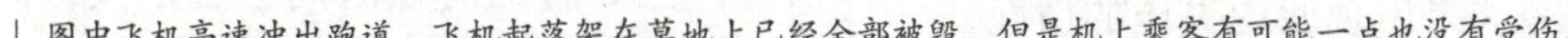

↓ 图中飞机高速冲出跑道，飞机起落架在草地上已经全部被毁，但是机上乘客有可能一点也没有受伤。

环境的控制，再也没有任何一种交通工具比飞机让乘客发挥的能动性更小。你对何时出发或者坐在何处没有选择的权利，每一步都是被别人告知该怎么做。

通过简单地对自己能够控制的东西采取积极的态度就会使自己感觉好很多，而且这么做也能大大提高自己在紧急情况发生时的生存机会。

※ 飞行中的安全知识介绍和安全卡

如果你本来就对乘坐飞机比较担心，安全知识介绍会让事情更加糟糕，因为你可能就会特别联想到自己碰到飞机严重颠簸、舱内失压、紧急迫降或者掉进海里等情况，其实这些情况发生的可能性都极小。即便如此，你还是应该认真了解并谨记这些安全介绍，这一点非常重要，然后仔细阅读介绍发生事故该如何应付的安全卡。这样不仅能让你在遇到事故的时候不至于感到非常震惊，同时也能够让你理解周围的人在做些什么以及为什么要这么做。

飞行中的安全知识介绍和安全卡将告诉你救生衣储存在什么地方。救生衣通常会放置在自己座椅的下方，一定要确保自己真正理解了，并在发生紧急情况的时候能够顺利将它取出。安全知识介绍和安全卡还会告诉乘客如果出现舱内失压的情况，氧气面罩会从头顶的控制板上自动脱落。

在高度超过3000米的地方，一般的人都需要补充氧气，要么通过给飞机舱加压，要么就是乘客带上氧气面罩。因此客机必须携带通过氧气面罩供应氧气的应急设备，以防机舱氧气加压系统失灵或者机身被意外穿孔。这种氧气供应给飞行员提供了必要的时间来安全降低飞机的高度到一个不需要补充氧气的高度。正如电影里所表现的一样，由于子弹或者其他穿孔引起的舱内失压并不一定都是灾难性的，甚至是失去一扇门或者窗户也并不一定会毁灭掉整架飞机。

※ 熟悉环境

登机之后，立即熟悉自己周围的所有环境。尽管在出现事故的时候，打开紧急出口和使用灭火器都是乘务人员的工作，但是如果你知道如何操作使用这些东西也不会是坏事。离自己最近的乘务人员有可能在事故中受伤，或者被不冷静的乘客纠缠着脱不开身。

※ “空中暴怒”

不守规矩的乘客的极端行为通常被称为“空中暴怒”，将可能给乘务人员和其他乘客带来危险。出现这种攻击性行为的原因可能包括过度饮酒（酗酒）、被禁止吸烟、幽闭恐惧症、长途飞行造成的沉闷和厌烦、失去控制的心理感觉和丧失权利等方面的问题等等。

乘务人员都接受过应付这种局面的培训。如果你不幸被卷入了这种事情，保持冷静的眼神交流，利用开放的肢体语言，努力让麻烦制造者平静下来。千万不要让事态升级。

※ 大气变化

有时飞机会由于湍流等大气变化而产生剧烈颠簸。通常情况下飞行员会对此进行预警，但是有的时候时间会来不及，因此最好是在飞行中随时做好准备。

确保放在头顶行李箱里的所有行李都安放稳当，而且每次打开行李箱门之后一定要关好。减小物品滑落伤人的可能性。

在飞机上不要喝水太多，避免频繁或者在不方便的时候上厕所。坐在座位上的时候随时系好安全带，而不是只在安全带指示灯亮的时候才系上。

※ 做好最坏准备

值得考虑的最坏的场景就是发生事故后从飞机上撤离。其窍门就是了解你的座位与每个紧急出口之间有多少排座位。一旦找到自己的座位后，一定要环顾四周，

↑ 在紧急情况下，每个出口都会配备紧急滑梯，乘客能够利用滑梯迅速从飞机上撤离。

找到紧急出口的位置，然后数一数每个紧急出口与自己的座位之间的座位排数。这样在发生浓烟、失火或者电源失灵的时候，你就将是少数几个能够在摸索中找到紧急出口的人之一。自己行李中对生命至关重要的基本物品（如救生药物和呼吸器等）应该随时随身放在衣服口袋里。这样的话，一旦发生紧急事故，没有必要在忙乱中还要找行李。

一旦出现浓烟或者失火，你必须在90秒钟之内离开飞机，否则你基本上就已经没有机会逃生了。在脸上包一件衣服来过滤气体能够帮助解决呼吸困难的问题，尤其是在把它弄湿的情况下，效果会更好。

※ 深度静脉血栓

在乘坐客机商务舱的时候你还可能面临患上深度静脉血栓（DVT）的危险，尤其是超重、过胖、饮酒过度或者是有血管疾病史的人。这种病会形成血栓，尤其是在腿部，导致疼痛和肿胀，如果病情恶化，发生血栓易位，堵塞住肺部血管的话，甚至可能会威

↑ 消防队员抬着一位伤者离开严重的事故现场。化学灭火设备喷出的泡沫在他们周围还随处可见。

胁生命。这种情况的发生并不局限在飞机上。在都市生活中，这种情况也并不鲜见。连续坐的时间太长也容易导致深度静脉血栓。为了避免出现这种情况，每隔 1 个小时站起来到过道里溜达一会，在座位上坐着的时候，也可以做一些适当的腿部放松活动。

当前的医学观点认为，“飞行袜”能够有效降低患深度静脉血栓的风险，这种“飞行袜”能够从航空和旅行商店购买。深度静脉血栓尽管比较少见，但是即使自己不是高危人群也应该采取预防措施，这样就不必过度担心患上这种病了。

在空中紧急情况下逃生

在飞机上发生紧急情况的时候，一定要穿好自己的上衣，并且确保把所有最基本的必需物品放进口袋。从飞机上安全撤离的时候，那些不是必需的随身携带的行李应该留在飞机上。

最好是穿上比较宽松舒适、能够保证自己充分自由活动的衣服，而且把手臂和腿部完全盖住。天然纤维制成的衣服能够提供很好的保护。鞋子应该穿那种带鞋带的，这样可以保证在发生紧急情况的时候鞋子不会从脚上滑落。

系好安全带并调整好，保持双手抱头的姿势。一定要记住自己的座位与每个安全出口之间的座椅排数，看一下身边所有的乘客，争取努力记住谁是谁，并尽可能对他们建立某种印象，例如如果自己要出去，他们会做出什么样的反应等。

※ 水上紧急着陆

如果飞机进行海上迫降，等撤离了飞机之后再对救生衣和救生艇进行充气。要带上救生装备尽快从飞机上撤离。要谨记，在这种生死攸关的情况下，淡水可能是最重要的东西。在救生艇和飞机之间绑上绳索，等飞机上的人都撤离之后，或者飞机已经开始下沉的时候再解开绳索，然后在飞机下沉的同时尽快划救生艇离开。

如果拥有多个救生艇，用 8 ~ 10 米长的绳子将它们串连在一起会更好。如果能够把会游泳的人用这种方法连在一起也会对生存有所帮助。

※ 空中紧急情况

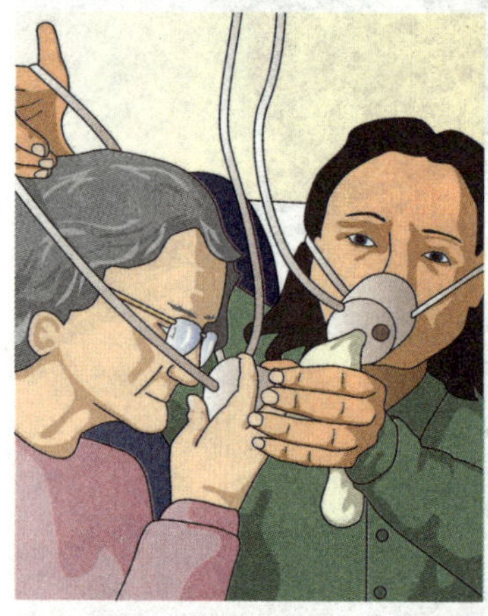

↑ 如果舱内失压，氧气面罩会自动脱落。首先戴好自己的氧气面罩之后再帮助那些需要帮助的人。

↑ 当听到“抱头！抱头！”的通知时，根据图示采取行动，双手抱住头部，双肘抵在前排座椅的后背上。

↑ 如果紧急迫降之后发生了火灾，立即趴倒在地，避开浓烟和有毒气体然后向此前已经确定的最近的紧急出口爬去。

※ 使用紧急出口

↑ 根据指示方向转动门上的把手就可以打开紧急出口。只有当飞机已经停稳之后才能打开紧急出口。

↑ 紧急出口门可能是双向打开或者从右侧打开。在安装紧急滑梯之前一定要确保门已经完全打开，不会挡住滑梯。

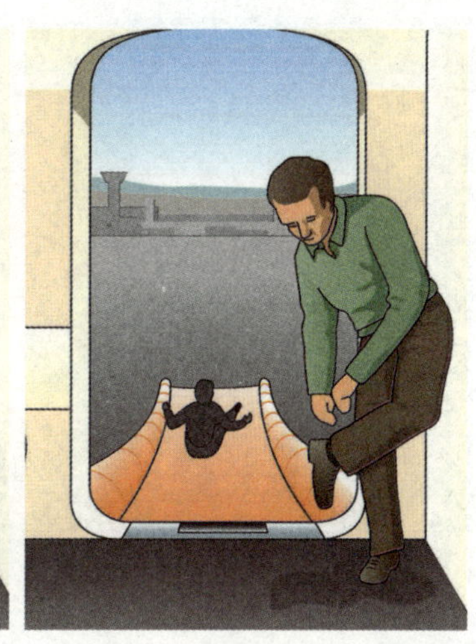

↑ 上滑梯之前脱掉鞋子，避免鞋子划伤滑梯。跳进滑梯的中央，双臂抱在胸前，双腿并拢。

如果需要搜寻失踪的人员，首先要确定风向，然后顺着风向进行搜寻，飞机和失踪人员都有可能顺着风向漂移。海浪没有关系，因为大家都在海浪里随波流动，但是风却能以不同方式影响海上漂浮物的移动方向。

小心调整救生艇行进的方向并保持平衡。注意随身携带好必备物资，学会在救生艇倾覆之后如何将它翻转回来，因为救生艇很容易被打翻。

尽量保持身体干燥，越干越好，因为一旦衣服被浸湿之后，就会造成严重的后果。如果天气寒冷，要尽快考虑如何保暖的问题。因为如果你首先考虑的是其他迫切问题，而一旦冷下来就很有可能暖和不起来了。如果天气炎热，你也需要考虑被太阳晒伤或者脱水的后果，尽快给自己制造阴凉的地方或者把身体全部盖住。如果在海里游泳，要避免脸部迎着阳光的方向，或者用衣服将脸部皮肤包起来。很显然，如果有的话，最好戴上遮阳帽或者太阳镜。

尽快启动求救装置发出求救信号。如果有无线电装置，也要打开。记住：搜救飞机或船只很难发现幸存者，尤其是在比较小的救生艇上或者在海里游泳的时候。因此应该想办法让自己容易被发现。在身边放一面镜子，或利用无线电装置，准备好在看见救援船只和飞机的时候用它们向救援人员发出求救信号。

※ 在紧急迫降中逃生

紧急迫降之后如果发生火灾，一定要趴在地上，避免吸入浓烟和有毒气体，然后按照紧急疏散指示灯（如果还保持工作的话）指示的方向，根据自己此前已经铭记在心的座椅排数，数着座椅向最近的紧急出口处移动。尽量超越和绕过挡在自己前进路上的其他人。这些乘客有可能已经迷路，或者仅仅是行动比较迟缓。这些都不是你的问题，不要排队等候。

如果紧急滑梯已经安装好，不要坐在上面滑动，而是直接跳进去落在滑道的中央，然后迅速下滑。双臂抱在胸前，减少碰到其他物品和其他人的危险，也能避免自己受到伤害。

一旦从飞机上撤离之后，立即远离飞机，直到发动机已经完全冷却下来，泄漏的燃料已经完全挥发。检查一下受伤的人员，

※ 如果发生紧急迫降

1. 不管局势多么严峻，飞行员都会尽力安全着陆，但是并不一定能够确保着地角度正确。

2. 无论是机头还是机尾首先着地，都有可能发生机身折断的情况，从而威胁到乘客的生命。

3. 机身最容易在中间部位折断，这极有可能引发这个部位乃至飞机其他部位的迅速着火。

并给他们提供任何力所能及的帮助。首先要寻找某种能临时遮风挡雨的地方。如果需要，可以生一堆火，最好再弄一杯热的东西喝。如果有通讯设备的话把它打开，让它能够正常工作。这些都完成之后，就可以放松一下了，让自己从震惊中恢复过来，至于其他的计划和行动留到下一步再考虑。

※ 等待救援

短暂休息之后，就应该寻找给养物资，并对其进行组织利用。记住水是最重要的东西。尽最大可能确定自己的方位，并通过电台把有关这个位置的信息发布出去，即使是根据推测的信息也不要紧。

如果已经离开飞机，在确定飞机是安全的前提下，尽量返回飞机所在的地方，因为飞机总比自己容易被救援人员发现。如果天气寒冷，还可以在自己另外搭建更好更暖和的住所之前把飞机作为临时住所。但是千万不能在飞机上取火做饭。

如果天气炎热，利用飞机做临时住所就会太热了。相反，应该在飞机外面利用降落伞或者毯子等搭建遮阳篷，让较低的一端距离地面 50 厘米，允许空气流通。

保存任何电器设备的电源。即使已经用电台发布了救援信号，也要用镜子或者手电等每隔一段时间向四周发射光线作为救援信号。

弃船逃生

发生船只失事的时候，做好准备就意味着将增大逃生的机会。了解救生设备的位置很重要，了解如何准备最基本的生存物资也同样重要，水是第一位的，但是食物、衣服和通讯设备也同样重要。如果你发现没有合适的救生艇或者其他救生设备，你就需要寻找较大的可以在水中漂浮的物品，然后将必需的生存物资转移到上面。

遵循船员的任何指导。下水之后，立即远离失事船只。如果船只没有立即下沉或者爆炸的危险，可以先待在船只附近，还可以用绳索把救生艇和船只连在一起，直到更多的物资被搬运上来。要是发现继续待在这个地方将会非常危险，就赶紧离开。

※ 油料燃烧

如果发生火灾，而且水面上也有燃烧的油料，尽量按照风向的反方向行进。燃烧的油料很容易被风吹动，因此火不会向逆风的方向蔓延。你需要在燃烧的油料之间的狭小缝隙里穿行，这样你可能就需要给救生艇放气，然后才能在这种缝隙中穿行。如果必须在火焰中穿行，可以用双手手臂煽风，这样在火焰中煽出空隙，能够保证自己正常呼吸，但是这种情况非常危险，不到万不得已的时候千万不要在火焰中穿行。因为火可能会把周围区域的氧气全部耗光，而且极高的温度可能会烧伤肺部，从而让人丧命。

如果救生设备是用嘴吹的气，你还可以吸入救生设备中的气体。尽管这种气体是从嘴中呼出的，但是其中的含氧量还是足够利用很多次。但是注意那种自动充气的救生背心，其中的气体通常含有大量的一氧化碳。

↑ 需要弃船的时候，遵循船员的指导。如果足够幸运，救援人员会及时赶到。

※ 水中求生

只要身体不下沉，哪怕会游泳也不要游泳。如果可能，尽量用背部靠浮力漂浮（借助救生设备、充满空气的衣物或者椅子坐垫等），保存体能。只有在确定能够抵达一个安全的地方的时候才游泳。一直把头部没入水中，呼吸的时候才探出头，这样也能保持体能。即使自己是一名非常好的游泳者，也会发现在海上游泳非常困难。提前在风大浪急的海面上练习游泳对此会有很大的帮助。

↑ 如果水面上有燃烧的油料，沿着逆风的方向游开。

游泳，即使是稍微游一段距离也会迅速散失身体的热量，大大缩短自己生存的时间。如果你能够保持静态，就能够将身体周围的一点海水的温度升高一点点，尤其是衣服内的海水。每次你移动，这点温水就会被凉水替代，然后失去热量，从而消耗体能。鉴于此，尽量多穿衣服。如果你有包（帆布包、塑料救生包，甚至是垃圾袋），钻进里面也能有效阻止身体周围的海水流动，从而大大提高生还的机会。如果几个人穿着黄色救生衣待在一起组成一个圈，会对大海中鲨鱼这种最令人恐怖的生物构成威慑。

※ 临时漂浮辅助设备

↑ 将裤脚打结，握住裤腰摆动，然后套进头部，直到裤腰没入水中，让两条裤腿充满空气。

↑ 椅子坐垫和枕头能够用来作为漂浮物，船上的这类物资都是为此目的专门设计的。

↑ 如果没有任何漂浮辅助设备，不要脱掉裤子，尽量减少蹬水的次数以保存体能。

※ 紧急逃生程序

1. 船只上除了一般的救生筏之外，还会配备一种圆柱形的并配有整套救生包的“抛掷型”救生筏。

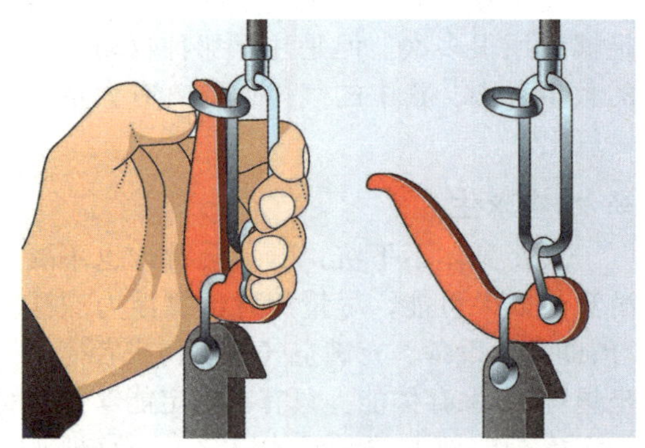

2. 为了让救生筏下水，必须首先把固定救生筏的绳索解开。

3. 把系艇索（连接救生筏和船只的绳索）系好后，在保证船只外的水面上没有其他物体的情况下，把救生筏扔到水面上。

4. 将系艇索拉到最长，当系艇索拉紧之后再猛一用力，这样救生筏就会自动开始充气。

5. 将救生筏拉到船边，然后让人依次进入救生筏，最好不要把自己弄湿。进入救生筏之前脱掉鞋子，去掉身上任何尖利的物品。

6. 在所有人都登上救生筏之后，剪断系艇索，在海面上搜寻此前可能已经跳海逃生的人员，然后离开正在下沉的船只。

海上生存

在只有少量给养物资的情况下生存，你必须照看好自己所拥有的东西，首先照看好救生艇。对于任何船只，如果把重量集中在中间部位会使船只保持平稳，不会进水，而如果把重量分布开来，则船只发生倾斜或者摇摆的概率较小。在风大浪急的情况下，如果将锚从船头抛进海里，会帮助船只保持平稳和抵御来袭的海浪，但是这样也会减缓船只顺风行进的速度。在炎热的气候条件下，早上的时候可以适当给救生艇放气，防止救生艇爆裂。

※ 食物和水

要明智地利用现有的给养物资。在没有食物的情况下也能撑好几周的时间，但是如果没有淡水，只能撑几天的时间。尽量减少喝水，只要保证不脱水就行。如果天气炎热，经常用海水弄湿头发和衣服，减少排汗，但前提是这样做不会刺激皮肤。雨水、多年冰（蓝色）以及海洋生物身体内的液体都可以是海上生存所需的水源。在任何情况下都不要饮用海水。

如果没有食物，你可能需要自己捕获，首选的食物是鱼类、鸟类和浮游生物。可以用衣服过滤海水得到浮游生物，它们一般含有大量的蛋白质和碳水化合物，把它们身上的毛刺和触须去掉之后就可以食用，但是这样你可能会同时吃进大量的海水，而且对于这种浮游生物你还必须首先判断其是否有毒。

临时制作捕小鱼的鱼钩和鱼线也非常简单。如果没有线，也可以试着做一个鱼叉，但是不要试图用鱼叉去捕较大的鱼类。鸟类将非常难以捕获，你可以将其引诱到船上，然后用鱼叉或者绳套将其捕获。绝大多是海藻都是可以食用的，但是珊瑚一般都有毒，不可以食用。

↑ 如果有硬铁丝，就可以利用船上的任何工具制作鱼钩。将鱼钩绑在能够找到的任何细绳或者线上，然后在鱼钩上挂上诱饵就可以用来钓鱼了。如果足够幸运，即便是空钩也可能钓到鱼。

※ 用小划艇作救生筏

1. 如果有绳子，从小划艇两侧的边上通过划艇底部绑上绳子，可以用来在小划艇翻转之后将它翻转回来。

2. 如果有必要，把自己及所携带的东西都绑在小划艇上，让绑自己和小划艇之间的绳子足够长，以免发生翻转的时候自己脱不开身。

3. 可以利用一块油布或者一件衬衣作为临时的船帆，这样会让小划艇移动更快，而且还能提供一小块阴凉的地方。

※ 用锚获取食物

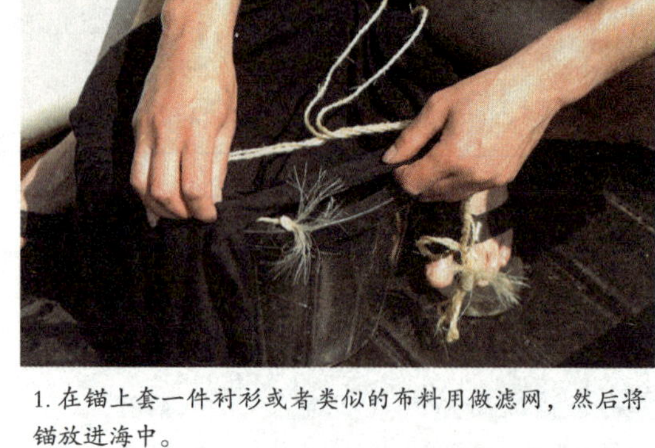

1. 在锚上套一件衬衫或者类似的布料用做滤网，然后将锚放进海中。

2. 这样锚上的临时滤网就会兜住海中的浮游生物及其他的小动物，也可能兜住海藻的碎片。

3. 对滤网捕获的东西进行分类，分辨出能够食用的部分。

※ 鲨鱼

如果碰到鲨鱼时你是与很多人在一起，最好的建议就是大家待在一起围成一圈，面朝外。鲨鱼经常会对强大的、有规律的移动和很大的声音感到恐惧，因此如果鲨鱼游近，大家一起把手掌握成杯子状，使劲拍水，发出巨大的声响，可能会吓跑鲨鱼。

如果是单独一个人，尽量与鲨鱼保持在水平的位置而不是垂直的位置：这将稍微降低鲨鱼攻击的风险，因为鲨鱼会把你看成是一个活的目标，而不是一个容易受到攻击或者死亡的目标。鲨鱼拥有高度发达的嗅觉，能够在很远的距离感觉到血液和废弃物的味道。黄昏和黎明是最危险的时间，然后才是黑夜。很少有攻击事件发生在大白天。鲨鱼很少攻击颜色鲜亮的目标，但它们对颜色对比尤其敏感，即使是身上被太阳晒出来的那种印记也能分清。饥饿的鲨鱼容易把闪亮的物体当做小鱼来攻击。

※ 其他有害动物

很多种类的鱼都有非常锋利的、防卫性的、能够刺穿人体皮肤的刺，其中还有一小部分鱼的刺带毒。任何鱼的这种刺都应该小心应付。像石鱼这种鱼会隐藏在浅海的海底，如果不小心很容易踩上去。而其他带刺的鱼可能被钓上来，在对其进行处理的时候很有可能把自己刺伤。如果有疑问，直接把这种带刺的鱼扔掉，因为某些毒素是致命的。如果自己不幸被这种刺刺伤，首先把刺拔除掉，然后立即冲洗伤口。先用热水清洗，然后再用热的敷布敷在伤口上，用热量去除毒素。

↑ 鲨鱼是大家公认的非常危险的动物。但是也要记住，每年在全世界只有少量鲨鱼攻击人的事件发生，而且并不是所有的鲨鱼攻击事件都是致命的。你无论向哪个地方游都不会有鲨鱼快，但是鲨鱼停住或者转向会非常困难，尤其是大型鲨鱼，因此你可以跳出鲨鱼游动的路线，尤其是向下方游，因为鲨鱼在嘴巴张开的时候看不见前方和下方。如果你受到攻击并且手上有刀的话，用刀去刺鲨鱼的眼睛或者鳃部等最敏感的区域，或者用手指去戳。如果幸运的话，鲨鱼就会被吓跑。

↑ 鲨鱼非常细心，会避开那些它们认为有很多肢体的大型目标。如果大家能够围在一起成一圈，面朝外，然后保持冷静，这样就会大大减少鲨鱼来进攻的机会。

↑ 如果你看见来进攻的鲨鱼，而鲨鱼又不是太大，你就有进行防卫的好机会。用脚踢、用胳膊打或者用手掌根部挡开鲨鱼。

某些鱼如果被碰上会给你一个强大的电击，尽管这没有太大的危险，但也要注意。这种鱼中的一种名叫电鳐，生活在温带和热带海域的海底，另一种名叫电鳗，生活在热带的江河中。如果在水中接近了这种鱼，会有一种触电的麻刺感觉。

水中急救

※ 汽车沉入水中

在靠近水域的路边行驶，汽车难免有发生事故掉进水中的情况。作为驾驶员，能否实现自我救助全在于时间的把握和方法是否对路。

时间的把握

• 汽车掉进水里，通常不会立刻下沉，把握这 1 ~ 2 分钟的有限时间争取从车门或车窗逃生。

• 汽车沉入水底，水注满车厢约需 30 分钟左右，利用此段时间打开车门逃生。

逃生的方法

• 打开车灯，解开安全带，爬到后座部位。

↑ 汽车引擎部位重，后座部位会翘起形成空气区域，按逃生方法的第一个步骤去做爬到后座部位。

↑ 按逃生方法的第二、第三个步骤操作后游泳出去。注意，上升时要慢慢呼气，否则会伤害肺脏。

↑ 如果车内还有其他人，除按上述步骤操作外，还要手挽手游泳出去，以免使力量较弱者被水冲走，直到上岸为止。

• 关上车窗和通风管道，防止车内的空气外逸。

• 耐心等待至车厢内水位不再上升，即车内外压力相等时再打开车门。

• 深深吸一口气游泳出去。

※ 人落水中

不慎掉进水里应保持镇静以利于呼吸。游泳或踩水时，动作要均匀缓慢。倘若水很冷，保持体温很重要，尽量少动，以减低体热消耗。因为体温太低会丧命。

踩水保持平衡

• 踩水助浮。办法是像骑自行车那样下蹬，一面用双手下划，以增加浮力，保持平衡。看看身边有没有漂浮的物体可以抓住。

• 脱掉鞋子，并卸掉重物，但不要脱掉衣服，因为衣服能保暖，而且困在衣服之间的空气还可起到浮力的作用。

顺水向下游岸边游

不要朝岸径直游去，这样徒然浪费气力。应该顺着水流游往下游岸边。如河流弯曲，应游向内弯，那里可能较浅，水流比较缓慢。

高声呼救

保持镇定并高声呼救。若有人游来相救，自己应尽量放松，以使拯救者合理采取拯救措施。

营救落水者

尽快找一条结实绳子或布条、竿子等送

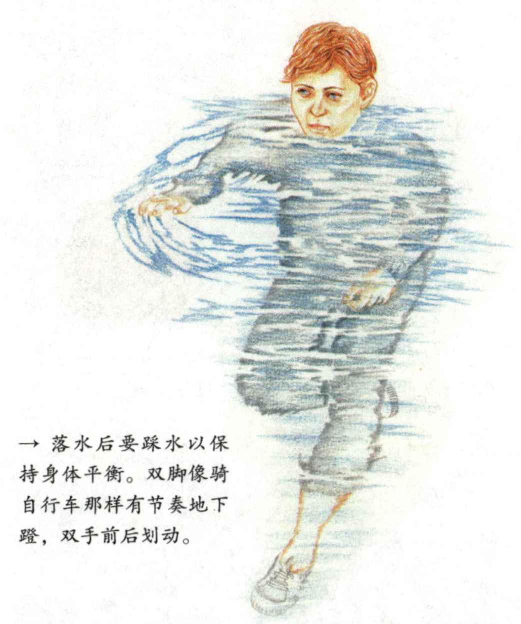
→ 落水后要踩水以保持身体平衡。双脚像骑自行车那样有节奏地下蹬，双手前后划动。

过去。然后俯卧堤边，利用任何可利用之支持物稳住身子，或叫人抱住双脚，让溺水者抓住绳子拖回来。

抛救生圈

向溺水者抛救生圈或轮胎一类的东西，然后去求援。

划船过去

将船划近溺水者，小心别撞伤溺水者，从船尾把溺水者拖上来。

※ 游泳抽筋

游泳中常会抽筋是长时间在水里浸泡使体温下降的结果。

应对措施

- 仰面浮在水面停止游动。
- 拉伸抽筋的肌肉。脚背或腿的正面抽

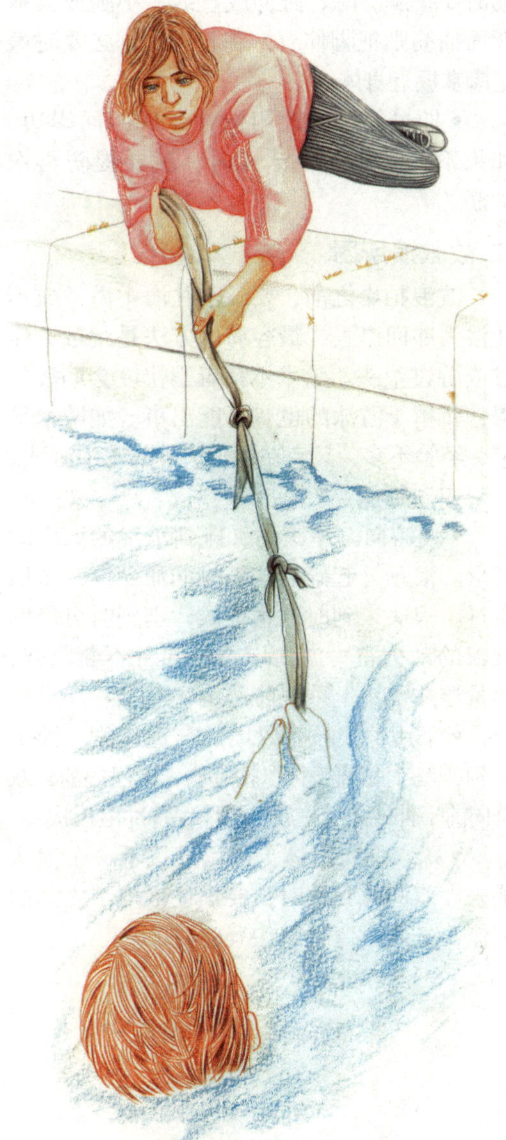
↑ 用身边可利用之物结成绳子，从岸上抛给溺水者，然后俯卧堤边，稳住身子，将落水者拖上来。

→ 腿部抽筋时，仰面浮在水面，将抽筋部位的肌肉伸直，必要时用手拉直。待症状缓解后改用别种泳式游回岸边。

筋时要把腿、踝、趾伸成直线。小腿或大腿背面抽筋则把脚伸直，跷起脚趾，必要时可把脚掌扳近身体。

• 抽过筋后，改用别种泳式游回岸边。如果不得不用同一泳式时，就要提防再次抽筋。

※ 被激浪所困

波浪拍岸之前，要破浪往海中游，或不让浪头冲回岸去，最容易的方法是跳过、浮过或游过浪头。泳术不精者很快就会筋疲力竭，而精于游泳的也有可能出事。如游术平平，经验不多，只宜在风平浪静的水中游泳。

应对措施

• 波涛向海岸滚动，碰到水浅的海底时变形。浪顶升起碎裂，来势汹涌澎湃，难以游过。浪头未到时歇息等候，刚到时可借助波浪的动力奋力游向岸边，同时不断踢腿，尽量浮在浪头上乘势前冲。

• 采用冲浪技术以增加前进速度。浪头一到，马上挺直身体，抬起头，下巴向前，双臂向前平伸或向后平放，身体保持冲浪板状。

• 踩水保持身体平衡以迎接下一个浪头涌来。双脚踩到底时，要顶住浪与浪之间的回流，必要时弯腰蹲在海底。

↑ 在水中遇上危险，用力踩水使头部浮出水面，直举一臂做大幅度挥动动作。

↑ 观察浪头的形势，采取对策向岸边奋力游。

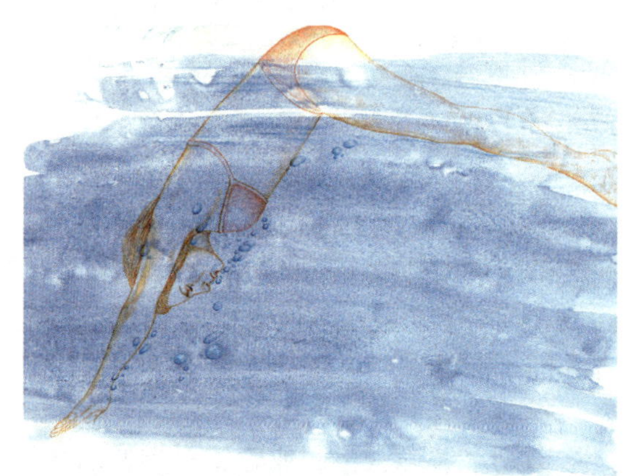

↑ 为避过碎浪的动力可朝着浪头潜进水中。

↑ 看到浪头逼近时可蹲在海底等浪头涌过后才露出水面，但要注意别正好碰上下一个浪头。

↑ 实施营救时，若溺水者有相缠企图，迅速用仰泳游开。一旦一只脚给抓住，用另一只脚把溺水者踹开。

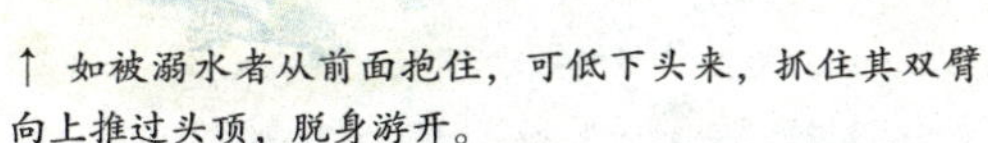

↑ 如被溺水者从前面抱住，可低下头来，抓住其双臂，向上推过头顶，脱身游开。

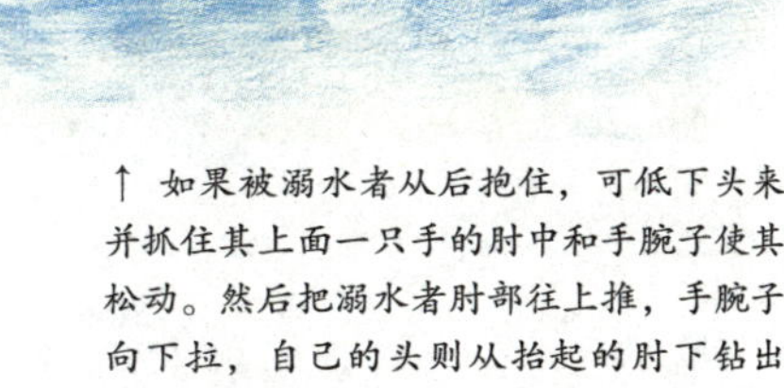

↑ 如果被溺水者从后抱住，可低下头来并抓住其上面一只手的肘中和手腕子使其松动。然后把溺水者肘部往上推，手腕子向下拉，自己的头则从抬起的肘下钻出来，游到溺水者背后或干脆游开。

↑ 对于不省人事的溺水者，可用手抓住溺水者的下巴，伸直手臂牵引，用侧泳游回岸去。

↓ 对于神志清醒的溺水者可递给毛巾的一端，仰卧水中，营救者自己拉着毛巾的另一端将溺水者拖上岸边。

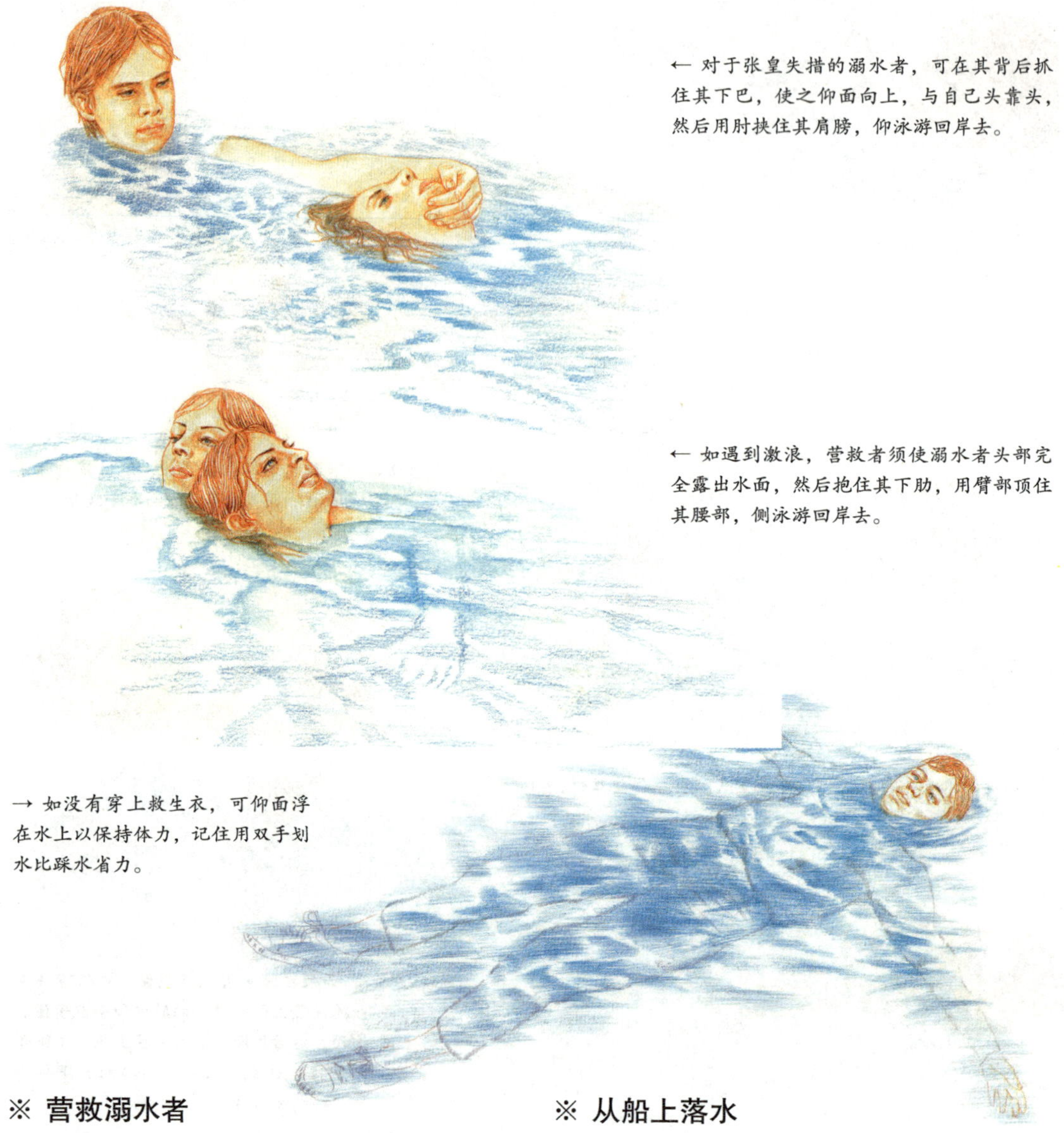

← 对于张皇失措的溺水者，可在其背后抓住其下巴，使之仰面向上，与自己头靠头，然后用肘挟住其肩膀，仰泳游回岸去。

← 如遇到激浪，营救者须使溺水者头部完全露出水面，然后抱住其下肋，用臂部顶住其腰部，侧泳游回岸去。

→ 如没有穿上救生衣，可仰面浮在水上以保持体力，记住用双手划水比踩水省力。

※ 营救溺水者

营救溺水者最重要的是讲科学态度，绝不能感情用事。即使受过训练的救生员，也只在万不得已的情况下才下水救人。没受过救生训练的人，往往力不从心，救人不成反而赔上性命。所以尽量采用绳拉或划船营救的方法。

下水营救措施

• 下水救人应避开溺水者相缠。否则必须立刻用仰泳迅速后退。

• 将救生圈一类的东西扔过去，让溺水者抓住一头，自己抓住另一头拖他上岸。

※ 从船上落水

不小心从船上掉进水里，极度紧张会使体力迅速减弱，以致神志混乱、筋疲力尽，身体失去平衡。

自救措施

• 给救生衣充气使自己浮到水面上。如穿着救生衣，把双膝屈到胸前以保持温度。

• 呼救并举起一臂，会较易为船上的人发现。即使自己已看不见船在何方，举起手臂也有助于船上的人寻找。

• 如没穿救生衣，脱去笨重的靴子或鞋子，丢掉口袋里的重物，但勿脱衣，以保存

→ 将缆绳抛下，把落水者拖上来。

↓ 将裤管末端打结。

↑ 拉开裤头从头后甩过使之充气并迅速按入水中。

→ 将两个裤管分别夹在腋下。

身体的热量，并尽可能仰面浮在水上。

※ 自制浮囊方法

未穿救生衣而要长时间浮在不太冷的水中最有效的方法是采用自制浮囊法。脱下裤子，在裤管末端分别打一个结，并拉开裤头顶端，从背后越过头顶举向前，在游动中使裤管充气，迅速按下水里。把裤管夹在腋下，即可助浮。空气可能慢慢泄出，必要时须再次充气，此法只能在不太冷的水中使用，在冷水里则切勿脱去衣服，才能保存体温。此法适用于会游泳的落水者及离岸边400米以外的水中。

※ 掉入冰窟

在冰面上活动，万一掉进冰窟中，即使泳术不错，也会在几分钟内遇溺，即使头仍浮在水面上，也会因惊慌而呼吸困难，因寒冷而四肢麻木，陷入极度危险中。

营救措施

• 小心地从冰上向遇险者滑过去。将绳子、棍子一类的东西递给他。若无法靠近，可延长甩过去。

• 叫遇险者把双手平伸在冰面上，向后踢脚，身体保持水平。然后抓住棍子或绳子，另一手打破前面的薄冰，直至到达足以支承

→ 可在河面较窄的两岸间拉一根结实的绳子，让遇险者自行攀回岸边。

↓ 用长树枝之类的东西，把一根绳子送到遇险者面前，然后伏在岸边把遇险者逐步牵引上来。

→ 对于已经无力的遇险者，可在绳端结一个圈在其腋下，放平身体，将之拖上岸。

体重的厚冰。

•如自己的位置不稳固，就不要抓住他或让他抓住，否则可能给他拉下水。滑到冰上后，叫遇险者趴下来，然后把他拉到岸上。

•在两岸间拉一根绳子，叫遇险者自己用双手抓住绳子，自行攀回岸边。

※ 踏破冰层落水

冬季冰面常常冻得不很结实，一旦有人从上面行走或溜冰，很容易掉下去。如不及时援救，体温会迅速下降导致死亡。

自救措施

•尽力爬上冰面。

•像踏自行车那样踩水助浮，同时用双手不断划水。慢慢呼吸，切勿慌张。

•破冰向岸边移动，直至找到看来足以支持体重的冰面。将双手伸到较结实的冰面上，双脚往后踢，使身体浮起，而且尽可能成水平。如果冰破裂，身体保持水平位置，继续向前推进。到达足以承受体重的冰面时，趴在冰上，滚向岸边。

↑ 破碎四周的薄冰，慢慢向岸边移动，直到找到可支持体重的坚冰。

↓ 手撑到较厚的冰层时，双脚向后踢水，使身体尽量浮起，保持接近水平的姿势，然后爬上冰面。

← 用脚踩水，使头部伸出水面，以免困在冰下迅速散失体温。

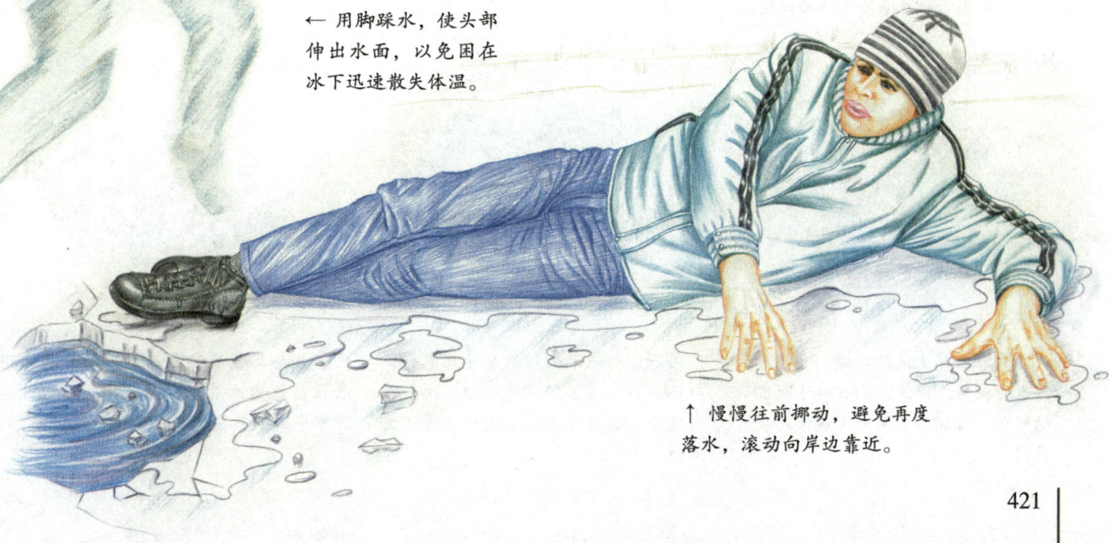

↑ 慢慢往前挪动，避免再度落水，滚动向岸边靠近。

海岸生存

很多事故和紧急情况都发生在水域边缘，熟悉一些基本的技巧也许能够得以生还。

你可以采取很多行动来帮助自己：你应该能在穿着内衣的情况下游至少50米远，你应该在不浪费体能的情况下保持漂浮状

※ 对游泳者的救援

1. 救援人员或其他强壮的游泳者如果确信自己不会陷入同样的困境可以通过游泳来进行救援。

2. 救援人员会尽快游到遇险者身边：救援人员会携带不会影响自己行动的牵引着的漂浮物。

3. 漂浮物已经套在了遇险者的腰部，帮助其保持漂浮状态，也为了帮助救援人员进行施救。

※ 搬动遇险者

1. 实施心肺复苏术固然是第一要务，但是如果考虑到遇险者脊椎可能受伤，救援人员会在支撑其颈部和头部的情况下非常小心地把遇险者带回岸边。

2. 抵达海岸之后，将遇险者迅速放在地面上，然后用心肺复苏术进行急救。

3. 一旦遇险者恢复呼吸，救援人员会立即对其进行固定，防止造成进一步的伤害，然后等待专业的医护人员抵达。

※ 激流

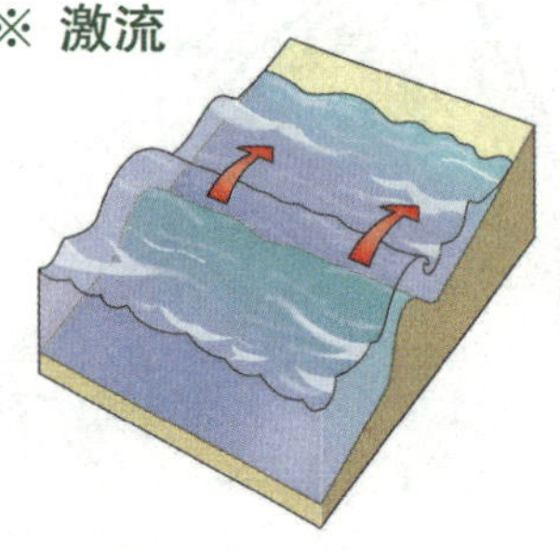

1. 当海浪往岸上涌的时候，大量的海水会被推上海滩，而这些水返回的时候，可能会在海滩上逐渐形成沙洲。

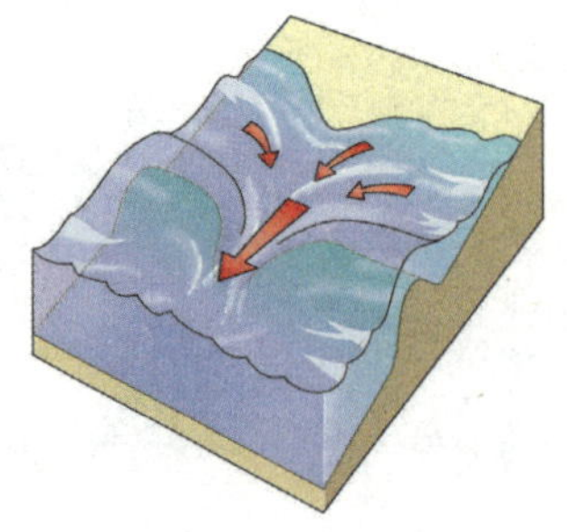

2. 当返回的海水的压力在沙洲中打开一个缺口之后，所有的水都从这个缺口流出。这种强大的水流被称为“离岸流”。

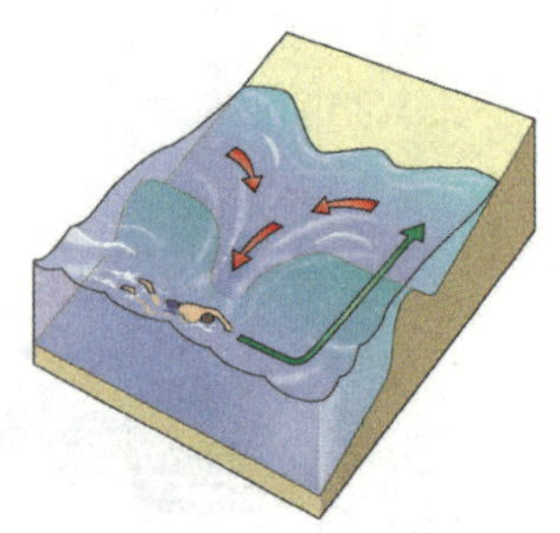

3. 一个与其他海浪截然不同的平静的海浪往往就意味着有离岸流。直接游过这种离岸流，不要试图从这个地方登岸。

※ 救援人员救援

1. 救援人员可能利用较大的轻快的冲浪板进行救援，这样可以保证速度，同时保证他们能够清楚地看见遇险者。

2. 遇险者可以利用冲浪板作为支撑，救援人员会对遇险者的状态进行评估，然后决定谁停留在冲浪板上以保持稳定。

3. 遇险者可能被救援人员扶上冲浪板，然后救援人员推着冲浪板返回岸边，这种方式会更快操作起来更容易。

4. 遇险者可能已经精疲力竭，这时候有更多救援人员来帮助他回到岸上。

5. 救援人员会全面检查遇险者的身体，看其状况是否稳定，有没有恶化。

6. 让遇险者处于最有利于恢复和施救的姿势，检查其重要的生命特征，等待医疗救助人员的到来。

态。你还应该了解有关波动作用、激流以及潮汐的基本知识。

动物的袭击

※ 狗的攻击

被人袭击是一种情况，但这并非是我们在外可能遇到的唯一危险。我们还可能被狗攻击，而被狗攻击是非常可怕的，因为你没办法和一条狗讲道理。

狗会试图用爪子扒下它身前的任何障碍物后发起攻击，所以，用结实的棍子挡住它会有所帮助。狗发起攻击后会试图咬住你身体的一部分，通常是四肢。如果情况确实如此并且自己有时间，那就脱下自己的外套并用它包住自己的前臂，然后将这只保护好的手臂迎向狗。狗一旦咬住你手臂上的外套，你就抓住它的项圈，或者用石头或棍子打它的头。无论你对狗做什么，目的是确保使它失去攻击能力，否则只会让事情更糟。

如果有狗向你冲过来，要尽量阻止它的冲击势头，因为狗是想将你撞倒在地的。靠墙角站立可以避免狗将你撞倒，等到狗离自己一两米时再在最后一刻迅速绕过墙角，在移动时要面对狗来的方向。这样狗会被迫放慢速度以转过身来，此时你就可以好好利用这点优势了。

如果狗的主人不在场，而且自己没有其他的武器，可以试着张开双手并尖叫着直接向狗冲去。鉴于人体与狗的身体的大小比较，加上出乎意料的突然反击，狗可能也会因害怕而跑掉。

※ 蚊子叮咬

虽然在北极和气候温和地区的蚊子不是特别危险，但它们在热带地区却是致命的。它们可能带有疟疾、黄热病等的病毒。要尽一切可能防止被它们叮咬。

- 如果有条件，就使用蚊帐或频繁地涂抹驱蚊剂。如果条件不允许，就用手帕盖住裸露的皮肤，即使是用大的叶子也有用。
- 穿上长衣长裤，特别是在夜间。把裤管塞进袜筒里，袖口塞在手套或其他简易的能裹住手的东西里。
- 在特殊情况下，睡觉之前在脸上和其他裸露的皮肤上涂抹泥浆。
- 在选择休息地点和宿营地点时不要靠近沼泽地、死水或水流缓慢的水源。因为这些地方是蚊子的滋生地。
- 在营地的上风处生起一堆燃烧缓慢又多烟的火，让它一直烧着驱除昆虫。
- 在自己睡觉的地方周围撒上一圈已冷的灰烬可以阻拦大多数爬虫。
- 疟疾是没有免疫疫苗的，所以必须根据说明在有效期内使用防疟疾药物。

※ 水中的危险

鲨鱼

鲨鱼除非受到惊扰，否则一般不会攻击人。然而，它们具有很强的好奇心，因而会探究在它们附近的任何物体。如果你发现自己正在穿过的水域有大量的鲨鱼，尽量遵循以下建议，以避免激起它们的好奇心。

- 尽可能保持安静。
- 除去身上任何发光发亮的物品，如珠宝或者手表（在鲨鱼看来它们可能像小鱼）。
- 平静地游动，尽可能减少会惊扰它们的动作，不要溅起水花。在这种情况下，采用平稳的蛙泳要比自由泳安全得多。
- 千万不要让自己出血，因为这会导致鲨鱼发起攻击。

其他鱼类

有许多长刺的鱼是有毒的，它们的刺主要长在体外。石鱼和蟾鱼是其中的两种，它们生活在珊瑚丛中和浅水区。在欧洲，值得一提的是织网鱼。通常，建议大家注意不要触摸或者食用任何长刺的、形状古怪的或者长得像盒子的鱼。在确认它们无害之前，要小心地对待在暗礁旁或者热带水域里发现的任何东西。被任何有刺的水生动物刺上一下都应该像被蛇咬后一样处理。

飓风的应对

飓风，又叫台风、旋风，是发生在沿海的热带气旋。它的风力十分强劲，据统计常常能达到12级甚至更高。飓风在以超高的风速前进的同时常常还会带来暴风雨，席卷陆地上一切不牢固的建筑物和脆弱的生物。因此在海上生存时，一定要小心这种气象灾害。

飓风通常在夏季出现，当洋面气温非常高时，很容易形成一个低压中心，而周围的空气便会围绕这个中心流动，慢慢地，空气流动旋转的速度越来越快，甚至能达到每小时300千米以上，这时飓风就形成了。飓风的中心并不是一个狭小地带，它往往是绵延十几千米的广阔地区。处在风眼统治下的这片地区暂时可以保持平静。

飓风以50千米的时速向大陆进发，在到达沿海地区时会造成极大的破坏。抵达大陆后，由于受到阻碍，风速会下降到每小时十几千米。

和海啸一样，目前人类抵御飓风侵袭的办法只能是实时监测，然后在飓风到来前指挥人们撤离海滨地区。人类通过卫星传送信号，实时观测海面，一旦发现有飓风形成，便开始跟踪飓风的行进方向和轨迹。当预测飓风即将抵达人类生存的沿海地区，气象台会向社会大众发布警告，呼吁人们尽早做好防范措施。有时，飓风的形成可能是一转眼的事，不能被及早发现。这时，可通过对海面现象的观察，比如潮

↑ 发生飓风时，除了躲避，你能做的事情很少。不要待在可能被飓风摧毁的房屋内，如图示的木板房。

水的剧烈上涨、太阳在海上的壮观景象或者天空出现旗状的云层来达到预防的目的。

当得知飓风再过十几个小时就要来到时，一定要避开飓风的行进线路。不仅如此，还要撤离海岸和河岸，因为飓风在沿海的大陆附近是最具摧毁力的。

如果在海中航行时遭遇飓风，一定要收起风帆，堵好船舱，并保证所有船上的工具在刮风暴时不会被吹起卷走。

当飓风来临，一定不要冒险在风中行走，这是很危险的做法。待在室内，最好是在建筑物的高层，或者地下室里。躲避风暴时要备好食物和饮水，因为飓风随时可能导致资源短缺。离开房屋到更安全的地方躲避风暴时，一定要记得关掉所有电源。

如果在野外，最理想的避险场所是山洞或者山沟里。也可以是牢牢扎根于地底深处的大树背后，或者一块巨石的背风面。一定要注意选择，那些人造围栏或者羸弱的小树苗很可能在飓风肆虐下被卷走。如果没有时间找到合适的避难所，也要在飓风来临时躺在地面，减少阻力，也要避免被剧风卷起的杂物击中。如果事先携带了防风篱，在找不到更好的天然避难场所的情况下，一定要为自己留出足够多的时间转移到防风篱背风的那一面。

在出发前往野外时，如果有条件，应当随身携带无线电，随时获取来自电台的关于灾害天气的报道和建议。

飓风看上去已经过去时，不要急于到户外活动。因为有时只是因为风眼开始统治这片地区，所以看起来一切都归于平静了。然而，过不了多久，随着飓风的继续移动，风眼转移到了别的地区，取而代之的是飓风的另一侧，依然是狂风大作的一侧继续统治。这时风向与刚才你躲避的方向正好相反，需要立即转移到避险处的另一侧。

↑ 抵御龙卷风的最安全位置就是地道或者地下室。如果在户外，进入沟渠或者下陷的地方，以躲避风和风中夹带的物体。

龙卷风的应对

龙卷风产生于强烈不稳定的积雨云中，是云层中雷暴的产物，是一种伴随着高速旋转的漏斗状云柱的强风涡旋，也是最剧烈的大气现象。

※ 龙卷风的形成

龙卷风的形成过程大致如下：

因为大气具有不稳定性，产生冷热两种空气，所以会产生强烈的上升气流，受到急流中的最大过境气流的影响，这股上升气流进一步加强。

垂直方向上，风的速度和方向均有改变，这些风相互作用，致使上升气流在对流层的中部开始旋转，形成中尺度气旋。

中尺度气旋会向上下两个方向伸展，与此同时，它本身变细并增强。一个小面积的增强辅合，即初生的龙卷在气旋内部形成，产生气旋的同时，形成龙卷核心。

龙卷核心中的旋转与气旋中的不同，它的强度足以使龙卷一直伸展到地面。当发展的涡旋到达地面高度时，地面气压急剧下降，地面风速急剧上升，形成龙卷。

空气绕龙卷的轴快速旋转，受龙卷中心气压极度减小的吸引，近地面几十米厚的一薄层空气内，气流从四面八方被吸入涡旋的底部，并随即变为绕轴心向上的涡流。

因此，龙卷中的风都是气旋性的，中心的气压很低，比周围气压低10%。因为中心的低气压，龙卷风具有很强的吸吮性，可以把水吸离水面，使水柱和云层相接，这个也就是我们平时说的“龙取水”。因为龙卷风内部空气极为稀薄，所以会让温度急剧降低，使水汽迅速凝结，这是形成漏斗云柱的重要原因。漏斗云柱的直径，平均只有250米左右。

龙卷风的特点

龙卷风经常发生在夏季，一般在6～7月间，有时也发生在8月上、中旬。常在雷雨天出现，尤其多在下午至傍晚时段。

龙卷风的袭击范围很小。在地面上，龙卷风的直径通常在几十米至几百米之间，平均为250米，最大为1千米。在空中，龙卷风的直径可以达到几千米，最大有1万米。

由于受暖湿空气强烈上升、冷空气南下、地形的影响，龙卷风存在的时间也比较短，一般只能维持几分钟，最长的也不过数个小时。

龙卷风的风力特别大，中心附近风速可达100～200米/秒，最大有300米/秒，比台风中心的最大风速还要大好几倍。

龙卷风的破坏力极其大。龙卷风所过之处，建筑物会被它吸走，大树会被连根拔起，车辆被掀翻，建筑物被摧毁，有时候还会把人卷走，危害性特别大。

龙卷风刮起来的时候，会发出巨大的声音，就像是纺纱陀螺或者是机器运转发出的声音，这种声音在40千米以外都能听见。

尽管龙卷风在任何地方都可能发生，但是它大多数时候发生在美国西部的大草原上、密西西比河谷地，以及澳大利亚地区，并且很有可能发展成为飓风。在海上，产生的龙卷风可能会引起海龙卷。

防护措施

为了将龙卷风对人身和财产造成的损失降到最小，在龙卷风来到前，要做好防护措施。

1. 选择藏身所

要躲藏在最坚固的建筑物中，例如用混凝土或者是钢筋加固过的建筑物。最好的避身之处就是专门用来防御风暴的地下室或者是洞穴里。你如果要躲在地窖里，一定要待在靠外墙或者是经过特别加固过的地方。如果你们家没有地下室，你可以去最底层，待在小房间或者是结实的家具底下，不过不能躲在沉重的家具下面，以免塌下来被压住。切记，一定不能靠近窗户。

2. 开、闭门窗

将家里所有面朝龙卷风方向的门窗都关得紧紧的，而另一侧的门窗则要全部打开。这么做能够防止龙卷风刮到房子里，将屋顶掀起来，也能够平衡房子内外的气压，防止房子因内外气压失衡而坍塌。切记，千万不要躲藏在轿车或者是大篷车里，龙卷风会直接将它们卷到天上。

3. 远离龙卷风

如果你待在房子外面，很容易被在风里乱飞的各种杂物伤到，也会被风卷到空中，就算你掉下来毫发无损也是很危险的。如果真的没办法回到屋里，当你知道龙卷风即将来临时，一定要马上远离。朝着和龙卷风路线成直角的方向逃离，在地面的沟渠或者是凹地里躲避起来，平躺并且一定要用手护住头部。

雷电的应对

遇到雷雨天气，无论是在室内还是在室外，都要有强烈的防范意识，做好避雷措施，以免遭受雷击的伤害。

如果你处于室内，一般来说是比较安全的。不过，在强雷雨天气中，要将门窗关闭。尽量不要使用电器，等到雷雨天气过后再使用，这样较为安全。

当你在室外，一时无法进入屋内时，一定要尽快寻找避雷之所。如果你正在行走的途中，应该立刻停下，就近寻找山洞等避雷场所，选择的山洞至少要 1 米深，其四壁至少要和你保持有 1 米的距离。不要躲藏在山洞的入口处，也不要躲在山地村庄的岩石突出处，因为闪电可能会穿越山峡，而这些岩石往往作为某一裂隙的尽头，恰好处于闪电经过的路线。也不要撑着有金属伞柄的雨伞在雨中行走，或是接触铁轨、电线、金属建筑和栅栏等导电物体，也不要靠近大的金属物体，这些都可能导致雷击。

如果你在高处，尽量离开，寻找一处低凹地或者是平地。如果你不能马上离开高处，要用一些干燥、绝缘的东西来保护自己。干燥的雨衣、塑料布、橡胶鞋和绳卷都可以，可以将它们垫在身下。不要坐在潮湿的地方，坐的时候也要弯腰、低头抱膝，膝盖抵住胸口，双脚离开地面，将四肢并拢，不要用手触地。尽可能降低高度，并且减少与地面接触的面积。如果实在没有绝缘的物体，就尽量平躺在低处的平地上。人多的时候，不要挤在一起，分散会比较好。

简言之，选择避雷的场所就是要避开易致雷击的地形。像山顶、高大的树底下、电线杆下、树林边缘、屋檐下、开阔水面、广阔的原野等，这些都是危险的地方，都要尽量离开。千万不要在雷雨天游泳，切记保持身体的干燥。

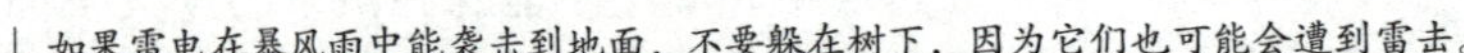
↓ 如果雷电在暴风雨中能袭击到地面，不要躲在树下，因为它们也可能会遭到雷击。

有的时候，你会感觉到皮肤刺痛、头发竖起等，这是雷击将要来临的表现，你需要做一些防护措施。如果你是站立着的，你可以马上蹲下，双手碰地，这样即使受到雷击，电也会通过你的双臂，以最快速度被传导到地下，从而避免了对躯干的伤害，不至于引起心脏衰竭或是窒息。

如果被雷电击伤，程度轻的话现场进行一般灼伤消毒包扎的救治就可以，严重的话要按电击处理，快速送到医院急救，并进行观察。

地震的应对

在自然界中，有一种最可怕、最暴力的自然灾害——地震。它区别于火灾、洪水等其他可以有效防范的自然灾害，往往毫无征兆地突然发生。地震的震幅范围很大，破坏性比较强，有时候还会引发山体滑坡、洪水、海啸等其他灾害。

因此，地震的预报工作一直是科学家长期投入的工作。通过科学家们长时间的监控，已经可以对一些轻微的地震进行探测，并且能够预测部分大地震的发生时间，这使得事前疏散的工作成为可能。但是对于个人来讲，尤其是在野外，想要预测地震到来是极为困难的。

科学家们通过长期研究，发现在地震前夕，动物可以敏锐地感觉到地震来临，并且会变得警觉、紧张，并出现异常行为。例如，一切鸟类会出现惊鸣；哺乳动物会频繁发出警戒信号；冬眠的动物会提前返回到地面。

地震发生的原因及预防

地震是自然运动的结果，是地壳压力的一种释放方式。由于地壳中聚集的张力突然释放，影响了地表运动，因而形成巨大的冲击力。通常最容易发生地震的地方主要位于形成地壳的半硬性板块边缘。在地壳形成过程中，一板块插入另一板块底部时会发生强烈的地震。最深的地震则位于近海沟的深处，一旦发生几乎可以毁灭火山岛屿。因此，在听到地震预报或者感觉地震即将来临时，应当及时远离建筑物和耸立的高大物体。也不要进入山洞，以防山洞倒塌。不要待在山顶有碎石的山坡，或者在土龛下活动，以防被滑落的石块砸伤。

基本的求生方法

遇到地震时，千万不要慌张或者大喊大叫，因为在地震发生后的短时间内，是没有救援人员的。冷静下来，想办法自救，并且时刻鼓励自己，增强信心。因为在其他条件不变的情况下，意志和信念可以延长人的生命。

（1）在地震发生时，逃到野外空旷处为最佳选择。行动中，尽可能远离那些会砸到你的东西，因此要留心周围的建筑物或者树木，它们有可能会被连根拔起。

（2）如果你正处于建筑物中，可以选择角落或者有坚硬家具的地方，这样可以起到支撑和防护的作用。但是需要注意，即使建筑物不会被摧毁，周围的碎石块也有可能会滑落。

（3）如果在车里，地震发生时，应加大油门驶离建筑物或者山崖等危险地带，尽可能地快速安全停车。停车后，蹲伏于座位下，即使有东西砸到车上，也会得到保护。当停止震动后，要留心观察周围的障碍物，预料可能出现的危险，包括破坏的道路或者坍陷的桥梁，以及被震毁的电缆。

（4）在平原，尤其是黄土地面，可以趴在地上，这样会减少掉进裂缝的几率。

（5）如果处于乱石岗，最好蹲在原地，以免晃动时摔倒。

（6）如果在堤坝处，则应该马上逃离，以免堤坝决口。最好平稳地往山顶移动，这样可以减少受伤的几率。

（7）在山区时，山顶是最安全的。但

↑ 地震之后的建筑物都被摧毁了。

是斜坡上的土石容易滑落，如果你被数千吨重的土块或岩石压倒，幸存的机会很小。最好像球一样在地上滚动，才可能得以存活。

（8）当你处于海滩时，只要不在悬崖下，你就会相对安全。但由于地震会引发海啸，所以当地震停止后，应该尽快离开，向开阔地带转移。

（9）地震来临时，速度是至关重要的。没有多余的时间去把其他人组织起来。如果必要的话，可以使用暴力让他们安全转移，或将其推倒在地。

（10）如果被压在废墟中，冷静下来，认真分析自己的处境，并开始制订逃生计划。如果覆盖物较少，就要自己想办法爬出来。但是移动覆盖物时要试着轻轻用力，以免引起新的倒塌。如果覆盖物太多，不能确定是否可以逃生，就应该耐心等待救援。当听到有人的动静时，应该立刻通过呼喊、有节奏敲打发声等方式发出求救信号。

火山的应对

如果在野外时遇到火山，你需要先了解你所遇到的火山的类型，然后要充分了解火山的特性以及火山爆发对你的威胁，然后决定自己的下一步行动。这样才不至于在遭遇这种情况时手忙脚乱。

※ 火山的类别

人们依据火山的状态来为火山分类。如果火山还处于活跃状态，在短期内爆发过，称之为活火山；如果火山长时间内没有爆发过（至少是几十年），说明这类火山已经没有了爆发的能力，相当于一座普通的山，只剩下了一些残迹，这类火山称之为死火山；还有一类火山虽然长时间没有爆发了，但是它的形状仍完好无损，火山口也没有被堵塞，随时有爆发的可能，这类火山则称为休眠的火山。

注意：实际上这三类火山的定义都不

是绝对化的，有些人们已经定义为死火山的也有可能突然爆发，而有些活火山也可能很长一段时间都不会爆发。因此，不管你遇到什么样的火山，都要提高警惕。

※ 火山爆发的类型

火山爆发时，由于地壳组织的不同会有不同的表现方式。

1. 开缝式爆发

这种爆发方式是地底的岩浆直接从裂开的地面流出来，形成一面火墙。这种方式不会有太大的爆发力，也不会产生太多的火山灰尘和气体。火山爆发活动结束后，流出来的岩浆会冷却，形成各种地形。

2. 喉管式爆发

这种火山爆发方式是地底岩浆直接从火山口喷射出来，这样会形成很大的爆炸声，同时形成大量的火山灰和气体，这种爆发方式对环境的污染是最严重的。

3. 熔解穿透式爆发

这种火山爆发方式是地底岩浆在向地面涌动时，由于温度太高会熔解地面的岩石，从而从地面溢出来，这种爆发方式没有太大的爆发力，也没有太多的气体产生。火山爆发结束后，岩浆冷却会形成碗底状的地形。

※ 火山爆发的危险

火山爆发后会产生很多有害物质，这些物质会危害人的身体健康，甚至导致生命危险。

1. 熔岩

从火山口流出的或者从地面溢出来的熔岩，其流动速度比较慢，不会给人造成太大的危险，但是由于熔岩的温度极高，它流过的地方所有生物都会被毁灭，严重破坏环境。

2. 火山喷射物

火山爆发时会有很大的冲击力，从而喷发出大小、重量不同的各种物质，有些是石块，而有些喷射物则是像气体一样的小物质，这种小物质则会扩散到空气中，

↓ 活跃的火山能够产生壮观的景象，但是你不应该在没有咨询当地专家的情况下就贸然走近火山口。

污染大气。

3. 火山灰

由于高温和高压，火山爆发粉碎地下的岩石，形成岩石粉末，然后以灰状喷射出来。这种灰具有很强的刺激性，并且大量的火山灰积落到同一个房顶上，能把房子压垮。火山灰如果落到植物上面，会堵塞植物的通道，导致枯萎。并且这种灰是与二氧化硫等有害气体一起喷发出来的，人和动物一旦吸入，就会产生各种肺部疾病。如果火山爆发刚好遇到下雨天，那么，火山灰里面的硫磺就会融入雨中，形成酸雨。酸雨会灼伤人的皮肤、眼睛，毁灭庄稼。

4. 气体球状物

这种火山爆发产生的物质，是火山爆发时岩浆内部包含的大量气体，随着其往地面喷射，致使气体外面的岩浆层加厚，渐渐滚成的一个气体球。这种气体球会从火山口往地面滚动，凡是气体球经过的地方没有任何生物能够生存。

5. 泥石流

泥石流是火山爆发的副产物。由于火山爆发会导致地面裂开或者松动，这样火山附近的泥浆会迅速地往下滑动，并且速度极快，会彻底地摧毁所有的生物、住房等等。

※ 火山爆发时的应对措施

1. 面对火山喷射物

如果你离火山的距离不远，你要及时找到装备保护好自己的头部，以免被火山喷射出来的石子等砸伤。

2. 面对火山灰

火山灰的危害比较大。首先你要保护好你的眼睛，及时戴上眼镜以免火山灰进入眼睛，然后用湿布捂住自己的嘴巴和鼻子，不要让火山灰及其附带的有毒气体进入肺部。最后，当你离开火山爆发点，回到自己的避难所之后，要迅速脱掉你的衣物，清洗自己的皮肤。

3. 面对气体球状物

气体球状物是有毁灭性的，你能够逃脱的唯一的办法就是跳到水里面，然后把整个身体潜到水中，直到气体球状物从你附近滚开。

火山在爆发之前会有一些征兆。如果地面运动频繁，并且时不时有气体溢出的声音，同时空气中弥漫着一股硫磺的气味，这种情况下火山爆发的可能性是十分大的。如果你所在的地方下雨，并且是刺激性强的酸雨，同时在火山附近有隆隆声或者火山口有绿色的烟雾、蒸汽冒出来等等，这些现象也是火山爆发的征兆。

第 15 章 个人与环境

当你走进大自然的时候，你就马上与它产生了密切的联系：自然的力量比你要强大无穷倍，但你也有责任保护自然而不是破坏脆弱的生态系统；尊重自然有助于维护它的完整性，也会让你在大自然中安全地旅行。

注意个人安全

一旦到了野外，你的安全就完全掌握在自己的手中了。仔细筹划是很重要的，咨询一下风险评估机构，优先考虑好卫生问题。无论什么活动，都要时时刻刻向团队成员强调安全的重要性。

※ 风险评估

在整个旅行期间，要牢记风险评估的结果。必要的话，应该随时增加或者重写其中的内容。假如你的风险评估报告认为应该戴头盔和浮力助（个人漂浮装置），即使你觉得戴上它们很不舒服或者碍事，也要戴上它们。另外还要和专门机构保持联系以随时获得关于这个地区健康和安全方面的最新消息。

※ 健康

在出发之前，你们应该采取一些措施，核实一下你和你的团队在生理和心理上是否都已适合目前的旅行，这一点在你计划进行极限运动的时候尤其重要。在团队中，即便不是每个人，至少也要有一两个人有这类活动的经验。如果没有一定的技巧和经验而贸然进行某些活动是非常愚蠢的，而且几乎肯定会发生事故。

检查一下你自己和团队的急救箱是否准备妥当，还要搞清楚里面装有哪些东西以及怎么使用。安排的急救者或者卫生员要训练有素，随时到位，要求队伍中的每一个人注意个人卫生。在野外宿营的时候，要有临时

← 在劈木头的时候要确保周围有没人，这样在你挥舞斧头的时候才不会碰到别人。

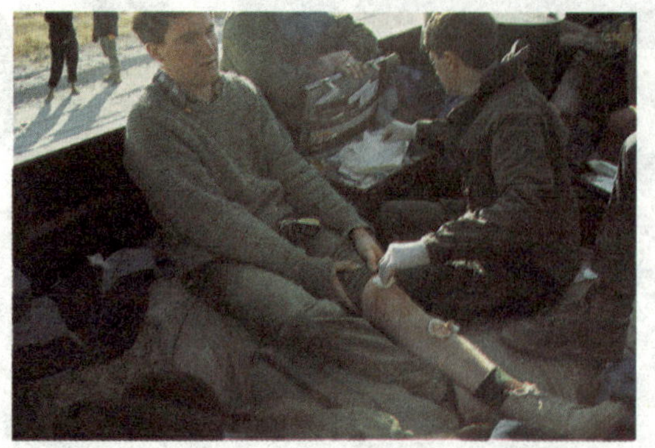

↑ 每个队伍中至少有一个具有医疗资格或者受过全面急救训练的人。

↑ 当你做饭的时候，要确保煮锅放得平稳牢靠，不会轻易被打翻。

设施来满足卫生要求，比如设置垃圾箱。

※ 安全和装备供应

你应总是把基本生存工具箱带在身边。检查一下你的个人装备和衣物是否适应可能遭遇到的恶劣状况，在旅途中还要定期检查一下每件东西是否完好。如果有损坏的话，要马上修理。

※ 安全规则

要制定出一套简单全面的安全规则，参加活动的每一个人都得同意、签字并且遵守。在旅行过程中，你可能会遇到其他人，包括当地居民。他们可能不会遵守你们制定的规则，比如说饮水，这些人对于许多可能引起疾病的细菌是免疫的。当然，或许他们也会因此生病，但至少你不想和他们一样得病，所以千万不要因为他们的做法而动摇遵守规则的决心。

■保护头部

只要是在有峭壁陡坡的地方，就会有石头掉落的危险。在攀登的时候，戴上头盔能够保障你的安全，因为期间不光可能有石头落下来，其他攀登者的装备也有可能掉下来！

任何东西掉下来都可能会导致严重的伤害，尤其是在没有戴头盔的时候。比如说在热带国家，许多人被树上掉下的椰子砸死砸伤。这个例子给我们的教训是——没有必要的话，不要在椰子树下面行走，对于峭壁陡坡来说也是一样。假如你参加的是一次登山探险，最重要的就是警惕那些潜在的危险，随时准备保护好自己不要被掉下的石头砸到。在攀登的时候，为了下面其他人的安全，注意握紧你自己的装备。

↑ 如果你们打算划小船或者撑独木舟的话，每个队员都应该知道如何应对翻船。

※ 保证安全

许多登山事故都是发生在下山途中，而且是在地势并不艰险的平缓地面，因为这时候登山的人已经远离那些难以对付的地带，压力得以缓解而忘了在登山的最后阶段仍然要完全集中注意力。在许多探险中，事故常会发生在营地或者其他的安全地带，因为在这里人们开始放松。每个队员都要意识到不仅仅在可能处于危险的紧要时刻注意安全，在其他时刻也同样要随时注意，这一点是至关重要的。

爱护自然环境

许多人喜欢到野外和乡村去，部分原因是为了享受那种安宁、幽美和恬静。所以在你计划旅行的时候，不管是一个周末的远足还是为期几周的探险，都要保证不破坏乡村里能给你带来快乐的每一件事物。

※ 顾及他人

你所游览的地方也是许多人生活和工作的地方，所以爱护他们的房屋和土地，不要做任何扰乱他们生活的事情。不要把车停在阻塞入口和通道的地方。在扎营之前，一定要事先获得别人的允许。如果你要划独木舟而河上又有人钓鱼的话，尽量避开他们以免扰乱河面的平静。

※ 尊重乡村生活

如果在一个国家公园或者其他有道路网的区域行走或者骑车，要沿着道路走，避免踏坏土壤，同样穿越农场的时候也要沿小路走，以免破坏庄稼或者惊吓牲畜。要重新关紧每一个经过的门，不要损坏篱笆、栅栏和围墙，也不要随便把狗放出来。

↑ 无论什么时候使用火柴都要极其小心，因为野火能够以极快的速度摧毁一片原野。

假如要点火的话，要格外小心，因为火很容易失去控制，尤其在又热又干燥的季节里。处理每一个废弃物的时候，要放

↑ 穿越牧场的时候尽量避免打搅牲畜，沿着已有的小路走，记得关上身后的门。

↑ 要合理处置废弃物，一个大的营地留下的垃圾会破坏自然环境。

在垃圾袋里然后烧掉或者埋起来，也可以带回去。

※ 保护野生动物

不要去喂野生动物，不管它们多么需要。因为这样做会使它们依赖人类给予的食物，结果是当你离开之后，它们会失去寻找食物的能力。这样做也会使它们失去害怕人类的自然习性。对于大型动物来说，这就意味着它们会围在其他人身边，这种行为对人类非常危险。

↑ 野外扎营的时候，要考虑到栖居的野生动物，不要在它们的巢穴或者明显的觅食地附近搭营，以免打扰它们的生活。

↑ 如果你有幸见到野生动物的话，不要给它们喂食或引诱它们离开正常的栖息地。

携带野生动物制品入境在很多国家都是违法的。如果你禁不住诱惑买了动物的皮、牙、卵或者其他动物制品，一定要保证你有材料证明这些东西是从被许可的畜牧中心购买的，否则你的东西几乎可以肯定是从野外取得的。记住，在世界上任何地方，购买犀牛角都是违法的。

如果你去的是沙滩或者沙滩附近，尽量避免损害珊瑚以及其他的水中生物，而且不要买珊瑚或者海龟制品，买这些东西将会刺激当地人为了经济利益继续破坏当地的自然环境。

※ 尊重当地文化和风俗

去一个陌生的国家或地区之前，应该读一本好一点的旅行指南，尽可能多地了解当地的文化和风俗，这样可以增加你的旅行经验，同时也可以避免做错很多事情或者不慎冒犯别人。

假如你去国外旅行的话，你得注意所到国家的宗教信仰以及这个国家对于宗教的态度。如果这个国家的语言与你的语言不同，那就找时间学一点那里的言语。即便你在去之前已经掌握了一些基本知识，用心学习用当地人的语言和他们说话也会受到他们的欢迎。着装得体对于避免冒犯别人也很重要。因此在你去之前要弄清这些规矩以及其他的风俗，并且一定要遵守规矩及尊重风俗。

如果你想要给当地的居民、房屋或者财产拍照的话，要事先得到允许并表示愿意支付一定的费用。在给女性拍照的时候要尤其注意。一般来说，尊重别人就是尊重自己。

小心野生动物

根据旅行地点的不同，你会遇到不同的哺乳动物、爬行动物、昆虫和海底动物，这些动物都有可能伤害甚至杀死你。采取明智的预防措施（包括接种疫苗、了解动物的习性）并且对危险保持警惕，这些有助于保护你免受攻击。

※ 哺乳动物

所有的野生哺乳动物都会避免接触人类，它们仅仅在感觉到处于危险的时候才会攻击你，比如你使它们受到惊吓并且无法逃生。在人类突然遭遇动物的时候，易于发生动物攻击事件，因此要故意制造声响让它们知道你们在附近。

雌性动物和雄性动物一样具有攻击性，它们在保护幼崽的时候更是如此。明智的做法就是尽量不要太靠近任何野生哺乳动物，也不要试图触摸它们。这一点对于像绵羊和牛这样的家畜同样适用，对于狐狸、鹿、熊和大型猫科动物也是如此。

↑ 鹿通常很温顺，但是在交配季节成年雄鹿会变得很有攻击性，因此最好不要靠近它们。

熊不会主动寻找你们，但是如果它们闻到食物气味的话，就会被吸引到你们的营地中来。所以你得把能吃的东西都封存好，并且不能把任何食物放在帐篷里面。

假如真的有大型肉食动物靠近你，你应该缓慢撤退到安全地带。千万不要转身逃跑，

↑ 棕熊更有可能避开而不是攻击你，但是母熊如果要保护它们的幼崽的话会变得很有攻击性。

↑ 所有的雌性动物都会保护自己的孩子，对于母狮来说这一点会使它们变得非常危险。

因为这样可能会激发它捕食猎物的本能。

※ 蛇

蛇只在被踩到或者受到威胁并且难以逃离的时候才会攻击人。许多种类的蛇只在夜间出没，所以当你在黑夜行走的时候记得要带一个手电筒。没有毒的蛇要比有毒的蛇多得多。蟒蛇没有毒但是可能会狠狠咬你一口，通常会让你感染发炎。只有最大的蟒蛇，比如森蚺，才会攻击人类。

※ 蜥蜴、鳄鱼和短吻鳄

只有大型的蜥蜴对于人类才是有威胁的，如尼罗河巨蜥和印尼科莫多龙蜥。生活在非洲、亚洲和大洋洲热带淡水水域的鳄鱼极其危险，如果看到它们的话要避开。美洲短吻鳄喜欢一动不动地等待猎物，但一旦移动起来，速度非常快。

※ 昆虫

蚊子能传播许多种疾病，包括疟疾和黄热病。在热带地区旅行的时候，除了要接种疫苗以外，你还应该穿合适的衣服，睡在蚊帐里，使用好的驱蚊剂来保护自己。

↑ 在热带地区，在坐下来或者把脚放进鞋子里面之前要检查一下，长得又干又黑跟地面一样的蝎子可能会让你大吃一惊。

如果你被蜜蜂、马蜂或者大黄蜂蜇到以后产生变态反应，或者是惊动蜂巢被蜇很多次，就可能有生命危险，所以一定不要在蜂巢附近搭营。

壁虱、小蜘蛛、羽虱、绦虫和蛔虫等轻则让人感到不舒服，重则导致疾病。因此不要光脚走路，也不要在牲畜去过的地方坐

↑ 即使你确信某种蛇是没有毒的，你还是应该让专家来处置它们。

↑ 了解一下你所旅行的地方土生蛇的种类，注意在哪儿可能会遇到它们。

↑ 东南亚和大洋洲北部入海口处的鳄鱼是这个种族中最大最危险的一种。

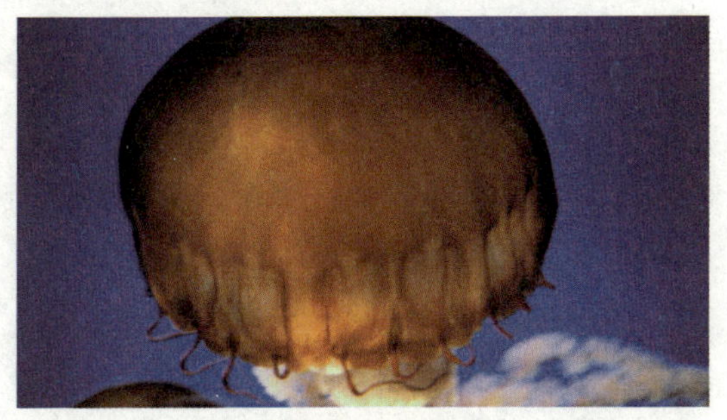

↑ 水母遍布全世界，要是海滩上布满了水母的尸体，就说明那片地区有成群的水母。

下或者扎营。蝎子和毒蜘蛛是南美洲、非洲和大洋洲常见的昆虫，去这些地方的时候要保持警惕，仔细查看你所捡起来的东西和所坐的地方。每次使用寝具、衣服和靴子之前都要抖一下，而且一旦用完以后就要马上收起来。

※ 水生动物

如果你踩在石头鱼身上，它们的背鳍就会喷射毒液，另外它们的刺也是致命的。盒状水母同样也很危险，在水中很难看见它们，游泳的人无意中扫到它们的触须可能会被蜇到。

鲨鱼生活在温暖的热带水域中，其中大白鲨很有攻击性，因为它们常常误把人类当做它们的主要猎物海豹。

植 物

你可能会受到来自野外植物的威胁——皮肤可能被刺扎到或者刺破，或者在吃了有毒的植物之后生病。

※ 尖刺

有许多植物长刺，如果你不小心踩在上面或者碰到它会被扎得很痛，它们也会挂住你的衣服或者刺穿你的靴底。所以不要光脚走路，扎营的时候检查一下搭建帐篷的地面和周围的场地，看看附近有没有长刺的灌木。

↑ 非洲洋槐树不仅有野生刺来保护自己，而且还有寄居在树枝上面的蚂蚁的保护。

热带地区许多植物的种子带有尖利的芒刺。如果踩到它们的话，可能会刺破靴子甚至扎到脚上的皮肤，并且可能会感染。

※ 共生植物

非洲的有些洋槐树与蚂蚁一类的昆虫之间有共生关系，树木为昆虫提供营养而昆虫为树木抵挡啃树的其他动物。因此如果你不小心擦到或者碰到树木，许多蚂蚁会从树干上倾巢而出来攻击你。

※ 菌类植物

可以安全食用的菌类要比有毒的菌类多得多，但是其中有些有毒的品种极其危险。致命的草蕈类菌，比如说毒伞菇和催命天使是白色的蘑菇状的真菌，除非你能识别它们，否则极易将它们误认为可食的蘑菇。毒蘑菇的特征包括：茎的基部有外被或者顶盖，茎周围有环以及白色的菌褶。毒蝇伞带有独特红白顶盖，很容易识别。

对于真菌和其他所有的野生食物，一条合理的建议就是你只能吃那些绝对能够准确识别的品种。到野外的时候最好有个专家或者有本可以信赖的书在你身边，能够教你识别最适合吃的物种，任何不能准确识别的东西都不要吃。

※ 有毒植物

首要的规则是不要吃带有浆液的植物或者把眼睛靠近它们，比如甘遂树或者某些毛茛属植物。有些植物，比如说毒藤木和毒

↑ 毒蝇伞很容易被识别，因为它的颜色很独特。

橡树，如果你碰到它们的叶子，皮肤会起热疹。这些植物和许多其他刺激性植物都特别危险，手碰到它们以后再揉眼睛，可能会导致永久性视力损坏。

一些温带地区常见的树木，比如紫杉和金莲花，会结出有剧毒的浆果和树荚。红树木科的有些树木（如盲红木）结出的浆果，人的眼睛靠近的话会导致失明。

不要接近任何有苦杏仁和苦桃子气味的植物。成熟的蕨树越老越有毒。记住这一点极其重要：不要吃不认识的植物。

※ 红树木

这种树生长在热带地区潮湿的沟渠两边，它们的树根缠绕在一起，为许多其他植物和动物提供了栖息的地方。

尽管这种树木本身不太可能给你带来伤害，但是它们会招来河蚌。这些河蚌像剃刀一样锋利，人在穿过树林的时候会被它们割到腿和脚。如果你要寻找水源，选一条别的路，不要冒险穿越一片红树林。森林地带也是鳄鱼和蛇的栖息之地，所以你到那儿的时候一定要格外小心。

※ 坚果和果实

许多植物的果实很好吃，但是你应该注意，有些可以吃的坚果、莓果和其他有毒的果实非常相似。举个例子，即烤熟的甜栗很好吃，而马栗却是不能吃的。甜栗很容易被识别，它们外壳上有很多茸毛。

许多热带果实成熟的时候看起来很诱人，你甚至看见动物吃这些果实，但是不代表你吃是安全的，除非你准确地知道它们是什么。

※ 煮甜栗

1. 切开栗子的表皮，以免它们在加热的时候爆裂，然后把它们放到一锅沸水里煮大约 20 分钟。

↑ 马栗，又称七叶栗，具有毒性，千万不能同甜栗混淆。

2. 沥干栗子，待其凉至可以触摸的时候，剥掉外层的皮。然后剥掉里面的皮，这时候你可能需要用一把刀子。

提防户外危险

保护自己的最好方法就是知道危险什么时候发生，以及怎样发生，并且知道发生的时候如何应对。穿越河流、行走在冰雪之上、探索山洞和森林都是有潜在危险的活动，谨慎、明智可以使你远离伤害。

※ 雪崩

如果你们一行人决意要爬过有雪崩危险的雪山，那么每次只可让一个人先去。在腰上系上一条颜色鲜艳的长腰带，如果发生雪崩的话能够增加被别人发现的机会。即使别人看不到你，还能看到地表的腰带。手机或者卫星电话可能会救你一命，只要你能够移动胳膊使用它。你还可以携带一个用于发出雪崩求救信号的无源反射器，当警报响起营救人员到达的时候，他们可以从空中或者在地面侦察到信号。这些东西现在被内置在许多夹克和靴子里面，你也可以单独从滑雪商店购买。雪崩发生以后，如果被埋在里面的人在15分钟以内被发现的话，生存的概率很大，但是如果在45分钟以后才被发现的话，生存的可能性就微乎其微了。

当遇到雪崩的时候，要奋力向一侧逃跑，因为即使你踩着滑雪板也快不过雪山倾覆的速度。一旦雪崩，要努力用游泳的动作让自己靠近雪的表面。

※ 流沙

一开始显得很牢固的地面最后可能会让人陷入其中。无论是沼泽地还是干燥地区，细土和沙的特殊结合物，一般都被称做流沙。

尽量不要涉足任何沼泽地，假如你必须穿过的话，努力让每一步都踏在牢靠的植物或者岩石上面。如果你确实发现自己下沉得太快而不能逃离，那就马上停止挣扎，展开双臂向后仰。在救助到来之前，你应该能够以这个姿势“漂浮”。如果你感觉这样做

↓ 虽然在自然形成的洞穴里面或者周围攀岩很吸引人，但是不牢靠的石头会给活动者带来危险。

没有什么不妥的话，那你可以慢慢地“游”到更结实一点的地面。

如果你必须穿越沼泽地或者流沙地带而且没有任何东西可以踏的话，那就临时使用梯子、木板、背包或者其他任何可以分摊你体重的东西。

※ 过河

很多人在穿过看起来很平静的河流时溺水，这些河流其实远比他们看起来危险。应沿着河的上下游检查，找到最容易穿越的地方。记住，如果河流湍急的话，即使深至膝盖的河水，没有绳子辅助也不能穿越，除非水深得可以游泳而且水流平缓。过河的时候摔倒在很急的水流里是非常危险的。如果遇到这种情况，你应该尽量仰面顺流而下，让双脚浮起来，在水流浅到能让你停止漂流之前，千万不要试图站起来。

如果你想要趟过一条河，最好先用树枝试一试河水的深度，假如用脚试的话，则要加倍小心。

※ 洋流

海洋里的水流通常不如河里的水流那样急，尽管如此，还是要当心，它也许快得没办法让人在里面游泳。洋流可以由潮汐、沿岸漂流或者周围其他因素所引起，你一定要弄清楚这些因素。如果你不知道哪一种因素会起主导作用，最好询问一下当地人。记住潮汐流一天可能回潮两次，在某些岛屿可能回潮4次。此外，还要记住顺风洋流和逆风洋流所代表的海洋状况是完全不同的。

※ 冰裂缝和冰川

除非你是一个很有经验的登山者，否则不要到冰川上去。你们必须总是3个人一组用绳子连起来，登山营救装置也要配备齐全。对于如何使用装置要熟记在心，以防有人落入冰裂缝里面。

↑ 无论景色多么优美，海滩总是一个可能有危险的地方。很深的水域、海岸的强风、海洋的激流都会带来危险。

↑ 在山区野营的时候要谨慎选择营址，远离可能发生雪崩或者山体滑坡的地点。

※ 洞穴

如果你要进入一个洞穴，应该想到也许有动物住在里面，而且你有可能被它们认为是另外一个有攻击性的动物。即便你没有遇到住在洞穴里面的动物，鸟类、蝙蝠和其他动物的粪便也会使人感染许多种疾病，所以要小心你在里面所碰到的东西。

如果这个洞穴又深又复杂，使用简单浅显的方法做标记能让你们再找到出来的路。如果这个洞穴面朝大海，要当心潮汐的变化。曾经有许多人由于唯一的逃生路线被涨潮的水堵住从而困在洞穴里面，处境十分危险。

了解天气状况

在计划一次旅程时，天气因素极其重要，因此需要弄明白气象图上所画的和广播天气预报所报告的气象术语和符号是什么含义。了解你所要到的地区的最高和最低气温是多少，每个月的预期降水量是多少，这些都是非常有用的信息。

※ 等压线

气象学家测量大气压的次数是国际通行的，也就是每3小时在地图上标出一次气压相同的点，再将它们连成线，就是等压线。

↓ 低气压地区在气象图上以密集的等压线构成的同心圆表示，常常与冷锋或者暖锋关联。

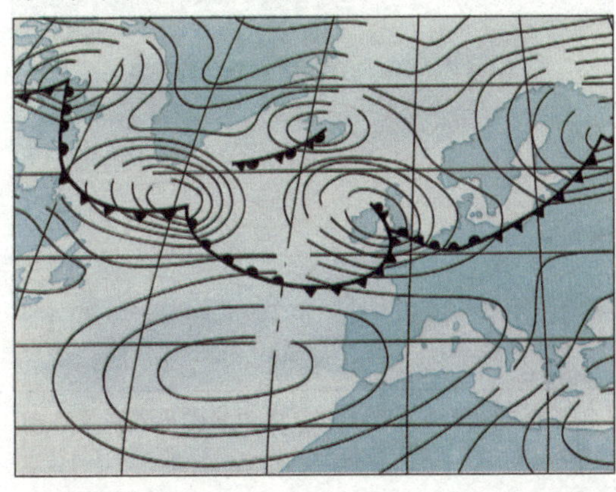

↑ 在高气压中，空气下沉，压缩，天气温暖。云容易散开，风一般很轻柔。

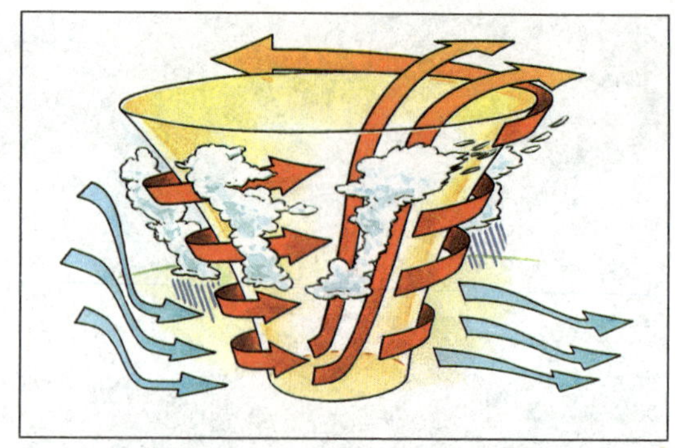
↑ 在低气压中，空气上升，扩散，天气凉爽。水气凝结形成云层并且会带来降雨或降雪。

等压线离得越近，该区域的风力越大，因为这显示出气压值在一个比较小的区域快速变化。气象图上的等压线形成的同心圆说明了低压区（低压或者气旋）和高压区（反气旋）的位置。

※ 锋面

锋面在气象图上一般以粗线为标记，带有小三角形的是冷锋，带有半圆形的是暖锋，锋面标示了来源和温度各不相同的大气团之间的边缘。暖锋表明暖气流将要到来越过冷气流，一般会带来一阵暴雨，随后气温上升。冷锋表明冷气流从底层取代暖气流，一般会带来短暂的大雨，随后天气变得更为晴朗，伴有阵雨和阵风。

※ 低气压（气旋）

低气压在北半球也被称为低压带或者气旋。当低气压到来时，风以逆时针（在南半球是顺时针）方向吹，通常会带来降雨。

※ 高气压（反气旋）

高气压在气象图上是以稀疏的等压线区域为标记的。高气压来的时候，在北半球风以顺时针方向吹，在南半球风逆时针吹，这时候气压很高，风很轻柔。高气压在夏天会带来晴朗的天气，在冬天会带来寒冷多雾的天气。

※ 风

风速通常是以米/秒来计算的，还有一种叫蒲福氏风力级数体系也被用来描述风速。

至于风的温度，一般来说，夏天经过大陆的风要比经过海洋的风更为温暖干燥，冬天经过大陆的风要比经过海洋的风更加寒冷。在北半球，来自北方的风比来自南方的风要冷，而在南半球则恰恰相反。

↑ 卷积云意味着晴好天气，它们通常出现在暴风雨之后。

↑ 高积云预示着晴朗的天气，它们通常出现在暴雨之后。

↑ 积云如果散开的话代表着晴朗的天气，但也可能有阵雨。

↑ 层积云布满天空意味着会有小阵雨，而且会很快消散。

↑ 压得很低的黑色雨云表明大雨或者大雪将要到来。

↑ 层云看起来像山中的雾，尽管不是雨云但也能带来毛毛雨。

炎热天气

在你从事任何户外活动前，对天气做一个基本的了解都是有很大意义的，而且你也需要知道在极端恶劣的状况下该怎么做。并不是每个人都清楚怎么应对酷暑严寒和电闪雷鸣，有很多人因为不了解这些基本常识最后危害到自己。

在许多热带国家，天气状况一直很恶劣。下雨的时候大量的水会很快积起来，刮风的时候也很有破坏力。太阳会很快就会晒伤皮肤，即使是在多云的日子里也是这样。

你必须知道有些地方昼夜温差很大。在沿海地区（海洋性气候），白天和黑夜的温度相对比较稳定，然而在大陆的中心地带，白天的气温可能达到40℃，而在夜晚会降到0℃以下。

※ 阳光

在任何气候中，长时间地暴露在阳光下都会导致皮肤晒伤，尤其是在高海拔地区、热带地区以及臭氧层被破坏的地区（比如南美洲南端的南极地区）。因此要穿上合适的衣服，涂上防晒霜来保护皮肤。皮肤晒伤的短期后果是疼痛，长期后果则可能是致命的，所以不能让它发生。

※ 脱水

在一个又热又潮湿的环境中，比如在热带雨林中或者在雨季里，最大的危险就是中暑或者脱水，尽管你周围都是水。你的身体以最快的速度出汗，但是出的汗并没有从皮肤上百分之百地挥发掉。这就意味着身体不会凉下来，所以为了要凉下来，身体就会一直不停地出汗。尽管一直在出汗，但是体温没有任何变化，而身体里面的水分却在大大流失。在这种情况之下你所要做的就是不停地喝可以安全饮用的冷水，来增加水分并尽可能降低身体内部的温度。

※ 暴风雨

你应该弄清楚当地任何可以预测的天气形势。在炎热的天气里，当地表温度升高时，暴风雨几乎每天都会来临，你得注意不要赶上，尤其是要避免在水中泛舟，无论是湖上划独木舟还是在海上乘船。如果你在船上赶上暴风雨，要把每件东西扎起来，尽可能地把船的重心放低。在船失事或者倾覆的时候，如果可能，尽量和船在一起。

你往往能够通过积雨云和铁砧云的出现来预测雷暴的来临，这些云经常是堆积在一起的。如果你发现云形成的方向是一致的，这意味着暴风雨即将到来。由炎热引起的暴风雨通常在下午或者是清晨发生，但也有可能在其他任何时间发生，这种暴风雨通常会带来大雨和冰雹。

即使雷电不会击到地面或者危害到人体，你也应该注意暴风雨中的电流活动，因为它能够破坏导航设备（比如GPS）和通讯设备，从而影响到你们的导航与对外联络。

雷电

如果你在开阔的沙漠和平原地带，有闪电的暴风雨可能会给你留下深刻的印象，它非常危险。假如雷电离你很近而且你感觉有被击到的危险，那就蹲下来，头越低越好，把双手放在头上。如果你靠近树木或者其他向上耸立的物体，雷电击到你的可能性更大，另外有闪电的时候在水上也很危险。只要你按照前面所说的那样蜷缩起来，在陆地上的开阔地带要比其他地方安全得多。此外，汽车里也是一个安全的地方。

野火

闪电常常引发野火。如果野火发生在你附近或者正朝你的方向扑来并且你又不能逃离的时候，你就得找到一个空旷地带作为你的防火区，但是要记住火能够跨越很远的距离。如果你必须从火边逃开的话，要记住它是向上窜的，所以宁可待在山谷中也不要往

↑ 龙卷风是一股漏斗状的旋风，它在底部形成低气压，其效果犹如一个巨大的真空吸尘器。

桥上跑。

要当心大火会把各种动物赶出来，还要当心蛇或者其他更大的动物被迫跑到你周围。假如大火发生在你们营地附近的话，一定要远离各种燃气罐和其他类似的易燃物。

飓风、龙卷风和台风

在如此强大的风暴面前，除了躲避以外你能够做的很少。不要待在可能被风暴摧毁的建筑物里面，建筑牢固的地下室是最好的保护场所。

沙尘和沙暴

沙漠地区通常多风。如果风力够大，首先会扬起地表的尘土，之后随着风力变强就会掀起沙粒。这些沙暴能够持续几小时到几天，如果你赶上的话就会迷失方向。在任何尘土飞扬的地方，都一定要用风镜和围巾（或头巾）把眼睛和耳朵保护起来。

这时候驾车也很危险，因为你会迷失方向并且看不清自己在往哪儿开。你应该把车停下来，让发动机背对风口，把所有取暖设备或者空调的排气孔关闭，以免沙尘被吸到车子里面去。

如果你是带着动物一起出门，当你坐在一旁静候风暴结束的时候，让动物背对风向。骆驼应该会自己坐下来，而马、骡子和驴子还会站着。

※ 季节影响

许多国家有明显的雨季和旱季。在雨季里，运输和后勤可能会受到影响，因为公路和桥梁会被冲毁，交通路线也会因为山体滑坡而阻断。

降雨

猛烈的倾盆大雨突然降落到干旱的土地上，可能影响到三四十千米之外的地方。雨水会涌入干涸多年的河流里，短短几小时就会形成汹涌的洪流。假如你在河道上宿营或者行走，发生这种情况会非常危险，你很可能因为你在的地方没有下雨而没意料到洪水的突然到来。

泥石流和滑坡

大雨会导致山体滑坡，其破坏力可能超过洪水。如果雨还在下，不要步行或者开车穿越山体滑坡的地方，因为发生了一次山体滑坡以后另一次可能会紧随其后。

寒冷天气

如果你所旅行的地方是气温很少在零度以上的国家，比如说极地国家，你应该知道怎样在暴风雪中求生，怎样避开雪崩，以及怎样安全地穿越冰雪地带。

严寒能够损坏肺脏内部，所以一直要用围巾或者类似的东西来盖住你的鼻子和嘴巴，这样的话在你吸气之前空气会稍微暖和些。此外，在严寒地带还有患低体温症和冻伤的危险，因此要确保你的衣服和装备达到标准。

※ 暴风雪

下暴风雪的时候大雪伴随着狂风，在极其恶劣的情况下飞雪布满天空，人能够看到的距离不到 1 米。暴风雪还会产生积雪，很快就会形成巨大的雪堆阻断道路甚至掩埋帐篷和房屋。

如果你赶上了暴风雪，要找到一个躲避的地方然后安心等待它结束，尽管可能要等几个小时。如果暴风雪到来的时候你在帐篷里，你需要不时地抖动帐篷以免它被积雪压垮，另外还要确保积雪没有阻断通风口。当积雪堵住门口和通风孔的时候，曾经发生过有人在帐篷或雪洞中窒息而死的事件。

※ 雪崩

有两种类型的雪崩：粉末雪崩和平板雪崩。粉末雪崩通常含有刚降的雪而且破坏力很大，能够扫平整个森林和村庄。平板雪崩特别容易发生在春季冰雪融化的时候，它的边缘和底部移动的速度要比中心缓慢，也很有破坏力，它的重量能够压碎所到之处的任

↑ 大雪很快就能改变地面的景观，如果有大风的话，地面很快就会形成很厚的吹积面。

何东西。

在去一个寒冷的国家之前，你应该弄清楚这个地区是否容易发生雪崩，并且要注意寻找那些可以提示你雪崩什么时候发生的迹象，这些迹象包括暴雪骤降（降雪量超过30厘米）以及气温突升。

※ 冰面

当你靠近任何结冰的水面时一定要小心，因为冰的厚度可能是1米，也有可能是几厘米。如果真的有人跌进冰窟里面，应该尽快把他捞起来并且进行低体温症急救。同时，营救者也要当心不要也成为受害者。

积雪之下覆盖的可能是很薄的冰，你在前进的时候一定要缓慢小心，一边走一边检查。穿滑雪板或者雪鞋走路能够减少压碎冰面的可能性。

如果你在陡峭的路面上遇到冰而且不能绕开，有钉鞋的话就穿上，如果没有就拿一双多余的袜子绑在靴子上，这会使它比普通的鞋底更有摩擦力。

和步行的游客一样，冰对于驾车的游客也很危险。你能在道路上看到的冰不是最大的问题，最大的问题是隐藏在一层薄薄的积雪或融雪之下的冰，只有它们会引发事故。

※ 高海拔

当你到达高海拔的地方时空气变得很冷，这是因为气压更低，空气也更加稀薄。在晴朗的天气里高度每增加100米，气温会降低1～2℃。如果你在云层中间或者下面，

↑ 在雪地中旅行的时候导航可能会变得更加困难，因为可见的路标很少。

↑ 靠近冰山是很危险的，因为冰山移动的时候形成的急流可能会使船只倾覆，水面以下的冰山也会撞到船只。

这个幅度可能会降低，每升高100米气温下降0.5℃，这是因为空气凝结的时候会释放出热量。

※ 气温倒置

在经过一个晴朗的夜晚之后，山里通常会发生这种现象：山顶变得很冷，这使周围的空气变凉，然后变重再沉到山下使山谷也变得很冷，迫使山谷暖和的空气浮到山顶上来。

※ 晒伤

即使是在寒冷的气候里长时间暴露在阳光下也会导致皮肤晒伤，尤其是在臭氧层遭破坏的地区，比如南美洲南端的南极地区。所以要采用所有常见的预防措施来保护你的皮肤。

■寒风

温度计能够准确地测量气温，然而并不能仅仅依据测得的气温来判断人体是否能适应，因为低温和寒风联合起来会对人体产生严重的影响，导致低体温症和冻伤等。因此要穿上多层厚衣服帮助身体隔离冷气，从而抵御寒风的侵袭，防止它带走热量。

求救信号

在从事任何探险活动之前，你都必须事先考虑如果紧急事件发生该怎么获得帮助。你应该让其他人清楚你的计划和路线，以便他们在你没有返回的时候采取措施。但是如果你生病、受伤、迷路或者陷于某种困境，所需要做的就是向可能的营救者发出求救信号。

有两种求救信号：一种需要使用特殊设备，另外一种只要借助于自然材料。如果是在野外生活，你会发现在需要的时候能够使用这两种信号很有帮助。

如果你要去荒野地区，你应该提前弄清楚那儿是否有独特的求救信号系统。如果有的话，要确保你和你的团队学会使用它。另外，当你在这个地区时，会被要求携带一些特殊的求生设备，这些设备可能包括相关的信号设备。

↑ 如果你需要制作一个视觉信号，得选择一个空旷的地方，这样别人才有可能从地面和空中看到。

※ 基本求救信号

如果你需要帮助，你所传送的信息必须能够让看到的人明白。SOS是一个国际通用的求救信号，它可以使用摩尔斯电码（三点、三划和三点）来传送，既可以用镜子或者手电筒的照射，也可以用烟火信号，还可以写在地面上作为视觉信号来传送。此外无线电求救信号“mayday”(来自法语中的“m ider”)也广为人知。

你还要学习国际登山求救信号，它包括用手电筒照6次和用哨子吹6次，或者挥舞某件东西1分钟，再停1分钟，然后不断地重复发送信号。任何看到求救信号的人应该用手电筒照3次，哨子吹3声或者挥舞3次来回应。

人们会严肃地对待这些信号，所以只有在你处于困境的时候才可以使用它们。

※ 视觉和听觉信号

如果营救人员可能乘直升机或者飞机来，你需要临时制作一个足够大的信号标志以引起他们的注意。如果营救人员可能从陆地上到达，听觉信号（比如哨声）会更有效。

当然，你所用的任何地面的视觉信号都必须放置在空旷的地面上，这样才能从各个方向看清。在白天和晚上你需要使用不同的视觉信号，但是声音信号在白天和晚上都一样有效。

如果你在车子里面，就应该一直待在那儿，因为它会为你提供一个栖身之所，尤其是在夜里还可以保护你免受野生动物的攻击。车辆本身也是一个视觉标志，因为它相当大，可以从空中看到，特别是在你把一些颜色鲜艳的东西放在车顶或者是车旁的时候。最后一点，如果你曾经告诉过别人你打算要走的路线，营救队员在寻找你的时候就会沿着这条路线走。

↑ 一个亮橙色的睡袋可以铺开以形成地面信号。

↑ 一块折叠好的保温毯可以折射太阳光以形成求救信号。

※ 哨子

团队中的每个人都应该时刻随身携带一个哨子，并且应该知道国际登山求救信号或者你们一同约定的特殊信号。哨子不仅对于引起营救队员的注意很有作用，当探险队中的任何成员迷路的时候也很有用。

※ 移动电话

在许多国家，如果出现紧急状况，你可以使用移动电话联系营救组织，在发生受伤或者患急性病的时候这种做法有可能会节省下生死攸关的时间，但是有了它你也不能降低安全措施和合适装备的正常标准。

有些时候处于困境的登山者会打电话回家，然后通过他们的家属联系上营救组织，从而奇迹般地获救。尽管如此，你还是应该事先准确了解求救的电话号码。

※ 个人装备

如果你在茂密的灌木丛或者树林里面，你可以把你的装备放在自己的任何一边摆成一条长线，这样在地面搜救你的人会更容易找到你。或者你也可以把装备放在空旷的地面上形成一种视觉标志，这样可以

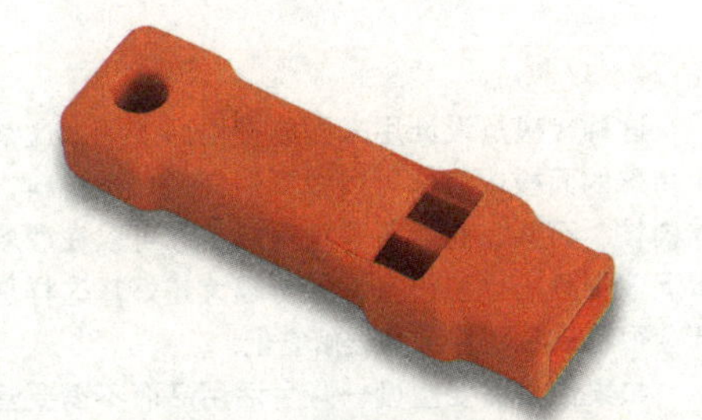

↑每个探险队员的基本生存工具箱里面都应该有一个哨子。

向空中营救人员提示你的位置。

※ 特殊信号装备

如今有很多种紧急装备可以用来帮助你发送求救信号。当然，你不必也不可能全部带上这些东西，所以你需要选择一种最适合你的具体情况的信号装备。

发报机和营救台

这种传统的海上信号传送方法在陆地上变得越来越常用，但是发报机的覆盖范围有限而且需要依赖电池。当你陷入困境时应每天安排发报两次，比如说在中午和午夜，每次持续约15分钟，以便让接收者有足够的时间进行精确定位。

照明弹和烟雾

这些东西一般可以从专卖店买到。在有些地方购买的时候，需要有火器证明。照明弹能够发送视觉和声音信号，但是它们很危险，所以需要按照使用说明小心操作，而且不应该让任何没有受过训练的人操作它们。

照明弹和烟雾器在使用时会变得很烫，所以握着的时候要戴上手套。烟雾器可以作为一种有用的视觉信号来向地面或者空中发出救援信号，在发出地面救援信号的时候需要放在一个没有遮蔽的地点以便可以从远处看到。如果你没有带烟雾器，也可以点火，形成烟雾。

手电筒和闪光灯

手电筒可以用来发送信号，把营救人员引来。闪光灯一旦打开会发出几次耀眼的闪光，夜晚在很远的距离都可以看到。

日光反射信号器

日光反射信号器是一块闪亮的扁平金属板，通常是银色的。它可以利用太阳的反射光线来发射一种视觉信号，中间的孔可以帮助你把太阳的光线引到想要发射的地方。日光反射信号器的信号在很远处就可以看到，使用起来很便捷而且需要的能量也很少。但是使用它们肯定需要晴朗的环境条件。

使用的时候握住日光反射信号器朝着太阳的方向，然后向下倾斜直到太阳的光束投射到地面上。要确保光线投射到正确的位置上，移动面板把光线反射到经过的飞机或者营救人员可以察觉到的远处的某个地方。

染水剂

如果你需要在船上发送求救信号，把一包染水剂投到水中，很快就可以被别人看到。被染过的水域颜色鲜艳，可见度高，可以比一艘小船更容易被空中营救人员看到。

地对空信号板

地对空信号板通常是荧光材料制成的，这些面板可以放在地面上作为地对空信号或者放在山腰作为地对地信号使用，尺寸最少要180厘米长，75厘米宽。它们可以用来摆出国际地对空代号，所以了解这些

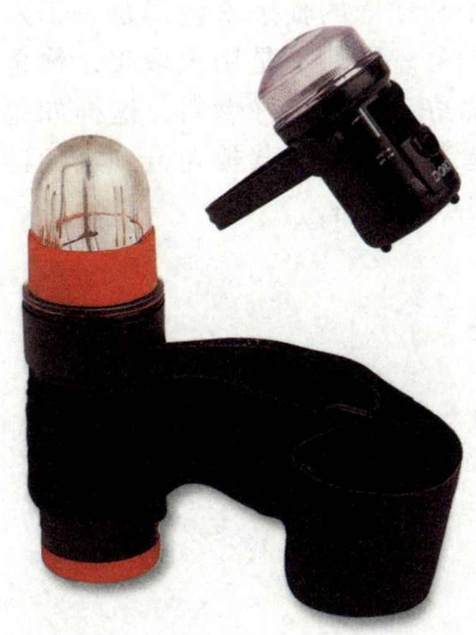

←支架可以把手电筒或者闪光灯支撑起来当做信号灯。

←可调整的皮带可以把闪光灯固定在圆形框子上或者挂在杆子上。

代号很有用。

※ 自然信号

如果准备不足或者只是运气不好，没有带任何专门信号设备在身边，你可以使用工具箱里的一部分工具或者其他任何原地发现的自然材料（比如树枝和石头），在地面上摆成“SOS”形状或者相关的地对空信号来显示你的位置。

你可以在地面上、雪地里或者沙滩的沙子上挖出或者刮出“SOS”的字样，把字母做得越大越好并且把边缘堆起来，这样白天的时候影子可以使字母凸显出来。在雪地里，你可能需要在字母的底部填充上木块、石头或者泥土使字母显得更清晰。如果你车子里有燃料的话，沿着字母的笔画洒一些燃料，当你听到头顶上有飞机声就马上点燃它。

如果你使用这种方法发送信号，你要确保在被营救以后或者离开以后要熄灭火焰，否则其他营救人员可能会看到火光并且会冒着生命危险去寻找一个实际上并不存在的幸存者。

※ 火

在夜晚，火光是一个很好的信号。在白天的时候，如果你把长有鲜嫩叶子的大树枝放在火焰上，它会产生浓密的烟雾，这对于空中和地面的救援来说都是一个效果很好的信号。即使不是用火取暖，你也应该事先做好准备，备好燃料，这样如果你听见或者看见可能的营救人员到来的话就可以很快点燃火焰。

■地对空代码

这种代码是设计用来摆放在地面上的，通常使用特殊的面板或者你可以找到的任何自然材料，比如树枝、石头、鹅卵石等来摆放。你可以在沙滩或者泥浆中画出这些符号，做得越大越好，这样别人才会很容易看到并正确理解它们。

如果你只需要空投一些生活用品而不需要营救的话，其中有些信息特别有用，因为这些信息可以让飞机和直升机的机组人员辨认出来而不用冒着危险降落。

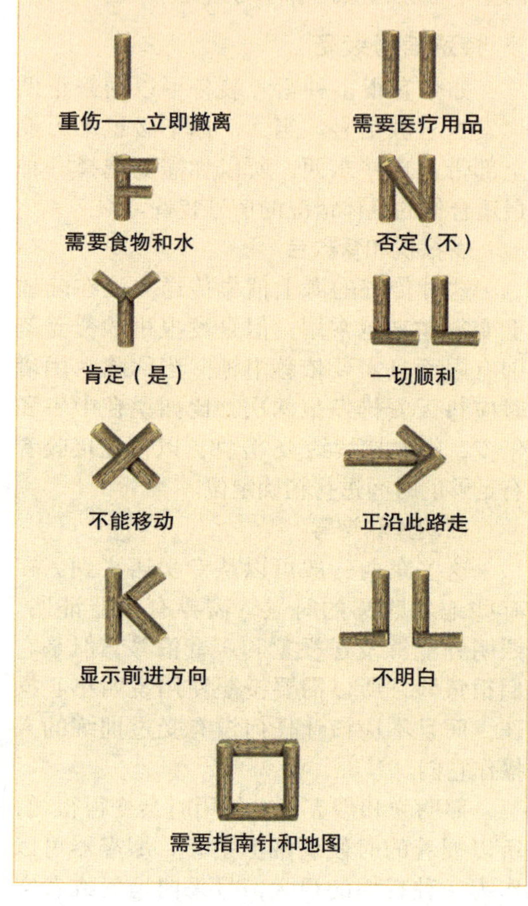

160
180
200
220
550
SW
W
S
N
E
NE
JAPAN